오래되고도
새로운 지혜

기독교 영성가 24인에게 배우는

오래되고도 새로운 지혜

지은이 | 한기채
초판 발행 | 2024. 9. 25
등록번호 | 제1988-000080호
등록된 곳 | 서울특별시 용산구 서빙고로 65길 38
발행처 | 사단법인 두란노서원
영업부 | 2078-3333   FAX | 080-749-3705
출판부 | 2078-3331

책값은 뒤표지에 있습니다.
ISBN 978-89-531-4906-9 03230

독자의 의견을 기다립니다.
tpress@duranno.com   www.duranno.com

두란노서원은 바울 사도가 3차 전도여행 때 에베소에서 성령 받은 제자들을 따로 세워 하나님의
말씀으로 양육하던 장소입니다. 사도행전 19장 8-20절의 정신에 따라 첫째 목회자를 돕는 사역과
평신도를 훈련시키는 사역, 둘째 세계선교(TIM)와 문서선교(단행본·잡지) 사역, 셋째 예수문화 및 경배
와 찬양 사역, 그리고 가정·상담 사역 등을 감당하고 있습니다. 1980년 12월 22일에 창립된 두란
노서원은 주님 오실 때까지 이 사역들을 계속할 것입니다.

오래 되고도 새로운 지혜

기독교 영성가
24인에게 배우는

한기채 지음

두란노

I
알다

II 살다

오리지널이 그곳에 있었다

나는 1907년 정빈, 김상준 두 전도자에 의해 시작된 성결교단의 어머니 교회인 중앙교회에 2004년 서울신학대학교 교수를 하다가 담임목사로 오면서 '오래되고도 새로운 교회'를 만들겠다고 생각했다. '올드앤뉴'(Old & New)는 나의 목회의 지향점이다. 중앙교회는 지금 118년이나 된 오래된 교회이지만, 고목이 아니라 거목이 되어, 여전히 시원한 그늘을 제공하고 풍성한 열매를 맺는 교회이고 싶다.

2021년 여름, 교단 총회장을 마치면서 교회에서 안식월을 허락해 주어 어디로 갈까 고민을 했다. 그동안은 내가 가고 싶은 곳을 내가 결정했는데, 당시에는 고생했던 아내에게 보답할 요량으로 가고 싶은 곳을 정하라고 했다. 아내는 대학에서 영문학을 전공한 사람이라 그런지 영국에 가서 한 달 살기를 하고 싶다고 했다. 그래서 아내와 함께 영국 런던으로 날아갔다. 그리고 차를 렌트하여 한 달 동안 아내가 가자고 하는 곳을 따라 잉글랜드, 웨일스, 스코틀랜드, 영국 전역을 돌아다녔다.

우리는 이미 죽은 사람들을 찾아다녔다. 이미 세상을 떠난 분들이지만, 여전히 자신이 살던 곳으로 전 세계 사람들을 불러 모으고 있었다. 사람이 사람을 부른다. 결국 사람을 세우는 것이 우리의 미래다. 우리는 무엇으로, 어떻게, 어떤 인물을 세울 것인가? 우리는 어떻게 우리의 위대한 선배들을 계속 기억하게 만들 것인가? 나는 그들의 고향과 생가, 그리고 무덤에서 무언가를 느끼고 보고 듣고 싶었다. 아내는 윌리엄 셰익스피어, 찰스 디킨스, 제인 오스틴, 에밀리 브론테, 윌리엄 워즈워스 같은 분들을 찾아다녔고, 나는 운전을 도우면서 그 사이사이에 존 밀턴, 존 번연, 길버트 키스 체스터턴, 도로시 세이어즈, C. S. 루이스, J. R. R. 톨킨, 메리 셸리, 그리고 여전히 살아 있는 조앤 롤링 같은 분들의 작품을 현장에서 읽는 경험을 했다. 현장 독서!

옥스퍼드 대학 캠퍼스를 거닐면서 루이스와 톨킨, 그리고 세이어즈의 우정과 상상력을 느끼기 위해 모임 '잉클링즈'(Inklings)가 열렸던 카페 '독수리와 아이'도 가 보고, 존 웨슬리와 찰스 웨슬리, 그리고 조지 휫필드의 '홀리클럽'(Holy Club)도 더 생각해 보았다. 웨스트민스터 사원에는 위인 3,300명의 이름이 안치되어 있다고 한다. 그들 가운데 순교자, 정치가, 과학자, 무명 용사, 왕과 성직자가 있지만 특별히 시인들의 코너(Poets' Corner)에는 위대한 작가들의 이름이 있다. 이것으로 영국이 얼마나 예술과 문학을 중시하는지 알 수 있다.

샬럿, 에밀리, 앤 브론테 세 자매가 자라고 생활한 요크셔 지방의 하워스(Haworth) 시골 사제관과 교회, 마을, 그리고 소설《폭풍의 언덕》의 배경이 된 황량한 언덕을 아내가 돌아보는 동안, 나는 시인이기도 했던 세 자매의 아버지, 패트릭 브론테 목사를 생각했다. 축제 '셰익스피어 인 러브'를 벌이고 있는 셰익스피어의 고향인 스트랫퍼드어폰에이번(Stratford-upon-Avon)에서는 어떻게 오래되었는데도 여전히 새로울 수 있는지를 생각했다. 호수 지방 그래스미어(Grasmere)의 아름다운 자연이 어떻게 위대한 시인 윌리엄 워즈워스를 길러 냈는지도 생각했다. 콜리지와의 우정, 그리고 여동생 도로시가 없었다면 작품들이 이렇게 보존될 수 없었다는 말도 들었다. 한 인물의 탄생에는 많은 것들이 필요하다. 그곳을 방문하고 나오다가 좁은 도로에서 자동차 타이어 펑크 사고로 몇 시간씩 길에서 기다렸던 일도 지금은 추억으로 남아 있다.

나는 미국에서 공부를 했고, 지금도 자녀들이 미국에 있기 때문에 미국은 익숙한데, 영국은 런던만 몇 번 방문한 적이 있어서 상대적으로 잘 알지 못했었다. 그래서 막연히 동경했었다. 그런데 자세히 보니 미국의 모든 오리지널이 영국에 있었다. 1620년 영국에서 청교도들이 떠난 항구가 플리머스인데, 청교도들이 도착한 미국 매사추세츠주 항구도 플리머스다. 미국의 지명도 영국에서 많이 가져왔지만 문학도, 신학도, 영성도, 교회도 많은 것들을 영국에 빚지고 있었다. 특별히 청교도의 영성이 그렇다. 존 번연, 리처드 백스터, 존 오웬, 토마스 왓슨의 글과 설교는 미국 영성가들에게 많은 영감을 주었다.

웨일스의 하노버 교회를 방문했다. 1866년 한국에 최초로 들어왔다 곧바로 순교한 로버트 저메인 토마스 선교사를 파송한 교회다. 토마스를 파송할 때 담임목사였던 그의 아버지 토마스 목사의 묘에 꽃을 바치면서 아들을 보낸 아버지에게 늦은 감사 인사를 전했다. 토마스 선교사의 순교를 듣고 중국에서 최초로 한국말로 누가복음을 번역한 존 로스 선교사. 그는 한국인 지도자를 중국으로 불러 양성했고 선교사를 은퇴한 후에는 스코틀랜드 에든버러로 돌아와 장로로 교회를 섬겼다. 그는 인근 공동묘지에 안장되어 있어서 그곳에도 찾아가 꽃을 바쳤다.

우리가 하나님의 자녀로 세워지기까지 많은 분들의 희생과 수고가 있었다. 종교개혁의 선구자 옥스퍼드의 존 위클리프, 한국 장로교에 지대한 영향을 미친 스코틀랜드의 개혁자 존 낙스, 감리교회와 성결교회가 따르기를 원하는 존과 찰스 웨슬리 형제, 그리고 위대한 설교가인 조지 휫필드, 찰스 스펄전, 그리고 마틴 로이드 존스, 성공회의 가장 탁월한 지도자 존 라일, 아프리카 선교의 개척자 데이비드 리빙스턴, 고아들의 아버지 조지 뮬러, 노예 제도를 폐지하여 피 흘리지 않고 세상을 바꾼 하나님의 정치가 윌리엄 윌버포스, 《주님은 나의 최고봉》 오스왈드 챔버스, 탁월한 신학자 존 스토트, 제임스 패커, 알리스터 맥그래스는 여전히 살아서 우리에게 영적인 영감과 지혜를 제공하고 있다. 이들은 시인, 목사, 신학자, 선교사, 소설가, 정치가로 각각 다른 도구를 가졌지만 자신만의 독특하고 탁월한 영성을 꽃피웠다. 《천로역정》을 집필한 존 번연이 목회했던 베드포드에 방문하면 기념 교회가 있는데 '번연 만남 교회'(Bunyan Meeting Church)다. 그렇다. 그들이 살던 곳에 가면 그들을 만날 수 있다. 시간은 지나갔지만 그들이 머물렀던 공간은 여전히 남아 있어서, 시차를 두고 같은 장소에서 그들을 만나는 영적 교류는 신비하다.

정직하게 생각하면 우리가 하는 일은 그들에게 전혀 미치지 못한다. 그러므로 우리는 지혜자의 어깨 위에 서야 한다. 그래서 더 깊이, 더 멀리, 더 높이, 더 넓게 봐야 한다. 이것이 그들이 우리에게 남겨준 위대한 유산이다. "불후의 명곡"이라는 방송 프로그램을 보면 오래된 명곡을 편곡하고 변주하여 새롭게 들려준다. 마르지 않는 샘의 근원과 같은 설교가의 설교문과 작가의 작품을 읽으며 시간과 공간을 넘어 영적 친교를 나누게 되고, 생활의 구체적인 영역에 필요한 영적 지도를 받게 된다. 의미 있고 보람 있는 삶을 살아가는 영적 지혜를 얻는다. 읽을 때마다 새롭게 다가오는 지혜는 고전이 주는 묘미다. 그래서 다시 읽게 된다.

현장 독서를 하며 가는 곳마다 나는 내면의 음성을 들었다. '눈에 담아 두라! 귀에 담아 두라! 입에 담아 두라! 마음에 담아 두라!' 그러나 그 감동을 혼자만 간직할 수 없어서 이 책을 쓰게 되었다. 오래된 고전을 오늘에 새롭게 들려주고 싶었다. 온고지신(溫故知新)! 해 아래 새것이 없다는 말씀처럼 우리에게 필요한 것은 이미 오래전부터 있었다. 다만 무심하여 살피지 않았을 뿐이다.

나는 여기에서 영국의 영성가 24인을 추려서 그들의 생애와 저술을 현대적으로 읽어 오늘의 시대를 살아가는 현대인에게 영성가의 신앙, 지혜, 영감을 전하고자 했다. 그리스도인이라면 반드시 알아야 할 기독교 영성가 24인의 생애를 간단하게 살피고 그들의 대표적인 작품을 해설하고 적용하고자 했다. 경우에 따라서는 한 분을 몇 장에 걸쳐서 다루었기 때문에 결국 36장으로 그들의 글에 담긴 영성의 정수를 풀었다. 우리는 선각자, 지혜자에게서 오늘을 살아갈 지혜를 얻는다. 이 책을 통해 현대 그리스도인은 신앙의 고민과 문제를 해결하고, 영성가가 전하는 지혜를 새롭게 배울 수 있을 것이다. 그들의 근원적이고 본질적인 메시지는 단순하다. 그러나 확실하고 힘이 있다.

인생과 여행은 많이 닮았다. 계획대로만 되는 것도 아니고, 기대 밖의 일을 만나기도 한다. 그러나 우연을 가장한 많은 일들이 인생을 더욱 흥미롭고 풍요롭고 의미 있게 만든다. 이번 여행이 그랬다. 세렌디피티(Serendipity, 뜻밖의 기쁨)! 옥스퍼드에 도착하자마자 안내를 자청한 루이스 전문가 전계상 목사, 영국 운전에 낯선 나에게 운전 방식을 가르쳐 준 본머스 교회 양순석 목사, 하노버 교회를 목회하고 있는 고등학교 후배 유재연 목사에게 이 자리를 빌려 우정과 도움에 감사드린다. 나의 거친 글이 이렇게 나오기까지 수고한 동역자 김재명, 김찬홍 목사, 그리고 두란노 출판사에게 감사드린다. 영국 일정을 계획해 준 나의 동행 장동숙, 코츠월드 전원 휴양지를 세심하게 준비하고 휴가를 함께해 준 자랑스러운 아들 보형, 그리고 지난 21년 동안 부족한 사람을 담임목사로 세워준 중앙교회와 당회원들에게 감사드린다. 끝으로 진안국민학교, 전주신흥중고등학교, 서울신학대학교, 연세대학교, 밴더빌트대학교에서 삶의 지혜를 깨우쳐 준 은사님들께 감사드리며 이 졸저를 바친다. 오직 영광은 하나님만 받으소서!

I
알다

JOHN KNOX

RICHARD BAXTER

JOHN BUNYAN

JOHN WESLEY

JOHN WESLEY

WILLIAM WORDSWORTH

GEORGE MÜLLER

DAVID LIVINGSTONE

DOROTHY LEIGH SAYERS

C. S. LEWIS

JOHN MILTON

JOHN RYLE

ROBERT JERMAIN THOMAS

G. K. CHESTERTON

MARTYN LLOYD-JONES

JOHN STOTT

JAMES PACKER

ALISTER MCGRATH

O
W
W
W
W
W
W
S
S
S
C
L
L
L
S
S
P
M

1
하나님만을 두려워하라 | 존 낙스
이사야 26:13–21

K　 존 낙스(John Knox, c. 1514-1572)는 1514년경 스코틀랜드의 에든버러에서 가까운 해딩턴에서 태어났고, 글래스고 (Glasgow) 대학과 세인트 앤드루스(St. Andrews) 대학에서 법학과 신학을 공부했다. 낙스는 가톨릭교회 신앙을 가지고 성장해 사제 서품을 받았다. 어린 시절 스코틀랜드 종교개혁의 첫 순교자 패트릭 해밀턴 (Patrick Hamilton)의 화형(1528)을 목격하고, 토마스 길리엄(Thomas Guylliame)이 전한 말씀을 통해 복음의 빛을 보게 된 낙스는 이후 종교개혁자인 조지 위샤트(George Wishart)를 호위하면서 자연스레 종교개혁 사상을 받아들이게 되었다.

16세기 스코틀랜드, 암울한 존 낙스의 시대

당시 16세기 스코틀랜드의 교회는 암울한 상황에 놓여 있었다.

첫째, 성직자들의 무지, 부도덕, 타락이 극에 달해 있었다. 가톨릭교회 주교, 수도원장, 수사 등 모든 성직자가 성경과 신학에 대해 너무도 무지했다. 성경에 기초한 복음적인 설교는 사라진 지 오래되었고, 애초에 설교 자체를 등한시했다. 사람들은 교황에게 복종하는 것이 구원의 필수 요소이고, 죄 사함은 미사의 제물을 통해서만 받을 수 있다고 배웠기에 자신들의 잘못된 삶이 잘못된 교리에서 비롯되었다는 사실을 의식하지 못했다. 당시 가톨릭교회는 스코틀랜드 전체 자산의 반 이상을 소유하고 있었다. 백성은 가난했지만, 교회는 부유했다. 면죄부, 연옥, 성례전 등을 이용해 교회는 많은 수익을 올릴 수 있었기 때문이다. 결과적으로 교회의 타락은 가속화되었고, 교회의 도덕적인 부패도 더 깊어져 갔다.

둘째, 개혁을 말하는 종교개혁자들이 핍박받고 화형을 당하는 때였다. 마르틴 루터(Martin Luther)보다 150년 앞선 종교개혁의 샛별 존 위클리프(John Wycliffe)는 개혁적인 가르침을 펼쳤고 성경 번역과 필사를 진행하다 가톨릭으로부터 정죄를 받았다. 그 후 폴란드에서 존 후스(John Hus)의 개혁 사상이 들어오고, 윌리엄 틴데일(William Tyndale)의 신약 성경이 글래스고 지방에 유포되면서 스코틀랜드에서 박해가 다시 시작되었다. 성경을 전하는 사람은 그 즉시 개신교도라는 혐의를 받았다. 스코틀랜드 의회에서는 성경을 읽는 것을 금지하는 법률이 통과되었고, 틴데일이 번역한 신약 성경은 금서로 지정되었다. 복음을 전하는 자들은 예외 없이 교회에 의해 심한 핍박을 받거나 처형을 당했다. 스코틀랜드 종교개혁자인 해밀턴과 위샤트도 붙잡혀 세인트 앤드루스성 밖에서 화형을 당했다.

"스코틀랜드를 나에게 주시옵소서" 개혁자 존 낙스

낙스는 화형당한 위샤트를 대신해 설교하기 시작했다. 1547년 8월 세인트 앤드루스성이 프랑스 함대의 공격으로 함락되면서 포로로 잡혀간 낙스는 19개월 동안 프랑스 갤리선에서 노예 생활을 했다. 잉글랜드 왕 에드워드 6세(Edward Ⅵ)의 도움으로 간신히 노예선에서 풀려난 낙스는 영국에서 설교자로서 사역을 재개했다. 먼저 낙스는 전국을 순회하며 교황의 추악한 삶을 폭로하고 가톨릭교회의 교리와 교회법, 제도와 미사 등을 비판하면서 종교개혁 신앙을 지속적으로 전파했다.

그러나 영국에서의 그의 사역은 그리 오래가지 못했다. 에드워드 6세가 사망하고, 가톨릭교도인 '피의 메리'(Bloody Mary)가 여왕으로 등극했기 때문이다. 이 잔혹한 여왕은 예수의 십자가를 증거하지 못하도록 개신교를 박해했고 수많은 목회자를 처형했다.

낙스는 박해를 피해 영국을 떠나 독일 프랑크푸르트를 거쳐 장 칼뱅(Jean Calvin)이 있는 제네바로 갔다. 제네바는 사도 시대 초대 교회 이후 이 땅에 세워진 가장 온전한 그리스도의 학교와 같은 곳이었다. 이 시기에 낙스는 칼뱅이 세운 제네바아카데미에서 훈련을 받았고 영국을 떠나온 난민들을 위한 목회를 했다. 낙스는 칼뱅이 목회하는 제네바 교회 옆의 칼뱅 강당에서 약 200명의 영국 피난민들을 섬기며 목회자로 활동했다. 그는 칼뱅의《예배 모범서》를 따라《기도의 형식과 성례의 집행》을 작성하여 성도들에게 보급했다. 또한 교회 직분을 목사, 장로, 집사로 나누고 평등과 자율과 연합을 근간으로 한 장로정치를 시행했다. 낙스는 제네바에서 영어권 난민들에게 성경을 가르치며 말씀을 선포했다.

1559년 스코틀랜드에서 내전이 일어나자 칼뱅은 낙스에게 귀국을 종용했다. 낙스는 스코틀랜드로 귀국할 때 하나님께 감동적인 기도를 드렸다. 왕의 포고에 의해 불법자로 낙인찍혀 언제 죽을지 모르는 상황에서도 그는 "오 하나님, 스코틀랜드를 나에게 주시옵소서. 아니면 죽음을 주시옵소서"라고 부르짖었다. 스코틀랜드 부흥을 위해 목숨 건 기도를 드린 것이다.

귀족들과 시민들은 낙스를 환영했지만 메리 여왕은 그를 두려워했다. 메리는 "존 낙스 한 사람의 기도가 잉글랜드 100만 대군보다 더 무섭다"고까지 했다. 낙스는 "기도하는 한 사람이 기도하지 않는 한 민족보다 강하다"고 말했다. 하나님 편에 선 자가 항상 우세하다. 주님만을 두려워하

는 사람에게는 다른 두려운 사람이 존재하지 않는다. "여호와는 내 편이
시라 내가 두려워하지 아니하리니 사람이 내게 어찌할까"(시 118:6).

낙스에게 우호적인 스코틀랜드 귀족들은 개혁에 도움이 되는 법안들
을 통과시켰다. 스코틀랜드 내전은 국제전 양상을 띠었는데, 잉글랜드는
군대를 보내어 개신교도를 도와 가톨릭과 프랑스 세력을 몰아내는 데 도
움을 주었다. 기즈 메리(Mary of Guise, 메리 여왕의 어머니)는 전쟁 중 사망했고, 에
든버러 언약(1560년 6월 6일)은 스코틀랜드에서 개신교가 승리했음을 선포했
다. 1560년 8월 24일 스코틀랜드 의회는 스코틀랜드가 개신교 국가이며
가톨릭이 불법임을 선포했다.

낙스에게는 하나님의 말씀에 기초한 교회를 세우겠다는 꿈이 있었다.
그의 개혁은 스코틀랜드를 하나님의 말씀이 다스리는 나라로 만드는 것
이었다. 낙스는 스코틀랜드와 영국에서 벌어지는 종교 탄압과 폭정에 맞
서 유명한 글, "괴물 같은 여성 통치에 대한 '첫 번째 나팔 소리'"를 발간했
다. 이 글에서 낙스는 종교개혁을 탄압하는 스코틀랜드와 영국의 두 여왕
을 가리켜 '괴물'이라고 비판했다.

동시에 낙스는 동역자들과 함께 성경 전체를 새롭게 번역하는 일을 시
작했으며 성경 주석의 집필에도 관여했다. 그 결과물이 1560년에 출판된
그 유명한《제네바 성경》이다. 이후로 영국 백성은 누구든지 하나님의 말
씀을 가지고 교회에 올 수 있게 되었다.《제네바 성경》은 영국을 '책의 나
라'로 바꾸어 놓았으며 청교도들에게 큰 호응을 얻었다.《제네바 성경》
에는 장로교의 교리 문답서가 추가되었고 각주도 들어 있었다. 흠정역인
KJV는 1611년에 발간되어 영국 국교회에서 사용되었다.

1559년 낙스는 1100년에 세워진 세인트 자일스(St. Giles) 교회의 담임을
맡아 개혁의 봉화를 높이 들었다. 그는 자신의 첫 설교를 통해 성경만이
하나님의 유일한 말씀이며, 믿음으로 의롭다 함을 얻고 구원을 받는 것이

고, 예배의 근간은 미사가 아니라 말씀 선포라고 주장했다. 놀라운 성령의 역사를 동반한 낙스의 설교는 스코틀랜드 종교개혁의 원동력이 되었다. 스코틀랜드 전역을 휩쓴 개혁과 부흥의 불길이 이곳에서부터 강하게 타올랐다. 또한 그는 스코틀랜드에 만연한 미신, 우상 숭배, 폭정 등을 제거할 것을 선포했다.

낙스의 설교의 핵심 교리는 선택과 칭의의 교리, 그리고 그리스도의 보혈이었다. 그의 설교는 스코틀랜드 개신교 신자들의 희망이었고, 개혁주의 운동에 영적 생동감과 열정을 불어넣었다.

1561년 프랑스에서 스코틀랜드로 귀국한 메리 여왕은 가톨릭으로 회귀하고자 많은 노력을 기울였다. 하지만 그녀는 낙스의 설교를 들으면서 떨었으며, 잉글랜드가 그녀를 사로잡기 위해서 보낸 군대보다도 낙스의 설교를 더 무서워했다. 여왕 특사인 토머스 랜돌프(Thomas Randolph)는 "한 사람의 목소리가 한 시간 안에 귓전에 계속해서 때리는 500개의 나팔 소리보다도 더 우리에게 생기를 불어넣을 수 있다"고 말했다.

이후 낙스는 메리 여왕 앞에 출두하라는 소환을 받았다. 여왕은 낙스에게 가톨릭교회야말로 참된 하나님의 교회이기에 자신은 가톨릭교회를 수호할 것이라고 단언했다. 그러자 낙스는 가톨릭교회를 '창녀'라고 부르면서 "가톨릭교회는 교리에 있어서나 관습에 있어서나 온갖 영적인 간음으로 인해 완전히 더럽혀져 있다"고 답변했다. 그는 여왕에게 "종교개혁에 앞장서지 아니하면 하나님이 심판하신다"고 말했다. 복수심에 가득 찬 여왕은 낙스를 반역죄로 몰았지만, 그는 무죄 판결을 받았다. 결국 여왕은 폐위되어 1567년 잉글랜드로 망명했다.

세인트 자일스 교회에서의 낙스의 설교는 청중을 사로잡았다. 그의 설교는 도시를 송두리째 바꿔 버렸다. 스코틀랜드 전역에 말씀을 통한 대각성 운동과 영적 부흥이 일어났다. 스코틀랜드의 종교개혁은 낙스의 설교를 통해 이루어졌다. 낙스는 불의와 타협하지 않는 불굴의 신앙과 '죽고자 하면 산다'는 진리를 붙들고 루터와 칼뱅도 이루지 못한 '피 없는 혁명'을 완성했다. 스코틀랜드 의회는 교황의 권위를 배격하고 교황의 관할권을 폐지했다. 또한 가톨릭 미사 집전을 금지했다. 계급적인 교회 제도의 악습과 오류를 비판하고, 교육 개혁과 빈민 구제를 결의했다.

이와 관련한 권징서와 신앙고백서를 마련하기 위해 낙스와 5명의 개신교 사역자들로 신조작성위원회가 구성되었다. 신조작성위원회는 4일 만에 총 25개 조항으로 구성된 《스코틀랜드 신앙고백서》(*The Scotch Confession*)를 완성했다. 1560년 스코틀랜드 의회는 이 신앙고백서를 "균형 잡히고 건전한 교리"라고 승인하면서 국가의 신조로 채택했다.

《스코틀랜드 신앙고백서》는 성경이 교회의 권위가 아닌 성령의 조명 가운데 해석되어야 하며, 성경만이 무오하고 절대적 권위를 가진다고 진술한다. 또한 교회 의식 가운데 성경적 근거가 없는 것은 모두 제거할 것을 주장하며, 칼뱅의 가르침을 따라 성찬을 영적 임재로 해석했다. 이 신앙고백은 1647년 《웨스트민스터 신앙고백》이 나오기까지 스코틀랜드 교회의 교리적 표준이 되었다. 이어 1561년 12월 5일 낙스는 5명의 목사와 36명의 장로와 함께 스코틀랜드 장로교 총회를 조직했는데, 이는 스코틀랜드 역사상 최초의 장로교 총회였다.

메리 여왕은 1561년 스코틀랜드를 개신교 국가로 선포했다. 스코틀랜드는 낙스의 개혁에 힘입어 개신교 국가로 변해 갔으며 지구상에서 가장 칼뱅주의적 성향이 강한 나라가 되었다. 낙스의 불굴의 신앙과 확신은 17세기 청교도들과 언약도들을 낳았고 그들의 중요한 사상적 뿌리가 되었다. 이로써 스코틀랜드는 장로교, 아일랜드는 가톨릭, 잉글랜드는 국교회가 주된 종교적 색조를 이루게 되었다. 스코틀랜드 장로교회는 이후 한국 장로교회에 직접적인 영향을 미쳤다.

설교자로 이름을 떨친 낙스이지만 그의 설교문은 많이 남아 있지 않다. 필자는 햇불트리니티신학대학원 손동식 설교학 교수가 보내 준 영문 서적 안에서 낙스의 설교 두 편만 확보할 수 있었다. 이외에는 그의 설교에 대한 단편적인 보도, 그의 서신과 기도문만이 남아 있다. 그중에 인상적인 기도가 있다면, 저조한 교회 출석에 대해 성도들을 권면하는 기도다.

"오 주여, 언제까지 당신의 거룩한 이름이 멸시를 당하며, 언제까지 사람들이 그 구원자를 경외하지 않겠나이까? 아무 쓸모없는 놀이에는 2-3천 명이 모이는데, 예배를 드리기 위해 어떤 교구도 100명이 넘지 않는 이 도시가 영원한 하나님의 말씀을 듣게 하소서."

낙스의 두 편의 설교 중 한 편은 마태복음 4장 1절을 본문으로 한 "광야에서 시험받으신 예수님"이다. 이 설교의 대지는 "시험이 무엇이냐?", "누가 시험했느냐?", "어떻게 무엇으로 시험했느냐?", "왜 이런 시험을 받으셨으며 같은 시험을 받는 우리에게 무슨 열매를 주시는가?"다. 이 설교에서 낙스는 처음에는 소심한 설교자로 설교하는 것을 두려워했지만 나중에는 '하나님의 나팔수'로서 설교했다. "낙스의 목소리는 500개의 나팔보다 더 강력할 정도로 생명을 구원하는 데 열정이 있었다"라고 할 만했다. 그는 메리 여왕을 '이세벨'에 비유하며 설교했다.

다른 한 편은 1565년 8월 19일에 이사야 26장 13-21절을 본문으로 한 설교로서 설교의 요점은 다음과 같다. 이사야 26장은 예루살렘 유다 왕국은 몰락하고, 법궤는 빼앗기고, 백성들은 포로로 잡혀간 상황을 배경으로 하고 있다. 그래서 "다른 주들"이 선민 이스라엘을 지배하고 관할하는 비참한 상황이 벌어졌다. "여호와 우리 하나님이시여 주 외에 다른 주들이 우리를 관할하였사오나"(사 26:13). 하나님이나 하나님이 위임하신 자가 아니라 다른 자가 통치하고 있다는 것이다.

하지만 우리는 하나님 외에 다른 권세가 없다는 것을 알아야 한다. 권세가 있다고 해도 그 권세는 하나님으로부터 온 권세여야 한다. 또한 모든 권세는 하나님 앞에서 책임을 져야 한다. "다스리는 자들은 선한 일에 대하여 두려움이 되지 않고 악한 일에 대하여 되나니 네가 권세를 두려워하지 아니하려느냐 선을 행하라 그리하면 그에게 칭찬을 받으리라"(롬 13:3).

하나님이 칼을 주신 것은 자기 뜻대로 쓰라는 것이 아니라 악을 벌하고 선을 장려하라는 의미에서다. 그래서 사람이 세상에서도 하나님 앞에 살게 하시려는 것이다. 이것이 하나님이 인간에게 지위를 주신 참된 뜻이며, 권세자는 하나님의 사역자가 되어야 한다. 그러므로 권세자들은 하나님의 말씀을 바로 듣고 말씀을 지켜 행해야 한다(신 17:18-20; 수 1:8).

왕은 절대적인 권력을 가진 것이 아니라 하나님의 말씀에 의해 그 권력이 제한받아야 한다. 그런데 스코틀랜드 왕은 말씀에 따라 정의, 공평, 자비로 다스리고 있는가? 하나님께 복종하고, 그분의 계명을 지키며, 하나님의 말씀을 드러내고 있는가? 낙스는 만약 그렇지 않다면 유다의 예루살렘처럼, 스코틀랜드의 에든버러도 심판을 받을 것이라고 경고한다. "그러나 이스라엘 족속이 광야에서 내게 반역하여 사람이 준행하면 그로 말미암아 삶을 얻을 나의 율례를 준행하지 아니하며 나의 규례를 멸시하였고 나의 안식일을 크게 더럽혔으므로 내가 이르기를 내가 내 분노를 광야에서 그들에게 쏟아 멸하리라 하였으나"(겔 20:13). "그들은 죽었은즉 다시 살지 못하겠고 사망하였은즉 일어나지 못할 것이니 이는 주께서 벌하여 그들을 멸하사 그들의 모든 기억을 없이하셨음이니이다"(사 26:14).

이사야 26장 17-18절을 통해 낙스는 인간의 노력이 아무 쓸데없음을 증명한다. 잉태한 여인이 산고를 겪으면서 부르짖는 것같이 하나님께 부르짖으나 생명을 출산하지 못하고, 구원의 역사도 없고, 바람을 낳은 것과 같이 허무하다는 것이다. 우리의 노력과 고난은 아무런 의미도 소용도 없다. 그러나 회개한다면 죽은 자가 살아날 것이라는 약속의 말씀이 곧바로 이어진다(사 26:19). 환난 중에도 주님만을 의지하고 주의 이름을 부르면 소망이 있다. "여호와여 그들이 환난 중에 주를 앙모하였사오며 주의 징벌이 그들에게 임할 때에 그들이 간절히 주께 기도하였나이다"(사 26:16).

회개하는 자에게 하나님은 구원자로 방문하신다. 신자는 하나님의 방문을 간절히 바란다. 하나님은 오셔서 반역한 자들은 심판하시고, 고통당하는 자들은 구출하신다. 하나님은 모세를 통해 이스라엘을 해방하셨고, 예수님을 통해 죄에 빠진 인류를 구원하셨다. 아합에게도 하나님은 여러 차례 방문하셨다. 때로는 재앙으로, 말씀으로, 도움으로 방문하셨지만 아합은 회개하지도, 믿지도 않았고, 그래서 결국 심판받았다.

하나님은 하나님의 사람들을 통하여 권세자들 앞에 자신을 나타내신다. 바벨론의 느부갓네살 앞에는 다니엘을 통해 나타나셨다. "왕이 대답하여 다니엘에게 이르되 너희 하나님은 참으로 모든 신들의 신이시요 모든 왕의 주재시로다 네가 능히 이 은밀한 것을 나타내었으니 네 하나님은 또 은밀한 것을 나타내시는 이시로다"(단 2:47). 그 칙명이 부당하다 하여 명령에 불복한 사드락, 메삭, 아벳느고를 통해서도 나타나셨다. "느부갓네살이 말하여 이르되 사드락과 메삭과 아벳느고의 하나님을 찬송할지로다 그가 그의 천사를 보내사 자기를 의뢰하고 그들의 몸을 바쳐 왕의 명령을 거역하고 그 하나님밖에는 다른 신을 섬기지 아니하며 그에게 절하지 아니한 종들을 구원하셨도다"(단 3:28).

완고하고 교만한 느부갓네살조차도 하나님의 사람을 통해 회개하고 복을 받았다. "내가 이제 조서를 내리노라 내 나라 관할 아래에 있는 사람들은 다 다니엘의 하나님 앞에서 떨며 두려워할지니 그는 살아 계시는 하나님이시요 영원히 변하지 않으실 이시며 그의 나라는 멸망하지 아니할 것이요 그의 권세는 무궁할 것이며 그는 구원도 하시며 건져 내기도 하시며 하늘에서든지 땅에서든지 이적과 기사를 행하시는 이로서 다니엘을 구원하여 사자의 입에서 벗어나게 하셨음이라 하였더라"(단 6:26-27). 하나님은 주만 의지하고 주의 이름을 부르짖는 이들에게 결박에서 자유를, 어두움에서 빛을, 죽음에서 생명을 주신다.

낙스는 회개하면 기쁨이 찾아온다고 말한다. 요한복음 16장 21절에서 예수님이 약속하신 것같이, 여인이 해산할 때에는 고통과 슬픔이 임하지만 자녀를 낳으면 기쁨이 충만하게 되고 이전의 고통을 잊어버림과 같다. "주의 죽은 자들은 살아나고 그들의 시체들은 일어나리이다 티끌에 누운 자들아 너희는 깨어 노래하라 주의 이슬은 빛난 이슬이니 땅이 죽은 자들을 내놓으리로다"(사 26:19). 주를 의지하고 주의 이름을 부르는 자들은 대적뿐만이 아니라 죽음까지도 정복한다. 새 생명의 부활로 나타나는 것이다.

이는 에스겔 37장에 나오는 골짜기의 환상과 같을 것이다. "생기야 사방에서부터 와서 이 죽음을 당한 자에게 불어서 살아나게 하라"(겔 37:9). "내가 생기를 너희에게 들어가게 하리니 너희가 살아나리라"(겔 37:5). 겨울에 바람이 불고 추위가 닥쳐오면 식물과 꽃과 과일들은 사라지고 죽는 것 같지만 봄이 되면 다시 소생한다. 이와 같이 하나님의 은혜로 다시 살아나리라. 고린도전서 15장의 부활의 역사와 같다.

하나님은 오늘도 자신의 백성을 부르신다. "내 백성아 갈지어다 네 밀실에 들어가서 네 문을 닫고 분노가 지나기까지 잠깐 숨을지어다"(사 26:20). 반면에 악인들은 그들의 죄악이 백일하에 드러나게 되고 심판을 면치 못할 것이다. "보라 여호와께서 그의 처소에서 나오사 땅의 거민의 죄악을 벌하실 것이라 땅이 그 위에 잦았던 피를 드러내고 그 살해당한 자를 다시는 덮지 아니하리라"(사 26:21).

임종을 앞둔 낙스는 아내에게 고린도전서 15장(부활장)과 요한복음 17장(고별 기도)을 읽어 달라고 했다. "나는 세상에 더 있지 아니하오나 그들은 세상에 있사옵고 나는 아버지께로 가옵나니 거룩하신 아버지여 내게 주신 아버지의 이름으로 그들을 보전하사 우리와 같이 그들도 하나가 되게 하옵소서"(요 17:11). 그는 아내가 읽어 주는 말씀을 묵상하는 가운데 하나님의 부르심을 받았다. 1572년 11월 24일 낙스는 에든버러 자택에서 하나님의 품으로 돌아갔다.

낙스의 인생에서 눈에 띄는 특징은 용기다. 그는 오직 하나님의 영광을 위하여 모든 것을 드리고 하나님 한 분만 두려워하며 살아간 하나님의 사람이었다. 그는 왕의 절대 권력과 부패에 맞서 싸우면서 여왕도, 교황도, 국민도, 그 누구도 두려워하지 않았다. 모턴(Morton) 백작은 낙스의 묘 앞에서 "여기 일평생 사람을 결코 두려워하지 않은 한 사람이 누워 있다"라고 말했다. 하나님만 두려워하면 세상에 두려울 것이 없다. 하나님을 두려워하지 않으면 세상에 두려워할 것이 천지다. 우리도 낙스처럼 기도해야 한다. "한국을 나에게 주옵소서. 아니면 죽음을 주옵소서."

2
참된 목자로 살라 | 리처드 백스터
사도행전 20:28

열정, 솔직함, 합리성의 리처드 백스터

B영국의 청교도들은 미국으로 건너가 기독교에 큰 영향을 미쳤다. 영국 청교도의 대표적인 인물 중에 《죄 죽이기》(1656)를 쓴 존 오웬(John Owen)이 있다. 그는 웨일즈 출신의 청교도로서 찰스 1세(Charles I) 국왕이 처형된 다음 날 의회에서 설교했고, 호국경 올리버 크롬웰(Oliver Cromwell)의 전임 목사로 봉직했으며, 1652년 옥스퍼드 대학교 부총장이 되었다. 오웬과 동시대에 살았던 리처드 백스터(Richard Baxter, 1615-1691)에 대해 이 장에서 먼저 다루어 보겠다.

백스터는 영국의 대표적인 청교도 목회자로서 청교도 혁명 때 의회파로서 활약했고 크롬웰 장군의 군목을 담당했다. 왕정복고 후 즉위한 찰스 2세(Charles II)는 백스터를 궁정 사제로 선임하고 국교회 주교직을 제안했지만 그는 단호히 거절했다. 백스터는 1662년 국교회를 떠나 박해를 받으면서도 비국교도 목사로 설교했고, 18개월간 투옥 생활을 했다. 또한 백스터는 대추방령(1662) 때 2천여 명의 설교자와 함께 추방되었다. 그는 C. S. 루이스(C. S. Lewis)가 가장 존경했던 목사였는데, 루이스는 백스터의 영향을 받아 《순전한 기독교》(홍성사, 2018)라는 책 이름을 지었다. 제임스 패커(James Packer)는 박사 학위 논문으로 백스터에 대해 썼는데, 그 논문에서 백스터의 성품으로 열정, 솔직함, 합리성을 꼽았다.

청교도가 되기 전 백스터는 1638년에 국교회 사제로 안수받고, 1641년 키더민스터에서 목회했다. 그곳은 800가구 2천여 명의 주민이 살던 곳이다. 백스터의 목회 사역의 열매는 놀라웠다. 그는 "내가 이곳에 처음 왔을 때 하나님을 예배하고 하나님의 이름을 부르는 가정은 거의 없었다. 그러나 내가 이곳을 떠날 때 하나님을 예배하지 않고 하나님의 이름을 부르지 않는 가정은 거의 없었다"고 회고했다.

백스터는 《성도의 영원한 안식》 외 200여 권의 책을 집필했다. 그는 자신의 많은 저술을 하나님께 영광 돌리는 도구로 삼았다.

"나는 그저 하나님의 손안에 있는 하나의 펜이다. 펜에게 무슨 칭송이 필요한가?"

그가 목회한 키더민스터 교회에 있는 그의 기념비에는 다음과 같은 문구가 기록되어 있다.

"1641년부터 1660년까지 이곳은 리처드 백스터의 일터였다. 이제 여기는 그의 기독교 신학과 충실한 목회로 인해서 그와 똑같이 유명하게 됐다. 폭풍우가 몰아치는 분열의 시대 속에 그는 일치와 화해를 위해 일했고 영원한 평안의 길을 제시했다."

참된 목자란

백스터의 《참된 목자》(The Reformed Pastor, CH북스, 2016)는 1656년 청교도 혁명 후 왕정복고 전에 쓰인 글이다. 원어 제목은 《개혁된 목회자》로 개신교 목회자의 자질과 사역 방침을 다루고 있지만, 현재는 《참된 목자》라는 제목으로 번역되어 있다.

1655년 12월 4일 우스터 지역의 목회자들이 모여 '자신들의 게으름을 회개하고 열매를 맺을 수 있기를 간구하는 집회'를 열고자 했다. 백스터는 그곳에서 설교하기 위해 이 원고를 준비했는데, 지병으로 인해 정작 집회에는 참여하지 못했고 그 내용이 책으로 출판되었다.

이 책은 우스터 지역 목회자들이 주최한 대회인 "통회의 날"을 위해 기록된 글로, 개신교 목회자와 목회 사역, 그리고 개별적인 신앙 지도와 교리 교육이라는 목회 사역의 본질을 다룬다. 이 책은 사역자의 기본이자 고전으로 통한다. 평범하고 당연한 이야기로 보이지만, 현실은 그에 부응하지 못하고 있다. 존 웨슬리(John Wesley)의 아버지 사무엘 웨슬리(Samuel Wesley) 목사도 이 책을 극찬했고, 존 웨슬리도 《참된 목자》는 처음부터 끝까지 정독할 만한 가치를 지닌 책이다"라고 논평했다.

백스터는 목회자가 새롭게 변화되면 성도들도 새로워질 것이라고 믿었다. 모든 것이 목회자에게 달려 있다고 보았다. 1편은 목회자의 자아 성찰을 다룬다. 왜 목회자가 자아 성찰을 해야 하는가? 백스터는 목회자의 자아 성찰을 가장 기본으로 하여 시작한다. 내면에서부터 시작해 밖으로 나아가는 것이다. 2편은 양 떼를 돌보는 목양의 본질을 다루면서 목양의 자세와 목양의 이유를 제시한다. 3편은 목회의 실제 적용으로서 겸손이라는 덕목과 교리문답 교육에 대해 다룬다.

본론으로 들어가기 전 백스터는 "저자가 드리는 말씀"을 통해 이번 집회를 위한 전체 성구를 제시한다. "여러분은 자기를 위하여 또는 온 양 떼를 위하여 삼가라 성령이 그들 가운데 여러분을 감독자로 삼고 하나님이 자기 피로 사신 교회를 보살피게 하셨느니라"(행 20:28). 본래 이 성경 말씀은 제3차 전도 여행의 귀로에서 바울이 에베소 교회 장로들에게 한 고별 설교에서 한 말이다.

아마도 이 구절은 백스터의 목회 좌우명이었을 것이다. 이 구절에 따르면, 바울은 교회 장로들(목회자들)에게 자기를 위하여, 그리고 온 양 떼를 위하여 삼가라고 주문한다. 이를 통해 백스터는 다음과 같은 논지를 추출해

냈다. 첫째, 우리가 우리 자신에 대해 성찰한다는 것은 무슨 의미인가? 둘째, 왜 우리는 우리 자신에 대해 성찰해야 하는가? 셋째, 모든 양 떼에 대해 주의를 기울인다는 것이 무슨 의미인가? 넷째, 모든 양 떼를 돌보는 자세는 어떤 모습인가? 다섯째, 왜 우리는 모든 양 떼에 대해 주의를 기울여야 하는가? 마지막으로는 전체 내용을 적용한다.

칼뱅은 이런 백스터의 관점에 대해 "자기 자신의 구원에 게으른 사람은 다른 사람의 구원을 위해 열심을 낼 수 없다"고 옹호했다.

목회자에게 묻는다

1편 1장 1항에서 백스터는 목회자들에게 묻는다.

"당신은 구원의 은혜 가운데 있는가?"

백스터가 보기에 목회자가 갖추어야 할 가장 기본적이고 중요한 자격은 자신의 구원 체험이다. 어디 목회자뿐이겠는가! 이는 모든 신자에게도 적용되어야 할 질문이다. 그는 이렇게 말한다.

"구원하는 은혜의 사역이 여러분의 영혼 속에 온전히 역사하고 있는지 살펴보십시오." "여러분, 자신을 먼저 돌아보십시오. 성도들에게 어떠한 사람이 되라고 가르치기 전에 자신이 먼저 믿고, 그들에게 소개하는 구주를 자신이 먼저 진심으로 받아들이십시오."

이 말을 들으니 고 한경직 목사님이 예전에 하신 말씀이 기억난다. 그분은 목회자 모임이 있을 때마다 이런 말씀을 하셨다고 한다. "목사님들, 예수님 잘 믿으세요." 당연한 말 같지만 사실은 엄중한 현실 인식이다. 목사들 중에서도 예수님을 믿지 않고 사역하는 사람들을 많이 보셨기 때문이리라.

"그리스도인이 되기도 전에 설교자가 된 목자들은 교회의 재난과 위험이다."

목사가 제대로 서지 못하면 회중을 파멸로 이끌게 된다. 그는 알지 못하는 것을 예배하고, 알지 못하는 그리스도를 전하고, 알지 못하는 대상에 게 기도하게 된다.

백스터의 두 번째 질문은 이것이다.

"하나님의 은혜로 일하는가?"

목회 사역은 하나님이 주신 은혜를 나누는 사역이다. 그러니 은혜가 없 다면 우리는 사역을 제대로 할 수 없다.

"목회를 감당하려면 특별한 은혜가 필요하다."

목회자는 은혜 안에 있다는 사실에 만족하지 말고 그 은혜가 역동적으 로 역사하고 있는지 살펴야 한다. 은혜의 역사가 자기 자신의 영혼에 새겨 져 있는지 늘 살펴야 한다. 목회자가 먼저 천국에 합당한 마음을 가질 때 양들로 하여금 천상의 감미로움과 하나님께 가까이 나아감을 더 크게 느 끼게 할 수 있다.

어떻게 은혜 안에 있을 수 있는가? 그 방법은 은밀한 기도와 묵상이다. 목회자가 먼저 은밀한 기도와 묵상으로 하나님과 동행하는 삶을 살지 못 한다면 자신만 실패하는 것이 아니라 함께하는 사람들의 실패를 낳게 된 다. 그뿐 아니라 언행의 불일치는 그동안 공들인 모든 일을 일순간에 수포 로 돌아가게 만든다. 혀로 말한 것이 삶에서 철회되지 않도록, 그래서 노 고의 결실을 얻는 데 자신이 가장 큰 훼방꾼이 되지 않도록 해야 한다. 백 스터는 자기의 행동이 가르침에 모순되지 않는지 살펴보라고 촉구한다.

"말 잘할 뿐 아니라 잘 행하십시오."

강대상에서 하는 설교와 일상생활에서 하는 말 사이에 차이가 없어야 한다. 교회, 가정, 일터에서 차이가 나지 않게 살아야 한다. 목회자는 끊임 없이 "사람들의 영혼을 구하려면 나는 어떻게 살아야 하며, 어떻게 행동 해야 할까? 내가 갖고 있는 자원을 어떻게 사용해야 할까?"라고 스스로에 게 물어야 한다.

백스터는 재미있는 비유를 들어 이를 강조한다. 재봉사가 다른 사람들에게는 아주 귀한 옷을 지어 주지만 자신은 누더기를 입고 지낸다면 이 얼마나 안타까운 일인가! 사울은 사무엘 선지자에게서 기름 부음을 받고 왕이 되었지만 자기를 돌보지 않음으로 결국 하나님께 버림받았다. 그는 가장 비참한 사람이 되었다. 삼손은 많은 재능을 갖고 태어났지만 음욕이라는 약점을 극복하지 못함으로 두 눈이 뽑히고 결박되는 비참함을 맛보게 되었다. 따라서 목회자는 성도의 눈 속의 티끌을 보기 전에 먼저 자기 눈 속의 들보를 보아야 한다. 성도들의 죄를 경고하고 질책하면서도 정작 자신이 그런 죄에 빠져 있는 경우가 많기 때문이다. 백스터는 목회자들에게 다음과 같이 경고한다.

"여러분이 정죄했던 죄를 여러분이 범하지 않도록 스스로 주의하십시오." "죄를 꾸짖기는 쉬워도 죄를 이기기는 힘듭니다."

또한 목회자는 먼저 충분한 실력과 자격을 갖추기 위해서 노력해야 한다.

"당신은 자격을 갖추기 위해 노력하는가?"

목사는 성도들의 눈을 열어 교묘하게 침투한 유혹을 드러내고, 성경을 정확하게 설명해 주고, 삶의 중대하고 복잡한 문제를 해결하도록 도와주는 사람인데 어떻게 제대로 훈련받지 않고 감당할 수 있겠는가? 따라서 항상 연구하고 기도하고 토론하고 실천해야 한다. 시간을 허비하는 것은 목사에게 죄다.

목회자도 천국을 잃을 수 있다

백스터는 "목회자도 천국을 잃을 수 있다"고 경고한다. 목회자도 다른 사람과 마찬가지로 천국과 지옥의 갈림길에 서게 될 것이다. 따라서 설교자는 다른 사람에게 설교하기 전에 먼저 자신에게 설교해야 한다.

"정확하게 설교하기 위해 열심히 연구하는 것보다 설교한 대로 정확하게 사는 것이 더 중요하다." "만약 자신이 강대상에 있을 때만 목회하고 있다고 생각한다면 강대상에 있는 시간 이외에는 자신이 목사가 아니라고 생각하는 것과 같다."

그리스도를 무시하면서 그리스도에 대해 설교하는 자들, 성령을 거역하면서 성령에 관한 설교를 하는 자들은 하나님께 거부당하게 될 것이다. 하나님은 외모로 사람을 취하지 않으신다. 그 외모에는 직분도 포함되어 있다. 목사라는 직분이 천국을 담보하는 것이 아니다. "그날에 많은 사람이 나더러 이르되 주여 주여 우리가 주의 이름으로 선지자 노릇 하며 주의 이름으로 귀신을 쫓아내며 주의 이름으로 많은 권능을 행하지 아니하였나이까 하리니 그때에 내가 그들에게 밝히 말하되 내가 너희를 도무지 알지 못하니 불법을 행하는 자들아 내게서 떠나가라 하리라"(마 7:22-23). 백스터는 목회자도 다른 사람들처럼 타락한 본성을 가지고 있다고 했다. 죄악의 경향성이 있어서 게으르고 탐욕적이고 정욕적이 될 수 있다. 더 나아가 목회자는 본질상 자신이 더 큰 위험에 처해 있다는 것을 직시해야 한다.

"목회자는 더 큰 유혹에 노출되어 있다."

목회자는 신자들을 이끌어 가는 지도자이기 때문에 마귀로부터 맹렬한 적의와 공격의 주요 대상이 된다.

"하나님의 백성들을 타락시키고 파멸시키고자 할 때, 그들의 지도자를 타락하게 하는 것보다 더 빠른 방법은 없다."

마귀는 목회자를 상대할 때, 삼손에게 하듯 그들의 힘을 빼고 눈을 뽑고 결박하여 사탄의 트로피와 조롱거리로 삼을 것이다. 이를 역으로 적용해 보면 이런 말도 통하게 될 것이다. "마찬가지로 교회를 새롭게 하려고 할 때, 교회의 지도자들을 새롭게 하려는 노력보다 더 효과적인 방법은 없다."

백스터는 말한다.

"목회자는 주목받는 자리에 있다."

물론 타인의 시선이 죄를 멀리할 수 있는 영적 유익이 될 수 있다. 목사의 실족을 지켜보는 자는 많다. 그래서 항상 조심해야 한다. 목회자도 연약한 존재이기 때문이다.

그리고 목회자의 죄는 하나님의 더 큰 진노를 불러온다. 영향력이 큰 사람일수록 그가 짓는 죄는 치명적인 결과를 낳는다. 알폰수스(Alphonsus)왕은 "위대한 사람은 작은 죄를 지을 수 없다"고 말했다. 위대한 사람이 짓는 죄는 그 파장과 파괴력이 커서 결코 작게 치부할 수 없다는 의미다. 같은 죄를 지어도 배운 사람이 범하면 더 큰 죄가 된다. 말하자면 '알고도 지은 죄', '위선적인 죄', 혹은 '배신', '사기'가 그런 죄다. 그런 죄를 짓는 자는 지옥의 제일 밑바닥에 떨어질 것이다. "주인의 뜻을 알고도 준비하지 아니하고 그 뜻대로 행하지 아니한 종은 많이 맞을 것이요"(눅 12:47). 이런 여러 가지 이유로 목사에게 자아 성찰은 필수적이다.

목양의 본질

백스터는 목사의 자질에 대해 이야기한 1편에 이어 2편과 3편에서 목양에 대한 이야기를 이어 간다. 그는 여기서 목양의 본질, 자세, 이유에 대해 다룬다. 목자는 모든 양 떼에게 주의를 기울여야 한다. 목사와 성도는 시편 23편에서처럼 목자와 양의 관계다. 따라서 목사는 양을 잘 알아야 한다. 양들의 형편, 성향, 관심, 문제, 직면한 죄와 유혹 등을 알아야 한다.

목사가 목양한다고 할 때 '목양'은 정확히 어떤 의미를 갖는가? 첫째, 목양은 진리를 전해서 회심하게 하는 일이다. 특별히 회심하지 않은 자들, 지옥으로 향하는 사람들, 비신자를 회개시키기 위해 노력해야 한다. 백스터는 "죽어 가는 사람으로서 죽어 가고 있는 자들에 대한 동정심을 가지고 진리를 전하라"고 촉구했다. 둘째, 목양은 죄책감에 시달리는 자들에게 조언해 주는 것이다. 신앙을 잃어 가는 연약한 신자들을 돌봐야 한다. 셋째, 목양은 하나님의 은혜에 이미 참여한 자들을 든든히 세우는 일이다. 넷째, 목양은 각 가정들을 세심하게 돌보는 일이다. 다섯째, 목양은 환자를 부지런히 심방하는 것이다. 여섯째, 목양은 죄지은 자를 꾸짖고 훈계하는 일이다. 일곱째, 목양은 교회의 권징을 주의해서 시행하는 일이다. 백스터는 목양에 있어 대중 설교도 탁월한 수단이지만 개인적으로 복음을 전하는 것이 더 큰 효과가 있음을 강조하며 교리문답과 상담을 목회자의 의무로 규정한다.

목회자는 어떤 자세를 취해야 하는가? 백스터는 목회자에게 요구되는 몇 가지 자세를 나열한다. 하나님의 영광과 영혼 구원을 위해서, 부지런히 열심히, 신중하게 질서 있게, 소중한 일부터, 간단명료하게, 겸손하게, 엄격함과 관대함이 조화를 이루도록, 신중하고 진지하며 열정적으로, 부드러운 사랑으로, 오래 참음으로, 경건하게, 영적으로, 그리스도를 의지함으로, 다른 목회자와 하나가 되어 행해야 한다.

목회자의 교만은 치명적이고 악한 죄다. 교만에서 시기, 분쟁, 불평이 나온다. 교만의 증거는 영적인 일에 대한 게으름과 무관심, 세속적인 일들에 대한 관심, 교회의 연합과 화평을 소홀히 하는 것, 소극적인 징계 등이다. 또한 목사는 성도를 가족으로 생각해 부모의 역할을 다해야 한다.

"목사는 부드럽고 겸손하게 모든 사람에게 나타나야 한다. 다른 사람들을 가르침과 동시에 배울 준비가 되어 있어야 한다."

목회는 영적인 문제로서 하나님을 기쁘시게 하고 양 떼를 구원한다. 하지만 그 외의 일들에 대해서는 유연한 입장을 보일 수 있다. 백스터는 "본질적인 것에 대해서는 연합을, 비본질적인 것에 대해서는 자유를, 모든 것에 대해서는 자비를"이라고 말했다.

목사는 왜 목양해야 하는가? 목양의 이유가 무엇인가? 첫째, 목사는 양을 맡은 자이기 때문이고, 둘째, 성령이 이끌어 주시기 때문이고, 셋째, 하나님이 자기 피로 값 주고 사신 하나님의 교회이기 때문이다.

백스터에게 있어서는 세 번째 이유가 제일 크다. 그는 "만약에 그리스도가 그분의 보혈을 파손되기 쉬운 유리병에 담아서 내게 위탁하셨다면 얼마나 소중하게 취급했겠는가? 그리스도가 나에게 그분의 보혈로 사신 것을 위임하셨다면 내가 더욱 주의해서 다뤄야 하지 않겠는가?"라고 묻는다. 이런 이유로 목사는 목양에 최선을 다하고 주의를 기울여야 한다. 그래서 백스터는 그의 나이 76세(1691년 12월 8일)에 이런 기도를 드리며 생을 마감했다.

"주님, 이 불쌍하고 무지한 이 도시(런던)를 긍휼히, 긍휼히, 긍휼히 여기소서."

목양에 있어 특별히 죄의 처리가 가장 중요하다. 백스터의 《회심》(지평서원, 2010)에는 회심하지 않은 사람들의 세 가지 특징이 나온다. 첫째, 악인은 자신의 최고의 만족을 땅에서 구한다. 하나님보다 피조물을 더 사랑하며, 하늘의 행복보다 육체의 만족을 더 좋아한다. 둘째, 악인은 출세하고 세속적인 목표를 달성하는 것을 인생의 가장 중요한 일로 여긴다. 셋째, 악인의 영혼은 결코 구속의 신비를 분별하거나 맛보지 못한다.

우리 모두가 사역자다

백스터는 은혜를 핑계로 거룩함에 이르지 못한 신자의 생활을 꾸짖는다.

"여러분은 은혜 없이 하나님께로 돌아갈 수 없지만, 여러분의 고의적인 범죄와 무시로 인해서 하나님의 은혜와 도우심을 상실할 수도 있다는 것을 알아야 한다. 여러분은 자신을 치료할 수 없지만 자신에게 상처를 입히거나 독을 마실 수 있다. 여러분의 마음을 부패시키는 자는 누구인가?" "하나님의 특별한 은혜 없이는 회심할 수 없지만 하나님이 자신이 정하신 거룩한 수단을 통하여 우리에게 은혜를 주신다는 것을 알아야 한다."

백스터를 위시해서 청교도들은 칭의는 시작에 불과하기에 반드시 성화로 이어져야 한다고 믿었다.

"신자가 삶의 성화를 위해 애쓰지 않는 것은 그가 택함 받지 못했음을 보이는 확실한 표시다."

백스터는 "죄가 당신을 죽이기 전에 먼저 당신이 죄를 죽여라"라고 권면한다.

백스터의 《참된 목자》는 우리를 회개하게 만들고 우리 자신을 돌아보게 하는 책이다. 다시 기본으로 돌아가게 하는 책이다. 우리 모두는 사역자이며 제사장이다. 따라서 이 책의 가르침을 따라 하나님 앞에서 올바르게 살아감으로 구원의 은혜를 우리 가운데 풍성히 누리도록 하자.

3
좁은 길로 가라 | 존 번연
마태복음 7:13-14

꿈에 대한 이야기

B요즘은 환경오염 탓에 도심에서는 별을 보기가 힘들다. 어디 별뿐이랴. 팍팍한 현실 속에서 현대인들은 꿈을 꾸기도 힘들다. 그럼에도 우리는 꿈을 꾸어야 한다. 꿈이 없는 인생은 죽은 인생이기 때문이다. 우리에게 잘 알려진 《천로역정》(*The Pilgrim's Progress*)은 존 번연(John Bunyan, 1628-1688)의 꿈 이야기다. 꿈으로 시작해서 꿈으로 끝난다. 번연은 이렇게 시작한다.

"이 세상에서 황무지를 걷던 나는 어떤 동굴에 들어가 불을 밝힌 후 잠을 자려고 몸을 뉘었다. 그리고 꿈속에서 누더기를 걸치고 서 있는 한 남자를 보게 된다. 집을 나온 듯한 몰골에 손에는 책을 들고 등에는 무거운 짐을 지고 있었다. 그는 책을 펼쳐서 글을 읽었다. 책을 읽으면서 울며 몸을 떨고 있더니, 견디다 못해 그는 마침내 통곡을 하면서 이렇게 말했다. '이제 어찌해야 하나?'"

존 번연, 감옥에서 천국 가는 길을 보다

번연은 존 밀턴(John Milton)과 함께 17세기를 대표하는 청교도 작가다. 번연은 엘스토우에서 태어났다. 그의 아버지는 대장간 놋쇠 땜장이였다. 가난

36

때문에 정규 교육을 받지 못한 번연은 17세까지 식기류 땜장이 일을 배웠다. 어려서는 엘스토우 교회에서 신앙생활을 했고 성장해서는 올리버 크롬웰(Oliver Cromwell)의 군대에 소속되어 전투에 나서기도 했다.

1653년에 베드포드 침례교회 신자가 된 번연은 그리스도를 향한 열정으로 설교하기 시작했다. '번연 주교'라는 별명을 얻을 정도로 복음 전도자로서 성실히 설교했다. 《죄 죽이기》를 쓴 존 오웬(John Owen)도 그의 설교를 경청했다고 전해진다. 하지만 이런 그의 활동으로 인해 결국 영국 국교회와 부딪치게 되었고, 비밀 집회를 하다 잡혀 12년간 감옥 생활을 했다. 그러나 그는 멈추지 않고 죄수들에게 설교했고, 그곳에서 《천로역정》을 집필했다. 감옥에서도 그의 눈에는 천성 가는 길이 보였던 것이다.

천국에 대한 명상과 상상을 글로 옮겨 놓은, 번연의 대표작이자 역작인 《천로역정》은 1678년에 출간되었다. 이 책은 100개 이상의 언어로 번역되었고, 성경 다음으로 많이 읽힌 책이 되었다. 이 책은 많은 성구를 인용하고 있다.

《천로역정》

번연은 《천로역정》을 호세아 12장 10절 말씀으로 시작한다. "내가 여러 선지자에게 말하였고 이상을 많이 보였으며 선지자들을 통하여 비유를 베풀었노라"(호 12:10). 예수님은 때로는 현실의 사물을 통해서, 때로는 비유로, 때로는 상징으로 사람들에게 가르치셨다. 번연도 우리가 알아들을 수 있는 비유와 상징으로 신앙생활의 여정을 묘사하고 있다. 《천로역정》은 장망성(將亡城, 멸망의 도시)에서 천성까지 가는 순례길에 대한 이야기다. 그 길의 여정, 길을 가다 만난 사람들, 거기서 벌어진 사건들, 들은 말씀 등이 기록되어 있다.

무거운 짐 진 자 '크리스천'

《천로역정》의 주인공은 '크리스천'이라는 인물이다. 주인공의 이름에서 알 수 있듯이 번연은 등장인물의 이름으로 그의 본질을 파악할 수 있게 해 준다. 크리스천은 무거운 짐을 지고 있다. 그는 가족들에게 "나는 내 등에 지워진 무거운 짐 때문에 죽을 지경이다. 더구나 머지않아 하늘에서 불이 쏟아져 우리가 살고 있는 도시가 잿더미가 될 것이다"라고 말한다. 여행에 필요한 짐을 짊어진 것이 아니고, 처음부터 무겁게 느끼고 있던 것도 아니고, 책을 읽으면서 알게 된 짐인데 스스로 벗을 수 없는 짐이었다. 그가 읽은 책은 성경이다.

성경을 읽지 않으면 우리도 우리 자신의 상태를 제대로 인식할 수 없다. 진리의 책 앞에 설 때 그것이 거울이 되어 우리 내면의 본질을 제대로 볼 수 있게 된다. 주인공이 지고 있는 짐은 죄의 짐이다. 인간이 하나님 앞에서, 그리고 자신의 양심에서 느끼는 죄의식을 의미한다. 이런 죄의식은 인간을 절망 상태로 이끈다. 스스로의 힘으로는 이 짐을 제거할 수 없기 때문이다.

주인공 크리스천은 자기가 사는 도시가 머지않아 멸망할 것도 알게 되었다. 그때 전도자가 그에게 다가와, 그곳을 떠나 좁은 문을 통과해 시온성으로 가야 한다고 알려 준다. 좁은 문은 보이지 않지만 불빛(성경)을 따라가면 나온다고 한다. 좁은 문은 그리스도였다. 크리스천은 가족들에게 자기가 읽은 내용을 말해 주고 좁은 문으로 들어가자고 요청하지만 가족들은 그를 이해하지 못하고 오히려 정신 나간 사람 취급을 한다. 결국 그는 가족을 두고 홀로 멸망할 도시를 떠나 시온성으로 가는 순례자(Pilgrim)가 된다.

길을 떠난 크리스천은 세상 현자를 만난다. 그는 "무거운 짐을 벗어 버리시오. 짐을 벗어 버리기 전까지는 결코 마음의 안정을 얻지 못할 것이며 하나님이 당신에게 베푸시는 축복의 은혜도 기쁜 마음으로 누리지 못할 것이오"라고 말했다. 그때 크리스천은 "이 무거운 짐을 어서 벗어던지는 것이 바로 나의 소망입니다. … 이 짐을 벗기 위해서 지금 길을 가고 있는 중입니다"라고 대답했다. 세상 현자는 좁은 문 대신 율법의 언덕을 가리키면서 그곳에 가면 짐을 벗을 수 있다고 말해 준다. 그리고 그 길에서 '도덕', '법', '예의'라는 세 사람을 만나게 될 텐데 그들이 문제를 해결해 줄 수 있다고 말한다.

크리스천은 그 말을 믿고 율법의 언덕을 향해 나아간다. 그런데 가면 갈수록 그 언덕은 더욱 멀어져 간다. 그는 탈진하고 만다. 그 산은 사실 시내산이었다. 이처럼 세상 교훈과 지혜는 아무 효과가 없다. 세상의 조언은 중요하지 않다. 진리만이 우리를 쉬게 해 줄 수 있다.

십자가만이 무거운 짐을 벗긴다

크리스천은 율법, 즉 도덕, 법, 예의를 지킨다고 자신의 짐이 벗어지지 않는다는 것을 깨닫는다. 시간을 허비했지만 다시 방향을 돌려 십자가 언덕을 향해 나아간다. 그가 그 언덕에 오르자 놀랍게도 그의 짐이 벗어진다. 번연은 이렇게 묘사한다.

"내가 꿈에 보니 크리스천은 그 십자가가 있는 쪽으로 걸음을 옮기고 있었다. 순간, 그의 등 뒤에 매달려 있는 짐이 스르르 떨어져 나가더니 데굴데굴 굴러가 버렸다. 짐은 무덤 앞까지 굴러가더니 그 속으로 빠져 버린 후 영영 모습을 감추었다. 크리스천은 너무나 기뻐하며 벅찬 가슴으로 이렇게 말했다. '주께서 고통을 당하심으로 내게 안식을 주시고, 죽임을 당하심으로 내게 생명을 주셨구나.' 그는 한동안 가만히 서서 십자가를 응시했다."

무거운 죄의 짐은 오직 십자가 아래에서만 해결된다. 예수님도 이렇게 말씀하셨다. "수고하고 무거운 짐 진 자들아 다 내게로 오라 내가 너희를 쉬게 하리라"(마 11:28).

그 순간 광채를 발하는 세 사람이 크리스천에게 나타나 "평안할지어다"라고 인사하며 그를 축복해 준다. 첫 번째 사람은 "당신의 죄는 사함을 받았습니다"라고 말하고, 두 번째 사람은 더러운 옷을 벗기고 깨끗한 옷으로 갈아입혀 주고, 세 번째 사람은 이마에 표를 붙여 주고 봉인된 두루마리 한 개를 준다.

부르심을 받은 자에겐 시련과 유혹이 많다

여정을 계속해 나가던 중 크리스천은 아름다운 집에 도착한다. 그 집 문 위에는 다음과 같은 문구가 적혀 있다. "두드리라 그리하면 너희에게 열릴 것이니"(마 7:7). 크리스천이 문을 두드리자 문이 열리고, 그는 안으로 들어간다. 문은 가까이 간다고, 기다린다고 열리는 것이 아니다. 오직 믿음으로 두드려야 한다. 아름다운 궁궐에는 '분별', '경건', '자애'라는 이름의 세 자매가 살고 있다.

해석자가 그를 영접하고는 그 집을 설명해 준다. 넓은 객실에 들어갔는데, 그 안은 청소를 하지 않아 먼지투성이다. 주인이 하인을 불러 청소를 시키니 그가 빗자루로 청소하는데 어찌나 먼지가 많이 일어나는지 질식할 정도다. 그러자 주인이 다른 한 소녀를 불러 "물을 뿌리고 청소하라"고 하고, 소녀는 그대로 순종한다. 물을 뿌리자 비로소 먼지가 가라앉아 말끔히 청소할 수 있었다.

크리스천이 이 일의 의미를 묻자 주인은 이렇게 대답한다. 먼지는 인간의 원죄를, 더러워진 객실은 성화된 적이 없는 마음을, 방을 쓸기 시작하는 사람은 율법을, 물을 뿌리는 이는 복음을 의미한다. 율법은 먼지를 일으켜 방에 가득하게 하여 질식하게 할 뿐 죄를 없애지는 못한다. 물을 뿌려 먼지를 가라앉힌 다음 죄를 제거해야 깨끗하게 된다. 복음의 우월성을 알게 해 준 것이다.

다음 방에 들어가니 그곳에 두 소년이 앉아 있다. 그 둘의 이름은 '욕망'과 '인내'다. 두 아이 모두 아버지로부터 내년 초까지 기다리면 가장 좋은 선물을 받게 된다는 말을 들었다. 두 아이 중 욕망은 지금 당장 달라고 하고, 인내는 참고 기다리고 있다. 어떤 사람이 보물 한 자루를 가지고 와서 욕망 앞에 놓는다. 욕망은 그것을 낭비하고 즐기면서 인내를 비웃는다. 그러나 결국에는 모든 것을 다 써 버리고 누더기 한 조각만 남게 된다.

욕망은 현세에서 모든 것을 다 가지려 하는 이들로, "손에 잡은 한 마리 새가 숲속의 두 마리 새보다 더 값있다"라는 말대로 사는 자들을 상징한다. 육의 생명이 다할 때 이들에게는 누더기밖에 남는 것이 없다. 인내는 가장 좋은 것을 위해 기다림으로 영원한 것을 차지하게 될 것이다.

또 다른 방에 들어가자 불이 타오르는 벽난로가 있다. 하인이 불을 끄려고 물을 붓는데, 불은 꺼지지 않고 더욱더 세차게 타오른다. 벽 뒤로 돌아가 보니 어떤 사람이 기름을 계속해서 붓고 있는 것이 아닌가. 해석자가 하는 말이, 이 불길은 하나님의 은혜의 불길인데 사탄이 이 불을 꺼뜨리려고 계속 물을 붓지만 그리스도가 은밀하게 기름을 부어 주심으로써 이 불길을 꺼뜨리지 않게 해 주신다는 것이다. 신앙생활은 하나님의 은혜로 유지된다. 이처럼 필요할 때마다 해석자가 나타나 여러 현상과 인물에 대해 알려 주었기에 크리스천은 길을 잃지 않고 끝까지 완주할 수 있었다.

크리스천은 긍정적인 경험으로만 교훈을 얻은 것은 아니다. 때로는 부정적인 경험, 즉 자신과 타인의 실수와 실패를 통해서도 영적인 깨달음을 얻었다. 예를 들어, 거만, 나태, 천박과 같은 습성이 천로역정에 얼마나 위험한 것인지 알게 된다. 또한 쇠사슬에 매여 잠자고 있는 자들을 많이 보았는데 그들은 말씀을 잊고 시간을 허비하는 자들이다. 한번은 크리스천이 길을 가다 무서운 두 사자를 만난다. 두 사자는 크리스천을 향해 포효

하고 크리스천은 겁에 질려 앞으로 나아갈 수 없게 된다. 그때 음성이 들려온다. "믿음이 없는 자여, 왜 두려워하느냐? 자세히 보라." 음성을 듣고 자세히 보니 그 사자들은 쇠사슬에 묶여 있어 크리스천을 해칠 수 없었다. 실제 삶에서도 신앙생활을 위협하는 여러 요소들이 있지만 우리는 두려워하지 말아야 한다.

그 외에도《천로역정》은 우리 신앙 여정에 있어 주의해야 할 것들을 알려 준다. 줏대 없음, 고집, 게으름, 허례, 위선, 겁, 불안, 자만, 거만, 무지, 아첨, 자기기만, 세상 명예, 수다, 허영, 질투, 미신, 시기, 절망, 무신론, 불만, 치욕 등이 그것이다. 이단과 교황도 우리를 위협한다. 그들은 "좀 더 많은 사람을 불에 태워 죽이기 전에는 너희들은 잘못을 고치지 못할 거다"라고 말하며 신자들을 조롱하고 위협한다. 그러나 그것은 말뿐이다. 또한 천로역정에 방해가 되는 것들에는 위기와 유혹, 투옥, 죽음, 그리고 육체의 정욕, 안목의 정욕, 이생의 자랑도 있다.

이처럼 하늘의 부르심을 받은 자들에게는 시련과 유혹이 참으로 많다. 육체의 시험이 오고 가고, 오고 가고, 새로운 것이 온다. 그러므로 믿음의 순례자들은 경계하고 조심해 모든 시험을 물리쳐야 한다. 칭의와 성화를 통합적으로 이해해 점진적으로 성결한 삶을 이루어 가야 한다.

여정의 고통에 비할 수 없는 영광

그런 우리에게도 무기가 있다. 하나님은 병기고에서 무기를 꺼내어 무장을 시켜 주기도 하신다. 무기 중에는 칼, 방패, 투구, 갑옷, 구두, 기도문 등이 있다. 이전에 썼던 무기들도 진열되어 있다. 모세의 지팡이, 야엘의 망치와 못, 기드온의 항아리와 나팔, 삼손의 나귀 뼈, 다윗의 물매 등이 그것이다. 우리는 갑옷을 입고 믿음의 방패를 들어야 한다. 하나님이 보호해 주시고 동행해 주시기를 바라야 한다.

우리는 사망의 음침한 골짜기, 안일의 골짜기, 자만의 골짜기, 낙심의 수렁, 죽음의 강 같은 위험한 장소를 거친다. 절망의 늪에 빠지고, 굴욕의 골짜기를 지나고, 허영의 시장에서 곤욕을 당하고, 의심의 성에 감금되어 죽을 고생을 하고, 절망이라는 거인과 싸워야 하고, 괴물 아볼루온과 사투를 벌여야 한다. 그러나 목적지에 도달하면 비교할 수 없이 큰 승리의 기쁨과 영광이 주어진다. 우리가 어려울 때마다 전도자와 해석자가 나타나 말씀을 전해 주고 인내하게 한다. '선의', '지각', '경건', '사랑', '소망', '믿음', '언약' 등이 동행하며 도와주는 것이다.

주님을 만났음에도 옛 본성으로 되돌아가는 경우가 있다. 첫째, 죽음과 장차 올 심판에 대한 생각을 하지 않는 경우, 둘째, 회개와 기도를 등한히 하는 경우, 셋째, 믿는 자들과의 교제를 소홀히 하는 경우, 넷째, 설교 듣는 것, 성경 읽는 것, 교회 집회에 열심을 내지 않는 경우, 다섯째, 신자나 교회의 약점을 드러내어 신앙을 저버리는 구실로 삼는 경우, 여섯째, 세상적이고 육체적인 자들과 교제하고 결탁하는 경우, 일곱째, 사소한 죄들을 범하기 시작하는 경우 등이다. 이런 습성을 가지면 천로역정 도중에 결국 주저앉아 버리게 된다. 천국 문 근처에도 지옥 문이 있음을 기억해야 한다. 끝까지 긴장을 늦추어서는 안 된다.

중생보다는 성화

총 20장인 《천로역정》 1부는 다음과 같이 구성되어 있다. 먼저 1-4장에서는 크리스천이 죄를 깨닫고 십자가에서 구원을 얻고 짐이 벗어지는 내용을 다루고, 5-20장은 천국에 가는 고된 여정을 묘사하고 있다. 결국 중생보다는 성화에 더 많은 지면을 할애하고 있음을 보게 된다. 《천로역정》

2부는 속편으로서 크리스천의 아내 '크리스티나'와 네 아들과 며느리의 순례기를 다루는데, 천성에 도달한 크리스천이 지상의 가족들에게 편지를 보내는 장면으로 시작한다.

> **"내 작은 책아, 가라. 너를 환영하고 대접하는 사람에게 가서 긴밀하게 접촉하고 나보다 더 훌륭한 순례자가 되게 하라."**

천국에서 온 편지를 받은 크리스천의 아내와 아이들도 순례의 길을 떠난다. 아들들의 이름은 '야곱', '요셉', '사무엘', '마태'다. 2부의 1-2장은 죄를 깨닫고 구원의 기쁨을 누리는 것, 3-15장은 순례의 여정으로서 뺄라의 땅까지 가는 과정을 그리고 있다. 순례길을 떠나면서 크리스천의 아내 크리스티나는 다음과 같이 말한다.

> **"복되도다! 내가 순례의 길을 떠난 날, 복되도다! 나를 감화시켜 이 길 떠나게 만들어 주신 분. 늦게 가도 가는 것이 좋겠기에 지금 나는 내 힘껏 걸음을 재촉한다. 우리의 눈물이 변하여 기쁨이 되었고, 우리의 두려움이 변하여 믿음이 되었네. 우리 출발이 이러했으니 끝이 어떠하리라는 것을 알고 있네."**

지혜의 하나님은 우리의 구원도 체계적이고 질서 있게 인도하시기 위해 선택, 소명, 칭의, 성화, 영화의 과정을 두셨다. 하지만 《천로역정》 1부와 2부 전체를 통해 볼 때, 이 중 제일 중요한 것은 성화 과정이다. 신앙생활의 대부분은 죄와 유혹에 대한 영적 싸움이다. 신앙생활이란 이미 얻은 구원을 출발점으로, 아직 얻지 못한 구원을 향해 나아가는 긴 시간이다. 이 시간에 하나님은 전도자와 해석자를 주시고, 돕는 손길과 휴식처를 배치해 순례자를 도와주신다.

천성의 순례자로서 여러 사건과 인물을 만나게 되겠지만 가장 중요한 한 가지를 말하자면, 그것은 좁은 길로 가라는 것이다. 인기인은 넓은 문을 통해 넓은 길로 가고, 실력자는 좁은 문을 통해 넓은 길로 가고, 순례자는 좁은 문을 통해 좁은 길로 간다. 우리는 순례자다. 《한 길 가는 순례자》

(IVP, 2001)에서 유진 피터슨(Eugene Peterson)은 우리의 정체성이 관광객이 아닌 순례자임을 강조한다.

이 세상은 예수 그리스도를 따라 살겠다는 사람을 칭찬하거나 격려하지 않는다. 심지어 가족조차도 무관심하거나 적대적이다. 신앙생활에 닥치는 어려움은 세상, 육신, 사탄으로 분류된다. 이 모든 것은 변신에 능하다. 이 시대의 종교는 관광객의 구미에 맞아야 한다. 그들의 종교는 급하고 소비적이며, 매혹적인 장소, 주말 소풍, 종교적 오락, 이벤트성 프로그램, 즉각성과 일회성을 추구한다. 신자는 자신의 필요와 기호를 따라가는 관광객이 아니라 그리스도의 길을 따르는 순례자다. 그리스도인의 삶은 관광객의 자세로는 성숙할 수 없다. 목사는 관광 가이드가 아니다. 신자는 제자와 순례자가 되어야 한다. 신자는 평생에 한곳, 하나님을 향한 여정을 가야 한다. 예수님은 좁은 문이면서 좁은 길이다.

예수님은 이렇게 말씀하셨다. "내가 곧 길이요 진리요 생명이니 나로 말미암지 않고는 아버지께로 올 자가 없느니라"(요 14:6). 좁은 길로 나아가자. 주 예수님만을 바라보면서 그 길을 따르자. "이러므로 우리에게 구름같이 둘러싼 허다한 증인들이 있으니 모든 무거운 것과 얽매이기 쉬운 죄를 벗어 버리고 인내로써 우리 앞에 당한 경주를 하며 믿음의 주요 또 온전하게 하시는 이인 예수를 바라보자 그는 그 앞에 있는 기쁨을 위하여 십자가를 참으사 부끄러움을 개의치 아니하시더니 하나님 보좌 우편에 앉으셨느니라"(히 12:1-2).

4
하나님처럼 생각하라 | 존 웨슬리
고린도후서 10:4-6

W철학사를 통해 볼 때 인간의 '생각'은 서양 철학의 중요한 주제였다. 르네 데카르트(René Descartes)는 "나는 생각한다, 고로 나는 존재한다"라는 유명한 말로 근대 철학의 문을 활짝 열었다. 《팡세》를 쓴 블레즈 파스칼(Blaise Pascal)은 "인간은 자연에서 가장 연약한 한 줄기 갈대일 뿐이다. 그러나 인간은 생각하는 갈대다. … 그러니 올바르게 사유하도록 힘쓰자"라며 생각의 힘을 강조했다(책 제목인 《팡세》는 프랑스어로 '생각'이라는 의미다).

유명한 조각가 오귀스트 로댕(Auguste Rodin)의 "생각하는 사람"은 본래 "지옥의 문"이라는 작품의 일부분으로서 지옥에서 고통받는 인류를 바라보는 《신곡》의 저자 단테 알리기에리(Dante Alighieri)의 고뇌를 표현한 작품이다. 이 작품의 본래 이름은 "시인"(Poet)인데, 아마도 《신곡》을 쓴 단테를 의미했을 것이다.

"당신은 많은 시간, 무엇을 생각하며 살아가는가? 혼자 있을 때 무슨 생각을 하는가?" 이 질문은 중요하다. 왜냐하면 우리가 생각하는 것이 곧 우리 존재이기 때문이다. 우리는 우리가 생각하는 바로 그 존재다.

"방황하는 생각"(Wandering Thoughts)은 고린도후서 10장 5절을 본문으로 한 존 웨슬리(John Wesley, 1703-1791)의 설교다. "하나님 아는 것을 대적하여 높아진 것을 다 무너뜨리고 모든 생각을 사로잡아 그리스도에게 복종하게 하니"(고후 10:5).

첫째, 웨슬리는 방황하는 생각에는 어떤 것이 있는지 묻는다. 인간의 생각이 방황하는 이유는 그들의 생각에 하나님이 없기 때문이다. 따라서 무신론자들의 생각은 방황하는 생각이다. 무신론자들의 마음에는 하나님의 자리가 없다. 인간은 언제나 사랑하는 대상을 생각한다. 하나님을 사랑하지 않고, 따라서 하나님 없이 이 세상을 살아가는 이들이 무신론자다. 그들은 무엇을 먹을까, 무엇을 마실까, 무엇을 입을까, 무엇을 볼까, 무엇을 가질까, 무엇을 즐길까, 누구를 만날까 등의 생각으로 살아간다. 이것이 방황하는 생각이다. 우상숭배하는 이의 마음도 방황하기 일쑤다. 우상 숭배는 하나님을 대적하는 마음이기에 그 마음에는 항상 교만, 헛된 생각, 분노, 탐욕, 쾌락 등이 가득하다. 오만 가지 갈라진 생각 탓에 마음이 방황하게 된다.

둘째, 웨슬리는 방황하는 생각의 기원이 무엇인지를 파악한다. 방황하는 생각은 어디서 오는 것인가? ① 인간의 죄악 된 기질에서 온다. 즉 원죄와 죄성 때문에 인간의 생각이 방황하게 된다. ② 세상을 사랑하는 것에서 나온다. 세상은 정함이 없기 때문에 생각도 정함이 없다. ③ 불신앙에서 나온다. 믿음이 없으면 생각이 혼돈에 빠진다. ④ 병든 육신이 영혼을 억눌러 생각을 혼란하게 한다. ⑤ 외부의 자극에 의해 일어나기도 한다. 우리가 보고 듣고 느끼는 것들이 생각에 영향을 미친다. 그래서 우리는 감각기관을 조심해야 한다. ⑥ 악한 영이 우리 마음을 조급하고 산만하게 만든다. 마귀에게 틈을 보이면 마귀가 우리 안에 들어와서 생각을 혼잡하게 한다. 모든 지킬 만한 것보다 더욱 마음을 지켜야 한다.

셋째, 웨슬리는 방황하는 생각 가운데 죄가 되는 것이 무엇인지를 파악한다. 방황하는 생각이 모두 다 죄가 되는 것은 아니다. 그중에서 불평, 분노, 미움, 걱정, 두려움, 교만, 육욕, 허영심을 일으키는 생각이 죄악 된 것이다. 하나님으로부터 멀어지게 만드는 모든 생각은 죄다. 세속적으로, 정욕적으로, 부정적으로 이끄는 생각은 죄다. 육신의 정욕, 안목의 정욕, 이생의 자랑을 만들어 내는 것은 죄다. 육신의 연약함 때문에 잠시 부정적인 생각이 들 수 있다. 그러나 그 생각이 내 안에 들어와 자리 잡고 내 내면을 장악하면 그것은 죄가 된다. 심지어 마귀가 우리를 시험하기 위해 많은 생각을 주입할 때도 그 생각 자체가 죄는 아니다. 그러나 유혹에 빠져 마귀에게 지면 죄가 된다. 뱀으로 변신한 사탄은 아담과 하와에게 거짓 생각을 주입했다. 아담과 하와처럼 그 말을 믿게 되면 죄가 되는 것이다. 반면 예수님은 사탄에게 시험을 받으셨지만 세 번 모두 말씀으로 이겨 내고 승리하셨다.

넷째, 신자들은 하나님을 떠나 방황하는 생각과 하나님의 뜻을 대적하는 생각으로부터 구해 달라고 기도해야 한다. 죄로부터 구해 달라고 기도하라는 것이다. 우리의 생각을 위해 기도해야 한다. '내 생각'이라고 간주하지 말고, 하나님의 은혜가 미쳐야 할 영역으로 간주하고 간절히 기도해야 한다. 로마서 7장은 신자의 내면에서 일어나는 내적 갈등에 대해 다루고 있다. 인간은 혼자의 힘만으로는 내면의 전쟁, 생각의 전쟁에서 이길 수 없다. 하나님이 도우셔야 한다. "그러므로 내가 한 법을 깨달았노니 곧 선을 행하기 원하는 나에게 악이 함께 있는 것이로다"(롬 7:21). 내 안에는 하나님의 법만이 아니라 지체의 법, 즉 죄악의 법이 있는데 이것이 우리를 강력한 힘으로 이끌어 간다. 그래서 바울은 자기 자신을 "곤고한 사람"(롬 7:24)이라 말하며 통탄스럽게 여겼다.

생각을 사로잡아라

웨슬리는 신자들에게 하나님의 도우심을 간구하는 것과 동시에 스스로 자신의 생각을 사로잡을 것을 주문한다. "하나님 아는 것을 대적하여 높아진 것을 다 무너뜨리고 모든 생각을 사로잡아 그리스도에게 복종하게 하니"(고후 10:5). 우리의 모든 생각을 사로잡아 그리스도에게 복종시켜야 한다. 자신의 생각에 갇혀 살지 않으려면 하나님의 생각을 받아들여야 한다. 생각의 반란을 제압하고 모든 주권을 그리스도에게 넘겨 드릴 때, 우리 생각은 방황에서 벗어나고 질서 정연하게 된다. 삶의 초점이 맞추어지고 올바른 목적이 이끄는 정돈되고 정결한 삶을 살 수 있게 된다.

성결을 강조하는 웨슬리는 생각의 영역에서도 인간의 적극적인 노력이 필요하다고 보았다. 우리는 가끔 하나님을 떠난 생각을 할 수 있다. 그런 생각이 불현듯 머리를 스쳐 지나갈 수 있다. 하지만 그 생각이 우리 안에 깊이 뿌리내리게 된다면 그것은 우리의 책임이다. 마르틴 루터(Martin Luther)의 말대로, 새가 머리 위로 날아가는 것은 어떻게 할 수 없지만 머리에 둥지를 틀게 하면 안 된다.

바울은 로마서에서 인간이 자기 내면, 즉 생각을 제대로 통제하지 못했기에 어둠으로 내달렸다고 말한다. 생각의 고삐를 확실히 쥐지 못해 타락의 수렁에 더 깊이 빠지게 되었다는 것이다. "하나님을 알되 하나님을 영화롭게도 아니하며 감사하지도 아니하고 오히려 그 생각이 허망하여지며 미련한 마음이 어두워졌나니"(롬 1:21). 하나님을 안다고 해도 그에 합당하게 생각하고 처신하지 못하면 어둠의 심연에 빠진다. 생각이 어두워지면 영적 실명 상태가 되어 아무리 강한 빛이 비쳐도 볼 수 없게 된다.

불안한 생각도 통제해야 한다. 그렇지 않으면 불안이 우리를 이끌어 불만으로, 더 나아가 불신앙으로 이끌어 갈 것이다. 우리가 불안해하는 이유는 두 마음을 품었기 때문이다. 우리를 창조하시고 보존하시고 인도하시는 하나님의 능력과 약속에 우리 생각의 뿌리를 내리고 있으면 불안할 이유가 없다. 이런 의식이 약화될 때 불안한 생각이 우리를 요동치게 만든다. 하나님 안에 생각의 닻을 확고하게 내려라. 거센 풍랑에도 난파되거나 표류하지 않을 수 있는 비결이 이것이다. "우리가 이 소망을 가지고 있는 것은 영혼의 닻 같아서 튼튼하고 견고하여 휘장 안에 들어가나니"(히 6:19). "그러나 악인은 평온함을 얻지 못하고 그 물이 진흙과 더러운 것을 늘 솟구쳐 내는 요동하는 바다와 같으니라"(사 57:20).

어떤 때는 하나님의 말씀 대신 세상의 말을 마음에 두게 된다. 군중 심리를 따라 세상의 말에 현혹될 때가 많다. 하지만 세상의 어떤 지혜로운 말도 우리 생각의 방황을 멈추게 하지 못한다. 세상의 소리를 차단해야 한다. 세상의 흐름은 알아야 하지만, 세상일에 지나치게 신경을 쓰고 세상 소식을 과도하게 접하면 해야 할 일에 집중하기 어렵다.

온라인으로 연결된 현대 사회에서 우리는 너무 많은 세상의 소식을 강제로 접하며 살고 있다. 아침부터 밤까지 세상 모든 소식이 우리의 눈길을 끌고, 끊임없이 울리는 스마트폰의 알림음은 새 소식의 도착을 알려 준다. 정보에 있어 남보다 뒤처지지 않아야 한다는 조바심, 자극적인 소재에서 얻는 쾌락, 무분별하게 주고받는 SNS에서 벗어나야 한다. 영원불변하시고, 세상을 섭리하시고, 알파와 오메가, 처음과 마지막 되시는 하나님의 진리의 말씀을 마음에 두자(욥 22:22). 그렇지 못하면 우리의 생각은 유리하는 별처럼 영원히 방황하게 된다. "사람들이 하는 모든 말에 네 마음을 두지 말라"(전 7:21).

신앙인 중에서도 방황하는 생각을 지닌 이들이 있다. 그들은 기도하면서도 의심하는 자들이다. 그들은 하나님의 응답을 받지 못한다. "오직 믿음으로 구하고 조금도 의심하지 말라 의심하는 자는 마치 바람에 밀려 요동하는 바다 물결 같으니"(약 1:6).

문제는 사람들이 자신의 생각을 과신한다는 점이다. 선악을 알게 하는 열매를 따 먹은 아담의 후손들은 태생적으로 '내 생각'이 옳다고 고집한다. '내 생각' 앞에서는 하나님의 권위도 무용지물이 된다. 이것이 원죄가 아닌지 생각한다.

아람 나라의 맹장이요 군민에게 존경받는 나아만 장군은 한센병 환자였다. 백약이 무효요 백방이 무위인 상황에서, 그는 이스라엘에서 잡아 온 여자 종의 조언에 따라 병 고침을 받기 위해 엘리사를 찾아 사마리아로 갔다. 나아만이 엘리사의 집에 이르렀을 때 엘리사는 나와 보지도 않고 그저 요단강에 가서 몸을 일곱 번 씻으라 했다. 이런 엘리사의 태도에 나아만은 불쾌함을 넘어 분노했다. "나아만이 노하여 물러가며 이르되 내 생각에는 그가 내게로 나와 서서 그의 하나님 여호와의 이름을 부르고 그의 손을 그 부위 위에 흔들어 나병을 고칠까 하였도다"(왕하 5:11). 불치병을 고치기 위해 먼 길을 왔지만, 엘리사의 대응이 자기 생각과 다르다는 이유로 화가 난 것이다.

자기 생각을 고집하는 것은 인류의 공통된 영적 질병이다. 좁디좁은 마음과 판단력을 가지고 '천상천하 유아독존' 식으로 생각한다. 하나님은 하나님의 생각과 인간의 생각이 완전히 다르며, 그 차이는 천양지차라고 하셨다. 인간의 생각은 높고 완벽한 하나님의 생각에 절대 미치지 못한다. 그래서 인생들은 고난과 환난을 당하는 것이다. 우리 인생이 어떻게 하나님의 뜻을 헤아리겠는가? "악인은 그의 길을, 불의한 자는 그의 생각을 버리고 여호와께로 돌아오라 그리하면 그가 긍휼히 여기시리라 우리 하나님께로 돌아오라 그가 너그럽게 용서하시리라 이는 내 생각이 너희의 생각과 다르며 내 길은 너희의 길과 다름이니라 여호와의 말씀이니라 이는 하늘이 땅보다 높음같이 내 길은 너희의 길보다 높으며 내 생각은 너희의 생각보다 높음이니라"(사 55:7-9).

누가복음 12장에는 어리석은 부자의 비유가 나온다. 그는 부지런히 농사를 잘 지어 그해에 엄청난 풍작을 거두었다. 부자는 나름대로 최선을 다해 많은 수확물을 보관할 방법을 생각했다. 인간의 관점에서는 합리적이고 건전한 생각이다. "심중에 생각하여 이르되 내가 곡식 쌓아 둘 곳이 없으니 어찌할까 하고 또 이르되 내가 이렇게 하리라 내 곳간을 헐고 더 크게 짓고 내 모든 곡식과 물건을 거기 쌓아 두리라 또 내가 내 영혼에게 이르되 영혼아 여러 해 쓸 물건을 많이 쌓아 두었으니 평안히 쉬고 먹고 마시고 즐거워하자 하리라 하되"(눅 12:17-19). 하지만 결과적으로 그의 생각은 어리석었다. 왜냐하면 주님이 그날 밤 그의 생명을 취하실 것이고, 심판이 있을 것이기 때문이다. 하나님이 선물로 주신 것들의 사용에 대해 책임을 물으실 텐데, 부자는 그에 대해 전혀 준비하지 못했다. 자기 생각으로만 살다가는 최후의 심판대 앞에서 당황하게 될 것이다. 그는 하나님 없는 생각을 했고, 물질이 자기 영혼의 필요도 채워 주리라 착각했다. 참으로 어리석다.

웨슬리는 이런 생각이 죄를 짓게 하고, 영원을 위해서 준비하지 못하게 하는 방황하는 생각이라 보았다. 하나님은 인간에게 "영원을 사모하는 마음"(전 3:11)을 주셨는데, 방황하는 생각은 인간 본연의 마음을 억누르고 가려 버린다.

허망한 육신의 생각

세상의 생각이 얼마나 허망한지 주변을 둘러보면 알게 된다. 요사이 음악, 그림, 음식(먹방), 여행이 위로가 되고 힐링이 된다는 말을 많이 듣는다. 일정 부분, 일정 시간 그런 것처럼 느껴지겠지만, 이 모든 것은 일시적이고 영원하지 않다. 이는 마치 꿈에 먹은 음식과 같아서 꿈에서 깨고 나면 다시 배가 고프다. 세상이 주는 물은 마셔도 다시 목마르다.

영국 런던에 켄싱턴 궁전이 있다. 빅토리아 시대에 지어진 이 궁전은 다이애나 스펜서(Diana Spencer) 왕세자비가 살았던 곳이다. 그녀의 죽음 이후에 이 건물은 박물관이 되었고, 그녀가 사용하던 유품들이 진열되어 있다. 그녀의 방에 들어가 보면 두 개의 그림이 걸려 있다. 하나는 "아하수에로왕에게 나가는 에스더"이고, 또 하나는 "우물가의 사마리아 여인"이다. 다이애나 왕세자비는 많고 많은 그림 중에 왜 이 두 그림을 걸어 두었을까? 무슨 생각을 가지고 이 그림들을 선택한 것일까?

에스더와 사마리아 여인에게도 자신만의 생각과 방황하는 생각이 있었을 것이다. 왕에게 함부로 나아가면 죽을 수도 있고 총애를 잃을 수도 있었지만 오직 생각의 초점을 하나님께 맞췄던 에스더. 여러 남자를 통해서도 얻을 수 없었던 참된 만족을 예수님을 통해 얻게 된 사마리아 여인. 두 여인이야말로 생각을 사로잡아 그리스도에게 바친 대표 인물이다. 다이애나 왕세자비도 어쩌면 두 여인의 삶을 꿈꾼 것이 아닐까? 그림을 통해 그녀의 속마음을 추측해 본다. "육신을 따르는 자는 육신의 일을, 영을 따르는 자는 영의 일을 생각하나니 육신의 생각은 사망이요 영의 생각은 생명과 평안이니라 육신의 생각은 하나님과 원수가 되나니 이는 하나님의 법에 굴복하지 아니할 뿐 아니라 할 수도 없음이라 육신에 있는 자들은 하나님을 기쁘시게 할 수 없느니라"(롬 8:5-7).

하나님처럼 생각하라

우리는 우리 생각이 방황하고 있다는 것을 먼저 인정해야 한다. 그리고 성경 말씀을 따라 우리 생각을 고쳐 나가야 한다. 하나님의 방식으로 생각해야 한다. 우리의 많은 생각을 분별하여 그중 잘못된 생각은 거절해야 한다. 생각만 많이 하지 말고 기도를 해야 한다. 기도할 때 생각이 정리된다. 기도와 말씀 묵상에 시간을 많이 들여야 생각이 변화된다. "끝으로 형제들아 무엇에든지 참되며 무엇에든지 경건하며 무엇에든지 옳으며 무엇에든지 정결하며 무엇에든지 사랑받을 만하며 무엇에든지 칭찬받을 만하며 무슨 덕이 있든지 무슨 기림이 있든지 이것들을 생각하라"(빌 4:8). 당신의 모든 생각을 사로잡아 그리스도에게 바쳐라. 그리고 선한 유익을 위해 생각을 활용하라.

5
영원한 것에 투자하라 | 존 웨슬리
누가복음 16:1-13

티끌 모아 티끌

W '벼락거지'라는 말을 들어 보았는가? '벼락부자'는 들어 봤어도 이 단어는 생소할 것이다. 이 단어는 2020년 하 반기에 갑자기 등장해 2021년 《시사 상식 사전》에 등재 되었다. "자신의 소득에 별다른 변화가 없었음에도 부동산과 주식 등의 자산 가격이 급격히 올라 상대적으로 빈곤해진 사람"을 가리킨다. 벼락거 지는 실제로 가난해졌다는 의미가 아니라 상대적으로 가난해진 느낌을 말하며, 이는 상대적 박탈감, 불안, 열등감을 유발한다.

이런 상황 탓에 주식과 가상화폐 등에 대한 투자 광풍, 대출받아 투자 하는 '빚투', 영혼까지 끌어모아 집을 산다는 '영끌', 치솟는 집값으로 생 긴 우울증인 '부동산 블루', 자신만 흐름이나 기회를 놓친 것 같아 불안해 하는 '포모증후군'(Fomo syndrome) 등이 생겼다. 변화된 사회에서 성실과 정 직의 가치도 예전과 달라졌다. 40-50대가 믿었던 "티끌 모아 태산"이라는 속담에 대해 20-30대는 "티끌 모아 티끌"이라며 냉소적 반응을 보인다.

하나님의 형상으로 지음 받았기에 본질적으로 인간은 하나님의 청지기다. 예수 그리스도의 은혜로 죽음에서 구원받은 우리는 최선을 다해 청지기직을 수행해야 한다. 그래서 마태복음 25장의 '달란트 비유'를 위시해 성경에는 청지기에 대한 비유가 많이 나온다. 이 본문들의 동일한 결론은 우리에게는 결산과 심판의 날이 있으며, 그러니 그때를 대비하라는 것이다. 종말론적 관점이다.

누가복음 16장의 '불의한 청지기 비유'도 같은 교훈을 준다. 이야기 속 청지기는 주인의 소유를 낭비했다. 그래서 주인은 그를 해고하기로 결심했다. 하지만 당장 해고하지는 않고 청지기에게 결산하고 정산할 시간을 주었다(눅 16:2). 이때 주어진 시간이 은혜의 기간(grace period)이다. 잘못된 것을 고칠 기회, 다르게 살 기회, 새롭게 결산할 기회를 준 것이다.

은혜의 유예 기간이 주어진다면 어떻게 처신하는 것이 지혜로울까? 이 짧은 기간이라도 다르게 살도록 노력해야 한다. 자신에 대한 평가를 바꿀 수 있도록 활용해야 한다. '낭비'하던 삶에서 '준비'하는 삶으로 나가야 한다. 남의 것으로 인심을 써야 한다. 잠시 후에는 어차피 다 남의 것이다. 그러니 물질관도 변화되어야 한다. 곧 없어질 것을 더 가치 있고 영원한 것과 바꿔야 한다. 물질을 상위의 가치에 투자해야 한다. 사람을 사귀고 사람을 남기는 데 쓰는 것이다. 어찌 보면 인생이란 결국 사람을 남기는 것이다. 이것이 삶의 지혜다. 이야기 속 청지기는 사람들에게 주인의 물질로 인심을 써서 그들의 마음을 얻기로 결정했다. 자신이 그들에게 은혜를 베풀면 "나를 자기 집으로 영접하리라"(눅 16:4), "영주할 처소로 영접하리라"(눅 16:9)라고 예상했다.

물질로 사람들의 마음을 사고 우정을 사기로 결심한 그는 주인에게 빚진 자를 불러 증서를 고쳐 주었다. 물론 현실에서는 해서는 안 되는 행위다. 그래서 불의한 청지기다. 그러나 그에게도 배울 것이 있다. 기름 100말을 빚진 자에게는 50말이라 고쳐 주고, 밀 100석을 빚진 자는 80석이라고 쓰는 식으로 은혜를 베풀었다. 그는 불의의 재물로 친구를 사귄 것이다. 어차피 머지않아 재물도 없어지고 청지기 권한도 없어질 테니 인심이나 쓰자는 생각이었다.

그런데 예수님은 불의한 청지기를 칭찬하셨다. 정확히는 그의 행동의 원리를 칭찬하신 것이다. 낮은 가치를 더 높은 가치로 바꾸고, 불의의 재물 대신 참된 재물을 쌓으며, 남의 것으로 베푸는 행위다. 그런 점에서 빛의 아들들도 이 세대의 아들들에게 배울 것이 있다.

데이비드 브룩스(David Brooks)는 《두 번째 산》(부키, 2020)에서 인생에는 두 개의 산이 있다고 말한다. 첫 번째는 수입, 성공, 성취를 위해 올라가는 산이다. 하지만 인생에는 더 중요한 두 번째 산, 즉 의미, 소명, 궁극적 가치를 추구하는 산이 있다. 사람들은 첫 번째 산을 오르려 매일 안간힘을 쓰며 살아간다. 하지만 인생의 진정한 행복과 성취는 첫 번째 산이 아니라 두 번째 산을 통해 얻을 수 있다. 첫 번째 산에 오르지 못했다 해도 두 번째 산에는 얼마든지 누구든지 오를 수 있다. 우리는 진정한 소명, 인생의 참된 의미, 좋은 관계를 통해 타인을 섬기고, 이롭게 하고, 살리는 삶을 살아야 한다.

존 웨슬리의 설교, "돈의 사용"

존 웨슬리(John Wesley)는 누가복음 16장 9절에 기초해 "돈의 사용"이란 제목으로 설교를 했다. "내가 너희에게 말하노니 불의의 재물로 친구를 사귀라 그리하면 그 재물이 없어질 때에 그들이 너희를 영주할 처소로 영접하리라"(눅 16:9). 이 설교에서 웨슬리는 신실한 청지기로 사는 방법을 3단계

(GSG)로 제시한다. 첫째, 할 수 있는 대로 벌어라(Gain all you can). 둘째, 할 수 있는 대로 절약하라(Save all you can). 셋째, 할 수 있는 대로 나눠 주라(Give all you can). 다 중요하지만 방점은 세 번째에 있다. 돈을 벌고 절약해야 하는 이유는 타인을 유익하게 하기 위해서다.

웨슬리는 목회자이면서 동시에 사회 개혁자였다. 웨슬리가 처음 목회했던 뉴룸(New Room) 교회는 흑인 노예 무역의 중심지 브리스톨에 있었다. 매일 접하는 비성경적 현실에 아파하면서, 웨슬리는 개인 성결을 바탕으로 한 사회적 성결을 역설했다. 사회적 성결은 돈과 밀접한 관계가 있었다. 경제와 관련된 문제였던 것이다. 웨슬리는 노예 무역과 노예 제도 반대, 수감자들을 위한 구제와 복음 전도, 병든 자, 가난한 자, 타민족에 대한 사회 선교에 많은 노력을 기울였다. 우리가 우리 자신의 것을 다 내어 주어야 하는 이유는 하나님의 것을 맡은 청지기 신분이기 때문이다. 그것이 하나님의 명령이고 영광의 상이 약속되어 있기 때문이다.

웨슬리는 돈 자체가 문제가 아니라 돈을 사랑하는 것이 문제라고 지적했다. 사람들은 돈이 세상을 부패시키고, 인격을 파괴하고, 인간 사회를 패역하게 만든다고 말한다. 그래서 "금은 날카로운 칼보다 훨씬 더 해롭다"라거나 "부의 축적은 모든 악을 유발한다"라는 말이 인구에 회자되어 왔다. 하지만 정확하게 말하면 세상의 타락이 금과 은 때문은 아니다. 잘못은 돈이 아니라 돈을 사랑하는 사람에게 있다. 돈은 악하게도, 선하게도 사용될 수 있다는 점에서 가치 중립적이다. 돈이 잘못 사용되면 독이 될 수 있다. 문명사회에서 돈의 역할은 매우 중요하다. 하나님의 뜻대로만 사용한다면 선행을 위한 가장 좋은 수단이 될 수 있다. 웨슬리는 이렇게 말한다.

"배고픈 자들에게는 음식, 목마른 자들에게는 음료, 헐벗은 자들에게는 옷을 줄 수 있는 수단이다. 과부에게는 남편의 자리, 고아에게는 아버지의 자리, 눈먼 자에게는 눈, 저는 자에게는 발, 죽음의 문턱에 있는 자들을 치료할 수 있는 수단이 된다. 이것으로 핍박받는 자들을 보호하고, 병든 자를 건강하게 하며, 고통받는 자들에게 고통을 덜어 준다."

따라서 하나님의 청지기는 재물을 가치 있게 사용하는 방법을 알아야 한다. 재물을 가치 있게 사용하려면 어떻게 해야 할까?

재물 사용의 세 가지 규칙

웨슬리는 신실한 청지기가 되기 위해서는 다음의 세 가지 규칙을 따라야 한다고 했다.

최선을 다해 벌라

하나님이 주신 근면과 지혜를 사용해, 영적으로 육적으로 자신과 이웃을 해치지 않는 범위 내에서, 할 수 있는 최선을 다해 벌어야 한다. 자신의 건강을 해치는 일은 중지해야 한다. 생명이 음식보다 중하며, 몸이 의복보다 중하기 때문이다. 몸뿐만 아니라 마음도 해치지 않는 선에서 최선을 다해 벌어야 한다. 법에 위배되는 거래, 세금 포탈, 사취 등은 피해야 한다. 사기와 속임수 없이 유지할 수 없는 사업은 설령 큰 이익을 가져다준다 해도 피해야 한다. 영혼을 팔아 돈을 벌면 안 된다. 가룟 유다는 예수님을 팔아 은 30을 얻었지만 그 결과는 무엇이었나? 그 돈이 그에게 만족을 주지 못하고 도리어 그 돈으로 인해 고통을 당했다. 그의 영혼이 불의를 느끼는 순간 돈이 싫어진 것이다. 죄로 얻은 것은 싫어질 것이다.

자신의 영혼뿐 아니라 이웃을 해치면서 버는 것도 안 된다. 도박, 고금리, 폭리 등으로 이웃의 토지나 가옥을 탈취해서는 안 된다. 남의 피가 묻은 돈은 재앙을 함께 가지고 온다. 형제애를 내세워 시장의 가격보다 너무 낮은 가격으로 물건을 팔아서도 안 된다. 덤핑 등은 이웃의 사업에 피해를 줄 수 있다. 이웃의 일꾼이나 고용인을 빼내 오거나 채용해서도 안 된다. 이는 상도에 어긋난 일이다. 이웃의 재산을 삼켜 이익을 얻는 사람은 누구든지 지옥의 형벌을 면치 못한다. 다른 사람의 몸을 상하게 하면서까지 돈을 벌어서도 안 되고, 이웃의 건강을 해치는 물건을 팔아서도 안 된다. 독주, 마약이 그런 예다. 이웃의 건강을 해치면서 돈을 버는 사람은 모두 독살자다. 후손들에게 이런 피 값으로 산 피밭을 물려주어서는 안 된다. "내가 그의 피 값을 네 손에서 찾을 것이고"(겔 3:18).

모든 사람의 영혼에 유익한 일에 종사하는 이들은 정결하다. 그들의 직업은 선하며 얻은 이익도 깨끗하다. 그러나 직업 자체가 악하거나 여러 죄를 유발하는 것이라면 그런 직업은 경계하고 비통하게 여겨야 한다. 이러한 주의 사항을 지키면서 '최선을 다해 버는 것'은 그리스도인이 지켜야 할 최고의 덕목 가운데 하나다.

최선을 다해 절약하라

최선을 다해 제대로 벌어 놓고, 엉뚱한 데 소모해 버리는 경우도 있다. 웨슬리는 이런 잘못된 사용을 경계한다. 잘 번 만큼 잘 써야 한다. 버는 것은 기술이고 쓰는 것은 예술이다. 우리가 노력해 벌었다고 해도 그 재물의 궁극적 주인은 우리가 아니라 하나님이시다. 그래서 함부로 사용해서는 안 된다. 십일조만 하나님의 것이고 10분의 9는 우리 마음대로 사용해도 되는 것이 아니다. 물질을 헛된 것에 낭비하면 안 된다.

특별히 주의해야 할 사용처가 있다. 육신의 정욕, 안목의 정욕, 이생의 자랑을 충족시키기 위해 재물을 낭비하지 말라. 폭식, 과음, 미식에 낭비하지 말라. 사치품, 명품, 치장하는 데 소모하지 말라. 또한 필요 이상의 것을 소유하지 말고 검소하게 생활하라. 우리는 너무도 많은 것을 소유하고 그 소유의 무게에 짓눌려 살고 있다는 것을 자각해야 한다.

가능한 많은 것을 내어 주라

하나님은 우리를 소유자가 아니라 청지기로 살게 하셨다. 모든 재물의 주인은 하나님이시고 우리는 잠시 맡은 것뿐이다. 우리가 누리는 영혼, 육체, 재물이 다 그분의 것이다. 재물이 잘 사용되면 하나님이 받으실 만한 거룩한 제물이 될 수 있다.

무엇보다 자신이 가진 모든 것을 내어 주어야 한다. 10분의 1이 아니라 하나님께 속한 모든 것을 드려야 한다. 가진 것 모두를 가족, 믿음의 식구, 이웃을 위해 내어 주라. 내어 줄 때는 청지기의 신분에 맞는 자세로, 하나님의 명령과 사랑의 뜻을 따라 자신과 가족, 신앙의 형제자매들과 보편 인류를 향해 재물을 내어 주어야 한다. 이렇게 내어 준 재물은 하나님께 향기로운 희생 제물이 된다. 이렇게 재물을 사용하는 이들이 마지막 때에 하나님의 상급을 받게 된다는 것을 믿어야 한다.

"청지기로서 세상 재물을 사용할 때 일부를 자기 음식, 의복, 몸의 건강을 유지하는 데 사용하십시오. 가족들에게 필요한 재물을 제공하시오 믿음의 식구들을 위해 선용하시오. 기회가 생길 때마다 모든 사람에게 선을 행하시오. 최선을 다해 가진 모든 것을 내어 주시오 이렇게 쓸 때 하나님께 드려지는 제물이 됩니다. 하나님의 것을 하나님께 돌리는 일이 됩니다."

돈은 돌고 돌기 때문에 돈이다. 돈을 끌어안고 있으면 내가 돈다. 좋은 일을 위해 돈을 내보내야 할 때 축복하며 내보내면 더 많은 친구들을 데리고 온다. 그러나 좋은 일에도 돈을 내보내지 않으면 돈은 결국 사고를 치고 나간다. 돈은 좋은 곳으로 아낌없이, 그리고 가능한 한 많이 흘려보내야 하는 것이다.

재물은 '쓰든지 없어지든지'(use or lose) 둘 중 하나다. 쓰지 않은 것은 결국 모두 사라진다. 재물은 유효기간이 있다. 유효기간 내에 써야 내 돈이다. 남기는 것은 남의 돈이고 낭비하는 돈이다. 그러니 쌓아 두기만 해서는 안 된다. 좋은 일에 잘 써야 한다. 이 땅에 천금만금을 쌓아 봤자 세상을 떠날 때는 한 푼도 가져갈 수 없다. 내 돈이라 할 수 있는 것은 오직 내가 사용한 돈뿐이다. 죽을 때 가지고 갈 수는 없지만, 이 땅에 있는 동안 주어진 돈을 선용함으로써 미리 천국으로 송금할 수는 있다. 거기는 좀도 슬지 않고 도둑이 훔쳐 갈 수도 없다(마 6:20). 천국에 쌓아 둔 것이 많으면 천국을 사모하는 마음이 더 많아진다. "네 보물 있는 그곳에는 네 마음도 있느니라"(마 6:21). 돈을 가치 있게 사용할 때 우리 영혼이 천국으로 고양될 수 있다.

올바른 지출을 위한 점검 목록

그렇다면 현재 우리는 올바르게 지출하고 있는가? "하나님, 저 잘 살고 있나요?" "하나님, 제 경제생활은 하나님이 보시기에 합당한가요?" 이를 확인해 볼 수 있는 점검 목록이 있다. 스스로에게 다음 네 가지 질문을 던져 보고 자기 양심이 모두 "그렇다"고 답한다면 당신은 바르게 지출하고 있는 것이다. 다시 말해, 선한 청지기의 삶을 살고 있는 것이다.

첫째, 당신은 주인이 아니라 청지기로서 재물을 사용하고 있는가?

둘째, 당신은 성경에 나타난 하나님의 뜻과 말씀에 순종해 지출하려고 노력하는가?

셋째, 당신의 지출이 하나님께 드리는 것처럼 이루어지고 있는가?

넷째, 당신의 재물을 내어 주는 행위가 부활의 날, 주님께 상 받을 만한 일인가?

웨슬리는 물질 생활과 관련해 다음과 같이 기도하라고 권고했다.

"주님, 음식과 의복, 가구를 위해 이 돈을 쓰려고 합니다. 당신 재물을 맡은 청지기의 신분으로, 당신의 것 중 일부를 지출하려고 합니다. 당신께서 명령하셨기에 순종하는 마음으로 지출하려고 합니다. 간구하오니 지출되는 이 재물이 그리스도를 통해 당신께서 받으실 만한 거룩한 희생 제물이 되게 하소서. 그리고 당신께서 모든 사람을 그 행위에 따라 상 주시는 날, 오늘 저의 이 지출과 섬김으로 인해 제가 당신으로부터 상 받게 될 것을 제 마음에 말씀하여 주소서."

세상을 위한 청지기

웨슬리의 설교를 통해 우리는 "불의의 재물로 친구를 사귀라"(눅 16:9)라는 말씀의 의미를 깨닫게 되었다. 김형석 교수는 그의 책《예수를 믿는다는 것》(두란노, 2021)에서 다음과 같이 말한다. "사회가 교회를 위해 있는 것으로 착각해서는 안 된다. 교회가 사회를 위해 있는 것이다." 기독교적 세계관은 교회 중심적으로 모든 것을 바라보고 생각한다. 교리적으로는 맞는 이야기이지만, 때로는 이런 입장이 교회 이기주의로 경도될 수 있다. 이것을 경계해야 한다. 세상을 섬기지 않을 때 교회는 게토화되고, 결국 폐쇄적이고 이기적인 공동체로 전락하게 될 위험이 있다. 교회도 세상을 위한 청지기가 되어야 한다.

또한 김형석 교수는 기독교적 경제 윤리를 이렇게 설명한다. "열심히 일하고 부지런히 노력해서 경제적 부를 쌓으라. 그리고 그것을 너와 네 가정을 위해서가 아니라 가난한 이웃과 사회를 위해 쓰라." 재물은 수평적으로는 형제자매의 음식이며, 수직적으로는 우리 영혼을 하나님께 올리는 희생 제사이며, 장차 받을 하늘 영광의 상급이 된다.

6

어린아이의 눈으로 보라 | 윌리엄 워즈워스

마태복음 18:1-7

　전 세계가 우크라이나-러시아, 이스라엘-하마스 전쟁의 영향을 받고 있지만, 그 가운데 아이들, 여자들, 작은 자들의 고통이 너무 크다. 현대 문명 시대에 여전히 이런 참혹한 일이 발생하고 있다는 것이 충격적이다. 성경에 따르면, 작은 자 하나를 실족하게 하는 것은 연자 맷돌을 목에 매고 바다에 빠지는 것보다 위험하다. 왜냐하면 작은 자들의 "천사들"이 하나님의 얼굴을 항상 뵙기 때문이다(마 18:10). 그들 중 하나도 잃지 않는 것이 하나님의 뜻이다(마 18:14).

　작은 자란 어떤 존재인가? 태아와 유아, 어린이뿐 아니라 장애인, 난민, 고아, 노숙자, 이주 노동자, 탈북자, 병든 자, 가난한 자, 소외된 자, 억눌린 자, 하층민, 성적 소수자, 갇힌 자, 인간에 의해 파괴되어 가는 자연과 동식물이 모두 해당된다. 이들은 모두 쉽게 힘 있는 자의 학대와 착취의 대상이 되기 때문이다. 코로나19 사태는 그동안 인간에게 학대당하던 자연이 인류에게 보낸 고통의 비명인지도 모른다. 특별히 정치는 이런 이들에게 진심 어린 관심을 가지고 지속적으로 돌보아 행복하게 살 길을 마련해 주어야 한다. 예수님의 이름으로 이들을 영접하면 그것이 곧 예수님을 영접하는 것이 된다.

낭만주의 시인, 윌리엄 워즈워스

윌리엄 워즈워스(William Wordsworth, 1770-1850)는 낭만주의, 즉 로맨티시즘을 대표하는 영국의 시인이다. 신고전주의가 귀족적이고 이성적이라면 낭만주의는 서민적, 목가적, 자유, 감성, 자연, 도보 여행, 쉽게 쓰인 시를 추구했다. 영국의 낭만주의는 프랑스 혁명의 정치 사상과 자연 회귀 사상을 바탕으로 19세기 초 문학 활동을 전개한 문학 조류다.

워즈워스는 프랑스 혁명의 정신에는 동조했지만, 이후 전개된 일들과는 거리를 두었다. 프랑스 혁명이 처음의 본질을 망각하고 급진주의와 물질만능주의로 치닫는 것을 지켜본 워즈워스는 19세기 사람들이 강탈, 탐욕, 소비 등의 우상을 숭배하고 있다고 비판하면서 신고전주의에서 소외되었던 가난한 자, 작은 자, 자연을 시적 소재로 삼는 낭만주의를 표방했다. 이 조류에는 대표적으로 사무엘 콜리지(Samuel Coleridge)와 워즈워스가 있는데, 두 사람 모두 케임브리지 대학 출신이며 인권 운동에 헌신했다는 공통점이 있다. 이들은 자연에 묻혀 시를 쓰곤 했다.

워즈워스는 잉글랜드 북서쪽에 위치한 호수 마을인 그래스미어에서 태어났다. '도브 코티지'(Dove Cottage), 즉 '비둘기 집'이라고 불렸던 그의 집은 현재는 박물관으로 꾸며져 있다. 워즈워스는 이 집에서 여동생 도로시와 함께 살았는데, 그녀가 없었다면 그의 시는 보존될 수 없었을 것이다. 도로시의 《그래스미어 일기》에 따르면, 자신도 시인이었지만 오빠와 산책하면서 오빠가 구술하는 시상을 받아 적었다고 한다.

콜리지는 워즈워스를 "당대의 가장 빼어난 시인" 혹은 "새로운 밀턴"이라고 극찬했으며, 워즈워스와 공동으로 《서정 민요집》을 출간하기도

했다. 실제로 워즈워스는 밀턴을 문인의 표상으로 여기며 대단히 존경했다. 그는 "런던, 1802"라는 시에서 다음과 같이 밀턴을 추앙했다.

"밀턴이여!/ 당신은 지금 살아 계셔야 합니다./ 영국이 당신을 필요로 합니다."

그런데 콜리지는 워즈워스가 바로 그 밀턴이라고 평한 것이다.

자연에서 하나님을 경험하다

워즈워스는 《신곡》을 지은 단테 알리기에리(Dante Alighieri)나 《파우스트》의 요한 볼프강 폰 괴테(Johann Wolfgang von Goethe)처럼 절대자와 관련한 영감으로 작품 활동을 했기 때문에 '형이상학파 시성'이라 불린다. 워즈워스는 만물의 근원이신 하나님께로 회귀하고자 하는 기독교적 신비 사상에 관심을 가지고, 겸손과 정화를 통해 이를 이루려 했다. 영국 왕실은 그를 계관시인으로 삼고자 했다. '계관시인'이란 왕을 위한 글과 시 등 국가 행사에 사용할 시를 창작하는 시인을 말한다. 처음에는 사양했던 워즈워스는 아무것도 하지 않아도 된다는 조건으로 계관시인의 칭호를 수락했다.

1798-1808년은 그의 최고 작품들이 탄생한, 워즈워스의 전성기였다. 매튜 아놀드(Mattew Arnold)는 "워즈워스는 셰익스피어와 밀턴 다음가는 영국의 위대한 시인"이라 평가했다. 그는 워즈워스를 "검소한 생활, 고상한 생각"이라는 표현으로 묘사했다. 실제로 워즈워스 본인이 이런 표현을 사용했기 때문이다.

"검소한 생활, 고상한 생각은 이제 더 이상 없구나"(Plain living and High thinking are no more).

영국을 빛낸 인물들의 영원한 안식처, 웨스트민스터 사원에 가면 왕, 정치가, 성직자, 과학자 외에 시인의 방이 있다. 여기에는 윌리엄 셰익스피어(William Shakespeare)를 비롯하여 브론테 자매(Brontë sisters), 찰스 디킨스

(Charles Dickens), 조지 엘리엇(George Eliot), 로버트 브라우닝(Robert Browning)이 있는데 워즈워스의 이름도 그곳의 한자리를 차지하고 있다.

워즈워스는 그리스도인이었지만 자연 신비주의, 범재신론(panentheism)의 입장을 가지고 있었다. 자연 만물 모두가 신이라고 주장하는 범신론(pantheism)과는 달리, 범재신론은 모든 생명 있는 존재에 하나님이 편재하신다는 믿음이다. 그는 하나님을 "자연의 모든 사물에 생명과 운동력을 주는 편재한 정신"으로 이해했다. 자연계의 사물, 태양, 달, 별, 바람, 숲, 연못, 샘, 시내 등에 내재하고 있는 큰 영(Great Soul), 즉 영원무궁한 한 실재가 존재한다고 믿었다.

100년 후 태어난 알버트 슈바이처(Albert Schweitzer)도 범재신론을 바탕으로 생명 경외의 삶을 추구했다. 《월든》을 저술한 초월주의자 헨리 데이비드 소로우(Henry David Thoreau)도 범재신론적 관점에서 자연 안에서의 생명과 치유를 추구했다. 그에 따르면, 자연에는 치유력(healing power)과 정화의 빛, 즉 거룩한 빛이 있기 때문에, 자연은 인간에게 어둡고 무거운 짐을 벗어나 영원무궁한 생명의 세계로 들어갈 수 있는 재생과 부활의 세계를 제시해 준다. 더 나아가 자연 가운데 있는 생명의 존재를 경험함으로써 영혼이 생령(living soul)이 되게 이끌어 준다. 이러한 경지에 다다르면 만물을 창조하신 하나님을 보게 된다.

게리 토마스(Gary Thomas)는 자신의 저서, 《영성에도 색깔이 있다》(도서출판 CUP, 2022)에서 말씀, 기도, 성도의 교제, 뜨거운 예배 등을 통해서도 영성이 강화되지만, 자연 안에서도 하나님의 임재를 경험할 수 있다고 했다. 하나님은 자연의 온갖 사물 안에 편재하며 생명과 활력을 주시는 위대한 영이시기에 땅 위에 생존하는 모든 것은 신성하며 하나님은 우주 안에 보편적으로 존재하신다. 우리가 사람뿐 아니라 자연 심방을 자주 해야 하는 이유가 여기에 있다.

워즈워스의 "아름다운 저녁"(It is a Beauteous Evening, 1802)은 그의 자연 신비주의를 잘 보여 주는 대표적인 시다.

> "고요하고 평화로운 아름다운 저녁!/ (중략) / 귀 기울이라! 전능하신 하나님은 깨어 계셔서/ 영원한 움직임으로/ 지속적으로 천둥소리를 내고 계신다./ 나와 함께 걷는 소년, 소녀야! 비록 자연이 외견상 무심하고 성스럽게 보이지 않아도/ 너는 일 년 내내 아브라함 품속에 있고/ 성전의 지성소에서 예배하고 있으니/ 우리가 알지 못하는 사이에도/ 하나님은 우리와 함께 계시도다."

이처럼 워즈워스는 자연을 하나님이 임재하시는 성전의 지성소로 보았다. 그는 어른보다는 어린이가 하늘나라에 가까움을 강조했다. 아마도 하나님께로부터 세상에 온 지 얼마 안 되었기 때문이리라. 워즈워스는 자연을 즐기며 자연의 사제로서 자연을 돌보며 살아가는 신도였다. 그가 노래한 자연은 대부분 아름답고 선한 모습으로 찬미되었다. 자연의 순수함, 조화, 아름다움, 행복…. 이는 인생의 갈등, 고뇌, 불안, 비참, 죄악과 대조를 이룬다. 워즈워스의 시는 고난을 행복으로 변형시키는 힘이 있다. 하나님과 인간, 영원과 시간, 하늘과 땅, 낮과 밤, 아름다움과 추함을 대조 병치시켜 새롭게 만들어 가는 과정을 그리고 있다.

다음은 워즈워스의 "무지개"(My Heart leaps up when I behold, 내 가슴은 뛰노라, 1807)라는 제목의 시다.

> "하늘의 무지개를 바라보면/ 내 가슴은 뛰노라/ 내 목숨 시작될 때 그랬고/ 어른이 된 지금도 그러하니/ 늙어서도 그러하기를/ 아니라면 죽느니만도 못하리!/ 어린이는 어른의 아버지/ 원컨대 내 살아가는 나날이/ 자연에 대한 경외심으로

이어지기를."

상담학에는 '내면의 아이'라는 개념이 있다. 나무의 나이테에 세월이 그대로 기록되어 있듯이 인간의 영혼에도 모든 시간과 경험이 다 담겨 있다. 상처받은 내면의 아이로 인해 성년의 삶이 힘들어질 수 있다. 워즈워스는 부모님을 일찍 여의었지만 건강한 어린 시절을 보낸 것 같다. 그가 어린 시절 살던 곳에 가 보았는데, 다섯 개의 호수, 들판, 산, 좁은 길, 아름다운 자연이 있었다. 그런 자연환경이 워즈워스의 어머니 역할을 해 준 것으로 보인다. 자연의 돌봄을 받고 자란 덕에 전원시를 쓰는 위대한 시인이 된 것이리라.

워즈워스가 이 시를 30대에 썼는데, 무지개에 대한 명상을 통해 인간의 근원적 심성인 동심의 소중한 가치를 일깨워 주고, 아울러 이 소중한 가치가 깃들어 있는 자연을 향한 경건한 마음을 불러일으킨다. 찬란한 무지개를 보고 가슴 뛰었던 어린 시절을 회상하며 죽는 날까지 그 감동이 계속되기를 바라는 시다.

이 시에서 워즈워스는 하늘과 땅, 어린아이와 늙은이, 아이와 아버지, 무지개와 인생, 자연과 일상을 대조하고 있다. 땅의 존재인 인간의 가슴은 하늘의 무지개, 곧 천상의 빛과 만날 때 고동친다. 무지개는 하늘과 땅을 연결한다. 가슴의 고동은 순수할수록 더욱 크게 진동한다. 성령의 음성을 듣는 것도 그렇다. 인생살이 하루하루가 자연의 경건과 만나기를, 우리의 삶이 하나님과 만나기를 기원한다. 하나님으로부터 온 인간의 영혼은 나이가 들고 성장하면서 세상의 풍속과 욕망으로 인해 하나님의 빛을 잃어 간다. 워즈워스는 자연에서 하나님의 영광을 발견했고, 시인으로서 자신의 사명을 재확인했다. 천상의 빛으로 사물의 생명을 꿰뚫어 보게 되었다.

당신은 무엇을 생각할 때 가슴이 두근거리는가? 어머니, 첫사랑, 사명, 아니면 돈, 권력, 연예인? 워즈워스는 무지개였다. 생명이 시작될 때도, 어렸을 때도, 어른이 되었을 때도, 늙어서도 우리 가슴은 힘차게 뛰어야 한다. 사람이라면 그래야 한다. 자연에 깨어 있는 아이 같은 마음, 즉 동심을 갖고 살아가야 한다. 자연에 대한 경건한 마음을 잃지 않아야 한다. 자연은 성년의 워즈워스를 어린 시절의 감흥과 연결시켜 주는 성소가 된다. 우리의 삶은 단절되고 파편화되고 무뎌지고 감각적이어서 신비와 감동이 없다. 어른들의 세상에는 가슴 뛰게 하는 것이 없다. 피리를 불어도 춤추지 않고 통곡하는 사람들을 보고도 울지 않는다. 한편 무지개는 창세기와 요한계시록을 연결해 준다. 노아는 첫 무지개를 통해 언약을 받았고(창 9:13), 성도들은 마지막 때에 무지개 소망이 실현된다(계 10:1). 무지개는 성경 전체를 아우르는 상징물이요 자연물이다. 그 안에 우주와 역사를 포괄한다.

시어 중에 주목해야 할 표현이 있다. "어린이는 어른의 아버지"라는 것이다. 역설적으로 들리지만, 사실은 맞는 말이다. 모든 인간은 어린이 시절을 거쳐 어른이 되기 때문이다. 예수님도 다음과 같이 말씀하셨다. "진실로 너희에게 이르노니 너희가 돌이켜 어린아이들과 같이 되지 아니하면 결단코 천국에 들어가지 못하리라"(마 18:3). 예수님과 워즈워스 모두 '어린이'라는 말로 동심만이 아니라 완악하지 않은 부드러운 마음, 교만하지 않은 겸손한 마음, 순전한 믿음, 가난한 마음을 표현하고 있다.

아이들이 태어나 필자가 부모가 되었을 때 이런 생각을 했다. '하나님이 나에게 아이들을 주셨다. 분명 하나님은 나에게 어떤 새로 보내는 메시지를 전달해 주시기 위해 우리 가정에 새 생명을 허락해 주셨을 것이다. 따라서 나는 아이들을 양육하면서 아이들이 전하는 하늘의 지혜를 기록해 두리라.' 그렇게 해서 필자가 제일 먼저 쓴 책이 《아이에게 배우는 인생의 지혜》(토기장이, 2010 증보판)다. 필자는 아이들을 통해 어른들은 생각하지 못하거나 오랫동안 잊고 있던 진리와 지혜를 다시 만날 수 있었다.

워즈워스의 금언, "Let nature be your teacher"(자연이 너의 스승이 되게 하라)를 기억하자. 같은 말이다. 어른의 스승인 어린이는 자연이 주는 교훈을 더 쉽게 이해하고 더 잘 받아들인다. 우리도 아이들처럼 자연을 통해 배워야 한다. 산책하며, 밤하늘을 올려다보며, 바람의 소리를 들으며 사랑, 기쁨, 평화, 영감 등을 얻을 수 있어야 한다.

영화, "초원의 빛"

나탈리 우드(Natalie Wood)와 워렌 비티(Warren Beatty)가 주연했고, 잃어버린 첫 사랑의 추억과 다시 못 올 사랑을 그리워하는 영화 "초원의 빛"에는 다음과 같은 시가 나온다.

"한때 그렇게도 찬란한 빛이었건만/ 이젠 영원히 눈앞에서 사라져 버린/ 초원의 빛이며, 꽃의 영광이여/ 그 시절이 다시 돌아오지 않은들 어떠랴/ 우리는 슬퍼하지 않고/ 오히려 남아 있는 것에서 힘을 찾으리라/ 지금까지 있었고 앞으로도 영원히 있을/ 본원적인 공감에서/ 인간의 고통으로부터 솟아나/ 마음을 달래 주는 생각에서/ 죽음 너머를 보는 신앙에서/ 그리고 지혜로운 정신을 가져다주는 세월에서…"   - 어린 시절을 회상하면서 영생의 깨달음에 부치는 노래 중

이 세상의 모든 것은 다 지나간다. 그 사람이 아니면 죽을 것 같았던 뜨거운 사랑도, 나를 낳아 길러 주신 어머니도, 나의 찬란했던 젊음도 모두 예외가 아니다. 이렇게 흘러가는 것에 집착도, 후회도 없이 모든 것을 있는 그대로 받아들이며 나아가라. 자꾸 뒤를 돌아보면 롯의 아내처럼 소금 기둥이 될 뿐이다. 지금까지 있었고 앞으로도 있을 영원에서 '현재를 보는 믿음'으로 나가야 한다. 초원의 빛과 꽃의 영광, 그 어떤 것도 다시 되돌릴 수 없다. 흘러간 세월을 한탄할 것이 아니라 저 바다를 건너갈 배를 준비해야 한다. 그 배의 노는 우리가 잡는 것이 아니라 하나님의 손에 놓여 있

다. 저 바다를 건너면 이 세상과 다른 초원을 만날 것이고, 더욱 찬란하고 영원한 영광을 보게 될 것이다.

신앙인은 시인이 된다. 선지자들도 다 시인의 감성을 지녔다. 다윗은 목동이면서 시인이었다. "인생은 그날이 풀과 같으며 그 영화가 들의 꽃과 같도다"(시 103:15). "풀은 아침에 꽃이 피어 자라다가 저녁에는 시들어 마르나이다"(시 90:6). 야고보도 그러했다. "해가 돋고 뜨거운 바람이 불어 풀을 말리면 꽃이 떨어져 그 모양의 아름다움이 없어지나니 부한 자도 그 행하는 일에 이와 같이 쇠잔하리라"(약 1:11). 베드로도 동일하다. "그러므로 모든 육체는 풀과 같고 그 모든 영광은 풀의 꽃과 같으니 풀은 마르고 꽃은 떨어지되 오직 주의 말씀은 세세토록 있도다 하였으니 너희에게 전한 복음이 곧 이 말씀이니라"(벧전 1:24-25). 워즈워스는 "시인이란 인간의 본성을 지키는 바위 같은 존재다. 그는 지지자요 보호자이고 어디를 가든 정과 사랑을 지닌 사람이다"라고 했다.

"수선화"

"산골짜기 넘어서 떠도는 구름처럼/ 정처 없이 거닐다/ 나는 보았네/ 호숫가 나무 아래/ 미풍에 너울거리는/ 한 떼의 황금빛 수선화를/ 은하계에서 빛나며/ 반짝거리는 별처럼/ 물가를 따라/ 끝없이 줄지어 피어 있는 수선화/ 무수한 꽃송이가/ 고개를 들고 활기 넘치게 춤추는 것을./ 주위의 물결도 춤추었으나/ 기쁨의 춤은 수선화를 따르지 못했으니/ 이렇게 흥겨운 꽃밭을 벗하여/ 어찌 시인이 흥겹지 않으랴/ 나는 지켜보고 또 지켜보았지만/ 그 정경의 보배로움은 미처 몰랐었다./ 한가하게 홀로 생각에 잠겨/ 내 자리에 누우면/ 고독의 축복인 상상력으로/ 홀연 번뜩이는 수선화/ 그때 내 가슴은 기쁨에 차올라/ 수선화와 더불어 춤을 춘다."

워즈워스가 이 시를 쓴 배경은 다음과 같다. 1802년 4월, 시인 남매(워즈워스와 도로시)는 알즈워터 호반에서 수선화를 감상했다. 수선화는 주변의 구름, 호수, 미풍, 물결, 시인의 마음과 조화를 이루었다. 정처 없이 떠도는 구름, 청정한 나무, 맑은 호수, 잔잔한 미풍과 기묘하게 어울려 있는 고즈넉한 수선화 한 무더기를 회상하는 시인은 여느 때와 달리 흥겨움을 누린다. 이제 그는 더 이상 혼자가 아니다. 자연이라는 정다운 이웃에 둘러싸여 있음을 깨달았기 때문이다. 시인과 수선화(의인화)는 말없이 주고받는 눈길을 통해 존재의 잔잔한 기쁨을 나누는 사이가 된다. 자연의 아름다움을 통해 인생의 아름다움을 찾을 수 있다. 그 감흥은 집에 돌아와 누워도 생각 속에 살아 계속된다.

윌리엄 워즈워스의 다른 작품들

워즈워스는 자연을 기쁨의 존재로만 여기지 않고 인간의 마음을 도야(陶冶)해 주는 선생으로 보았다. "틴턴 사원(Tintern Abbey) 위쪽에서"(1798)라는 시를 소개하겠다.

"아! 그대 속에 있는 내 지난날의/ 모습을 한동안 바라보고 싶다!/ 자연은 자기를 사랑하는 자를/ 배신하지 않음을 알기에/ 나의 친애하는 소중한 누이여!/ 나는 이런 기도를 드린다./ 우리 이생의 전 과정에서/ 우리를 기쁨에서 기쁨으로/ 이끄는 것은 자연의 특권이다./ 이렇듯 자연은/ 우리의 마음을 도야해 주고/ 고요와 아름다움으로 감동을 주고/ 드높은 생각을 먹여 준다./ (중략) / 그리하여 우리가 바라보는 만상은 축복으로 가득 차 있다."

말년에 이르러 워즈워스는 밀턴을 시적 모델로 삼아 자신의 생애를 담은 대서사시를 남겼다. 《서곡》(The Prelude)이란 제목으로 출간하고자 준비했으나, 출간하지 못하고 운명했다. 그러나 워즈워스의 아내 메리가 이 원고를 모아 본래 2권이던 책을 3권으로 증보 간행했다. '서시'(序詩)는 시집 맨 처음에 나오면서 사실상 맨 마지막에 쓰는 것이라는 점에서 새로운 시작을 예고한다.

2022년 2월, 이어령 교수가 소천했다. 마지막 작품으로 딸 이민아 목사를 그리며 쓴 시집 《헌팅턴비치에 가면 네가 있을까》(열림원, 2022)를 작업하고 있었는데, 임종 하루 전에 책의 서문인 서시를 전화로 불러 주었다고 한다. 서시는 그 시집 전체를 포괄하는 것이다.

"네가 간 길을 이제 내가 간다/ 그곳은 아마도 너도 나도 모르는 영혼의 길일 것이다/ 그것은 하나님의 것이지 우리 것이 아니다."

이어령 교수도 미지의 세계이지만 그곳에서 펼쳐질 새로운 생명을 소망하면서 이 시를 썼을 것이다.

일반적인 책도 서문은 책 내용을 다 써 놓고 제일 마지막에 쓴다. 워즈워스의 모든 작품 활동을 정리하는 시점에 낸 책의 제목이 《서곡》이라는 것은 결국 그의 지상의 삶은 준비 과정에 불과하며 그의 본격적인 활동은 저세상, 영원한 천국에서 펼쳐질 것을 고대한 것이리라. 그곳에서 하나님의 영광을 보며 무한히 아름다우신 하나님과 자연을 노래하겠다는 의미일 것이다. 그때의 영감은 완전하리라. 그때 노래는 더욱 아름다우리라. 그때의 시어는 결코 고갈을 모르리라. 아마도 이런 마음으로 자신의 마지막 시집의 제목을 《서곡》으로 정했을 것이다.

하나님의 창조물인 자연과 인간

자연은 하나님의 창조물이다. 하나님은 인간을 창조하시고 자연 속에 두셨다. 자연은 때로는 아버지처럼, 때로는 어머니처럼 인간을 보듬어 안는다. 인간은 자연 안에서 하나님을 만난다. 우리도 워즈워스 같은 시인처럼 자연을 소중히 대해야 할 것이다. 맑은 심성과 영성을 가지고 자연으로부터 쉼과 회복과 치유와 영감과 충만함을 받아야 한다. 자연과 교감할 줄 아는 풍성한 영성과 감성을 지닌 이들을 통해 우리는 어떻게 살아야 하는지를 배운다. 자연 안에서 하나님의 은혜를 발견하는 우리 모두가 되자.

7

입을 크게 열라 | 조지 뮬러

시편 81:10

M어릴 적부터 궁금한 것이 하나 있었다. 시골집에 보면 제비집이 있는데, 어미 제비가 부지런히 드나들며 잡아 온 벌레를 새끼들에게 먹이는 장면을 여러 번 보았다. 그런데 자세히 보면 한 번에 모든 새끼 입에 먹이를 넣어 주는 것이 아니었다. 어미 제비는 어떻게 여러 새끼들에게 골고루, 그리고 공평하게 먹이를 먹일 수 있을까? 먹이를 주는 순서가 있는 것일까?

그런데 이어령 교수도 필자와 같은 의문을 갖고 있었던 모양이다. 자신의 책 《지성에서 영성으로》(열림원, 2017)에서 이어령 교수는 이렇게 말한다. "둥지 안에 새끼가 여러 마리 있는데, 어미는 어떻게 먹이를 먹은 놈, 안 먹은 놈 구분하면서 입 안에 넣어 줄 수 있을까?" 그가 내린 결론은 이것이다. "어미가 먹이를 줄 때 가장 배고픈 새끼가 가장 크게 입을 벌린다. 이것은 생리적인 현상이다." "입을 크게 벌리는 새끼가 아직 먹지 못한 제비다." 어미 제비는 입을 크게 여는 새끼에게 먹이를 준다. 배가 고픈 새끼는 악을 쓰면서 입을 크게 벌릴 것이다. 우리 신앙인들도 그러한가? 주님을 향해 입을 크게 벌리는가? 아니면 세상을 향해 입을 벌리는가?

독일인인 조지 뮬러(George Müller, 1805-1898)는 "네 입을 크게 열라 내가 채우리라"(시 81:10)라는 말씀을 붙들고 평생 기도하여 5만 번의 기도 응답을 받은 사람으로 유명하다.

어린 시절 그는 비행 청소년이었다고 한다. 음주와 도벽이 있었고 문제를 일으켜 감옥에 다녀온 적도 있었다. 그런데 "너의 나쁜 습관은 단번에 고쳐지지 않는다. 그러나 하나님은 너를 포기하지 않으신다. 하나님은 너를 버리지 않으신다"는 한 목회자의 말이 뮬러의 삶에 전환점을 가져다주었다. 자신도 자기를 포기하고 살았는데 하나님은 포기하지 않으신다는 말에 힘을 얻은 뮬러는 할레 신학교에 들어가 공부했고, 그곳에서 회심하게 되었다. 그리고 자신의 계획은 아니었지만 영국 브리스톨에 가게 되었고, 그 후 영국의 선교사가 되었다.

당시 브리스톨에서는 콜레라 전염병이 돌아 많은 사람이 죽어 가고 있었다. 그런데 놀랍게도 뮬러가 돌보는 200명의 교인들 가운데서는 단 한 명의 사망자만 나왔다. 또한 뮬러는 부모를 잃은 고아들을 "하나님은 고아의 아버지"(시 68:5)라는 말씀을 붙잡고 돌보기 시작했다. 93세로 세상을 떠날 때까지 뮬러는 무려 15만 명의 고아들을 돌보아 '고아들의 아버지'라는 별명을 얻었다.

그는 가진 것이 없었지만, 그 많은 고아를 오직 기도로 먹여 살렸다. 고아들에게 의식주만 제공한 것이 아니었다. 뮬러는 고아들에게 교육, 기술, 취미, 놀이, 목공 기술, 양계 등을 가르치고 자립할 수 있게 만들어 사회로 내보냈다. 고아원을 나가는 아이에게는 가방을 하나씩 주면서 어엿한 사회인으로 살아가도록 격려했다. 혹시 사회에서 있을 곳을 찾지 못한다면 다시 돌아오라고 말하며, 자신이 일을 찾아 주겠다는 약속도 했다.

뮬러가 처음으로 기도 응답을 받은 것은 그가 신학교 생활 중 부모에게 선교사로 지원하겠다는 뜻을 전했을 때였다. 뮬러의 부모는 그의 뜻에 반대하며 경제적 지원을 끊겠다고 했다. 선교사로 나가기는커녕 학업마저 중단될 위기에 처했다. 위기 상황 앞에서 뮬러는 시편 81편 10절을 붙들고 기도했다. 그의 기도는 예상치 못한 방식으로 응답되었다. 미국에서 온 사람들 중 독일어를 배우려는 이들이 생겼고, 그들에게 독일어를 가르치면서 학비 문제가 해결된 것이다. 뮬러는 이를 하나님의 기도 응답으로 확신했고, 이후 기도에 열심을 낼 수 있는 계기가 되었다. 하나님을 향해 입을 크게 열면 하나님이 채워 주신다는 확신을 품고 기도 생활을 추진하게 된 것이다.

영국 브리스톨 애슐리에는 그가 두 번째로 세운 고아원 건물이 남아 있다. 150년이 지났지만 여전히 튼튼하고 언덕 위에서 내려다보이는 주변 경관도 아름답다. 현재는 박물관과 세계 고아원들을 지원하는 용도로 사용되고 있다.

여류 화가 로다 나이버그(Rhoda Nyberg)가 그린 "은총"이라는 작품에는 기도하는 노신사가 등장하는데, 이 노신사가 바로 뮬러다. 두꺼운 성경책 위에는 벗어 놓은 안경이 놓여 있고, 딱딱한 빵 한 조각과 수프를 앞에 두고, 두 손을 이마에 댄 채, 하나님께 진심으로 기도하는 모습이다. 비록 식사 감사 기도이지만, 뮬러는 평생 이런 자세로 기도하고 응답을 받았다.

그런데 뮬러는 어떻게 5만 번이나 기도 응답을 받았을까? 그 비밀은 그가 쓴 책《5만 번 응답받은 뮬러의 기도 비밀》에 기록되어 있다. 보좌를 움직이는 기도는 올바른 동기로 시작되는 기도다. 하나님은 기도의 시간이나 형식보다 기도의 동기에 관심을 가지신다. 뮬러의 모든 기도의 동기는 하나님 중심이었다. 오직 하나님 한 분만을 드러내고 높이기 위해 기도한 것이다.

뮬러는 응답받는 기도의 원리를 다섯 가지로 제시했는데, 그중에서도 특별히 두 가지를 강조했다. 첫째, "알고 있는 모든 죄를 자백하는 것"이다. 왜냐하면 만일 마음에 죄악을 품고 기도하면 이는 곧 죄를 인정하는 것이나 다름없어서 주님이 우리의 기도를 듣지 않으신다는 것이다. 둘째, "하나님의 뜻을 따라 간구하는 것"이다. 간구할 때 우리 마음의 동기는 순수해야 한다. 세상 욕심을 채우기 위해서, 또는 정욕을 위해 쓰려고 하나님의 선물을 구해서는 안 된다.

그렇다면 뮬러의 다섯 가지 기도의 원리는 무엇인가?

다섯 가지 기도의 원리

사랑하는 마음을 가져라

눈앞에 보이는 한 생명을 사랑하는 마음이 없으면서 보이지 않는 하나님을 사랑하기란 불가능하다. 많은 사람이 "나는 하나님을 믿고 이웃을 사랑한다"고 말한다. 그러나 가장 가까운 가족의 작은 실수조차 참지 못하고 벌컥 화를 낸다. 자신의 고민과 아픔은 크게 여기면서 타인의 고민과 아픔에는 무관심하다.

이웃을 사랑하는 마음이 없는 상태에서 순수한 기도를 할 수 있겠는가? 중보 기도를 할 때는 기도의 대상을 깊이 사랑하는 마음으로 해야 한다. 예를 들어, 고아들을 위해 기도한다면 그들이 내 자녀라는 마음으로 기도해야 한다. 실제로 뮬러는 자신의 딸도 고아원에서 고아들과 함께 생활하게 했다. 그는 딸이 불평할 정도로 고아들을 친자녀처럼 사랑으로 돌봤다. 진심으로 사랑하는 마음으로 기도할 때 하나님의 놀라운 응답이 순적하게 임한다.

하나님의 뜻을 구하라

기도란 내가 원하는 것을 구하는 것이 아니라 하나님이 원하시는 것을 내가 구하는 것이다. 하나님의 뜻을 알고 그 뜻을 이루어 드리기 위한 기도가 살아 있는 진정한 기도이며 하나님 앞에서 가장 가치 있는 기도다. 이런 기도는 하나님의 마음을 감동시키며 풍성한 응답을 가져온다. 나의 소원보다 하나님의 소원을 파악하는 일, 나의 주장보다 하나님의 뜻을 먼저 구하는 일, 이보다 더 귀한 것은 없다! 자신의 요구보다 주님의 요구를 먼저 생각하고 주의 뜻을 구하는 사람은 하나님 앞에 크게 인정받고 사랑받을 수 있다. 우리는 과연 그의 나라와 그의 의를 구하는가? 아니면 나의 왕국을 위해 기도하고 있는가?

정직한 마음으로 구하라

천사와 같이 거룩한 의인이 되어야만 기도의 자격이 주어지는 것은 아니다. 우리는 하나님의 자녀가 되었음에도 여전히 허물과 죄가 많다. 하지만 기도할 때는 자신의 죄를 회개해야 한다. 허물이 있어도 정직한 삶의 바탕 가운데 기도할 때 비로소 응답을 받을 수 있다. 예를 들어, 자녀가 밖에서 놀다 들어와 밥을 달라고 하면 어머니는 어떻게 하는가? 먼저 손부터 씻고 오라고 한다. 더럽혀진 손으로 밥을 먹으면 도리어 건강에 해롭기 때문이다. 성찬을 받을 때와 같이, 기도하는 자는 먼저 자기를 돌아보고 회개하는 마음으로 은혜의 보좌 앞에 나아가야 한다.

말씀 묵상을 통하여 응답을 찾아라

기도를 중시하는 사람 중에 성경 읽기를 등한시하는 사람이 있다. 하지만 뮬러는 성경도 많이 읽고 자세히 알았다. 뮬러는 다른 모든 것보다도 성경 말씀을 가까이했다. 그는 성경을 200독 했다고 한다. 기도할 때 성경에서 하나님의 언약을 찾았고, 그 말씀을 붙들고 기도했다. 말씀의 약속 위에 기도를 드렸을 뿐 아니라 기도의 지혜와 능력과 응답을 구했다. 이처럼 말씀에서 출발한 기도는 그만큼 값진 기도가 된다.

기도의 응답을 살아 계신 하나님의 증거로 여겨라

뮐러는 어떻게 자신이 평생 5만 번 기도 응답을 받았는지 알고 있었을까? 자신의 기도를 노트에 적었기 때문이다. 뮐러는 모든 기도 내용을 우선순위별로, 날짜별로 기록했고, 응답을 받은 날과 응답받은 방식을 기록했다. 기록하며 기도하면 기도하는 대상에게 더 큰 관심을 가지게 되고, 기도의 결과를 세밀하게 관찰하게 되며, 기도의 응답을 기대하는 효과가 있다. 또한 하나님이 응답하시는 손길을 구체적으로 확인할 수 있고, 하나님과의 관계가 더욱 깊어지며, 하나님의 능력과 응답을 자주 체험하게 된다.

기도 응답과 기도 수첩 활용법

필자가 《아이에게 배우는 인생의 지혜》에 쓴 내용이다. 미국 유학 시절, 하루는 자녀들과 밴더빌트 대학 잔디밭에서 연날리기를 했다. 저녁 어스름이 덮이자 높이 뜬 연이 보이지 않았다. 장난기가 발동한 필자는 딸에게 이런 질문을 했다. "연이 보이지 않네? 연이 날아갔나 봐." 그러자 딸이 이렇게 응수했다. "아니에요, 아빠. 연이 저 하늘 높은 곳에서 여전히 날고 있어요." "어떻게 그것을 아는데?"라는 필자의 질문에 딸은 말했다. "연줄을 한번 만져 보세요. 연이 나를 잡아당기고 있잖아요."

그렇다. 기도는 연줄과 같다. 하늘에 계신 하나님과 땅에 있는 기도자를 연결해 주는 줄이 기도다. 하나님이 우리 기도에 응답하신다면 우리는 하나님을 보지 않고도 느낄 수 있다. 주신 분과 받은 자만이 아는 것이다.

그것이 바로 기도의 줄이다. 기도하는 사람만이 어떤 현상을 하나님의 은혜의 응답으로 인정할 수 있다. 기도하지 않는 사람은 모든 일을 우연이나 행운으로 여긴다. 기도 응답의 경험을 통해 하나님의 살아 계심과 역사하심을 깊이 체험하게 되고, 그 결과 우리 신앙은 더욱 깊어진다.

그렇다면 이렇게 귀한 기도의 줄을 잡는 방식인 기도 수첩 활용법은 무엇인가?

기도 수첩 활용법

① 작은 기도 수첩을 따로 마련해 정기적인 기도의 목록을 작성한다.

기도 수첩은 항상 가지고 다녀야 한다. 그래야 기도 제목을 현실에서 뽑아 낼 수 있기 때문이다. 휴대하기에 불편하지 않은 크기의 노트를 준비한다. 오늘날에는 모두가 가지고 다니는 스마트폰의 메모 기능을 활용하면 좋을 것이다.

② 기도 수첩을 가지고 다니면서 제목이 떠오르면 무조건 기록해 둔다.

기도 제목은 책상에서 나오는 것이 아니라 일상생활에서 발견해야 한다. 그 가운데 아주 중요한 제목들과 덜 중요한 제목들을 구분해서 기록하되, 성령의 도우심을 받아 작성한다. 이를 통해 기도 제목을 뽑아 내는 영적인 안목을 기를 수 있고 우리 삶의 구석구석에 사랑과 관심을 쏟을 수 있다. 인간 만사 모든 영역에서 하나님이 어떻게 역사하시는지를 볼 수 있는 귀한 기회가 된다.

③ 여러 가지 기록한 것들을 가지고 우선순위가 높은 기도 제목부터 기도하되, 기도 시작 날짜를 기록한다.

급하고 중요한 기도 제목은 앞부분에 따로 혹은 큰 글씨로 구분해서 기록하면 더 좋다. 기억력에만 의지하면 정작 기도 시간에 많은 기도를 하지 못하고 몇 가지 기도만 하다 끝나기 쉽다. 현실에서 발견했고 성령이 깨우쳐 주신 기도 제목이기 때문에 풍성하고 다양하게, 그리고 세밀하게 기도할 수 있다. 시작 날짜를 기록함으로써 응답까지 시간이 얼마나 걸리는지도 알게 된다. 실제로 기록해 보면, 하나님의 기도 응답 시간이 의외로 짧다는 것을 발견하고는 놀라게 될 것이며, 이런 경험을 통해 하나님을 더욱 의지하게 될 것이다.

④ 기도의 제목들을 놓고 매일매일 하나님께 기도드린다.

매일 기도함으로 하나님께 가까이 나아가는 훈련을 쌓는다. 기도한다는 것은 하나님의 임재 안으로 나아가는 것이다. 기도는 하나님 앞에 우리를 늘 깨어 있게 한다. 기도할 때 영적 민감성을 유지할 수 있다. "쉬지 말고 기도하라"(살전 5:17)는 말씀은 늘 기도로 깨어 있으라는 뜻이다.

⑤ 기도하면서 기도 제목 한쪽 여백에 약속의 말씀 성구를 기록해 둔다.

기도가 자신의 정욕과 욕심에 치우치지 않으려면 하나님의 말씀에 기반해야 한다. 하나님의 약속의 말씀에 근거해 기도할 때 우리는 더욱 강한 확신을 가지고 기도하게 된다. 하나님의 말씀이 우리의 기도를 통제하고 이끌어 준다. 이렇게 하면 말씀을 붙잡고 기도하게 된다. 말씀에 근거한 기도를 하게 되고 말씀으로 응답을 받게 된다.

⑥ 기도의 제목을 가지고 기도할 때 기도의 제목들을 잘 점검하고, 어떻게 변화가 일어나고 있는지, 그리고 하나님이 어떻게 역사하시는지를 유심히 살펴본다.

기도는 한순간에 응답될 수도 있지만, 기도하는 동안 서서히 내용이 변화되면서 이루어지는 경우도 있다. 우리는 그런 미묘한 변화를 감지해야 한다. 하나님은 드러나게 역사하시기도 하지만, 숨어 은밀하게 역사하시기도 한다. 순식간에 역사하시기도 하지만, 서서히 응답하시기도 한다. 따라서 하나님의 역사하심을 정밀하게 추적하는 것도 기도 동력의 불을 꺼뜨리지 않는 비결이다. 기도하는 것만큼이나 기도를 점검하는 일도 중요하다.

⑦ 하나님이 응답해 주신 것은 반드시 기도 목록 옆에 응답 표시를 하고, 그 응답된 것들에 대하여 하나님 앞에 분명하게 감사를 표현한다.

하나님이 응답하신 날짜를 아는 것도 중요하다. 감사를 놓치지 않아야 하기 때문이다. 긴급하게 기도해야 하지만 감사도 즉시 해야 한다. 기도 응답에 대한 감사를 통해 우리는 하나님을 영화롭게 해 드려야 한다.

⑧ 마지막으로, 기도의 동기와 목적이 나의 욕구가 아니라 오직 하나님의 영광을 드러내기 위한 것임을 결코 잊지 않는다.

끝까지 응답받은 조지 뮬러의 기도

뮬러의 기도 중에 생전에 응답받지 못한 기도가 하나 있었는데, 친한 친구의 구원을 위한 기도였다. 그런데 그 친구는 뮬러의 장례식장에 와서 큰 충격을 받았다. 조문 온 수많은 사람과 뮬러가 길러 낸 고아들의 무리가 진심으로 애도하면서 예배를 드리는 모습이 너무 영광스러웠기 때문이다. 그는 자신의 친구인 뮬러의 삶을 반추하면서 '어떻게 그는 이런 삶을 살 수 있었을까? 나는 앞으로 어떻게 살아가야 하는가?'라는 고민을 하게 되었고, 결국 주님께로 돌아왔다고 한다. 친구를 위한 뮬러의 기도는 자신의 죽음으로써 열매를 맺게 되었다. 결국 기도가 마지막으로 응답을 받은 것이다.

필자가 미국 유학길에 올랐을 때 뮬러의 책이 큰 도움이 되었다. 그때 정말 어렵고 절박한 상황에 놓여 있었다. 경제적으로 후원해 줄 사람도 없었고, 수중에는 군목 제대 때 받은 퇴직금과 지인들이 모아 준 5천 달러가 전부였다. 가족 네 명이 이민 가방 아홉 개를 들고 생면부지의 땅으로 떠나며 얼마나 불안했겠는가! 그래서 필자도 뮬러처럼 기도 노트를 만들고, 노트 제일 앞에 "하나님이 어떻게 나의 필요를 채우셔서 학업을 마칠 수 있게 하시는가 보고자 한다"라고 적었다.

가계부를 적듯 첫 수입금을 5천 달러라고 기록했다. 이 범위 내에서 버티다가 돈이 떨어지면 공부가 끝나지 않아도 유학 생활을 접고 귀국할 심산이었다. 하지만 날마다 기가 막히게 채워 주시는 하나님을 경험하면서 그 5천 달러는 결코 줄어들지 않았고, 도리어 더 늘어났다. 노트만 보아도 정말 살아 계신 하나님의 역사를 보는 것 같았다. 미국 공항에 도착해서 영접 나온 분을 통해 은혜를 입은 일, 그분의 도움으로 교회에서 첫 설교를 하고 사례를 받은 것, 아내가 한글학교 교사를 맡아 재정적인 도움을 얻은 일, 미국 영주권을 얻게 되는 등 하나님의 도우심의 역사가 기도 노트에 그대로 기록되었다.

필자는 밴더빌트 대학에서 석사 학위 둘과 박사 학위 하나, 아내는 석사 학위를 받았고, 아이들은 미국 초등학교 교육을 받았다. 내쉬빌 한인교회 임시 담임목사, 미국인 대형 교회 부목사, 그리고 갈보리 교회를 개척해 교회당도 마련하고, 트레베카 대학 겸임교수를 하고, 콘테이너 박스에 이삿짐을 싣고 한국으로 돌아왔다. 기도하면 반드시 응답받는다. 그리고 기록하면 그 응답의 역사, 하나님의 역사를 눈으로 보게 된다. 그래서 감사와 믿음이 더욱 충만해진다. 담대하게 기도하게 된다.

뮬러에 따르면, 기도의 동기가 하나님을 증거하는 것에 집중될 때 하나님이 역사하시기 시작한다. 왜냐하면 하나님은 그 동기의 아름다움을 소중히 여기시기 때문이다. 기도한 후에 응답을 기대한다는 것은 곧 그의 믿음이 살아 있다는 표현이며 증거다. 뮬러는 응답을 기대하지 않는 것은 하나님의 능력과 응답을 무시하는 것과 같다고 했다. 응답에 대한 기대가 죽어버린 기도만큼 무기력한 기도는 없다. 그러한 기도는 생명력이 없는 기도다. 뮬러는 자신의 사역 후반기에 이렇게 고백했다.

"하나님은 한 번도 나를 실망시키지 않으셨다. 이 40년간 사역의 역사가 주님의
신실하심을 보여 주는 산 증거다."

뮬러의 하나님은 '신실하신 하나님'(Faithful God)이셨다. 뮬러는 기도에 대해서 다음과 같이 강조한다.

"기도에 대한 애착심이 강하다는 것은 기도하기를 좋아한다는 말이며, 동시에 하나님과의 관계가 특별히 밀접하다는 것을 의미한다." "기도는 주님을 믿는 모든 그리스도인의 특권이다. 그러나 아무리 좋은 특권이라도 사용하지 않는다면 무용지물이다. 기도의 특권을 매일 사용하는 자만이 기도의 진가를 알 수 있다." "이 세상에서 누가 가장 하나님 아버지의 사랑을 받을 수 있는 사람일까? 그는 하나님을 자기 아버지로 100퍼센트 신뢰하는 사람이다." "하나님이 보실 때 세상에서 제일 아름다운 세 가지 모습이 있다. 그것은 말씀을 듣는 모습과 기도하는 모습, 그리고 전도하는 모습이다. 그중에서도 기도가 빠진다면 성경 공부와 전도가 얼마나 무가치하고 무능하겠는가?" "기도는 저축이다."

뮬러는 기도를 통해 하나님을 만나기 전에는 그 누구도 만나지 않았다. 하나님께 기도하기 전에는 아무 일도 하지 않으려 했다. 기도할 때는 언제나 하나님의 나라와 의를 구했다. 하나님을 기뻐했다. 그리고 구하고 찾고 두드렸다. 더 좋은 것을 기대했다.

마지막으로, 당신에게 꼭 필요한 '기도 제목'을 하나 추천하겠다. 그것은 여호와 하나님이 당신의 분깃이 되게 해 달라고 기도하는 것이다. "여호 와께서 또 아론에게 이르시되 너는 이스라엘 자손의 땅에 기업도 없겠고 그들 중에 아무 분깃도 없을 것이나 내가 이스라엘 자손 중에 네 분깃이 요 네 기업이니라"(민 18:20). 이 말씀은 제사장인 아론과 그의 후손은 가나 안에서 땅의 분깃이 없을 것임을 드러내는 구절이다. 하지만 제사장 가문 에게는 더욱 좋은 분깃이 돌아간다. 하나님 자신이 그들의 분깃이요 기업 이 되신다는 것이다.

땅이 좋은가, 하나님이 좋은가? 많은 신자가 보이지 않는 것보다는 보 이는 것, 하늘의 것보다는 땅의 것을 선호한다. 하지만 우리의 진정한 기 도 제목은 보이지 않는 것, 하늘의 것, 하나님이 아닌가? 보이는 것은 유한 하다. 또한 그것이 장래에 복이 될지, 재앙이 될지 알 수 없다. 반면 하나님 을 유산으로 받는 것은 영원한 선과 복이 된다. 우리는 하나님과 하나님 나라와 생명을 간구하는 기도를 드려야 한다.

8

선교를 위해 기억해야 할 것 | 데이비드 리빙스턴

누가복음 9:1-6

아프리카 선교의 아버지, 데이비드 리빙스턴

L영국에서 제일 존경받는 그리스도인이라면 아마 데이비드 리빙스턴(David Livingstone, 1813-1873)일 것이다. 영국을 빛낸 위인들의 묘소인 웨스트민스터 사원 입구 중앙에는 리빙스턴의 안치를 기념한 표시가 있다.

"신실한 손들에 의해 육지와 바다를 건너 이곳에 안식하고 있는 데이비드 리빙스턴, 선교사, 탐험가, 박애주의자. 1813년 3월 블랜타이어에서 출생하여 1873년 5월 (잠비아) 치탐보 마을에서 죽다. 원주민들 전도, 발견되지 않은 지역 탐험, 중앙아프리카의 노예 무역 폐지를 위해 30년 동안 일했던 사람."

리빙스턴은 스코틀랜드의 작은 마을 블랜타이어에서 출생했기 때문에 지금도 에든버러와 글래스고 여러 곳에서는 그의 동상을 볼 수 있다. 가정 형편이 좋지 못했던 리빙스턴은 십대 때부터 매일 14시간씩 방직 공장에서 일해야 했지만, 라틴어와 히브리어를 익혀 성경을 읽을 수 있었다. 그는 선교사의 꿈을 품고 글래스고 대학에서 의학과 신학을 공부했다. 원래는 중국 선교사를 지망했지만, 아편전쟁과 로버트 모팻(Robert Moffat) 선교사의 설득으로 28세에 남아프리카로 선교를 떠났다.

리빙스턴은 최초로 아프리카를 횡단했고 죽음의 사막이라 불리는 칼라하리 사막 횡단도 성공했다. 노예제 폐단을 고치기 위해 잠베지강 탐험을 시작했는데, 강 길을 따라가 보니 그 끝이 대서양이 아니라 인도양임을 알게 되었다. 또한 1885년 잠비아와 짐바브웨 국경 잠베지강 중류에서 세계에서 가장 긴 빅토리아 폭포를 발견했다. 이 폭포는 나이아가라 폭포의 두 배 크기로, 당시 여왕인 빅토리아의 이름을 따 명명했다. 원주민들은 이 폭포를 '천둥 치는 연기'라고 불렀으며 악마의 폭포라 믿었다.

이처럼 리빙스턴은 아프리카 선교를 위해 다양한 일을 수행했다. 그는 아프리카 개척 선교사요, 미전도 종족과 아프리카 선교의 아버지가 되었다. 그는 선교를 위해 말라리아 치료법을 개발했고, 아프리카의 지리, 동물, 음식, 토산물, 문화 등을 소개하는 책자를 발간하기도 했다. 탐사 지도도 제작했는데 안타깝게도 이 지도는 악한 목적으로 이용되기도 했다.

리빙스턴은 33년 동안 아프리카 선교에 투신했다. 그 과정에서 아내와 아들을 잃었다. 사자를 만나 왼팔이 찢겨 나가는 환난을 겪기도 한 리빙스턴은 잠비아 치탐보의 오두막집에서 열병으로 시달리던 중 하나님의 부르심을 받았다. 아침에 발견된 그의 주검은 침대에서 내려와 기도하다 죽은 것 같았다. 원주민들은 그의 유지대로 리빙스턴의 심장과 내장은 그곳 나무 밑에 묻고, 나머지 시신은 2주 동안 미라로 만들어서 육로로 송환했다. 원주민들이 육로로 1,600km를 8개월에 걸쳐 이송해 항구에 도착했고, 이 항구에서 영국까지 3개월이 더 걸려 도착했다. 영국에 도착한 그의 유해는 국장으로 웨스트민스터에 안치되었다. 그가 마지막으로 쓴 글은 이렇다.

"세상의 아물지 않은 상처를 치유하기 위해 돕는 모든 사람들, 미국인, 영국인, 터키인들에게 하나님 나라의 풍성한 은혜를 내리시길."

한편 아프리카인들은 리빙스턴을 기념하는 곳에 이렇게 썼다. "당신이 오시기 전에 우리는 어둠이더니, 당신이 가신 후에 우리는 빛 가운데 거하나이다."

리빙스턴은 평생 도전적이고 진취적인 삶을 살았다.

"나는 목적을 이룰 때까지 멈추지 않겠다고 결심했고 어느새 목적이 이루어졌다."

리빙스턴과 관련된 많은 일화가 있다. 남아프리카 선교의 개척자인 모팻은 선교 활동 중 고향인 영국에 잠시 들러 선교 후원을 호소했는데, 첫 번째 교회에 들어섰을 때 무표정한 서너 명의 여신도밖에 없어 크게 실망했다. 그래도 그는 잠언 8장 4절을 인용하며 사명의 고귀함에 대해 설교했다. "사람들아 내가 너희를 부르며 내가 인자들에게 소리를 높이노라"(잠 8:4).

그가 설교하는 동안 남자라고는 오르간에 바람을 집어넣는 소년 한 명밖에 없었다. 그러나 하나님의 방법은 놀라웠다. 아무도 듣는 것 같지 않았던 그의 설교를 이 소년이 듣고 감화를 받아 후에 위대한 아프리카 선교사가 되었다. 그 소년이 바로 리빙스턴이다. 나중에 리빙스턴은 모팻 선교사의 사위가 되었다.

리빙스턴의 어린 시절, 이런 일도 있었다. 설교가 끝나고 예물을 드리는 시간에 헌금 바구니를 돌리는데, 리빙스턴은 드릴 헌금이 없어서 헌금 바구니에 몸을 담아 앞으로 나왔다. "왜 헌금 바구니에 들어갔느냐?" 하고 목사님이 물으니 리빙스턴은 "헌금이 없어 내 몸이라도 드리고자 헌금 바구니에 들어갔습니다"라고 대답했다. 그는 가난했지만 가장 값진 헌신을 했던 것이다.

그가 16년 동안 아프리카 밀림의 열악한 환경에서 선교하고 돌아와 글래스고 대학에서 연설할 때 학생들이 물었다. "선교사님, 어떻게 아프

리카에서 한결같이 감사하며 기쁨으로 지낼 수 있었습니까?" 리빙스턴
은 "내가 너희를 고아와 같이 버려두지 아니하고 너희에게로 오리라"(요
14:18)라는 말씀과 "내가 세상 끝날까지 너희와 항상 함께 있으리라"(마
28:20)라는 두 말씀을 붙들고 지냈다고 응답했다. 주의 품에 안기면 정글이
나 바다나 산이나 들이나 그 어디에서든지 걱정이 되지 않았다. 주님과 동
행하는 사람은 두려워할 것이 없다. 그는 주님께 늘 이렇게 기도했다.

"어디든지 보내 주십시오. (그리고) 함께 가 주세요. 어떤 짐이든지 주십시오. (그리
고) 함께 져 주세요."

주님이 함께하신다면 못할 일이 없다는 것이다. 어디든지 주님이 가시
는 곳에 따라가겠다는 참된 제자의 자세다.

당시 신문 기자 헨리 스탠리(Henry M. Stanley)는 무신론자였다. 1871년 리빙
스턴이 수년간 본국과 연락이 두절된 적이 있었다. 그때 스탠리는 특종 기
사를 쓸 목적으로 위험을 무릅쓰고 리빙스턴을 찾아 밀림으로 나섰다. 수
소문 끝에 리빙스턴을 찾은 그는 리빙스턴과 함께 생활했다. 그때 스탠리
는 리빙스턴이 아프리카인들에게 생명의 복음을 전하는 모습을 보고 이
렇게 회고했다.

"당시 나는 런던에서 가장 유명한 무신론자의 편견을 가지고 아프리카로 들어갔
다. 하지만 그곳에서 리빙스턴과 열 달을 지내면서 나 자신을 향한 반성의 시간을
갖게 되었다. 그곳에서 이 고독한 노인을 만나게 된 나는 스스로에게 질문해 보
았다. '도대체 어떻게 이분은 여기에 와서 저 고생을 하고 계신가? 정신이 나간 건
가? 그것도 아니라면 무엇 때문인가? 무엇이 그를 저렇게 감동시키고 있는가?'

우리가 만난 지 몇 달이 지났을 무렵 나는 그분이 성경에 기록된 말씀대로 생활

하는 것을 보고 깜짝 놀랐다. '모든 것을 버리고 나를 따르라'는 말씀을 그대로 실천하고 있었다. 이것을 보면서 점차로 타인에 대한 그의 동정의 마음이 나에게도 조금씩 전이되었고, 내 안에도 같은 동정심이 일어났다. 그의 경건한 자세와 온유함, 열정과 성실, 그리고 그가 자기 일을 얼마나 열심히 감당하는지 지켜보던 나는 결국 그 때문에 회심하게 되었다. 그는 나에게 회개하라고 말하거나 강요하지 않았다. 나를 회심시킨 것은 리빙스턴의 설교가 아닌 그의 삶이었다."

선교 사역은 하나님의 사업

사실 리빙스턴은 설교를 잘하지 못했다고 전해진다. 그의 설교를 듣는 사람들은 지루해하거나 졸았다고 한다. 그래서인지 그의 설교는 많이 남아 있지 않다. 그래도 다행히 몇 편의 설교가 남아서 리빙스턴이 어떤 마음과 신학을 가지고 사역했는지 엿볼 수 있다. 다음 설교는 누가복음 9장 1-2절을 바탕으로 한 리빙스턴의 설교 "선교 사역은 하나님의 사업입니다"(Missionary Work is God's Work)를 원문 그대로 번역한 것이다. 전 세계 선교와 복음화를 위한 리빙스턴의 뜨거운 마음을 느끼기 바란다.

"누가 선교사가 되지 않겠습니까? 하나님의 고귀한 기업은 시대의 정신에 정확히 부합하며, 시대의 정신이라고 불리는 것은 같은 방향으로 수많은 마음이 움직이기 때문입니다. 그들은 하나님의 영원하신 명령에 따라 움직입니다. 지금 시대의 정신은 긍휼이며, 그것은 무수한 방법으로 나타납니다. 교육, 의료, 구제 등. 따라서 선교사들은 이전 세대에 살지 않습니다. 세상을 그리스도로 인도하겠다는 그들의 생각은 불가능한 것이 아닙니다. 그것은 신령한 생각입니다. 복음은 승리할 것입니다.

소수의 선교사들이 수백만 명을 개종시킬 수 있다는 비전은 단순한 열정이 아닙니다. 선교지의 언어와 문화를 어렵게 습득한 후에 그들에게 영향을 미치기도 전에 은퇴를 하거나, 개종했던 사람이 다시 떠나는 것 때문에 눈물을 흘리기도 합니다. 그러나 성경이나 지난 역사를 살펴보십시오. 어떠한 선교도 전적으로 실패한 적이 없습니다. 노아의 설교에 실패한 것은 노아가 아니라 세상입니다.

하나님은 엘리야에게 바알에게 무릎 꿇지 않은 7천 명이 있다고 하셨습니다. 이사야는 '누가 우리가 전하는 말을 믿고, 누구에게 주님의 팔이 나타났는가?'라고 물었습니다. 예레미야는 그의 머리에서 물이 흐르고, 눈이 샘이 되어 하나님을 알리기 위해 울고 싶다고 했습니다. 우리가 위대한 섭리를 볼 수 있다면, 우리는 때때로 우리가 울면서도 기뻐할 수 있습니다. 하나님은 어떤 문제에 대해 자세하게 설명하지 않으시지만, 그래도 우리는 하나님의 지혜를 신뢰해야 합니다. 우리는 우리의 의무를 다합시다. 하나님은 영광스러운 뜻을 이루십니다.

50년 전만 해도 어려웠지만 현재는 하나님의 긍휼이 모두에게 미치고 있습니다. 하나님은 인간의 마음속에서 그분의 위대한 생각으로 일하시며, 모든 나라가 그분의 영광을 보게 될 것입니다. 우리가 우리의 일을 성취하기 위해 받은 무기를 잘 생각해 봅시다. '우리의 무기는 육신이 아니라 영적이며, 견고한 진을 파하는 강력입니다.' 우리는 그리스도를 믿는 믿음으로, 성령의 임재 아래서 완전하고 자유롭고 어디에도 매이지 않는 복음으로 죄에 사로잡힌 포로들에게 자유를 주고 있습니다. 이런 사역은 하나님에 대한 열정과 영혼에 대한 사랑을 요구합니다. 회심을 일으키시는 성령께 전적으로 의존하면서 선교사와 선교지를 위해 기도해야 합니다.

영혼은 우리의 힘으로 바꾸거나 만들어 낼 수 없습니다. 위대한 구원의 역사는 그리스도의 사랑으로 나타납니다. 그러므로 우리는 겸손하게 물어야 합니다. '주님, 제가 무엇을 하기 원하십니까?' 그리고 우리는 하나님이 시키시는 일을 하면 됩니다. 위대한 일은 하나님의 은혜로 일어납니다. 우리가 잠잠히 기다릴 때 하나님 자신이 하나님의 역사를 드러내십니다. 그분은 태양처럼 떠올라 자신의 빛을 드러내십니다.

루터는 자신의 영혼과의 투쟁에서도 단순히 성령의 인도하심을 따랐습니다. 그는 종교개혁의 한가운데에서도 성령이 일하고 있음을 알고 있었습니다. 역시 플리머스 순례자들도 메이플라워 선상에서 하루에 세 번씩 하나님의 말씀과 함께했습니다. 자신들이 새로운 나라를 세운다고 생각하지 않고, 성령의 가르치심에 순종했습니다. 하나님은 인간의 마음속에 강하게 역사하시는 성령을 통해서 일하십니다. 그리고 사람들은 성령의 인도하심을 따르면 하나님의 위대한 일을 하는 것입니다.

한 사람만이 아니라 같은 방향으로 가는 수많은 동역자들이 성령의 인도하심을 따라 거대한 운동을 일으키게 됩니다. 성령의 역사는 진보의 법이나 맹목적인 발전이 아니며, 하나님의 영원하고 온전한 목적을 지니면서 모든 인간을 자유롭게 하는 것입니다. 하나님이 새로운 생각을 준비하셨을 때, 그 생각은 준비된 사람들을 통해 나타납니다. 하나님은 존 후스와 위클리프 같은 사람을 통해 광야의 소리처럼 다가올 미래를 준비하셨습니다. 하나님이 부르시면 누가 선교사가 되지 않겠습니까? '지혜로운 사람들은 궁창의 빛같이 빛나고, 많은 사람을 옳은 데로 인도하는 자는 별처럼 영원히 빛날 것이다.' 하나님은 아담의 인류를 구원할 선교 사업을 준비하고 계십니다.

지금 증기선은 전 세계를 일주합니다. 이민자들의 숫자는 급속도로 증가하고 있습니다. 많은 사람이 이동을 하고, 지식이 증가하고 있습니다. 하나님의 위대한 생각의 성취가 아니고서는 세상에 이렇게 거대한 이민의 역사가 일어나지 않습니다. 현대 이민의 조류는 서쪽으로 흐르고 있습니다. 인종의 멋진 융합은 무언가 위대한 일을 초래할 것입니다. 우리는 하나님이 세상과 인간의 마음에서 힘차게 일하고 계심을 믿습니다. 하나님은 영광스러운 무언가를 위해 세상을 준비하셨다고 믿습니다. 그리고 선교적 사고의 변화와 사역에 발전을 가져올 것입니다. 기독교의 영광이 있을 것입니다.

우리는 지난 50년 동안 경이로움을 목도했습니다. 미국 대륙에서 우리가 목격한 인종의 놀라운 융합은 위대한 일이며, 그 축복으로 모든 민족과 언어와 인종이 하나의 거룩한 가족을 이룰 것입니다. 현재 긍휼히 여기는 사람들의 마음은 선교의 미래를 밝게 해 줍니다. 인류의 마음은 확장되고 더 넓게 퍼지고 있습니다. 세상은 점점 더 가까워지고 작아지고 있습니다. '그리스도를 위한 세상'(The world for Christ)은 곧 실현될 것입니다."

이 설교에서 200년 전에 살았던 리빙스턴의 마음을 생생하게 엿볼 수 있다. 그 시대를 읽으면서 온 세상에 복음을 전파하려는 그의 의지가 뚜렷하게 드러나 있다. 그의 마음은 온 민족과 열방을 향해 열려 있었다. 영혼 구령을 향한 그의 의지 앞에 거칠 것이 없었다.

선교를 위해 기억해야 할 것

21세기를 살고 있는 우리에게 선교와 관련해서 유념해야 할 세 가지 사실이 있다. 첫째, 세계화다. 오늘은 전 세계가 하나의 마을처럼 되었다. 교통과 통신의 발달로 지구 반대편에서 일어나고 있는 일이라도 실시간으로 알 수 있다. 자신이 사는 곳에서 전 세계에 영향을 미칠 수 있다. 둘째, 도시화다. 전 세계 인구의 50%가 도시에 몰려 거주하고 있다. 대도시를 거점으로 그 지역을 선교해야 한다. 셋째, 다문화다. 여러 가지 문화가 혼합되고 공존하는 시대를 살고 있다. 이민과 난민으로 이주가 가속화되면서 여러 인종이 함께 섞여 살게 되었다.

대한민국의 상황이 이를 가장 잘 보여 준다. 한국인 디아스포라는 185개국 750만 명이다. 남한 지역에는 200만 명의 외국인 이주자들과 3만 명의 탈북자들이 있다. 바울은 세계 선교를 위해 유대인 디아스포라와 회당 체제를 거점으로 활용했다. 마찬가지로 우리도 이런 인적 네트워크를 거점으로 활용해서 구령의 사역을 펼쳐 나가야 한다. 필자가 시무하는 중앙성결교회에는 선교 예배부가 5개(중국, 몽골, 네팔, 미얀마, 탈북자) 조직되어 있다. 앞으로 영어권, 필리핀, 태국, 인도네시아, 베트남 등을 추가해 총 10개의 선교 예배부를 만들 계획이다.

한국으로 이주해 온 사람들은 각 국가의 지도적인 인물일 가능성이 높다. 그들이 한국에 있는 동안 복음으로 잘 훈련된다면 고국으로 돌아갔을 때 스스로 교회를 세우고, 그 나라의 리더가 될 것이다. 해외 선교는 이런 방식으로도 가능하다. 최근 중앙성결교회 몽골 예배부에서 신앙생활 했던 이들이 몽골로 돌아가 울란바토르에 두 개의 교회를 세우고, 호주에 사는 몽골인들을 위해 교회를 개척하는 일도 있었다. 이것이야말로 향후 전개할 해외 선교의 새로운 모델이 될 수 있다. 탈북자들도 복음으로 잘 양육한다면 저 철의 장막이 걷힐 때 그들에게 영적 지도자 역할을 맡길 수 있을 것이다.

우리의 선교 사역

이외에도 선교지는 많다. 교회 주변 지역에도 복음을 모르고 살아가는 사람들이 많이 있다. 마을 목회, 마을 돌봄을 통해 교회와 더불어 살아갈 수 있게 해야 한다. 교회가 지역 사회에서 고립되어 게토처럼 되면 안 된다. 교인의 범위를 넓혀야 한다. 교회에 나오는 사람만이 아니라 교회가 속한 마을 전체가 교구가 되어야 한다. 모든 신자는 사역자가 되어야 한다. 그리고 모든 신자는 전문인 선교사가 되어야 한다. 자신의 직업과 기술을 바탕으로 일터나 해외 선교지에 나가 전문인 선교사로 사역하는 것이 오늘날에는 더 효과적이다.

현재 아시아의 복음화율은 7%다. 이는 아프리카보다 낮은 수치다. 인구수는 제일 많은 대륙이면서 그리스도인은 제일 적은 아시아를, 아시아 그리스도인들에 의해 선교해야 한다(Asia by Asians). 그리고 대한민국이 아시아 선교의 전진 기지가 되어야 한다. 온라인 공간도 새로운 선교지가 될 수 있다. 온 세계가 연결되어 있는 온라인 공간에 대한 효과적인 전도 전략을 세워 활동해야 한다.

누가복음 9장 1-2절을 보면, 예수님의 사역 목표는 제자를 사도로 만드시는 것이다. 공생애를 시작하신 예수님은 제자들을 부르신 뒤 그들을 가르치시고 능력과 권위를 주어 하나님 나라를 전파하고 병든 자를 고치라고 파송하셨다. 예수님은 가르치시고, 설교하시고, 치유하시는 삼중 사역을 감당하셨는데, 제자들도 이렇게 해야 한다. 배웠으면 나가서 사역해야 한다. 교회의 훈련 과정의 최종 단계는 선교사가 되는 것이다. 예수님이 열둘을 보내셨을 때는 "제자"였지만 성공을 거둔 뒤에는 "사도"로 돌아왔다(눅 9:1, 10).

제자들의 사역의 결과로 엄청나게 큰 무리가 예수님께로 나아왔다. 예수님은 몰려든 무리에게 말씀을 전하시고, 치유하시고, 떡을 공급하셨다. 그렇게 해서 펼쳐지게 된 기적이 오병이어 사건이다. 예수님은 영혼의 필요에 이어 육의 필요까지 풍족하게 채워 주셨다. 우리도 배운 뒤에는 나가야 하고, 무리를 예수님께로 인도해야 한다. 영원한 생명을 주시는 것은 예수님의 일이다. 우리는 그저 어디가 되었든 나가야 한다. 따르는 제자를 넘어 보냄 받은 선교사가 되고 사도가 되어야 한다.

선교 사역은 절대 실패할 수 없다. 선교는 하나님의 사업이기 때문이다. 하나님은 결코 실패하지 않으신다. 영접하지 않으면 그들의 실패다. 우리는 전할 뿐이다. 그들이 거부할 때, 그것은 당신이 아니라 하나님 나라를 거부하는 것이다. 열매까지 책임을 져야 하는 것은 아니다. 당신의 실패가 아니다. 그들이 거부할 때 낙심하지 말고 낙심의 먼지를 발에서 떨어 버리고 다음 마을로 가야 한다. 그리고 땅 끝까지 가야 한다. 오늘날 땅 끝은 복음을 듣지 못한 곳을 의미한다. 땅 끝은 가까이에도, 멀리에도 있다. 지금도 주님은 우리를 보내신다. 그 보내심에 순종하자. 하나님의 거룩한 사업에 동참하자.

9

창조주 하나님을 닮은 창조적 삶 | 도로시 세이어즈

요한복음 12:47-48

S

S 도로시 세이어즈(Dorothy Leigh Sayers, 1893-1957)는 1893년 목
사의 외동딸로 태어나 옥스퍼드 대학에서 언어학을 전
공하고 여성 최초로 학사와 박사 학위를 받았다. 그녀는
제2차 세계대전 중《창조자의 정신》(1941 / IVP, 2007)을 발표해 윌리엄 템플
(William Temple) 대주교에게 람베스 신학 박사 학위를 제안받았지만 거절했
다. 자신이 신학자가 아닌 것이 기독교 변증에 더 효과적이라 생각했기 때
문이다.

　세이어즈는 아서 코난 도일(Arthur Conan Doyle), 아가사 크리스티(Agatha
Christie), 레이먼드 챈들러(Raymond Chandler)처럼 탐정 추리 소설을 썼는데, 그
중 대표작이《피터 윔지 경》이다. 그녀가 탐정 추리 소설의 매력에 빠진
이유는 탐정 소설 속 주인공이 단서를 찾아 유추해 귀납적으로 사건을 해
결하듯이, 인간은 삶의 유형을 탐색하는 존재라고 보았기 때문이다. 추리
소설은 전혀 관련 없어 보이는 일련의 사건들에서 연관성을 찾아내고자
하는 인간의 열망을 부추긴다. 이야기 속 사건들 안에는 수수께끼를 풀 수
있게 해 주는 단서와 실마리들이 흩어져 있다. 그녀는 이것을 "아리아드
네의 실타래를 차근차근 풀어서 마침내 미로의 끝에 도달한다"라고 표현

했다.

그녀는 또한 종교 극작가이기도 했는데《주의 전을 사모하다》라는 작품을 통해 예술과 신학을 논하기도 했다. 문학 비평으로는《여성은 인간인가?》(IVP, 2019),《탐정은 어떻게 진화했는가?》(북스피어, 2013),《향연의 밤》등이 있다.

세이어즈는 C. S. 루이스(C. S. Lewis)나 J. R. R. 톨킨(J. R. R. Tolkien)과 친분을 가졌고, 소위 '옥스퍼드 그리스도인'으로서 문학과 신학에 관심을 기울였다. 루이스는 "세이어즈는 세르반테스, 셰익스피어, 몰리에르와 같은 작가가 되기를 원했고 실제로 그런 작가였다. 그녀는 이들과 함께 오래도록 기억될 것이다"라고 말했다. 그녀가 세상을 떠날 때 루이스가 눈물을 흘렸다고 전해진다. 그녀는 단테 알리기에리(Dante Alighieri)의《신곡》을 영어로 번역했으며, 그의 작품에 감명을 받아서《극심한 벌》(The Devil to Pay)을 저술했다. 이 책에서 그녀는 단테의《파우스트》에 나오는 대화 한 토막을 소개한다.

파우스트: 누가 너를 만들었는가?

메피스토펠레스: 하나님이시지. 빛이 그림자를 만들지 않느냐.

파우스트: 그럼, 하나님은 악한 분이신가?

메피스토펠레스: 하나님은 빛일 뿐이야. 빛의 한가운데는 그림자도 없지. 그래서 나는 하나님이 지배하는 하늘나라에서 살 수 없는 거야.

파우스트: 메피스토펠레스, 넌 대체 누구냐?

메피스토펠레스: 나는 모든 것이 존재하는 대가로 치러야 하는 세상의 그림자다. 빛의 하나님이 세상에 던진 그림자다.

세이어즈는 사탄의 상징인 메피스토펠레스를 그림자로 묘사하면서 하나님을 빛으로 설명한다. 이런 문학적 방식을 통해 우리는 영적 실체와 진리에 대해 풍성한 이해에 이르게 된다. 이처럼 그녀는 문학과 신학을 접목해 기존 기독교의 교리들을 쉽게 설명하면서 기독교를 변증한다. 이런 방식은 루이스와 비슷하다. 루이스는 《고통의 문제》(홍성사, 2018)에서 성령 하나님에 대해 이렇게 묘사했다.

"당신은 사랑의 하나님을 간구했습니다. 이제 그 하나님이 당신 안에 계십니다. 당신이 너무도 경솔히 불렀던 위대한 성령, '엄한 면을 지닌 주님'이 이제 곁에 계십니다. 당신이 당신의 방식대로 행복하길 덧없이 바라는 노인의 자비로움도 아니고, 성실한 시장의 차가운 박애도 아니며, 손님을 편하게 대하려는 주인의 배려도 아닙니다. 소멸하는 불이신 하나님이 만물을 창조하신 사랑, 그것은 자기 작품을 향한 예술가의 사랑처럼 끈덕지며, 애완견을 향한 인간의 사랑처럼 일방적이고, 자식을 향한 아버지의 사랑처럼 사려 깊고 숭고하며, 남녀의 사랑처럼 질투하며 무정하고 엄격한 것입니다."

비유로 교리 이해를 돕다

세이어즈는 "신조인가 혼란인가?"(Creed or Chaos?)라는 변별적 질문, 도발적 질문을 통해 신조, 즉 교리를 강조한다. 교리 없는 기독교는 있을 수 없다. 교리를 제대로 알아야 올바른 신앙생활, 흔들림 없는 신앙생활을 하게 된다. 기독교 문학가는 자신이 가진 문학적 달란트를 사용해 특정한 교리를 쉽게 이해하도록 비유를 창안할 수 있다. 제임스 패커(James Packer)는 성부 하나님과 성령 하나님에 대해 자세히 묘사했는데, 사도신경, 니케아 신경, 아타나시우스 신경, 신앙고백의 핵심은 성육신(incarnation)과 삼위일체(trinity)라고 보았다. 세이어즈도 이 두 교리를 설명하려고 노력했다. 먼저 그녀는 성육신 교리와 관련해 이렇게 이야기한다.

"그리스도께서 사람이기만 하셨다면 하나님에 대한 생각이 전혀 들어맞지 않는다. 그리스도께서 하나님이기만 하셨다면 인간이 인생에서 겪는 경험에는 전혀 적합하지 않으시다. 그래서 그리스도는 하나님이시면서 인간이다."

그리스 철학적 배경에서 신은 신이고, 피조물은 피조물일 뿐이다. 신은 죽을 수 없고 무한하지만, 피조물은 반드시 죽고 유한하다. 그래서 예수님이 완전한 신이시며, 동시에 완전한 인간이라고 고백하는 기독교의 교리는 문제를 일으킨다. 그리스 철학의 관점에서 보면, 기독교의 성육신 교리는 신과 인간에 대한 일반적 이해를 뒤집는 반란처럼 보이기 때문이다. 신학과 기독교 문학가는 이런 간극을 메우기 위해 노력해야 한다.

도로시 세이어즈의 《창조자의 정신》

세이어즈는 《창조자의 정신》에서 삼위일체 교리를 책 쓰는 일에 비유해 설명한다. 사실 성경에는 '삼위일체'라는 용어가 나오지 않는다. 다만 삼위일체 교리로 해석할 수밖에 없는 내용이 성경 곳곳에 포진해 있다. 요한복음 12장 44-50절도 삼위일체를 전제해야 해석할 수 있는 본문이다. 여기서 예수님은 나를 믿는 자는 나를 보내신 이를 믿는 것이고, 나를 보는 자는 나를 보내신 이를 보는 것이라고 말씀하셨다. 다시 말해, 하나님과 예수님이 동일하시다는 것이다. 예수님 자신은 심판이 아니라 구원하기 위해서 오셨고, 마지막에 자신이 한 말이 심판한다는 것이다. 그 말씀은 영생이라는 것이다. 즉 예수를 믿으라는 것이고, 만약 믿지 않으면 심판에 처해진다는 것이다. 작가인 세이어즈는 작가란 창조적 정신을 글이나 책으로 구현해 내는 사람이라고 규정한다. 그녀는 창조적 정신의 유형에 근거해 삼위일체 교리의 일면을 설명한다.

작가로서의 경험을 통해 세이어즈는 책을 쓰는 창조적 활동 과정에 세 가지 독특한 단계가 있음을 발견했다. 첫째, 아이디어(idea) 그 자체, 둘째,

실현(implementation) 단계, 셋째, 독자와 교감(interaction) 과정이다. 책이 존재하려면 우선 시간과 공간을 벗어나 저자의 마음에 완전한 아이디어가 있어야 한다. 그리고 펜과 잉크와 종이에 의해 시간과 공간 속에 작품이 실현된다. 후에 누군가가 그 책을 읽고 저자와 교감하며 저자의 비전에 의해 변화되는 과정을 통해 창조가 완성된다. 달리 표현하자면 첫째, 저자의 정신, 둘째, 글쓰기, 셋째, 독서와 이해. 한 권의 책은 저자의 사상이 독자의 마음으로 들어갈 때 비로소 완성된다. 사실 이런 원리는 창업에도 동일하게 적용할 수 있다. 첫째, 아이디어, 둘째, 실행, 셋째, 관심과 감동. 세상의 많은 일이 이런 과정과 순서를 따라 완성될 수 있다.

삼위일체, 하나님의 형상

세이어즈는 신학자가 아니다. 그러나 《창조자의 정신》은 인간 안에 있는 삼위일체 하나님의 형상을 독특하게 설명하고 있다. 다소 어렵게 느껴지는 이 책의 핵심은 8장 "오순절"에 있다. 먼저 8장을 읽고 다른 부분을 읽으면 이 책의 내용을 좀 더 잘 이해할 수 있다. 큰 그림을 이해하고, 그 속에서 우리의 위치를 찾는 것이다.

주의해야 할 것은, 비록 우리가 이성을 사용해 삼위일체 교리를 이해하려 하지만 인간의 이성은 하나님의 계시에 비해 빈약하고 제한적임을 겸손히 인정해야 한다는 점이다. 기존에는 계시와 이성을 배타적인 것으로 보았지만, 결코 그렇지 않다. 하나님의 계시는 인간의 이성을 침해하거나 배제하는 것이 아니라 그 한계를 보여 준다. 이성 그 너머를 볼 수 있게 해 주는 것이다. 논리와 사실도 우리를 어느 정도 인도해 주지만, 그 나머지 길은 믿음으로 가야 한다.

또한 신비도 이성과 대치되는 것이 아니다. 이성의 역량을 뛰어넘는 것이 신비다. 이성을 초월하는 것이다. 따라서 삼위일체를 이성적으로 묘사한다 해도 그것이 전부라고 생각해서는 안 된다. 리처드 백스터는 "우리는 하나님을 알 수 있지만 온전히 이해하는 것은 우리의 역량을 벗어난다"라고 말했다. 그럼에도 우리는 최선을 다해 신조를 이해하도록 우리 이성을 최대한 잘 사용해야 한다.

세이어즈는 히브리서 3장 4절이 삼위일체에 대해서 '집'과 '그 집을 지으신 분'의 비유로 설명하고 있음을 발견했다. 집이 만물이라면 집주인은 창조자 하나님이시다. 세이어즈에 따르면, 문학 작품 창조 작업의 삼원소는 아이디어-에너지-힘이다. 글에 대한 아이디어가 떠오르면 작가는 펜과 잉크와 종이와 체력을 사용해, 다시 말해 에너지를 사용해 그 아이디어를 책으로 구현한다. 독자가 그 책을 읽음으로써 작가의 아이디어는 독자의 내면에서 창조적 힘을 발휘하게 된다. 책을 읽은 독자의 사상이나 행동의 변화를 통해 창조적 변화를 일으키는 것이다.

이를 신격에 적용하면 다음과 같다. 첫째, 창조적 아이디어(creative idea)는 하나님의 형상, 즉 성부에 해당한다. 둘째, 창조적 에너지(creative energy)는 말씀의 형상, 즉 성자에 해당한다. 열정과 사랑이 주된 특성이다. 셋째, 창조적 힘(creative power)은 성령으로서, 각 사람 위에 불꽃이 갈라짐같이 임재하여 그를 변화시키고 힘을 준다.

아이디어는 작가의 완전한 개성이고, 창조적 에너지는 자신의 개성에 대한 작가의 완전한 자기 인식이고, 창조적 힘은 그 개성이 지닌 힘이다. 창조적 '상상력', 상상력을 구체화시키는 '에너지', 상상력이 타인에게 미치는 '영향력', 이 셋은 이론적으로는 분리될 수 있지만 하나로 존재한다. 인간의 인식 체계가 지성-감정-의지라는 분리될 수 없는 세 영역으로 나뉘는 것과 마찬가지다.

이제 성육신도 삼위일체를 통해 이해할 수 있다. 예를 들어, 자서전을 쓰는 저자는 신과 인간의 이중적 입장에 놓인다. 자서전을 쓰는 저자는 창조자인 동시에 그가 창조한 틀에 종속된다. 저자는 자서전에서 취하는 형태를 자신이 혼자서 결정한다는 점에서 하나님이지만, 그 형태를 결정한 후에는 그 형태의 원칙에 맞춰 처신해야 한다는 점에서 인간일 수밖에 없다. 그는 등장인물을 통해서 말하고 행동할 수밖에 없다. 삼위일체 하나님에 대해서 말하자면, 창조주는 자신이 빚어 낸 피조물에서 자신의 영원한 아이디어가 어떤 모양으로 구현되었는지 본다. 아이디어는 형태에 구속받지 않지만, 말은 형태에 구속받는다.

"말이 아이디어의 본질을 거론할 때는 아이디어와 동격이고, 아이디어의 표현일 때는 아이디어보다 낮다."

그래서 기독론에서 성부에 대한 종속론(subordination theory)이 자주 제기되는 것이다. 말씀(로고스, 즉 성자 예수님)이 하나님의 신격과 관련된 것일 때는 아버지 하나님과 동등하고, 인간으로서의 하나님과 관련된 것일 때는 아버지 하나님보다 낮다. 그래서 예수님이 육체로 계실 때 시간과 공간의 제약을 받으며 하나님께 기도한다.

작가의 아이디어가 창조적 에너지를 통해 드러나고 구체화될 때, 그때에야 비로소 작가의 창조적 힘은 세상에 영향을 미칠 수 있다. 누군가가 그 책을 제대로 읽는 순간부터 그 책은 영향력을 갖는다. 책 읽기가 중요한 이유다. 말씀을 듣는 것의 중요성이 여기에 있다. "그러므로 믿음은 들음에서 나며 들음은 그리스도의 말씀으로 말미암았느니라"(롬 10:17). 성경도 우리의 몸을 입고 싶어 한다. 말씀이 우리의 몸을 입으면 살아 있는 말씀으로 나타난다. 말씀의 육화(embodiment)다.

창조적 에너지는 물질적으로 표현되기(구성과 등장인물과 글자로 표현되는 것)

전에도 창조자의 정신 안에서 창조적 힘으로 이미 존재하고 있었다. 그러나 창조적 힘이 발현되어 다른 사람들에게 전달되면, 그 힘은 새로운 반응이 되어 작가에게 되돌아온다. 창조적 힘은 다른 사람들의 내면에 깃들어 창조적 에너지로 영향을 미치며, 그 결과 그들은 새로운 형태의 창조적 힘을 만들어 낸다. 말(혹은 글)이 갖는 창조적 힘은 바로 이런 것이며, 이 때문에 위험하기도 하다. 그래서 말 조심을 해야 한다. 모든 말, 심지어 무의미한 말조차 심판의 날에는 설명되어야 한다. 말 자체가 심판하는 힘을 갖고 있다(요 12:48).

말은 자신을 드러내고 구체화하는 속성을 갖는다. 물질적 형태를 취하는 속성을 갖는다. 따라서 말의 심판은 지적인 심판이지만 물질적 심판이기도 하다. 말을 그저 말로만 취급하는 경향은 말의 힘을 무시한 나쁜 습관이다. 아이디어가 다른 사람의 머릿속에 들어가면 그 안에서 창조적 에너지와 창조적 힘에 의해 다시 표현될 수 있고, 그러면 그 아이디어는 더 많은 말, 더 많은 책으로 구체화된다. 그리고 결국 행동으로 구체화되는 날이 오기 마련이다. 모든 구체화된 아이디어는 창조적 힘을 가진다.

세이어즈가 8장의 제목을 "오순절"이라고 지은 이유는 오순절에 마가의 다락방에 임하신 성령이 그곳에 모인 사람들을 변화시키셨기 때문이다. 성령의 능력으로 겁쟁이가 용감한 자가 되고, 어리석은 자가 지혜로운 자가 되고, 무능력자가 능력자가 되어 복음을 전 세계에 퍼뜨리기 시작한 시발점이기 때문이다. 작가의 정신에 들어 있던 아이디어에는 독자 안에서 일으키는 힘까지 내포되어 있다. 작가는 이 단계까지도 계획하고, 그 계획을 따라 글을 쓴다. 창조주 하나님의 정신 안에도 이와 동일한 것이 포함되어 있었다.

한편, 독자 입장에서는 작가의 책이 세 요소로 이해된다.

첫째, 생각으로서의 책(Book as Thought)이다. 소위 '물렁물렁한 책'이라고 불러야 할 것이다. 작가의 머릿속에 존재하는 그 책에 대한 아이디어이기 때문이다. 그러나 그 아이디어는 물질적으로 표현될 때까지는 독자에게는 미지의 것이다. 글로 쓰인 작품 속에 나타난 창조적 에너지는 인간의 정신에 깃든 작가의 아이디어에서 시작되었음은 분명하다.

둘째, 쓰인 형태의 책(Book as Written)이다. 창조된 에너지이고, 구체화된 말이며, 아이디어의 명백한 형상이다. 등장인물, 에피소드, 단어와 문장들, 문체, 문법, 종이와 잉크, 줄거리 등이 드러난다. 창조적 에너지의 구체화는 전적으로 시공간의 틀에서 일어난다. 즉 몸을 입는다. 물질인 펜으로 쓰고, 기계로 종이에 인쇄한다. 창조적 에너지의 몸은 창조된 것이어서 시간과 공간의 제약을 받을 뿐 아니라 물질에 닥치는 모든 일에서 자유로울 수 없다.

셋째, 읽힌 책(Book as Power)이다. 책이 사람들의 정신에 미치는 영향력을 의미하는 창조적 힘이다. 성령은 우리가 사물을 관찰하는 창조적 힘이시다. 우리는 성령의 움직임을 실제로 볼 수 없다. 바람이 부는 것은 나무의 흔들림을 통해서만 간접적으로 볼 수 있다. 창조적 힘은 아이디어와 마찬가지로 비물질적이고 시간의 구애를 받지 않는다. 책을 읽을 때, 말씀을 들을 때 우리는 창조적 에너지와 접촉한다. 책을 읽고 나면 그 책에 담긴 아이디어는 시간을 초월해 기억의 형태로 우리에게 남는다. 순간이 영원과 연관된다.

이처럼 책은 '생각으로서의 책'에서 '글쓰기로서의 책', 그리고 '능력으로서의 책'으로 나아간다. 작가의 아이디어가 초월적 시간에서 유한한 시간으로 들어왔다가 다시 영원의 시간으로 되돌아간다. 똑같은 아이디어이지만 우리의 반응에서 비롯되는 창조적 힘은 달라진다.

우리 인간은 창조주 하나님을 닮았다. 그렇기 때문에 하나님이 삼위일체로 존재하시는 양식에 따라서 우리도 삼위일체적 삶의 방식을 취해야 한다. 특별히 예술가처럼 살아야 한다. 음악가, 미술가, 배우, 문학가, 설교가, 사업가로서 기독교 세계관을 전파하는 예술가로 살아야 한다는 말이다.

창조적 아이디어를 창조적 에너지로 구현하고, 그것이 사람들에게 전파되어 창조적 힘으로 작동하도록 해야 한다. 배우들처럼 극본 속에 담긴 창조적 아이디어를 구현해 관객들 앞에서 시연함으로써 창조적 힘이 그들을 변화시키도록 해야 한다. 작곡가처럼 창조적 아이디어로 음악을 창작해야 한다. 우리는 연주자처럼 곡에 담긴 창조적 아이디어를 관객에게 들려주어 그들을 감동, 감화시켜야 한다. 설교자라면 하나님의 창조적 아이디어를 받아 창조적 에너지를 통해 설교문을 구성하고 성령의 힘에 의해 설파해야 한다. 이를 듣는 사람들의 마음에 하나님의 감동과 역사가 일어나게 해야 한다.

창조적 힘이 나의 부족함 때문에 제대로 드러나지 않을 때도 있다. 창조적 힘은 성령의 힘이다. 예배드릴 때, 성경을 읽을 때, 말씀을 들을 때 성령을 경험한다. 우리가 창조적으로 반응한다면 아이디어는 창조적 에너지나 말과 행동으로 표현되고, 그로 인해 창조적 힘을 주변 세계에 전달하게 된다. 실제로 필자는 다른 사람의 책을 읽으면서 영감을 받는다. 정보보다 영감을 많이 주는 책이 좋은 책이다. 그리고 그 에너지와 힘으로 또 다른 책을 쓴다.

세이어즈의 주장을 요약하자면, 작가의 정신에는 아이디어-창조적 에너지-창조적 힘이 들어 있다. 이것은 삼위일체의 교리를 연구할 때 발견되는 구조와 같다. 삼위일체 교리도 이런 식으로 해석할 수 있다. 물론 삼위일체 교리는 유추적인 성격을 지닌 것으로, 이 비유를 절대화할 필요는 없다. 그럼에도 세이어즈의 비유는 삼위일체 교리를 이해하는 데 큰 도움을 준다.

아이디어(제1위의 하나님이신 성부), 창조적 에너지(제2위의 하나님이신 성자 예수님), 창조적 힘(제3위의 하나님이신 성령님). 1위와 3위는 외형적으로 나타나지 않는다. 무형이다. 두 위격은 순수한 지적 상징물로서, 시간이나 공간이나 물질계의 어떤 형태로 드러나지 않는다. 그러나 2위는 살아 있는 상징물로서 역사 속 사건으로 묘사된다. 그래서 글, 그림, 조각, 작품, 형상 등으로 묘사될 수 있다.

"창조적 에너지는 쓰인 책이라는 물질로 변하여 시간 안에 존재하고, 아이디어와 창조적 힘은 생각으로서의 책과 읽히는 책으로서 비물질적이면서 시간을 초월한다."

그러나 아이디어, 창조적 에너지, 창조적 힘은 본질적으로 동일하며, 그 동일함이 작품에서 삼위일체로 반영된다. 책은 생각에 머문 책이든, 쓰인 책이든, 읽힌 책이든 모두 똑같은 책이다.

만약 세이어즈의 주장대로 작가들이 창조주의 존재 방식대로 글을 쓴다면 왜 명작과 졸작이 나오는 것인가? 그 이유는 완벽한 작가란 없기 때문이다. 하나님을 아버지에 비유한다면, 하나님은 완벽한 아버지이시다. 세상에는 완벽한 아버지는 없다. 하나님을 작가에 비유한다면, 하나님은 완벽한 예술가이시다. 세상에는 완벽한 예술가는 없다. 그래서 아이디어가 빈약한 작품, 화려한 어구만 있지 알맹이가 없는 작품, 어떤 감동도 없는 작품이 있다.

또한 작가의 성향에 따라서 아버지 중심의 작가, 아들 중심의 작가, 성령 중심의 작가로 규정된다. 아버지 중심의 작가는 아이디어가 풍성할 것이다. 하지만 그것을 구현해 내는 에너지와 힘이 부족할 수 있다. 아들 중심의 작가, 성령 중심의 작가도 부족한 면이 있을 것이다. 그렇다고 해도 가끔 아이디어-에너지-힘이 모아져 탁월한 작품이 탄생한다. 그럴 경우, "작가가 잠든 사이에 셰익스피어가 원고를 두고 갔다"고 우스갯소리를 하기도 한다. 하지만 실상은 성부-성자-성령의 삼위일체, 아이디어-에너지-힘의 삼위일체를 이룬 경우다.

우리도 이런 삼위일체적 기회를 구해야 한다. 성부 혹은 아이디어는 성자 혹은 에너지에 의해 영광을 받아야 한다. 성경의 말로 표현하면, '아들을 통해 아버지께서 영광을 받으신다.' 아들은 하늘과 땅에서 동시에 일하신다. 아들은 하나님 아버지와 사람을 이어 주는 매개적 존재이시다. 또한 성령은 아들에게서 나오신다. "그러나 내가 너희에게 실상을 말하노니 내가 떠나가는 것이 너희에게 유익이라 내가 떠나가지 아니하면 보혜사가 너희에게로 오시지 아니할 것이요 가면 내가 그를 너희에게로 보내리니"(요 16:7). 아버지와 아들은 성령을 통해 창조적인 존재가 되신다. 여기서 성령의 중요성을 아무리 강조해도 지나침이 없을 것이다. 성령이 결여된 작가는 영감이 없는 작가, 생명의 숨결이 없는 작가, 생명이 없는 설교자가 된다.

마지막으로, 하나님의 창조물인 피조물의 행복에 대해 이야기하자면, 인간을 포함해 모든 피조물은 하나님의 창조적 아이디어와 아들의 창조적 에너지에 의해 지음 받았다. 따라서 모든 피조물은 이 세계에 성령의 영감을 불어넣는 본연의 의무를 다해야 한다. 이를 위해 모든 피조물은 창조주 작가의 일관되면서도 완전히 새로운 의지에 철저히 의존하고 그 뜻에 순종해야 한다.

창조주와 피조물의 완전한 의지의 일치는 피조물이 어떤 독립적 의식도 갖지 않을 때, 다시 말해 피조물이 창조주에 의해 완전히 통제될 때만 가능하다. 창조적 에너지가 그리스도의 편에 서 있지 않으면 우주를 혼돈의 세계로 되돌리려 하는 적그리스도가 된다.

10
어느 편에 설지 선택하라 | C. S. 루이스
마태복음 11:12

L C. S. 루이스(C. S. Lewis)는 '무신론자와 회의론자들을 위한 사도'라고 불린다. 그는 제1차 세계대전(1914-1918)에 참전했다가 부상을 당해 제대했고, 제2차 세계대전(1941-1944) 중에는 BBC 라디오의 "옳고 그름"이라는 10분 강연 프로그램을 진행했다. 그의 대표작 《순전한 기독교》(Mere Christianity, 1952 / 홍성사, 2018)는 <크리스채너티투데이>가 선정한 기독교 서적 100권 중 1위를 차지했다. "20세기 서구인들은 이 책을 읽고 유물론에서 기독교로 다시 건너왔다"라는 평가가 이 책의 가치를 잘 드러낸다.

루이스가 'mere'(순전한)라는 단어를 사용한 것은 청교도 리처드 백스터(Richard Baxter)의 영향을 받은 것으로, 교파와 교단을 초월해 기독교 신앙의 본질을 설명하려는 의도가 담겨 있다. 기독교에는 다양한 분파들과 그룹들이 존재한다. 하지만 '기독교'라는 이름이 붙기 위해서는 필수적으로 공유되는 본질이 있어야 한다. 그 최대공약수를 설명하는 것이 루이스의 목적이었다. 비유하면, 여러 방으로 통하는 거실과 같은 것이다. 이 책은 기독교의 기본 핵심을 대상으로 한다.

불미스러운 워터게이트 사건의 중심에 있었던 찰스 콜슨(Charles Colson)

은 이 책을 읽고 완전히 회심했고, 이후 교정선교회를 만들어 사역했다. 그는 이 책의 표현은 명확하고 논리적일 뿐 아니라 빈틈이 없고, 때로는 맹렬하다고 평가했다. "루이스가 지난 100년 동안 기독교 신앙을 수호해온 가장 위대한 변증가라는 사실은 논쟁의 여지가 없다. 나는 내 인생에 가장 큰 영향을 미친 책으로 《순전한 기독교》를 들지 않을 수 없다." 팀 켈러(Timothy J. Keller)의 아내는 십대에 《나니아 연대기》를 읽고 회심했는데, 켈러는 대학을 다닐 때 그녀의 소개로 루이스를 알게 되었고, 이후 큰 감화를 받았다.

루이스는 사생활도 매우 경건하고 선량했는데, 마치 예수님의 모습을 보는 것 같았다. 그는 제1차 세계대전에 함께 참전했다 사망한 친구의 어머니, 제리 모어를 평생 어머니처럼 모셨다. 독신으로 살던 루이스는 58세에 조이 데이비드먼 그레샴(Joy Davidman Gresham)을 만났다. 그녀는 미국인 이혼녀로서 자녀들을 데리고 영국에 와 있었다. 신앙 문제로 루이스와 서면 교제를 하다 만남이 이루어졌다. 그레샴이 암에 걸렸을 때, 루이스는 그녀가 의료 혜택을 받을 수 있도록 병상 결혼식을 올렸다. 하지만 그녀는 결혼 3년 만에 45세의 나이로 사망했다. 이후 루이스는 그녀의 전남편의 자녀들을 지극 정성으로 돌보았다.

그의 이런 인생은 "섀도우랜드"(Shadowlands)로 영화화되었다. 영화 제목의 의미는 이런 것이리라. 이 세상은 그림자가 드리워져 아직 완전한 빛이 비치는 세상이 아니다. 그렇다고 완전한 흑암 가운데 있는 땅도 아니다. 만약 세상에 빛이 없는 어둠뿐이라면 우리는 어떻게 어둠을 알 수 있을까? 어둠을 어둠으로 인식하기 위해서는 비록 희미하지만 빛이 있어야 한다. 만약 선과 의가 없다면 이 세상이 악하고 불의하다는 것을 어떻게 알겠는가? 그림자가 드리운 이 땅에서 우리는 희미하지만 선과 악, 아름다움의 흔적을 볼 수 있다. 우리 삶에 빛을 비추어 주시는 분은 바로 하나님이시다. 루이스의 신앙과 삶을 잘 아는 사람이 작명한 제목일 것이다.

《순전한 기독교》에서 루이스는 논리적으로 하나님을 논증하고 변증한다. 이를 위해 가장 먼저 우주의 의미를 푸는 실마리로 "우주의 배후에 누가 있는가?"라는 질문에 대한 답을 찾는다. 우리가 사는 우주에는 여러 법칙이 존재한다. 이는 부인할 수 없는 진실이다. 자연에는 자연의 운행 법칙, 중력 법칙, 유전 법칙, 화학 법칙 등의 자연법칙이 있다. 모든 물체가 중력 법칙의 지배를 받고, 모든 유기체가 생물학적 법칙의 지배를 받듯, 인간을 지배하는 법칙이 있다. 우리는 그것을 '도덕률', 혹은 '인간 본성의 법칙'이라 부른다. 우리 인간의 문제는 그것을 따를지, 말지를 선택할 수 있는 능력이 있다는 것이다. 이를 '자유의지'라고 부른다.

이 땅의 모든 존재는 중력의 법칙을 따를 것인지, 말 것인지를 선택할 수 없어도 인간은 인간 본성의 법칙을 따를 것인지, 말 것인지를 선택할 수 있다는 점에서 큰 차이가 있다. 모두가 본성적으로 '옳고 그름의 법칙'을 알고 있지만, 대부분 이 법칙을 따르지 않으며, 완전하게 따르는 이는 단 한 명도 없다. 바로 이 두 가지, 즉 도덕률을 안다는 것과, 그러나 그대로 행하지 못한다는 것이 우리 자신과 우리가 살고 있는 우주를 명확하게 이해하는 실마리가 된다. 그리고 이 법칙의 배후에는 인간의 문제를 넘어 인간뿐 아니라 우주를 통치하고 있는 무언가가 존재한다는 합리적인 추론이 가능하다.

앞에서 말한 대로 우리가 만들지 않았지만 우리를 압박하고 있는 실재적 법칙, 즉 자연법칙과 도덕률이 존재한다. 옳고 그름에 대한 일종의 합의가 없다면 다툼은 무의미하다. 예를 들어, 경기 규칙에 대한 합의가 있어야 반칙이 존재할 수 있다. 우리 양심의 가책, 불평, 분노, 변명 등이 인간 외부에 실재적 법칙이 존재함을 입증한다. 요약하면, 인간은 누구나 인간 본성의 법을 알고 있다. 그러나 그것을 지키고 따르지는 못하고 있다.

이 책에서 루이스는 직접적으로 성경 구절을 인용하지는 않는다. 성경이 아닌 우주의 원리를 통해 하나님을 입증하고자 함이다. 굳이 필자가 증빙 구절을 제시하자면 다음과 같다. "이는 하나님을 알 만한 것이 그들 속에 보임이라 하나님께서 이를 그들에게 보이셨느니라 창세로부터 그의 보이지 아니하는 것들 곧 그의 영원하신 능력과 신성이 그가 만드신 만물에 분명히 보여 알려졌나니 그러므로 그들이 핑계하지 못할지니라"(롬 1:19-20).

이어서 루이스는 자연과 우주를 바라보는 대립되는 두 가지 관점을 제시한다. 첫 번째는 유물론적 관점이다. 유물론은 물질과 공간은 우연히 생겼으며, 늘 존재해 왔지만 그 존재 이유는 알 수 없다고 주장한다. 유물론적 관점에서는, 우주의 발생은 '우연', '요행', '진화' 등으로 설명된다. 두 번째는 유신론적 관점(종교적 관점)이다. 우주의 배후에는 정신과 비슷한 무언가가 존재한다. 그 무언가는 우리가 모르는 목적을 가지고 자신과 닮은 존재를 만들고자 우주를 창조했다. 여기에서는 '섭리', '창조', '구원' 등의 용어를 사용해서 설명한다. 이것은 진화론과 창조론으로 대표된다. 과학으로는 둘 중 어느 관점이 옳은지 증명하는 것이 불가능하다.

우주 배후에 존재하는 누군가, 하나님

루이스는 후자의 편에 선다. 루이스에 따르면, 인간만이 다음의 정보를 알고 있다. 나는 독립적인 존재가 아니며 어떤 법칙 아래 있다는 사실, 내가 일정한 방식으로 행동하기를 원하는 누군가 또는 무엇이 있다는 사실, 우주를 지휘하고 있는 무언가가 존재하며, 내 안에서 옳은 일을 하도록 재촉하고 그릇된 일에는 책임감과 불편함을 느끼게 만드는 하나의 법칙이 있다는 사실, 인간에게 지시를 내리는 존재가 물질이라고 상상하기 어렵기 때문에, 그 무언가는 거대한 정신 또는 신적 존재일 수밖에 없다는 사실, 물질적 우주 너머에서 누군가 또는 무언가가 도덕률을 통해 우리에게 다가온다는 사실, 이것이 가능하려면 우주보다 큰 존재가 있어야 하고 그 큰 존재는 우주에 속하지 않는 존재여야 한다는 사실, 즉 시간과 공간을 초월한 존재여야 한다는 사실을 받아들여야 한다는 정보다. 여기서 루이스는 인간 실존과 신적 실존 모두를 구별하고 정립한다.

루이스는 성경이나 교회의 도움 없이 우주의 배후에 있는 그 누군가를 규명하고자 노력한다. 누군가에 대해 알려 주는 두 가지 단초가 있다. 첫째, 그가 만든 우주를 보면, 그는 아주 위대한 예술가이거나 전능자일 수밖에 없다. 둘째, 우리의 정신 안에 둔 도덕률을 볼 때 그가 절대 선이라는 것을 알 수 있다. 일반적으로 우주보다 도덕률을 통해 하나님에 대해 더 많은 것을 알 수 있다. 그분은 공정한 처신, 이타적인 마음, 용기, 신뢰, 정직, 신용으로 표현되는 것에 관심이 있으시다. 그는 절대 선하시다.

여기서 인간의 딜레마가 발생한다. 절대 선이 우주를 다스리지 않는다면 선하게 혹은 의롭게 살고자 노력해도 소망이 없다. 반면 절대 선이 우주를 다스린다면 완전히 선하지 못한 우리는 그 절대 선의 원수가 되는 셈이기에 역시 소망이 없다. 그 선 없이 살 수도 없고, 그 선과 더불어 살 수도 없다. 하나님은 유일한 위안인 동시에 최고의 공포가 되신다. "오호라 나는 곤고한 사람이로다"(롬 7:24). 신적 존재, 절대 선은 우리에게 가장 필요한 존재인 동시에 가장 피하고 싶은 존재다. 우리의 유일한 동맹자이지만 우리 스스로 그와 원수가 되어 버렸기 때문이다. 그에 대한 우리의 반응에 따라 가장 큰 안전책이 될 수도 있고, 가장 큰 위험이 될 수도 있다.

루이스는 여기서 그 누군가가 이신론의 신이 아니라 인격 신임을 증명한다. 우주 배후의 존재가 그름이 아닌 옳음을 원하고 명령하는 존재라는 사실로부터 그 존재가 절대적으로 선하다는 것과 그러한 법칙에 대해 잘 알면서도 인간은 계속 그름을 선택하고 행한다는 것이다. 그 누군가가 이런 인간들을 용서할 수 있는 능력을 가지고 있다는 점에서 그 존재가 인격적이라는 결론에 이르게 된다. 용서하는 것은 인격을 가진 존재만 가능한 일이기 때문이다. 기독교가 참된 종교라는 것이 여기서 드러난다.

기독교는 회개를 촉구하며 용서를 약속한다. 자신이 회개할 죄를 지었다는 사실을 모르는 사람, 자신은 용서가 필요 없다고 생각하는 사람에게는 기독교가 아무 의미가 없다. 마치 자신이 병들었다는 사실을 인식해야 비로소 의사의 말에 귀를 기울이게 되는 것과 같다.

루이스는 다시 유물론과 유신론의 논쟁으로 돌아가 노벨문학상 수상자인 앙리 베르그송(Henri Bergson)의 "창조적 진화" 개념을 인용한다.

"지구 위의 생명체를 가장 하등한 형태에서 인간으로 진화시킨 작은 변화들은 우연에서 나온 것이 아니라 생명력의 분투에서 나왔다."

인류를 진화시킨 작은 변화가 우연이 아니라 "생명력의 분투"나 목적성에서 나왔다면, 생명을 존재하게 하고 그 생명이 완전해지도록 이끄는 정신은 바로 하나님이며 이는 종교적 관점과 일치한다고 보았다.

루이스는 기독교의 타당성과 유일성을 다음과 같이 옹호한다. 우선 그리스도인은 모든 종교가 진리에 대한 최소한의 단서를 제공해 준다는 것을 인정할 수 있다. 하지만 그리스도인이 된다는 것은, 다른 종교의 입장과는 달리, 기독교는 옳고 다른 종교는 틀렸다고 믿는 것을 의미한다. 독선처럼 보이지만, 실상은 그렇지 않다. 산수를 할 때 근접한 답은 여럿 있을 수 있지만 정답은 하나인 것과 같다. 아무리 정답에 가깝다고 해도 나머지는 틀린 것이다.

기독교는 하나님이 세상을 만드셨으며 잘못된 세상을 바로잡으려 하신다고 주장한다. 기독교는 우리가 예상할 수 없는 계시의 종교다. 기독교 교리는 오직 하나님의 계시에 근거해 형성되었다. 만약 누구나 예상할 수 있다면, 그런 기독교는 인간이 만들어 낸 종교일 것이다. 따라서 기독교에는 우리의 예상과 맞지 않는 기묘한 비틀림이 있을 수밖에 없다. 인간의 합리성에 맞지 않는다고 기독교 교리를 폄하하고 거부할 수는 없다.

기독교적 관점이 올바르다는 것을 입증하기 위해 루이스는 선악 일원론과 이원론을 다룬다. 유일신앙을 신봉하는 히브리적 사유에 따르면, 선악도 일원적이다. 선하신 하나님이 선하게 세상을 창조하셨다. 이 세상에 악과 어둠이 존재하는 것은 선이 부패했기 때문이다. 원형은 선이다. 따라서 구원 혹은 종말 혹은 심판은 하나님이 만드신 그 선한 원형으로 돌아가는 것을 의미한다. 기독교도 이 입장을 받아들인다.

반면 이원론자들은 선과 악이 본래부터 각각 따로 존재한 원형이라고 주장한다. 하지만 이런 이원론은 자체에 모순을 품고 있다. 하나는 악하고, 다른 하나는 선하다면 이 둘보다 앞서는(선재하는) 제3의 존재를 생각할 수밖에 없고, 이때 제3의 존재는 하나님일 수밖에 없다. 하나가 선하고, 다른 하나는 악하다는 건 결국 하나님과의 관계성에서 나누어지는 것이다.

하나님이 기준이다. 하나님 편에 있는 것은 선이고, 하나님의 반대편에 있는 것은 악이다. 만약 하나님이 없다면 무슨 근거로 선과 악을 구별할 수 있는가? 따라서 사악함은 선한 것을 그릇된 방식으로 추구하는 것이 된다. 악은 선에 기생하여 존재한다. 도둑질이라는 악도 가족을 부양하고자 하는 선한 동기에서 행해질 수 있다. 선은 그 자체로 선일 수 있지만, 악은 그 자체로 악일 수 없다. 예를 들어, '잔인한 행동은 그른 일'이라는 이유에서 잔인한 행동을 하는 자는 없다. 그 잔인한 행동을 통해 쾌락을 얻으려 하거나 잔인한 행위가 자신에게 이익이 될 때 그런 악을 행하는 것이다.

선은 선 그 자체다. 그러나 악은 선이 부패한 것이다. 무언가 부패했다는 것은 처음에는 좋았다는 뜻이다. "내가 깨달은 것은 오직 이것이라 곧 하나님은 사람을 정직하게 지으셨으나 사람이 많은 꾀들을 낸 것이니라"(전 7:29). 정상적인 것을 기준으로 보아야 무엇이 비정상인지를 알 수 있다. 선과 악의 동등한 존재를 주장하는 이원론은 말장난일 뿐이다. 악한 힘이 악해지려면 먼저 선한 것을 원하고, 그다음에 잘못된 방식으로 그것을 추구해야 한다. 기독교에서 악마를 '타락한 천사'라고 말하는 이유도 여기에 있다.

자유의지

이 논리대로라면 그리스도인의 영적 전쟁은 선과 악의 대등한 싸움이 아님을 알 수 있다. 현재 우리가 영적 전쟁 중이라고 해도, 동등한 두 권세들 사이의 싸움은 아니다. 이 전쟁은 일종의 내란 내지는 반란일 뿐이다. 반란군이 점령한 곳이 현재 세상의 모습이다. 기독교는 법적 권위를 가진 왕이 변장하고 반란군이 점령한 지역에 상륙한 이야기다. 우리도 이 거대한 작전에 참여하고 있다. 적들은 이 일을 방해하기 위해 우리의 자만, 게으름, 지적 허영을 이용한다.

그리스도인들은 악한 권세가 현재 이 세상의 군주 행세를 하고 있다고 믿는다. 우리가 만왕의 왕 되신 예수님을 따르는 한, 그분의 깃발 아래 영적 전쟁에서 반드시 승리하게 되어 있다. 그럼에도 세상에서 악의 존재가 가능한 것은 바로 인간의 자유의지 때문임을 기억해야 한다. 앞에서 말한 대로, 인간은 인간 본성의 법칙에 대해 순응과 불응을 선택할 수 있다. 이것이 자유의지다. 안타깝게도 인류는 이 법칙에 불응하기로 마음먹었고,

지금까지 역사가 흘러왔다.

루이스는 하나님이 인간에게 자유의지를 주신 이유에 대해 설명한다. 처음부터 자유의지가 없었다면 범죄, 부패, 타락도 없었을 것이다. 그랬다면 온 우주가 비극의 나락으로 빠지는 일도 없었을 것이다. 그러나 비록 악을 가능하게 한 것도 인간의 자유의지였지만, 사랑, 선, 기쁨 등이 가치 있게 되는 것도 인간의 자유의지 때문이다.

물론 하나님은 자유의지를 잘못 사용할 때의 위험을 잘 알고 계신다. 인간의 타락은 하나님을 떠나, 하나님과 상관없이 스스로의 힘으로 행복해질 수 있다는 생각에서 비롯되었다. 그러나 잊지 말아야 할 것은 하나님이 우리 인간을 만드셨다는 것이다. 인간이 휘발유를 넣어야 달릴 수 있게 차를 만든 것처럼, 하나님은 당신 스스로 우리 영혼이 연소시킬 연료가 되시고, 우리 영혼이 먹을 음식이 되셨다. 다른 연료나 음식은 없다.

또한 하나님은 우리에게 옳고 그른 것에 대한 분별력을 주셨다. 하지만 인류는 이런 하나님을 거부하고 하나님을 벗어나고자 자유의지를 악용했다. 그 결과 하나님께 범죄를 저질렀고, 하나님을 진노케 했으며, 결국 하나님과 원수가 되었다. 예수님이 오신 것은 이 오랜 단절과 파국을 회복하시기 위해서다.

예수님이 세상에 오신 이유

루이스는 예수님의 자격을 논하는 사람들의 오류를 지적한다. 예수님은 스스로 하나님이라 자처하시고, 사람들의 죄를 용서해 주겠다고 하셨다. 용서는 해를 입은 자가 해를 끼친 자에게 베푸는 것이다. 그런데 예수를 반대하는 사람도 복음서를 읽을 때, 예수가 자만심이 가득한 사기꾼이라는 인상을 받지는 않는다. 하지만 그들은 결정적인 부분에서 오류를 범한다. "나는 예수를 위대한 도덕적 스승으로는 기꺼이 받아들이지만 자신이 하나님이라는 주장만큼은 받아들일 수 없다." 이는 참으로 어리석은 말이다. 인간에 불과한 자가 스스로를 하나님이라 하고, 다른 사람의 죄를 용서해 준다고 하면, 그는 결코 위대하거나 도덕적인 인물일 수 없다. 정신병자, 아니면 악마 같은 자일 것이다. 우리는 선택해야 한다. 그가 말한 대로, 예수가 하나님의 아들이라 믿거나, 아니면 미치광이나 사기꾼이라고 생각해야 한다. 그가 위대한 스승이라는 둥, 선심성 헛소리를 해서는 안 된다.

루이스는 계속해서 예수님이 무엇을 위해 성육신하시고, 무엇을 위해 십자가에서 죽으셔야 했는지를 밝힌다. 예수님은 무엇을 위해 이 세상에 오셨는가? 죗값을 치르시기 위해서다. 그는 우리의 빚을 갚아 주셨고, 겪을 필요가 없는 고난을 우리를 위해 당하셨다. 인류에게 필요한 것은 무기를 내려놓고 예수님께 항복하는 것이다. 다시 말해, 회개해야 한다. 회개는 선한 사람만 할 수 있고, 이러한 선은 예수 그리스도로부터 온 것이다.

정작 회개가 필요한 사람은 악한 사람인데, 완전한 회개는 선한 사람만 할 수 있다. 악해질수록 회개의 필요성은 점점 더 커지고, 회개할 수 있는 능력은 점점 더 약해진다. 선할수록 자신 안에 있는 죄를 더 분명히 깨닫게 되고, 악할수록 자신의 악을 깨닫지 못한다. 죄도 복리로 늘어나고, 선도 복리로 늘어난다. 완전하게 회개할 수 있는 유일한 사람은 완전한 인간이다. 회개할 필요가 없는 사람이다. 그렇기 때문에 회개도 하나님이 도우셔야만 가능한 일이다. 하나님 자신의 능력을 우리에게 조금 넣어 주셔야 회개할 수 있다. 하나님이 사람이 되셨다고 하면, 그 사람은 우리를 도울 수 있을 것이다. 그는 인간이므로 자기 뜻을 포기할 수도 있고, 고난을 겪을 수도 있고, 죽을 수도 있다. 동시에 그는 하나님이므로 이 모든 일을 완전하게 할 수 있다.

그리스도인은 그의 낮아짐과 고난에 참여할 때 죽음을 정복한 그의 승리에도 참여할 수 있으며, 죽음 후에는 새 생명을 찾아 그 안에서 완전한 피조물이 된다. 우리가 이 과정을 거칠 수 있도록 하나님은 우리 안에서 행하신다. 하나님의 죽음을 나누어 가질 때에만 우리는 회개라는 죽음을 시도할 수 있다. 그러나 하나님이 죽지 않으시는 한 우리는 그의 죽음을 나누어 가질 수 없다. 또한 하나님이 인간이 되지 않으시면, 죽으실 수 없다. 성육신과 대속이 하나님의 근본적 해결책이며 악에 대한 하나님의 조치다. 그렇다면 그리스도인은 무엇을 얻는가? 그리스도의 죽음을 통해 하나님과 바른 관계를 맺게 된다.

"하나님의 아들은 사람들을 하나님의 아들 되게 하시려고 사람이 되셨다."

교회는 사람들을 그리스도에게 인도해 작은 그리스도로 만드는 것 외에 다른 존재 이유가 없다. 바로 이런 목적으로 하나님이 인간이 되신 것이다.

루이스는 그리스도인의 비위 때문에 기독교 자체가 공격받는 상황에 대해서도 옹호한다. 그것은 새 생명을 온전히 지키고 가꾸지 못한 그리스도인의 책임일 뿐이다. 우리의 생명이 부모에게서 온 것이지만, 그렇다고 아무 노력 없이 유지되는 것은 아니다. 생명을 소홀히 다루다 영영 잃어버릴 수도 있고, 의도적인 자살로 생을 끝낼 수도 있다. 생명을 유지하려면 지속적으로 영양을 공급하고 잘 돌보아야 한다. 그러나 이것은 생명을 만드는 일이 아니라 얻은 생명을 지키는 일이다. 마찬가지로 그리스도인은 자신에게 주어진 그리스도의 생명을 잃어버릴 수도 있고 지킬 수도 있다.

살아 있는 몸은 죽은 몸과 달리 상처를 입어도 어느 정도까지는 회복이 가능하다. 몸이 살아 있다는 것은 절대 상처를 입지 않는다는 뜻이 아니라 어느 한도까지는 스스로 회복할 수 있다는 뜻이다. 그리스도인이란 절대 잘못을 저지르지 않는 사람이 아니라 넘어져도 회개하고 다시 새롭게 시작할 수 있는 존재다.

제2차 세계대전을 경험한 루이스는 군사적인 침공에 대해 잘 알고 있었다. 만약 연합국 측에서 나치에 대한 침공을 계획하고 있다면 여기에 적극 참여해야 한다. 그래야 전후에 위신을 세울 수 있다. 영적으로 보자면, 하나님이 이 땅을 침공하셨다. 본래 선이었지만 타락한 악의 세력, 본래 빛이었지만 타락해 어둠이 되어 버린 자들이 지배하는 곳이 바로 이 땅이다. 하지만 하나님은 법적 권한을 가진 왕으로서 침공하셨다. 그것이 성육신이요, 예수님의 탄생이다.

이제 예수님은 자기 왕국을 회복하기 시작하신다. 하나님의 침공은 시작되었다. 이제 우리에게 주어진 선택은 이것이다. 법적 권위를 가진 왕의 침공에 동참할 것인가, 동참하지 않을 것인가? 마태는 이런 영적 진리를 다음과 같이 묘사했다. "세례 요한의 때부터 지금까지 천국은 침노를 당하나니 침노하는 자는 빼앗느니라"(마 11:12). 누가는 이렇게 표현했다. "율법과 선지자는 요한의 때까지요 그 후부터는 하나님 나라의 복음이 전파되어 사람마다 그리로 침입하느니라"(눅 16:16).

'침노하다'라는 말의 헬라어는 '비아조'로서 강하게 추진하고 밀어붙이는 동작을 의미한다. 마태의 표현을 긍정적으로 해석하면, 천국의 초대를 바로 받아들이는 사람들의 용기와 열심으로 볼 수 있다. 하지만 부정적으로 보면, 악하고 비열한 자들에 의해 고통당하는 사람들을 암시한다. 여하튼 마태와 누가가 말하고자 하는 바는, 천국은 강하게 전개되고 있지만(전도), 악한 자들이 폭력적으로 저항한다(박해)는 사실이다. 수동적으로 표현하면, 세례 요한의 때로부터 하나님의 나라가 침공을 당한다. 우리가 하나님 나라로 들어가는 것이다.

하지만 언제까지인가? 역사의 종말에는 하나님의 침공이 명시적으로 드러날 것이다. 그때가 언제인지는 모르지만, 때가 되면 하나님이 대군을

123

이끌고 오실 것이다. 제1차 침공 이후 하나님의 제2차 침공이 지체되는 이유는 우리가 자진해 하나님 편에 가담할 기회를 주시려는 것이다. 하나님은 이 세상을 다시 침공하실 것이다. 그때 하나님은 변장하지 않고 자신의 모습을 드러내실 것이다. 이때가 곧 세상의 끝이다. 연극이 끝나고 나면 배우들과 극작가가 무대 위로 나오는 '커튼콜'(curtain call)과 같다. 이때가 곧 예수님의 재림의 때다.

"그러나 주의 날이 도둑같이 오리니 그날에는 하늘이 큰 소리로 떠나가고 물질이 뜨거운 불에 풀어지고 땅과 그중에 있는 모든 일이 드러나리로다 이 모든 것이 이렇게 풀어지리니 너희가 어떠한 사람이 되어야 마땅하냐 거룩한 행실과 경건함으로 하나님의 날이 임하기를 바라보고 간절히 사모하라 그날에 하늘이 불에 타서 풀어지고 물질이 뜨거운 불에 녹아지려니와 우리는 그의 약속대로 의가 있는 곳인 새 하늘과 새 땅을 바라보도다"(벧후 3:10-13).

그때 가서 어느 편에 설 것인지 선택하려 하면 이미 늦다. 그때는 선택의 때가 아니라 선택한 것이 드러나는 때다. 지금이 옳은 편을 선택할 수 있는 절호의 기회다. 하나님은 우리에게 그 기회를 주려고 잠시 지체하고 계신다. 그러나 영원히 지체하지는 않으실 것이다.

11
고난의 순간을 기회로 삼다 | 존 밀턴
창세기 3:14-21

고난이란 이름의 기회

M 최근 목회데이터연구소(2023)에서 새신자의 '출석 경로' 에 대해 조사했는데(새신자의 교회 출석 경로 및 교회 생활 실태조사 보고서), 곤경 때문에 신앙생활 하게 되었다는 응답, 즉 교회 출석 무렵에 겪었던 삶의 고난에 대해 언급한 사람이 많았다. 구체적으로 말하면, 인생의 의미에 대한 혼란 24%, 경제적 어려움 20%, 인간관계 어려움 17%, 신체적 건강 16%, 정신적 질병 15%, 사업이나 직장의 어려움 14%, 학업·취직 및 퇴직 문제 13% 등 조사에 참여한 76% 이상이 어려움으로 인해 교회에 나오게 된 사람들이었다. 부가적으로, 자발적으로 교회에 나온 사람과 전도받은 사람의 비율은 25 대 75 정도 되며, 신자의 인도를 받은 75%를 분석하면 가족 48%, 친구 24%, 이웃 16%, 직장 동료 10% 순으로 전도를 받았다. 그러므로 우리는 주변에 어려움에 처한 사람들이 있는지 살펴보아야 한다. 그때가 하나님이 그들을 부르시는 순간이며, 그들의 마음이 활짝 열려 있는 시기다. 그 시기를 잘 사용해야 한다.

곤경과 고난의 순간을 은혜와 능력의 기회로 삼은 대표적인 인물 중 한 사람이 존 밀턴(John Milton, 1608-1674)이다.

잉글랜드의 찰스 1세(Charles I)가 스코틀랜드와의 전쟁 비용을 충당하기 위해 11년간 외면했던 의회를 소집했을 때, 왕당파와 의회파 간에 내전이 일어났다. 이는 왕권과 의회의 싸움이자, 귀족 계급과 젠트리 계급의 싸움 이면서, 동시에 가톨릭과 개신교의 싸움이기도 했다. 찰스왕이 가톨릭을 추종했던 것에 반해, 의회 의원들 중 많은 수가 개신교, 그중에서도 청교 도 신자였다. 그래서 이 내전을 '청교도 혁명'(1642)이라 한다.

청교도 지도자 올리버 크롬웰(Oliver Cromwell)은 1646년 찰스왕을 사로잡 았고 처형한 후에 영국 국교회를 폐지하고 청교도를 공식적으로 인준했 다. 《웨스트민스터 신앙고백》과 《요리문답》이 이때 만들어졌고, 주일 성 수와 십일조가 의무화되었다. 이를 어기는 사람에게는 벌금을 부과하는 등의 처벌도 입법화했다.

그러나 호국경 크롬웰의 사후 백성들은 청교도적 개혁에 반발해 왕정 을 회복했고, 이에 따라 왕위에 오른 찰스 2세(Charles II)는 크롬웰을 부관참 시하고 그의 아들을 처형했다. 그리고 보복을 위해 왕정에 위해를 가한 이 들 58명의 명단을 작성했는데, 이것이 바로 '블랙리스트'(blacklist)라는 말의 기원이 되었다.

이러한 역사적 사실을 통해 청교도의 밝은 면과 어두운 면을 보게 된 다. 오직 하나님만 바라보며 자신의 삶을 철저히 개혁하려 했다는 점은 긍 정적이지만, 그들의 역사 의식 결여는 기독교 전통을 무시해 초대 교회와 중세 교회의 전통과 단절되는 결과를 낳았다. 자신들만의 선민의식으로 다른 색채의 신앙을 가진 이들을 정죄하고 그들과 단절하는 극단주의적 모습을 보이기도 했다. 또한 정치와 종교의 일치를 주장해 정치적으로 신 앙을 강요하는 일들이 많았다. 그 결과 사람들의 반감을 사서 개혁의 역풍 을 맞게 되었다.

케임브리지 대학 재학 중 목사가 되려고 한 밀턴은, 그러나 시대적 조류에 휩쓸려 성직을 포기했다. 대신 그는 정치에 적극적으로 뛰어들어 청교도 혁명에 참여했다. 그는 크롬웰 정권의 외국어 장관직을 맡아 11년 동안 (1649-1660) 봉직하며 이상 국가를 세우고자 노력했다. 하지만 공화정이 무너지고 왕정이 복구되자 장관직을 박탈당한 밀턴은 재산도 몰수되고 투옥되었다. 이로 인해 그는 실명을 했고 아내의 죽음까지 겪게 된다.

54세의 밀턴은 그의 삶에 일대 위기를 맞게 되었다. 하지만 돌이켜 보면 그것은 기회였다. 이 고난의 시기에 그는 《실낙원》(Paradise Lost)을 저술했다. 실명해 앞을 보지 못하는 밀턴이 구술하면 그의 딸들이 대필해 완성한 이 대작은 밀턴의 고난의 열매이며 십자가 뒤의 면류관이었다.

밀턴은 호메로스(Homeros), 단테(Dante), 베르길리우스(Vergilius)와 함께 세계 4대 서사시인 중 한 명이며, 존 번연(John Bunyan)과 함께 17세기 영문학을 대표하는 청교도 작가이기도 하다. 19세기 영국의 낭만시인 윌리엄 워즈워스(William Wordsworth)는 "런던, 1802"라는 시에서, "밀턴이여! 그대 지금도 살아 있었으면, 영국이 그대를 필요로 하고 있으니…"라고 썼다. 밀턴은 구름 한 점 없이 맑은 하늘처럼 장엄하고 자유로운 신앙심을 갖고 인생의 길을 걸어갔으며 자유, 능력, 그리고 청교도적 경건으로 영국 사회를 되살리기를 바라며 시를 썼다.

밀턴 저술의 특징은 성경적 체험에 바탕을 둔 지성과 감성의 균형에 있다. 그는 1656년 《기독교 교리》를 저술했고, 이를 근간으로 《실낙원》과 《복낙원》, 《투사 삼손》이라는 책을 썼다. 《실낙원》은 하나님 중심, 《복낙원》은 성자 중심, 《투사 삼손》은 성령 중심의 책이다. 그가 인생의 여정을 통해 깨달은 것은 자신이 싸워야 할 적은 왕당파가 아니라 사탄과 마귀와 맘몬의 추종자들이라는 것이었다. 다시 말해, 정치 개혁 이전에

신앙 개혁을 해야 하며 세상에 소중한 분은 하나님밖에 없음을 인정해야
한다는 것이었다.

존 밀턴의 《실낙원》

《실낙원》은 단테의 《신곡》에 비견되는 역작이지만, 둘 사이에는 공통점과
차이점이 있다. 차이점은 단테가 중세와 가톨릭적 관점을 대변한 것에 반
해, 밀턴은 근세와 개신교(청교도)를 대변한다는 점이다. 공통점은 두 작품
모두 시간 이동이 아닌 공간 이동을 따라 전개된다는 것이다. 단테의 《신
곡》은 지옥, 연옥, 천국으로의 상향 이동, 밀턴의 《실낙원》은 천국, 지옥,
지상(에덴동산)으로 이동한다. 두 작품 모두 인간의 자유의지(free will)를 강조
하는데 이를 통해 구원과 심판의 이유가 인간 자신에게 있다고 가르쳐 준
다. 그렇다고 해서 하나님의 주권과 섭리가 완전히 배제되는 것은 아니다.
하나님은 예지하시고 예정하시고 인도하신다. 인간은 타락했지만 전지전
능하신 하나님의 은총, 긍휼, 사랑을 힘입어 구원을 이루게 된다. 아담의
타락은 자유의지에 의한 것이지만 하나님은 예지하고 계셨고 구원으로
인도하신다. 하지만 하나님은 강제하거나 구속하지 않으신다.

밀턴의 《실낙원》은 창세기 3장과 요한계시록 12장을 중심으로 한 이
야기다. 본래 10편으로 구성되었다가 나중에 12편으로 증편되었으며, 총
11,000행에 가까운 대서사시다. 이 중에서 굵직한 주제들을 살펴보도록
하자.

기원(invocation)

《실낙원》의 1편은 영감을 부르는 기원(invocation)으로 시작한다. 3편, 7편,
9편의 시작도 마찬가지인데, 밀턴은 시를 쓰는 과정에서 기도를 통해 하

늘로부터 영감과 계시를 받고자 했을 것이다. 그 구절은 다음과 같다.

"인간이 한 처음에 하나님을 거역하고 죽음에 이르는/ 금단의 나무 열매 맛봄으로써/ 죽음과 온갖 재앙이 세상에 들어왔고/ 에덴까지 잃었으나, 이윽고 한 위대한 한 분이/ 우리를 회복시켜 복된 자리를 도로 얻게 하셨으니/ 노래하라 이것을, 하늘의 뮤즈여/ 호렙이나 시나이의 외진 산꼭대기에서/ 저 목자에게 영감을 부어 주어/ 한 처음 하늘과 땅이 어떻게 혼돈으로부터 생겼는가를/ 처음으로 선민에게 가르쳤던 그대여, 혹시 시온의 산과 성전 바로 곁을 흐르는 실로암의 냇물이 더욱 그대의 마음을/ 즐겁게 한다면, 그 때문에 내 청하노니/ 부디 나의 모험적인 노래를 도우시라/ 이는 다만 중층천에 머물질 않고 아오니아산보다/ 더 높이 날아올라, 일찍이 산문에서도 시에서도/ 시도된 바 없는 그런 주제를 추구하려는 것이니/ 더욱이 그대, 어떤 성전보다도 바르고 깨끗한 마음을 좋아하시는 성령이시여/ 나를 가르치시라, 그대 아시나니. 그대는/ 한 처음부터 계셨고, 그 힘센 날개를 펼쳐/ 비둘기처럼 대심연을 품고 앉아/ 이를 잉태케 하셨나니, 나의 어두운 것을/ 비추시고 낮은 것을 높여 떠받쳐 주시라/ 이 높고 위대한 주제여 어긋남이 없이/ 영원한 섭리를 역설하여, 인류에 대한/ 하나님의 뜻이 옳음을 밝힐 수 있도록"(1편 1-26행).

본문에 나오는 "하늘의 뮤즈"는 '성령'을 의미한다. 시인은 영감을 주셔서 하늘의 비밀을 깨닫고 밝힐 수 있게 해 달라고 성령께 간구한다. "중층천"은 그리스-로마 세계, "아오니아산"은 그리스의 헬리콘산으로서 베르길리우스와 같은 위대한 세속 문인을 의미한다. 둘 다 인류 최선의 지성 세계를 대표하는데, 하나님의 비밀은 인류의 지혜와 지식으로는 도달할 수 없는 것이기에 이에 이르기 위해서는 성령의 날개가 필요하다.

밀턴의 심정은 곧 설교자인 필자의 심정과 동일하다. 주일 설교를 준비하며 한 주 내내 성령의 영감을 부어 달라고 간절히 기도한다. 그 간절한 기도 때문에 몸과 마음과 영혼을 늘 살핀다. 설교자는 늘 영감 있는 설교,

영감을 주는 설교를 해야 하기 때문이다. 밀턴은 작가로서 영감을 구했다. 어디 설교자와 시인뿐이겠는가. 예술가, 과학자, 요리사, 벤처 사업가 등 모든 이에게 영감이 필요하다. 빠르게 변화되어 가는 세상 속에서 사람에게 생명과 진리를 주는 것이 영감이기 때문이다. 우리에게 정보(information)보다 더 필요한 것은 영감(inspiration)이다. 오늘날 하이테크놀로지(high tech) 시대에는 위로부터 부어 주시는 하이터치(high touch)가 있어야 한다.

사탄 루시퍼와 성자 예수님

시인은 곧바로 하나님께 대항하다가 비참한 패배를 당한 사탄(루시퍼)과 추종자들이 하늘로부터 추방되는 이야기로 나아간다. 이는 태초 이전 천상에서 벌어진 사건이다. 창세기에 따르면 이때는 물질세계 창조 이전으로서 "땅이 혼돈하고 공허하며 흑암이 깊음 위에 있고"(창 1:2)라고 묘사된 때다.

하나님께 반역했다가 패배하고 지옥에 떨어진 뒤에 복수하고자 절치부심하는 루시퍼의 모습이 기술된다. 이들은 하나님이 만유와 인류를 창조하신 후에 인간을 유혹해 자기편으로 만들어 하나님께 복수하자고 모의한다(1, 2편). 왜냐하면 인간은 창조의 꽃으로서 하나님의 사랑과 은총을 받는 어여쁜 자이기 때문이다. 사탄은 인류를 타락시킴으로써 하나님께 큰 고통을 줄 수 있으리라 생각한 것이다.

이처럼 사탄은 교만해 스스로 타락했고, 인간에 대한 질투심과 하나님에 대한 복수심에 사로잡혀 있는 존재다. 하나님의 섭리가 악에서 선을 찾아내는 것이라면, 사탄은 선조차 악의 수단으로 삼는다. 그들은 천국에서 섬기느니 지옥에서 다스리는 것이 낫다고 생각한다. 그래서 추종자들을 모아 수단과 방법을 가리지 않고 인류를 지옥으로 끌어내리려 한다. 성경과 역사를 통해 볼 때, 사탄은 다양한 모습으로 변신해 나타난다. 그들은 변장술에 능하다. 그래서 성경에도 '루시퍼', '뱀', '사탄', '바알세불', '그모스', '몰록', '다곤', '벨리알', '레기온', '맘몬' 등 다양한 이름으로 등장한다.

성경에 있는 모든 악한 자와 우상의 배후에는 사탄이 있다. 사탄은 시대와 사회에 맞추어 교묘하게 변장하고 나타난다. 사탄은 '죄'와 '죽음'과 더불어 지옥의 3인방을 이룬다. 악의 삼위일체다. 그러나 스스로 타락한 사탄과는 달리 사탄의 유혹으로 타락한 인간에게는 회개와 용서의 기회가 주어진다.

"천사(사탄)는 스스로 꾀고 스스로 부패하여 자신들의 생각에 의해 타락했지만, 인간은 사탄의 기만에 의해 타락한 것이니, 인간은 은혜를 받을 수 있지만, 사탄은 아니다"(3편 129-132행).

"악으로 타락한 그를, 자비와 은총의 아버지여, 당신은 엄하게 벌하지 않으시고 한층 연민의 정을 기울이셨나이다"(3편 400-403행).

3편에는 성부 하나님과 성자가 나누시는 대화가 나온다. 이 대화는 천상 회의의 내용으로 에베소서 3장에 나오는 '하나님의 비밀', '그리스도의 비밀'이 무엇인지 알려 준다. 이는 마치 욥기의 서두처럼, 하나님의 구원사의 시작에 있어 천상에서 어떤 일이 있었는지를 알려 준다.

"그대들 중에 누가 인간의 죽을죄를 대속하기 위하여/ 죽음을 택하고, 불의한 자 구하기 위해 의를 택하겠느냐/ 이 하늘에 이처럼 귀한 사랑이 어디에 남아 있느냐"(3편 213-216행).

그런데 성자 예수님이 기꺼이 하늘의 영광을 버리고 희생양이 되기 위해 나서신다. 독생자의 희생적인 사랑을 보여 주신다. 타락한 인간들을 위한 구원자로서 성자의 자발적 희생 제안이다. 이에 따라 천사들은 성자의 영광과 궁극적 승리를 송축한다. 신학에서는 이를 '하나님의 섭리와 예지'라고 묘사할 것이다. 성부가 성자에게 주시는 축복의 메시지는 다음과 같다.

"아, 너야말로, 진노 아래 있는 인류를 위해/ 나타난 하늘과 땅의 유일한 평화로다. 아, 너/ 나의 유일한 기쁨이여, 너는 잘 안다. 내가 얼마나/ 나의 모든 창조물을 귀히 여기는가를, 또한 인간이 맨 나중에 창조되었으나 그 사랑스러움 더할 나위 없어, 그들을 위하여 내 품 안과 오른손에서 내놓아, 잠시 너를 잃음으로써 잃었던 온 인류 구원코자 함을/ 너, 그러니, 너만이 구속할 수 있는 그들의 본성을 너의 본성에 결합하라/ 그리고 때가 오면, 불가사의한 출생으로, 처녀의 씨로써 화육하여, 스스로 지상의 인간들 속에 인간 되어/ 너 비록 아담의 자식이지만, 아담을 대신하여 온 인류의 머리 되어라"(3편 274-286행).

인류의 타락

4편에는 하나님이 만드신 낙원이 등장한다. 에덴은 참으로 좋은 세상이요, 아담과 하와는 서로에게 참 좋은 배우자임이 드러난다. 5-8편에는 라파엘의 경고가 나온다. 9편은 이렇게 좋은 관계와 세상을 인류가 어떻게 잃게 되었는지를 묘사한다.

사탄은 뱀의 모습으로 낙원에 침투해 하와를 한껏 치켜세우면서 속임수를 쓴다. 사탄은 하와를 '여왕'으로, 혹은 '아름다움이 조물주와 흡사한 어여쁜 자'라고 부른다. 그러면서 뱀은 하와로 하여금 하나님의 선하심과 신실하심을 의심하게 만들고(창 3:1), 이에 넘어간 하와는 하나님의 말씀을 변질시키는 실수를 범한다(창 3:3). 뱀은 잘못된 확신을 주면서(창 3:5) 타락을 이끌어 낸다. 하나님이 금하신 금단의 열매를 먹어도 죽지 않고, 도리어 좋은 것을 얻게 된다고 말이다. 하나님과 인간 사이를 이간질하는 데 성공한 것이다.

"죽음의 위협 믿지 마소서. 그대 죽지 않으리니/ 열매를 맛본다고 죽음을 얻다니, 어찌 그러리오?/ 그것은 지혜뿐 아니라 생명도 주리이다/ 하나님은 아시리라. 그대들이 그것을 먹는 날, 밝게 보면서/ 실은 어두운 그대들의 눈이 완전히 열리고 밝아져/ 신들같이 되고 신들처럼 선악을 알게 되리라는 것을"(9편

684-687, 706-710행).

결국 하와는 선악과를 따 먹고, 하와의 범죄를 알게 된 아담은 크게 놀란다. 하나님의 명령을 따르자니 하와를 잃게 되고, 하와와 함께하자니 하나님의 엄중한 명령을 범해야 한다. 아담은 사랑 때문에 공범자가 된다. 그들이 선을 넘는 순간 천지는 탄식하고, 아담과 하와는 서로를 비난한다. 사랑하는 하와를 잃고 세상에 홀로 남아 살 수 없을 것 같아 그녀와 같이 타락하기로 결심하고 선악과를 먹은 아담은 오히려 자신에게 책임을 전가하는 하와를 보며 이렇게 말한다. 이것은 하나님이 에덴동산에 나타나셔서 각자에게 책임을 추궁하시기 전에 벌어진 일이다.

"이것이 그대의 사랑이고 이것이 내 사랑에 대한 보답인가/ 배은망덕한 하와여! 내가 아니라 그대가 타락했을 때 불변의 사랑을 확인했고 살아서 영원한 행복을 누릴 수 있으나 자진하여 그대와 함께 죽기로 작정한 나에게/ 그런데도 타락의 원인이 내게 있다고 비난받아야 하다니/ 내가 마음 약해서 엄하게 거절하지 못했다고?"(9편 1163-1169행).

구원의 길

9편에서 인류의 타락을 묘사했던 밀턴은 10편에 이르러서는 놀라운 광경을 보여 준다. 하늘에서 인간의 타락과 심판이 발표되자, 죄와 죽음은 지옥의 문을 떠나 지옥과 세상을 잇는 다리를 놓고 지상을 향해 간다. 지옥에서 세상으로 가는 길이 열린 것이다. 사탄이 지옥으로 돌아가 자신의 승리를 알리는 순간, 모든 추종자가 뱀으로 변한다. 아담과 하와의 타락으로 인해 지상은 지옥에 속해 있던 죄와 죽음이 왕 노릇 하는 곳이 되어 버린다. 그러나 다행히도 하늘에서 땅에 이르는 길도 생겨난다. 타락한 인류라도 지상을 떠나 천상에 이를 수 있는 길이 열린 것이다.

여기서 밀턴은 성경과 약간 궤를 달리한다. 구약과 신약을 통해 전개될 하나님의 구원사를 아담과 하와에게 선취적(先取的)으로 적용한다. 아담과 하와는 자신들의 책임을 자각하고 회개하며 서로 화해한다. 아담과 하와, 그리고 하나님 사이의 화해 장면을 아름답게 그리고 있다. 회복은 겸손한 참회와 하나님의 자비를 비는 기도의 힘으로 주어진다. 여기가 천상계와 세상이 만나는 지점이다. 천국에서 세상으로 가는 길이다. 이 길은 바로 예수 그리스도이며 하나님의 구원의 길이다. 예수님을 주심으로써 그 길이 생겨난 것이다. 이 길을 따라 천상의 용서와 은혜와 구원이 내려온다. 예수 그리스도를 통해 인간은 다시 천상으로 돌아갈 수 있는 길을 얻게 된 것이다.

요약하면, 지상에 사는 인간은 지옥에 이르는 길도, 천상에 이르는 길도 다 밟을 수 있게 되었다. 두 갈래 길 중 어떤 길을 선택하느냐는 인간에게 달려 있다. 인간의 의지와 결단에 따라 길은 달라진다. 한편, 천상에 이르는 길을 내어 주신 예수님은 찬양받으시기에 합당하다.

"인류의 회복자로 정해진 성자를 찬미한다. 당신으로 인하여 새 하늘과 새 땅이 대대로 일어나고 또 하늘로부터 내려질 것이다"(10편 646-648행).

11편에서는 아담과 하와의 회개가 묘사된다.

"이렇게 그들은 겸손히 엎드려 회개하며 계속 기도를 드렸다. 높은 자비의 자리에서 회개에 앞서는 선행적 은혜가 내려 그들의 마음에서 돌을 제거하고, 새로운 세상의 살을 자라게 하니, 기도의 영이 불어넣는 한숨은 이제 말로 다할 수 없는 탄식을 토해 내며 소리 높은 웅변보다도 더 빠르게 하늘을 향해 날아오른다"(11편 1-8행).

인류의 역사에 대한 예언

11편에서 아담과 하와의 회개를 확인하신 성자는 그들의 기도를 들어 하나님께 용서를 구하신다. 하나님은 인간의 회개는 받아들이시지만, 그들이 더 이상 에덴동산에 머무를 수는 없다고 선언하신다. 하나님은 미카엘 천사를 보내 에덴동산에서 그들을 내쫓으시면서도 인류의 역사와 구원을 예언하게 하시어 아담에게 앞으로 일어날 일을 알려 주신다. 미카엘은 높은 산으로 올라가 장차 대홍수가 일어날 것을 보여 준다. 12편은 대홍수 이후에 일어날 사건들에 대한 이야기들이다. 가인의 후예, 바벨탑, 노아의 홍수 사건이 묘사된다. 이는 문명재해이면서 동시에 자연재해다. 아담의 타락 이후 인류에게 펼쳐질 세상은 유토피아가 아니라 디스토피아다.

인류의 과학과 문명이 발달할수록, 인간이 신이 되어 갈수록 좋은 세상이 오는 것이 아니라 비참한 세상이 온다. 지구 환경 변화, 환경 재앙, 생태계 파괴, 핵 위기 등으로 인류는 생존 위협을 겪고 있다. 미국 핵과학자회(BSA)가 2023년에 발표한 지구 종말 시계는 자정 전 90초다. BSA는 위험의 근거로 핵 위협, 기후 변화, 인공 지능과 새로운 생명 공학을 포함한 파괴적인 기술 등을 들었다. 인류 멸망이 코앞에 닥쳐 왔다. 이제 우리는 더불어 사는 삶, 단순한 삶, 그리고 '할 수 있지만 하지 않는 윤리'를 지키는 삶을 살아야 한다. 할 수 있다고 다 하면 안 된다. 이제 인류는 겸손히 내려놓아야 한다.

특별히 미래 예언에서 중요한 것은 인간의 원죄를 속죄하기 위해 오실 메시아와 그분이 받으실 십자가, 그리고 부활과 승천이다. 아담은 자신이 떠난 낙원보다 훨씬 행복한 '마음의 천국'을 소유하기 위해 새롭게 알게 된 지식을 따라 합당하게 살겠다고 결심한다. 보이는 낙원은 잃었지만 내면의 낙원을 가지려 한다. 타락 이후에도 인류에게는 기회가 있다. 이 기회를 적극적으로 잡아야 한다. 따라서 여기에 개인의 선택과 책임이 강조된다. 아담의 후손들은 엄청난 정치적, 종교적 격변을 겪게 될 것인데, 매 순간 자신의 선택에 따라 운명이 결정될 것이다. 아담과 하와는 하나님의 섭리를 믿으며 낙원을 떠난다.

　예언을 통해 하와와 마리아는 인류의 파멸과 회복의 원인이 된다. 하와가 인류 파멸의 원인이라면 동정녀 마리아는 회복의 원인이다. 가브리엘 천사가 제2의 하와인 동정녀 마리아에게 "아들을 낳으리니 이름을 예수('여호수아'의 축약형)라 하라"고 했을 때, 그리스도의 탄생을 통해 모세의 율법 통치는 끝나고 믿음의 법을 통해 약속의 땅 가나안에 들어간다는 점을 밝힌다. 구원의 소극적인 조건이 회개라면 적극적인 조건은 믿음으로 거듭나는 것이다. "여자의 후손은 네 머리를 상하게 할 것이요 너는 그의 발꿈치를 상하게 할 것이니라"(창 3:15).

　"신과 인간이 연합하니, 뱀은 이제 치명적인 고통으로 그 머리에 상처 입을 각오를 해야 하리라"(12편 383-384행).

　그래서 하나님은 죄인들에게 옷을 입혀 주신다. "여호와 하나님이 아담과 그의 아내를 위하여 가죽옷을 지어 입히시니라"(창 3:21).

낙원의 회복, 하나님의 구원사

《실낙원》은 비극적 서사시로 끝나지 않는다. 오히려 하나님과 인간의 화해, 새로운 낙원의 회복을 그린다. 이는 하나님의 구원사의 개요다. 《실낙원》이 출간되고 4년 뒤에(1671) 밀턴은 《복낙원》(*Paradise Regained*)을 간행했다. 누가복음 4장 '예수님의 시험 사건'을 중심으로 전개되는 《복낙원》은 총 4편으로 구성되어 있는데, 다음과 같이 시작한다.

　"내 일찍이 한 인간의 불순종으로 인해/ 잃어버린 행복의 동산을 노래했으나, 이젠/ 모든 유혹을 통해 충분히 시련을 받은, 한 인간의 단호한 순종에 의해 온 인류에게 되찾아진 낙원을 노래하리라. 온갖 간계에 능한 유혹자는 패퇴되고 격퇴되었으며 에덴은 황막한 광야에 세워졌도다/ 이 영광의 은둔자를 영혼의 적과 싸워 얻게 된 승리의 들인 광야로 인도하여 거기서 확실한 하나님의 아들임을 시험으로 입증해 준 그대/ 성령이여, 그대 늘 그러하듯, 어쩌면 침묵에 묻혀버릴 수 있는 나의 지체 없는 노래에 영감을 주시고, 그 행운의 날개 깃털 하나 빠짐없이 활짝 펴서 자연계의 깊이와 높이로 밀고 나가 보다 영웅적인 공적을 말할 수 있게 하소서"(1편 1-15행).

12
성찬, 구원의 은혜에 참여하라 | 존 라일
고린도전서 11:23-29

성공회에 대하여

R영국 국교회, 일반적으로 성공회라 부르는 교단은 우리에게 익숙한 교단은 아니지만 개신교파에 속한다. 특별히 성결교와 감리교의 신학적 뿌리가 되는 존 웨슬리(John Wesley), 그리고 그의 부친 사무엘 웨슬리(Samuel Wesley)는 본래 성공회 교역자였다. 이 장의 주인공 존 라일(John Ryle, 1816-1900)도 성공회 교역자였다. 그의 성찬에 대한 설교를 나누기에 앞서 성공회에 대한 기본적인 내용을 소개하고자 한다.

역사적으로 성공회는 영국 헨리 8세(Henry VIII) 때 로마 가톨릭과 결별 후 잉글랜드 국교회로 발전하는 과정에 종교개혁의 영향을 깊이 받았다. 성공회의 기원은 그리 영적이진 않다. 헨리 8세는 자신의 결혼 문제로 당시 유럽을 지배하던 가톨릭, 특히 교황 율리우스 2세(Julius II)와 갈등을 빚었다. 헨리 8세는 자기 형 아서의 미망인 아라곤의 캐서린과 정략 결혼했는데, 애정이 없는 두 사람의 결혼 생활은 헨리 8세가 캐서린 왕비의 시녀인 앤 불린(Anne Boleyn)을 만나면서 위기에 빠졌다.

왕은 캐서린과 이혼하고 불린과 결혼하고자 교황청의 허락을 요청했는데, 교리상의 이유로 거절당했다. 이에 분노한 헨리 8세는 로마 교황청과 결별하게 된다. 당시 유럽은 마르틴 루터(Martin Luther)에 의해 촉발된 종교개혁이 17년째를 맞아 종교적 격동기를 거치고 있었고, 비록 왕의 사생활 문제가 도화선이 되었지만 이제 영국도 종교개혁의 길로 들어서게 되었다.

헨리 8세는 로마 교황의 수위권을 거부하고 영국 교회에 대한 영국 왕의 수위권을 주장했다. 이른바 수장령이었다(1534). 이를 통해 영국 교회와 로마 가톨릭의 관계는 건널 수 없는 강을 건너게 되었다. 헨리 8세는 자기를 수장으로 한 교회의 명칭을 '성공회'라 정하고 국교로 삼았다. 그리고 가톨릭의 잔재를 청산하고 사도적 교회로 돌아가고자 시도했다. 17세기까지 성공회는 의회의 통치 아래 있던 국가적 교회였기 때문에 정치적인 색이 매우 강했다. 이는 영국 국교회의 태생적 한계라 할 수 있다. 하지만 이후에는 많은 수의 탁월한 신학자와 목회자들이 종교개혁의 정신을 구현하고자 많은 노력을 기울였다.

성찬에 대하여

전 세계 모든 교회는 매년 10월 첫 번째 주일을 '세계성찬주일'로 지킨다. 교단과 교파에 따라 성찬에 대한 이해가 다르고, 역사적으로 성찬 문제가 갈등과 분열의 이유가 되기도 했지만, 성찬식은 예수 그리스도의 구원의 은혜를 드러내는 성례라는 것에는 모두가 동의하기 때문이다. 그리스도를 따르는 성도들은 동일한 시각에 한마음으로 성찬식을 거행함으로써 구원의 하나님께 감사하고 그 은혜를 되새긴다.

성찬에 대해서 몇 가지 다른 견해가 존재한다.

첫 번째는 화체설이다. 이는 성찬식의 떡과 포도주가 사제의 축성으로 예수님의 살과 피로 변화된다는 견해로, 가톨릭과 동방 정교회의 성찬이 이에 해당된다. 이 교리를 따르는 이들은 떡과 포도주 자체를 신성시한다. 오직 사제에 의해서만 분배받아야 하며, 남은 것도 오직 사제만 처리할 수 있다. 떡과 포도주가 진정으로 예수님의 살과 피가 된다고 생각하기 때문에 성찬 때마다 예수님이 다시 희생 제물이 되어 성부 하나님께 바쳐지신다고 생각했다. 그래서 가톨릭에서는 이를 '미사'라고 부른다. 하지만 이런 견해를 따르면 이교적이고 우상 숭배적인 경향에 빠질 위험이 있다.

두 번째로 임재설이 있다. 사제가 축성할 때 하늘에 계신 그리스도가 그 떡과 포도주에 임하신다는 것이다. 따라서 떡과 포도주를 물질적으로 흡수할 뿐 아니라 영적으로 예수님의 살과 피를 먹고 마시는 것이 된다. 이는 루터의 견해로, 종교개혁을 통해 가톨릭의 교리 체계에서 벗어나려는 시도였지만, 가톨릭의 입장에서 크게 벗어났다고 보기는 힘들다.

세 번째는 영적인 임재로 보는 견해다. 사제의 축성으로 예수님이 떡과 포도주에 임재하시되, 물질적 영역이 아니라 영적으로 임재하신다는 것으로 장 칼뱅(Jean Calvin)이 주장했다. 이 견해의 핵심은 성령이다. 성령이 성찬을 통해 우리 안에 역사하셔서 우리에게 예수님의 살과 피의 공효를 끼치신다는 것이다.

네 번째는 기념설이다. 기념설은 인간이 준비한 떡과 포도주는 물질적인 것에 불과하고, 다만 성찬을 통해 예수님이 행하신 일을 마음속에 기념한다는 입장이다. 이는 울리히 츠빙글리(Ulrich Zwingli)의 주장으로, 성찬의 두 물질은 예수님의 죽으심에 대한 기념이자 상징일 뿐이다.

성찬에 대한 성공회의 입장

영국 국교회의 수장은 왕이지만, 실제적으로 최고의 영적 리더는 캔터베리 대주교다. 캔터베리 대주교였던 토마스 크랜머(Thomas Cranmer)는 다음과 같이 성찬을 논했다. 은총의 수단인 성찬은 "영적 임재"이며, 성찬에 참여하는 신자는 그리스도를 영적으로 수용한다. 또한 성찬은 예수님의 죽으심을 기념하는 것이다. 크랜머에 따르면, 성공회의 성찬은 '영적 임재'와 '기념'의 특성을 공유한다. "그리스도께서는 가능한 한 많은 사람이 당신을 눈으로 보고, 코로 냄새 맡고, 입으로 맛을 느끼고, 손으로 만질 수 있게, 그리고 온 감각을 통해서 알아차릴 수 있게 하시려고, 물로 사람을 영적으로 갱생시키는 하나의 가시적인 성례(세례)를, 그리고 떡과 포도주를 통해 영적 영양분을 제공하는 또 하나의 가시적인 성례(성찬)를 제정하셨다."

일곱 가지 성례를 주장하는 가톨릭과 달리 크랜머는 성례를 두 가지(세례와 성찬)로 보았고, 성찬을 '미사'가 아닌 "주님의 만찬"으로 부를 것을 제안했다. 크랜머는 가톨릭이 주장하는 화체설적 실재, 화해의 제물, 희생제물의 개념으로서의 성찬 이해를 비판했다. 떡과 포도주는 자연적인 상태로 남아 있는 것이지, 그 자체가 경배의 대상이 되어서는 안 된다고도 했다.

존 라일의 설교, "나를 기념하라"

다음은 영국 국교회 목사였던 라일의 성찬에 대한 설교 내용이다. 라일은 이튼 칼리지와 옥스퍼드 대학(성공회 유일 신학교)에서 신학을 공부하고, 1842년 윈체스터 토마스 교회 사제가 되었다. 이후 잉글랜드 국교회 주교로 사역하다가 1900년 별세하였다. 그는 성찬에 대한 중요한 관점들을 우리에게 가르쳐 준다.

성찬식은 왜 제정되었는가?

성찬식 제정의 이유에 대해 라일은 다음과 같이 말하고 있다.

"그리스도의 죽음을 통한 희생과 그로 인해 우리가 받은 은혜를 지속적으로 기념하기 위해 제정되었다."

떡은 십자가에서 찢기신 그리스도의 몸을, 포도주는 죄의 대가로 십자가에서 흘리신 그리스도의 피를 기념하는 것이다. 성찬식은 떡을 먹고 포도주를 마시는 자에게 십자가의 은혜를 가장 확실하게 일깨워 준다. 이렇듯 라일의 성찬 이해는 기념설에 기초하고 있다. 라일은 바울과 누가의 구절을 인용한다. "너희가 이를 행하여 나를 기념하라"(눅 22:19; 고전 11:25-26). 성찬의 제정 목적은 그리스도의 죽음에 대한 영원한 기념이다. 예수님의 지상 사역 가운데 죽으심보다 더 중요한 것은 없다. 죄 사함의 소망과 하나님과의 화목을 유지해 주기 때문이다.

따라서 성찬은 가톨릭의 '미사', 즉 하나님께 바치는 '제단의 제사'와는 다르다. 성찬식은 하나님께 제물을 바치는 것이 아니라 '그리스도의 몸과 피를 기념하는 것'이다. 십자가는 완벽한 희생이고 다시 되풀이될 필요가 없다. 개혁교회는 가톨릭의 미사를 성찬식으로 대체하는 것이다. 라일은 '실제적 임재'(Real Presence)를 부인했다. 청교도 목사인 토머스 후커(Thomas Hooker)의 입장과 일맥상통한다.

"그리스도의 거룩하신 살과 피의 실제적 임재는 성례에서 찾을 것이 아니라 성례를 합당하게 받는 이들 안에서 찾아야 할 것이다."

누가 성찬식에 참여해야 하는가?

존 번연(John Bunyan)이 《천로역정》에서 묘사하는 대로, 그리스도인 순례자에게 가장 위험한 거인은 교황과 이교도다. 그들은 세례받은 자들만 성찬식에 참석하라고 했다. 물론 교회사를 보면 세례식을 베푼 뒤에 성찬식을 거행하는 것이 일반적이다. 그렇다 해도 성찬을 받을 조건이 반드시 세례여야 할 이유는 없다. 성경에 성찬을 받을 수 있는 자격 조건으로 세례를 명시적으로 제시한 곳은 없다.

바울은 성찬을 받는 자격으로 그리스도의 살과 피를 상징하는 떡과 포도주 앞에서 자신을 살피고 올바르게 살려고 결단하는 것이 필요하다고 말한다. "사람이 자기를 살피고 그 후에야 이 떡을 먹고 이 잔을 마실지니"(고전 11:28). 바울의 말을 따르면, 성찬 참여 조건은 세례가 아니라 회개다. 라일은 성찬에 참여하는 자들은 떡과 포도주를 통해 "주님의 몸을 분별"해야 하고, "분별하지 못하고 먹고 마시는" 것은 자신의 죄를 먹고 마시는 것이라고 했다.

주님의 성찬에 참여하는 자는 자신의 죄과를 진심으로 회개하고 새 삶을 살기로 결단해야 한다. 그리스도의 죽으심을 감사한 마음으로 기념하면서 하나님의 은혜를 믿는 것이다. 다른 모든 사람에게 사랑을 가지는 것이다. 즉 회개, 믿음, 그리고 사랑이 성찬에 참여하기 위한 전제 조건이다. 첫째, 진정으로 자신의 죄를 뉘우치고 그것을 미워하는가?(회개) 둘째, 구원의 유일한 희망으로서 예수 그리스도를 믿는가?(믿음) 셋째, 다른 모든 이들에 대한 사랑을 가지고 사는가?(사랑) 이 세 가지 질문 모두에 대해서 "그렇다"고 대답할 수 있는 사람만이 성만찬에 참여할 자격이 있다. 하나님을 향한 회개, 그리스도를 향한 믿음, 이웃을 향한 실천적인 사랑이 요구된다.

성찬식 참여자들은 주님의 성만찬에서 무엇을 기대하는가?

성찬식은 죄를 뉘우치고, 믿음을 가지고, 회심한 자들을 위한 의식이다. 성만찬은 인간이 가지고 있는 은총을 키우고 돕기 위해 제정된 것이다. "우리의 영혼을 강하게 하고 생기를 되찾게 해 주는 것"이다. 성찬을 통해 우리의 영혼은 겸손하게 된다. 성찬을 통해 우리의 영혼은 고양된다. 성찬을 통해 우리의 영혼은 거룩하게 된다. 성찬을 통해 우리의 영혼은 절제하게 된다. 성찬을 통해 영적인 축복을 얻게 된다. 따라서 성찬은 "우리 안에서 보이지 않게 일하시는 하나님의 은혜의 분명한 증거이자 은혜의 가시적 표현"이다.

그리스도인이라 불리는 수많은 사람이 성찬식에 참여하지 않는 이유는 무엇인가?

당시 영국에서는 신자이면서도 적극적으로 성찬에 참여하지 않는 사람들이 많았던 것 같다. 라일은 다음과 같이 그 이유를 진단하고 있다.

첫째, 많은 사람이 성찬식에 참여하지 않는 하나의 이유는 그들이 순전히 신앙생활에 대해 소홀하고 무관심하고 기독교 신앙의 가장 으뜸 되는 원리에 무지하기 때문이다.

둘째, 많은 사람이 자신들이 어떤 죄를 습관적으로 범하고 있고 그리스도인의 의무를 습관적으로 소홀히 하고 있음을 알기 때문에 성찬식에 참여하지 않는다. 하지만 이런 이유로 그들이 성찬을 계속 거부한다면, 그리고 이런 상태로 죽게 된다면 그들은 영원히 잃어버린 자가 될 것이다.

셋째, 어떤 사람은 자신들의 책임을 가중시킬 것이라는 막연한 생각 때문에 성찬식에 참여하지 않는다. 하지만 그들은 머지않아 그 대가로 자신들이 단지 죄를 더하고 은총을 저버렸다는 것을 발견하게 될 것이다.

넷째, 어떤 사람들은 자신이 아직 성찬식에 참여할 자격이 없다고 생각해 성찬식에 참여하지 않는다. 주님의 성찬은 죄 없는 천사가 아니라 연약함에 싸여 있고 은총을 필요로 하는 사람에게 주어진 것이다. 성찬식에 참여할 온전한 자격을 갖춘 자는 어느 시대에도 없었다.

다섯째, 어떤 사람들은 자격 없는 다른 사람들이 주님의 식탁에 오는 것을 알기 때문에 성찬식에 참여하지 않는다. 하지만 생각해 보라. 가룟유다도 다른 제자들과 함께 예수님으로부터 떡과 포도주를 받았다.

요약하면, "성만찬에 참여하지 않겠다"고 말하는 사람은 다음 셋 중의 하나에 해당된다. 첫째, "나는 죄 속에 살고 있기 때문에 성찬식에 올 수 없다." 둘째, "나는 그리스도의 명령에 복종하지 않겠다." 셋째, "나는 성만찬이 무엇을 의미하는지 모르겠다." 주님의 성만찬을 소홀히 해서는 안 된다. 성만찬을 불경스럽게 형식적으로 받아들이지 말자. 그러나 성만찬을 우상화하지 말자. 성만찬을 정기적으로 시행하자.

성결교회의 성찬 이해

기독교대한성결교회는 1907년부터 시작되어 오늘에 이르기까지 긴 역사를 가지고 있음에도 체계화된 교리서가 없었다. 그래서 필자는 기독교대한성결교단 총회장이 되었을 때, 1년 동안 작업하여 《신앙고백서 및 교리문답서》(사랑마루, 2021)를 작성하고 총회에서 공식 문서로 채택했다. 교단 소속의 많은 신학자와 목회자들이 성결교회의 교리를 체계화하는 데 동참해 주었다. 《신앙고백서 및 교리문답서》에 의하면, 성결교회가 믿고 이해하는 성찬은 다음과 같다.

19장 88조에 성례전은 은혜의 수단이다. 따라서 신자들은 하나님의 구원의 은혜를 받기 위해 이 수단을 적극적으로, 그리고 자주 시행해야 한다. 개혁교회와 마찬가지로 예수님이 직접 세우신 성례전은 세례와 성찬뿐임을 고백한다. 90조에 "유월절 식사의 새로운 형태로 하나님의 어린양을 통한 구원을 상기시키며, 어린양의 혼인 잔치를 대망하게 한다. 성찬은 하나님의 선하심을 맛보아 알게 하는 은혜의 수단이다. 그리스도인은 성찬을 경험하면서 죄 사함에 대한 확신과 영생에 대한 확증을 받는다"라고 기록되어 있다.

또 21장 97조에 "성찬은 기념하는 사건이다. 성령의 은혜 가운데 기억하고, 회상해서, 우리의 삶의 자리인 지금 여기에서 재연하고, 재현해서, 다시 알고, 새롭게 경험하라는 말씀이다. 성령의 능력으로 거기에서 일어난 일을 지금 여기 주님의 식탁에서 다시 새롭게 경험하는 하나님의 은혜이다"라고 되어 있다.

요약하면, 성찬은 은혜에 참여(코이노니아)하고, 감사(유카리스트)하며, 천국 잔치를 앞당겨 미리 경험하는 것이다.

영화, "바베트의 만찬"

필자가 좋아하는 영화 중에 "바베트의 만찬"이 있다. 덴마크 어느 시골 마을에 루터파 교회 목사와 두 딸이 살고 있었다. 목사님은 엄격한 분이었고 두 딸도 그런 가정 분위기 속에서 살았다. 혼기를 놓치고 할머니가 된 두 딸은 아버지의 소천 후에도 마을 사람들과 함께 살았다.

그러던 어느 날 프랑스에서 피난 온 바베트라는 여인이 이 자매 집에 거주하게 된다. 그리고 자매의 아버지 목사의 탄생 100주년을 맞게 된다. 사실 바베트는 프랑스 파리에서 유명한 셰프였다. 그리고 복권이 당첨되어 1만 프랑의 당첨금을 받았다. 바베트는 그 돈을 아낌없이 투자해 풍성한 음식을 준비하고 마을 사람들을 초대한다. 그 잔치에 초대된 사람은 모두 12명이었다. 잔치 전까지 사람들은 서로 반목하고 미워하고 용서하지 못하는 상태였다. 하지만 그들은 누군가의 헌신으로 마련된 식사, 생전 본 적도, 먹어 본 적도 없는 좋은 음식을 나누면서 서서히 서로를 용서하고 화해하게 되었다. 음식을 먹는 과정에서 용서와 치유가 일어난 것이다.

이 영화는 대사가 거의 없다. 먹는 장면만 많이 나온다. 음식을 통해 거룩한 것이 들어오는 것이다. 성찬도 이와 유사하다. 누군가 아낌없이 희생했고, 자격 없는 이들이 잔치에 초대받았다. 이 음식을 맛보는 자들은 서로 용서하고 화해하면서 하나가 되는 것이다.

계속되는 성찬의 은혜

바울은 성찬을 "주께 받은 것이니"(고전 11:23)라고 말한다. 성찬은 인간이 정한 것이 아니라 예수님이 친히 제정하신 것이다. 주님은 보이지 않는 것, 만질 수 없는 것을 보이는 것으로 드러내시고 그를 통해 은혜를 받게 하셨다. 성육신이 그러하지 않던가! 보이지 않는 하나님이 우리와 소통하고 우리에게 하나님의 영광의 빛을 비추기 위해 육신을 입고 이 땅에 오셨다. 성찬도 동일하다. 영적으로 굶주려 죽어 가는 우리를 위해 주님이 하늘에서 내리는 참된 양식, 참된 음료가 되신 것을 표현하는 것이다. 성찬을 통해 우리는 생명과 은혜를 주시는 주님의 임재를 경험하게 된다.

인간에게는 시각, 청각, 후각, 촉각, 미각 등 오감이 있는데, 그중에 혀로 느끼는 미각이야말로 가장 가깝고 직접적인 감각이라 할 수 있다. "너희는 여호와의 선하심을 맛보아 알지어다"(시 34:8)라는 구약의 말씀을 우리는 신약적으로 체험하게 된다. 보이지 않는 것의 실체를 물질로 경험하는 것이다.

엠마오로 내려가던 제자들이 예수님을 만나 함께 음식을 먹을 때, 예수님이 떡을 가지사 축사하시고 떼어 주실 때 그들은 비로소 주님을 알아보게 되었다. 디베랴 바닷가의 베드로도 예수님이 떡과 생선을 주실 때 부활하신 주님을 분명히 알게 되었다. 이처럼 성찬은 예수님의 임재를 경험하게 해 줄 뿐 아니라 죄 사함과 구원의 확신을 주고, 종말론적 천국 잔치를 미리 맛보게 해 준다.

성찬식을 거행하는 행위는 오병이어 기적을 연상시킨다. 오병이어 사건은 네 개의 주요 동작으로 이루어졌다. 아이가 떡 다섯 개와 물고기 두 마리를 가져오자 예수님은 그 떡을 가지사(taken), 축복하시고(blessed), 떼어(broken), 주셨다(given). 이를 통해 그 자리에 함께한 많은 무리가 배불리 먹었다.

성찬 예식도 이와 동일하다. 성찬의 떡을 가지고 축복하고 떼어 나누어준다. 이를 통해 예수 그리스도의 영원한 생명을 수찬자들에게 전달한다. 사실 이 행위는 십자가에 달리신 예수님을 의미한다. 예수님은 십자가에 높이 들리셨고, 우리를 축복하며 감사하셨고, 그분의 몸이 찢어짐으로 말미암아 피가 흘러내려, 영원한 생명이 인류에게 주어진 것이다.

성찬식을 하는 목적 중의 하나는 이런 사실을 기억하고 전 세계에 전하는 것이다. "떡을 가져 감사 기도 하시고 떼어 그들에게 주시며 이르시되 이것은 너희를 위하여 주는 내 몸이라 너희가 이를 행하여 나를 기념(remembrance)하라 하시고"(눅 22:19). 우리가 성찬을 행하며 예수님이 행하신 일을 기억(remember)할 때, 그 일의 일원(re-member)이 되는 것이다. 성찬은 시간과 공간을 뛰어넘어 예수님을 기억하는 공동체의 일원이 되게 하는 것이다.

"너희가 이 떡을 먹으며 이 잔을 마실 때마다 주의 죽으심을 그가 오실 때까지 전하는 것이니라"(고전 11:26). 즉 성찬은 복음을 선포하고 전도하는 일이다. 성찬식은 예수님의 재림 때까지 계속된다. 성찬식을 통해 우리가 어떤 은혜를 받았는지를 기억하고 감사해야 한다. 또한 성찬식을 통해 믿지 않는 사람들에게 이 은혜를 전파하여 그들도 생명의 대열에 동참시켜야 한다.

13
누가 부흥의 주역이 될 것인가 | 로버트 저메인 토마스
사도행전 2:1-4

부흥을 갈망하다

참된 신앙이 희귀해지고, 비전이 없고, 말씀이 희박해지고, 하나님의 등불이 사라질 위기에 처할 때 성령의 능력이 강권적으로 역사한다. 하나님은 이런 영적 죽음의 상태를 분별하고 기도하는 자들을 통해 '부흥'의 역사를 일으키신다. 사무엘은 미스바 대성회를 인도해 이스라엘 민족의 부흥을 이끌었다. '부흥'(復興)은 영어로 'revival', '되살리다'는 의미다. "주께서 우리를 다시 살리사 주의 백성이 주를 기뻐하도록 하지 아니하시겠나이까"(시 85:6). 부흥의 결과는 회복과 고침이다. "내 이름으로 일컫는 내 백성이 그들의 악한 길에서 떠나 스스로 낮추고 기도하여 내 얼굴을 찾으면 내가 하늘에서 듣고 그들의 죄를 사하고 그들의 땅을 고칠지라"(대하 7:14). 마틴 로이드 존스(Martyn Lloyd-Jones)는 자신의 책 《부흥》(복있는사람, 2006)에서 "하나님은 때로 아주 이례적인 방식으로 행동하시고, 어떤 경우엔 매우 비천하고 별로 중요하지 않은 지체라고 생각하는 사람들을 통하여 성령의 역사를 일으키신다"라고 썼다.

교회사적으로 근대 중요한 부흥 운동으로 평가받는 웨일스 부흥 운동은 1859년, 1904년 두 번에 걸쳐 일어났고 이후 많은 부흥 운동의 근원이 되었다. 웨일스 지방에서 전개된 이 부흥 운동은 웨일스와 잉글랜드 지역 전체 신앙에 근본적인 영향을 미쳤다. 1859년은 세속주의와 무신론의 근거가 되는 책들이 출간된 해였다. 찰스 다윈(Charles Darwin)의《종의 기원》으로 진화론이, 카를 마르크스(Karl Marx)의《정치경제학 비판》으로 무신론이, 공리주의자 존 스튜어트 밀(John Stuart Mill)의《자유론》으로 실용주의가 득세해 하나님의 창조, 성령의 역사, 십자가의 구속 등의 기독교의 가르침이 도전받는 위기의 때였다. 놀랍게도 그런 해에 성령의 강한 임재로 11만 명이 회심하는 성령의 역사가 일어난 것이다.

1859년 웨일스 부흥 운동

1859년의 부흥 운동을 이끌었던 데이비드 모건(David Morgan) 집회에서 다음과 같은 일이 일어났다.

"어떤 이들은 성령을 사모하는 심정을 겉으로 드러내기도 했습니다. 저는 여러분 가운데 기도하려고 밤잠을 설칠 정도로 하나님을 간절히 사모하는 자가 있는지 묻고 싶습니다.' 어떤 노인이 '아니요. 지금까지 그렇게 못했습니다. 그러나 이제부터 그렇게 하겠습니다'라고 응수했다. 모건은 회중을 돌아보며 '앞으로 그렇게 하겠다고 약속한 분이 여기 계십니다. 여기에 동참하실 분 없으신가요?'라고 물었다. 그때 젊은 리처드 오언이 '저도 그렇게 하겠습니다'라고 큰 소리로 대답했다. 모건은 그렇게 하기로 결심한 사람과 교회를 위해 무릎을 꿇고 기도했다. 기도하는 순간 갑자기 하늘로부터 급하고 강한 바람 같은 소리가 들려오더니 그들이 모여 있던 건물 전체를 가득 채웠다. 이 순간 집회에 참석한 모든 사람은 강한 권능에 사로잡혔고 누가 먼저랄 것도 없이 억누를 수 없는 심정으로 마음껏 소리 높여 하나님을 찬양했다."

이때 리처드 오언(Richard Owen)은 20세였고, 1859년에서 1904년 사이의 부흥 운동을 그가 주도했다. 오언은 다음과 같은 말을 남겼다.

"나는 아주 어릴 적부터 성경 구절을 많이 암송했는데, 그 구절이 내게 말을 걸어오기 시작했다. 나는 교회에 있을 때 가장 큰 기쁨을 느꼈다. 좋은 설교를 들으면서 종종 그랬듯이, 그 설교가 권능으로 가슴에 와닿을 때, 그리고 때때로 타락한 죄인을 구원하신 하나님을 찬양하려는 소망을 도저히 뿌리칠 수 없을 때, 나는 나 자신을 주체하지 못하고 흐느껴 울 수밖에 없었다."

부흥 운동의 열매, 로버트 토마스 선교사

1859년 부흥 운동의 또 다른 주역은 로버트 저메인 토마스(Robert Jermain Thomas, 1839-1866) 선교사다. 그는 아버지 로버트 토마스(Robert Thomas)가 목회하던 하노버 교회 출신인데, 이 교회는 인근 영주의 저택에서 일하던 농부, 목동, 석공, 목수, 정원사를 대상으로 목회하던 교회였다. 토마스의 아버지는 1859년 웨일스 부흥 운동의 영향을 크게 받았다.

중국 선교의 아버지 허드슨 테일러(Hudson Taylor)가 이 부흥 운동의 영향으로 중국내지선교회에서 일하게 되었듯, 토마스는 선교사로 지원하게 되었다. 토마스는 14세에 옥스퍼드 대학에 장학생으로 선발되었지만 어리다는 이유로 입학이 보류되었다. 그는 1857년 런던 대학에 입학했는데 언어에 탁월한 재능을 보였다. 1863년 당시 24세였던 토마스는 26세의 캐롤라인과 결혼했고, 부부가 함께 중국 선교에 헌신했다.

토마스   "저는 중국으로 갈 것입니다."

캐롤라인 "하나님과 당신이 가시는 길에 저 또한 함께할 것입니다."

결혼 후 6일째 되던 날, 토마스는 하노버 교회에서 목사 안수와 선교사 파송을 받았다. 그리고 4개월의 항해 끝에 상하이에 도착했다. 하지만 선교지에서의 삶은 혹독했다. 임신 중이던 아내 캐롤라인은 바이러스에 감염되어 유산을 했고, 결국 병마를 이겨 내지 못했다. 혼수상태에서도 캐롤라인은 "주님은 나에게 고귀한 분이십니다"라고 고백하고 29세의 나이에 하나님의 품에 안겼다. 그러나 이런 비극도 토마스의 열정을 꺾지 못했다.

"그 어떠한 비통한 시련도 이 영광스러운 부르심에서 저를 떼어 놓지 못할 것입니다. 오히려 아내가 평안히 죽음을 맞이한 것에 하나님께 감사를 드립니다. 주시기도 하셨고, 가져가기도 하시는 우리 주님의 이름을 찬양합니다"(1864년 4월 5일).

로버트 토마스의 조선 선교

이후 토마스는 산둥성 즈푸에서 천주교도 김자평과 최선일을 만나 조선에 대한 이야기를 듣게 된다. 당시 조선의 천주교 신자는 5만 명이었고, 11명의 신부가 사역하고 있었다. 토마스는 스코틀랜드성서공회에 소속되어 조선에 성경을 전달하는 책임을 맡았다. 당시 중국 베이징에는 프랑스와 영국 군대가 주둔하고 있었고, 일본은 서양에 문호를 개방한 상태였지만, 조선은 흥선대원군에 의해 외국인 입국을 금지하고 교역도 중단된 쇄국 상태였다.

토마스는 1865년 9월 4일 즈푸에서 출발해 9월 8일 백령도에 도착해 전도를 시작했다. 9월 13일에는 황해도 옹진반도 창린도 자라리에 도착해 전도했고, 1866년 1월 4일에 베이징으로 귀환했다. 토마스의 선교 활동은 〈런던선교회〉 회보 1866년 7월호에 다음과 같이 게재되었다.

"우리의 형제 토마스 선교사는 베이징에 무사히 도착해 이사회의 환영을 받았습니다. 그는 윌리엄슨과 동역하여 조선 서해안에 성경을 나누어 주기로 결심하고 조선을 다녀왔습니다. 천주교 선교사들 외에는 서양인들에게 전혀 알려져 있지 않은 나라에서 모험적인 사역을 계획하고 바다와 땅의 위험을 무릅쓰며 4개월 동안 복음을 전하고 돌아온 헌신적인 형제로 인해 주님께 감사드립니다."

조선에 대한 첫 선교 여행은 성공적이었다. 그의 조선어 실력이 뛰어난 덕분이었다. 이후에도 토마스는 조선 전도를 위해 시간과 몸을 아끼지 않았다. 1866년 4월 4일에 쓴 토마스의 편지는 다음과 같다.

"해마다 정기적으로 중국을 방문하는 조선 사절단이 이제 막 베이징을 떠났습니다. 이들과 직접적으로 교제하는 것이 이제 제 몫이 되었네요. 현지 문화와 언어에 대한 지식 덕분에 그들에게 쉽게 접근할 수 있었습니다."

로버트 토마스가 남긴 결실

1866년은 병인박해, 즉 천주교도 대량 학살 사건이 일어난 해였다. 집권자 흥선대원군은 천주교 금압령을 내리고 남종삼과 홍봉주 등 천주교인 8천 명을 처형했고, 9명의 프랑스 신부를 참수형에 처했다. 그 결과 프랑스는 군사를 동원해서 조선과 전쟁을 벌였는데 이것이 병인양요다.

이런 급박한 상황도 토마스의 조선 선교를 멈출 수 없었다. 미국 상선 제너럴셔먼호에 탑승해 조선에 온 토마스는 백령도 두문진에서 성경을 나누어 주었다. 제너럴셔먼호는 1866년 8월 17일에 황주 송산에 정박했다. 8월 20일은 평양 초리방 사포구의 장날이어서 많은 사람이 운집했는데, 토마스는 그곳에서 전도했다. 모여든 사람들은 외국인 선교사와 외국 배를 신기하게 구경했다. 그들이 묘사한 토마스의 모습은 36세 정도로 보이는 영국인으로, 키가 7척 5촌, 노란색 머리에 수염, 검은색 신발에 회색 옷을 입고 있었다고 한다. 8월 22일에는 평양 만경대에서 성경 100권을 나누어 주었다. 그렇게 평양 곳곳에서 공공연히 포교 활동을 해도 관군의 제지를 받지 않은 것은 중앙정부의 답신을 받기까지 시일이 걸렸기 때문이다.

하지만 결국 조선 정부는 선교사 체포를 명령했다. 1866년 9월 4일에 제너럴셔먼호는 진흙에 좌초되었다. 9월 5일 강가로 끌려 나온 토마스는 대동강 백사장에 무릎을 꿇고 기도했고, 죽기 전 홀로 뱃머리에서 용감하게 "야소"(예수)를 외치며 남은 성경을 사람들에게 뿌렸다. 그중에는 자기를 죽이려는 관군도 포함되어 있었다. 토마스를 죽인 자는 박춘권이란 관군이었는데, 훗날 그는 "내가 오늘 서양 사람 하나를 죽였는데 아무리 생각해도 이상한 점이 있다. 내가 그를 찌르려고 할 때 그는 두 손을 마주 잡고 무슨 말을 한 후에 웃으면서 책 한 권을 내밀며 받으라고 권했다. 결국 그를 죽이기는 했지만, 그 책을 받지 않을 수가 없어서 가지고 왔다"라고 말했다.

토마스는 1866년 8월 17일에 평양 대동강에 도착해 9월 5일 박춘권에 의해 참수되어 27년의 짧은 생을 마감했다. 박춘권은 나중에 신자가 되었다. 토마스의 시신을 수습할 수도 없었다. 그의 묘도 없었다. 하지만 그의 사역은 결코 헛되지 않았다. 그가 배포한 성경을 읽고 당시 20세였던 이신행이 최초의 여자 신자가 되었고, 그의 아들 이덕환은 장대현교회 장로가 되었다.

최치량이라는 12세 소년은 토마스 선교사에게 받은 성경을 당시 평양성 관리인 박영식에게 전달했는데, 그는 재질이 좋은 한문 성경으로 자기 집을 도배하였다. 그는 도배한 성경을 읽다가 예수님을 믿게 되었고, 박영식의 집은 나중에 널다리 교회가 되었고, 그 교회가 1907년 평양 대부흥운동이 일어난 장대현 교회로 이름이 바뀌었다고 한다. 장대현 교회는 토마스 선교사의 순교가 맺은 결실이었다.

1932년 대동강변에 토마스 기념 예배당이 세워졌는데 이는 최초 서양식 건물이었다. 이 예배당 종탑에는 "순교자의 피는 교회를 세우는 씨앗이요 씨앗이 땅에 떨어져 죽지 아니하면 열매를 맺을 수 없느니라"라는 문구가 새겨져 있다. 이 종탑이 평양과학기술대학 건설 현장에서 발견되었다.

1866년 토마스 선교사의 순교 후 1882년 한미조약 체결로 문호가 개방된 뒤 1884년에 미국 의료선교사 호러스 알렌(Horace Allen)이, 1885년에는 미국 북장로교의 파송을 받은 호러스 언더우드(Horace Underwood) 선교사와 감리교 선교사 헨리 아펜젤러(Henry Appenzeller)가 들어왔다. 그런데 이들은 한국어 성경을 가지고 왔다. 누가 한글 성경을 만들었을까? 사실 그들보다 먼저 1870년에 한국인 선교를 시작한 존 로스(John Ross)가 있었다.

로스는 한국인 지도자를 양성했고 한글 띄어쓰기를 만들었다. 그는 평양 대동강에서 순교한 토마스 선교사의 뜻을 이루고자 스코틀랜드성서공회의 파송을 받아 중국 만주에 들어왔다. 성경을 조선말로 번역해 줄 사람을 찾던 중 함경남도 의주 출신 이응찬을 만났다. 이응찬은 압록강을 오가며 한약재를 팔던 장사꾼인데 한글 교사 겸 번역가로 로스를 도왔다. 로스는 그의 도움을 받아 한국어 교재 《조선어 첫걸음》(1877)을 만들었다.

이응찬, 이성하, 백홍준, 김진기, 서상륜이 한문 성경을 읽고 한글로 옮기면 로스가 한글과 헬라어를 대조하며 원문에 가깝게 다듬는 방식이었다. 누가복음을 시작으로 요한복음, 마가복음, 마태복음, 사도행전, 로마서를 번역했다. 그리고 1887년에는 《예수셩교젼셔》를 편찬해 육로와 기선을 이용하여 쪽 복음서와 사도행전, 소책자 등을 배포하며 복음을 전파했다. 그는 "한글이 한문보다 훨씬 정확한 번역본을 만들 수 있는 글자다", "한글은 소리 글자로 이루어져 자모만 배우면 누구나 읽고 배울 수 있는 글자다"라고 말하며 한글을 높이 평가했다. 토마스는 젊은 나이에 순교했지만 이처럼 많은 선교사에게 영향을 미쳤다.

1904년 웨일스 부흥 운동과 에반 로버츠

1904년에 일어난 웨일스 부흥 운동은 전 세계 부흥 운동에 큰 영향을 미쳤다. 1905년 인도 카시 부흥 운동, 1906년 아주사(미국) 부흥 운동, 1907년 평양 대부흥 운동, 1908년 만주 부흥 운동. 이처럼 웨일스 부흥 운동은 '글로벌 각성 운동'이었다.

1904년 웨일스 부흥 운동의 주역은 26세 광부 출신이자 칼뱅주의 감리교회 목사 후보생인 에반 로버츠(Evan Roberts)였다. 1904년도 1859년처럼 영적인 환경이 악화되어 있던 때였다. 독일로부터 자유주의신학과 성서 고등비평이 도입되었고, 찰스 다윈의 진화론이 퍼졌으며, 심리학은 인간의 회심을 생물학적 반응으로 치부했고, 문학은 무신론적인 사상을 확산시키고, 교회는 생명력을 잃고 병들어 가고, 사람들은 교회를 떠나고 있었다. 1859년 강력한 부흥을 경험했지만 40년이 지나면서 웨일스 교회의 교세는 급격하게 줄어 10년 사이에 1만 3천 명 감소했다. 로버츠는 그 시대를 다음과 같이 개탄했다.

"성경의 권위와 기독교의 근본 진리는 마치 인간이 선택하는 것이라는 듯 이성과 비평으로 저울질되고 있다. 보이지 않는 것과 기적과 초자연적인 것에 대한 확고한 믿음은 의심스러운 것으로 취급된다. 지금 웨일스에 만연하고 있는 도덕적, 영적 질병에 대한 유일한 치유책은 무엇인가? 현재 우리에게 가장 필요한 것은 성령의 특별한 임재를 통한 영적 부흥이다."

"그들이 주의 법을 폐하였사오니 지금은 여호와께서 일하실 때니이다"(시 119:126). 로버츠는 1891년부터 웨일스의 부흥을 위해 기도했다. 로버츠는 다음과 같이 스스로를 채찍질했다.

"나는 스스로 다짐했다. '꼭 성령을 받을 거야.' 그래서 궂은 날씨와 온갖 어려움에도 굴하지 않고 집회에 꾸준히 참석했다." "신실해야 한다. 성령께서 강림하실 때 그 자리에 없으면 어떻게 하겠는가? 도마를 기억하라."

로버츠는 당시 기독교가 제 역할을 못하고 있다고 생각했다. 하나님의 교회가 비난받는 현실에 크게 상심했다. 그때 그는 환상을 보았다. 이 세상의 지배자는 의기소침한 로버츠를 조롱하며 크게 기뻐했다. 그런데 갑자기 또 다른 형상이 나타났다. 그 형상은 거룩한 흰옷을 입고 있었으며 빛나는 화염검을 높이 쳐들고 있었다. 그 검이 처음 나타났던 형상을 내리치자 조롱하던 형상은 즉시 자취를 감추었다. 그 환상을 통해 로버츠는 그리스도의 교회가 승리하리라는 확신을 갖게 되었다.

로버츠는 1904년 웨일스 부흥 전 봄에 매일 새벽 4시간 동안 기도하면서 이미 "하나님이 웨일스, 더 나아가 전 세계 모든 나라에 역사하실 것이라는 사실을 알았다." 1904년 9월 29일 로버츠는 한 기도 집회에 참석했다. 그 기도회의 주제는 "주여, 나를 굴복시켜 주옵소서"였다. 그는 이 주제를 붙잡고 "우리를 꺾어 교회를 회복시키고 세상을 구하옵소서" 하고 진솔하게 기도했다. 그때 그는 하나님이 그의 기도를 기뻐하신다는 것을 확신했고, 그가 오랫동안 기도해 왔던 성령 충만을 받았다.

"그때 내 가슴은 웨일스의 이쪽 끝에서 저쪽 끝까지 돌아다니며 구세주에 대해 말하고 싶은 강한 열망으로 불타오르고 있었다."

1904년 10월 31일 로버츠는 고향 모리아 예배당에서 17명의 청년에게 웨일스를 향한 하나님의 거룩한 비전을 들려주었다. 그러자 '성령의 능력'이 임해 참석한 17명 모두가 큰 은혜를 받았다. 다음 날인 11월 1일부터 매일 이어진 로버츠의 집회에 많은 사람이 몰려들었고 성령의 역사가 강하게 임했다. 처음 17명이 30일 후에는 3만 7천 명으로, 5개월 후에는 10만 명이 되었다. 그 후 1개월도 지나지 않아 이 성령의 역사는 웨일스

전 지역으로 확산되었고, 200만 명의 사람들이 주님을 영접했다.

이를 통해 웨일스 지역에 복음주의가 부흥했으며, 강력한 사회 개혁이 시작되고, 도덕 혁명이 이어졌다. 강간, 강도, 살인, 공금 횡령 같은 사건이 사라지고, 술주정뱅이가 없어졌다. 사생아의 출생이 감소했다. 이런 현상에 대해 후세대는 다음과 같이 평가한다. "마치 담요처럼 하나님의 주권적인 능력이 북웨일스와 남웨일스 전역을 뒤덮었다." 지역 신문들은 다음과 같이 그 정경을 보도했다. "놀라운 종교적 부흥 운동이 지금 레퍼에서 일어나고 있다. 놀라운 감동에 압도당해 교회가 위치한 거리에는 끝이 보이지 않을 정도로 사람들이 성시를 이루었다. 상점원들이 예배당 자리를 잡기 위해 일찍 가게 문을 닫았고, 함석과 제철공장 노동자들은 작업복을 입은 채 그 장소에 모여들었다."

로버츠는 설교를 통해 자신의 사역의 중심을 다음과 같이 밝혔다.

"하나님이 세상에 주신 가장 큰 세 가지 선물은 성경과 독생자 예수님, 그리고 성령입니다. 여러분들은 이 선물들을 받았습니까? 성령을 받기 위해 네 가지를 명심해야 합니다. 첫째, 여러분은 과거의 죄에 대해 하나님으로부터 완벽하게 용서를 받아야 합니다. 둘째, 여러분의 삶에서 미심쩍은 부분이 있습니까? 그렇다면 그것을 먼저 없애야 합니다. 셋째, 철저하게 즉각적으로 성령님께 순종해야 합니다. 넷째, 모든 사람 앞에서 그리스도를 구주라고 공개적으로 고백해야 합니다."

말년에 로버츠는 기도의 중요성을 특별히 강조했다.

"나의 사역은 기도에 전념하는 일이었다. 말씀을 전하는 것으로는 제한된 소수에게 접근할 수 있었으나 기도를 통해서는 전 인류에 접근할 수 있었다."

웨일스 부흥 소식은 1906년 9월 한국을 방문한 H. A. 존스톤(H. A. Johnston)을 통해 알려지면서 한국 선교사들과 지도자들에게도 강한 자극을 주었다. "누가 이곳에서 부흥의 주역이 될 것인가?"라는 물음에 "저요"라고 대답한 사람이 길선주였다. 그리고 그로 인해 1907년 평양 대부흥 운동이 일어났다.

이제 우리 차례다

부흥을 갈망하는가? 그러면 기도하라. 기도해야 성령의 충만을 받고 부흥하게 된다. 성도와 교회가 성령 충만하면 선교하게 되어 있다. 잊지 말아야 할 것은, 하나님은 먼저 예수를 믿은 우리를 통해 역사하기를 원하신다는 것이다. 우리를 통해 다시 부흥을 일으키실 것이다. 우리는 그 뜻에 순종하기만 하면 된다. R. A. 토레이(R. A. Torrey)는 "성령은 구원받은 우리를 통하지 않고서는 구원받지 못한 세계로 들어가실 길이 없다"라고 말했다. 이제 우리가 부흥의 주역이 되도록 하자. 성령의 충만을 받자.

14

온전한 신앙을 위한 지성 | 길버트 키스 체스터턴

이사야 11:6-9

C 전 UN 사무총장 샤를 말리크(Charles Habib Malik)는 "우리
가 온 세상을 얻고도 만일 지성을 잃어버린다면 모든 것
을 잃게 될 것이다"라고 말했다. 예수님 말씀의 패러디
인데, 그는 여기서 지성주의를 강조하고 있다.

지성주의와 반지성주의는 기독교에서도 나타난다. 지성주의는 지식을
기초로 한 신앙생활을 지향한다. 아는 만큼 믿는다는 것이다. '차가운 머
리'로 대표될 것이다. 이와 반대로 반지성주의 신앙은 지식에 근거한 신앙
생활이 형식적이고 냉담한 신앙을 낳게 된다고 비판하면서, 참된 신앙의
요체를 감성적이고 열정적인 내적 감정과 체험으로 본다. '뜨거운 심장'으
로 대표될 것이다. 두 입장 모두 장단점이 있고, 온전한 기독교 신앙을 위
해서는 지성과 감성이 균형을 이루는 게 이상적일 것이다. 당신의 신앙은
지성적 믿음인가, 반지성적 믿음인가?

지금까지 한국 교회는 체험과 열정을 강조하는 반지성적 분위기가 주류
를 형성해 왔다. 허나 온전한 신앙을 위해서 지성주의도 필요하다. 기독교
지성은 정통 신앙을 설득력 있게 전하고 자기를 변증할 수 있기 때문이다.

20세기 가장 영향력 있는 영국 작가인 길버트 키스 체스터턴(G. K. Chesterton, 1874-1936)은 키 193cm, 몸무게 134kg의 거구였다. 그는 런던에서 태어나 세인트폴과 런던 대학에서 문학을 전공한 저널리스트요 철학자이고, 판타지와 탐정 추리 소설을 쓴 소설가요, 문학비평가로도 활동했다. 그는 《브라운 신부》 시리즈, 《푸른 십자가》, 《목요일이었던 남자》 등 80권의 장편 소설, 200권의 단편 소설, 각종 시와 논문을 발표했다. 체스터턴은 C. S. 루이스(C. S. Lewis)와 J. R. R. 톨킨(J. R. R. Tolkien), 필립 얀시(Philip Yancey) 외 많은 그리스도인 작가들에게 깊은 영향을 주었다. 사람들은 그를 '상식의 사도'(apostle of common sense)라고 불렀는데, 회심한 체스터턴은 기독교야말로 인류의 모든 사조를 평가하고 그 가치를 분류하는 시금석이라고 말한다.

> "기독교 신앙은 모든 것을 올바른 방향으로 제대로 돌아가게 할 뿐 아니라, 잘못된 방향으로 가야 할 것은 잘못된 방향으로 이끈다. 기독교 신앙의 목적은 은밀하고 불규칙한 것들에 맞아떨어지며 뜻밖의 것을 예측한다. 기독교 신앙은 단순한 진실에 관해서는 유순하고 겸손하지만 미묘한 진실에 관해서는 완강하다."

체스터턴이 34세에 쓴 《정통》(Orthodoxy)은 〈크리스채너티투데이〉가 선정한 20세기 10대 기독교 서적 중 한 권이다. 이 책은 체스터턴이 자신이 어떻게 인생의 근본적인 문제들에 대한 해답을 정통 신앙에서 발견하게 되었는지를 밝힌 자전적 신앙 에세이다. 자신이 어떻게 기독교 신앙을 가지게 되었는지 진술하고 기독교를 변증하는 책으로, 풍자와 위트와 유머와 역설이 가득하다. 이 책은 기독교 고전이라고 할 수 있지만, 정작 성경 말씀 인용은 없다는 것이 특징이다. 그럼에도 처음부터 끝까지 성경적이다.

이 책은 전작인 《이단》(Heretics)에 대한 자매 편인데, 그런 의미에서 '정통'(orthodoxy)은 바른 생각, 바른 가르침이라는 의미를 갖는다. 이 책에서 체스터턴은 정통의 핵심이 사도신경이라고 주장하면서, 이 세상을 움직이는 원리를 물질로 보는 유물론, 세상을 적자생존의 싸움터라 말하는 진화론, 과학으로 삶의 모든 문제를 해결할 수 있다고 믿는 과학주의, 앎의 가능성을 부인하는 회의론, 인간에게는 힘의 의지밖에 없다고 믿는 프리드리히 니체(Friedrich Nietzsche) 등을 이단으로 보았다. 즉 당시의 지배적인 사조들을 기독교적 관점에서 비판한 것이다.

얀시는 체스터턴을 다음과 같이 극찬했다. "내가 체스터턴을 발견한 것은 그가 죽은 지 30년도 넘는 때였지만 그는 나의 죽어 가는 신앙을 소생시켜 주었다." "내 속에 오랫동안 억압되어 있던 기쁨을 일깨워 주었다." "그는 내 신앙을 구해 준 거인이었다." "내가 만일 표류하여 성경 외에 한 권의 책을 택할 수 있다면 체스터턴의 영적 자서전인 《정통》을 선택할 것이다." 루이스도 그의 책을 높이 평가했다. "강한 무신론자로 남고 싶은 젊은이는 그의 글을 아무리 경계해도 지나치지 않다." 체스터턴의 책을 읽게 되면 신자가 될 수밖에 없다는 말이다.

체스터턴은 본래 "나는 열두 살 때는 이방인이었고, 열여섯 살에 이르러는 완전한 불가지론자가 되었다"고 할 정도로 기독교와 거리가 멀었다. 하지만 그는 "많은 사조들의 세계를 지나 기독교만이 내게 필요한 정답을 제공한다는 것을 알게 되었다"고 고백했다. 그는 그 진리를 찾기 위해 무수한 사조와 사상들을 분석하고 음미해 본 사람이었다.

이제 《정통》 안에 있는 그의 사상을 단편적으로나마 살펴보자.

체스터턴은 이 세계를 우주적인 난파를 당한 장소로 이해했다. 세상에서 의미를 찾는 사람은 깊은 잠에서 깨어나 여기저기 널려 있는 보물, 곧 거의 기억할 수 없는 문명의 유물을 발견하는 선원과 비슷하다. 그 사람은 그 유물들, 금화, 나침반, 좋은 옷 등을 하나씩 집어 들고 각각의 의미를 알려고 애쓴다. 그래서 로빈스 크루소가 난파선에서 건져 낸 물건들에 감사하듯이, 이 땅을 살아가는 우리 모두는 하나님께 감사해야 한다.

쾌락은 어디에서 오는가? 체스터턴은 쾌락의 순간은 파선에서 살아남은 잔류물로서, 낙원의 조각들이 시간을 가로질러 확장된 것이라고 믿었다. 우리는 그 잔류물을 가볍게 붙잡고 감사하는 자세로 절제하며 사용해야지, 우리의 권리인 양 그것을 움켜잡아서는 안 된다. 좋은 선물들이 실제로 어디에서 오는지, 그리고 왜 그것들이 좋은지를 밝힐 필요가 있다. 그래서 체스터턴은 이렇게 말한다.

"《일리아드》가 위대한 이유는 모든 인생은 전투이기 때문이다. 《오디세이》가 위대한 이유는 모든 인생이 여행이기 때문이다. 《욥기》가 위대한 이유는 모든 인생이 수수께끼이기 때문이다."

신비주의는 사람들이 온전한 정신을 유지하도록 도와준다. 신비를 갖고 있는 한 당신은 건강한 셈이다. 당신이 신비를 파괴한다면 병적인 상태에 머물게 될 것이다. 신비주의의 비밀 중 하나는, 사람은 자기가 이해하지 못하는 것을 통해 모든 것을 이해할 수 있다는 것이다. 신비주의자가 한 가지를 신비로운 것으로 내어 줄 때, 다른 모든 것이 명료해진다.

모든 것을 알 수 있다고 생각하는 자는 제정신이 아니다. 그래서 그리스도인은 자유의지를 거룩한 신비의 영역에 그냥 남겨 둔다. 불변하는 자연법칙을 믿는 사람은 시대를 막론하고 어떤 기적도 믿을 수 없다. 반대로 모든 법칙 너머에 있는 어떤 의지를 믿는 사람은 시대를 막론하고 모든 기적을 믿을 수 있다. 기적은 불가능한 일이 아니라 예외적인 일이기 때문이다.

체스터턴은 다양한 사조와 철학을 섭렵했기 때문에 그들의 장단점과 한계를 명확히 인식하고 있었다.

"나는 적어도 모든 좋은 철학의 문에 들어가 보았다."

따라서 체스터턴은 무신론, 유물론, 진화론, 회의주의, 버나드 쇼(Bernard Shaw), H. G. 웰즈(H. G. Wells), 버트런드 러셀(Bertrand Russel), 니체, 토머스 헉슬리(Thomas Huxley), 아르투어 쇼펜하우어(Arthur Schopenhauer), 레프 톨스토이(Leo Tolstoy), 오스카 와일드(Oscar Wilde), 허버트 스펜서(Herbert Spencer), 카를 마르크스(Karl Marx)에 대해 정밀하면서도 명쾌한 비판을 가할 수 있었다. 그는 이렇게 말한다.

"무신론자에게 최악의 순간은 정말로 감사하고 싶을 때 감사할 대상이 없다는 것이다." "현대 철학의 바깥 원은 아주 예술적이고 해방감을 느끼게 해 준다. 하지만 거기에는 우주 안에 어떤 의미도 없다고 생각하는 절망감이 도사리고 있다."

체스터턴에게 믿음을 갖게 한 것은 반기독교적 모더니즘이었다. 그는 유물론이든 유심론이든, 관념론이든 실재론이든, 기술주의든 반기술주의든, 지성주의든 반지성주의든 그 사상을 끝까지 추적할 경우 어느 사상도 근본적인 현실에 도달할 수 없다는 한계를 발견했다. 기독교에 대한 비판이 오히려 기독교 신앙을 들여다보게 했고, 기독교 신앙이야말로 모든 문제에 대한 해답을 가지고 있다는 사실을 역으로 깨닫게 되었다. 또한 체스터턴은 회의주의에 대해서 비판했다.

"사람은 스스로에 대해서는 의심을 품되 진리에 대해서는 의심을 품지 말아야 했다. 그런데 이것이 거꾸로 뒤집혔다. 그가 의심하는 부분은 마땅히 의심해서는 안 될 부분이다. 바로 신적 이성이다." "마음을 부드럽게 하지 않으려는 사람은 결국 뇌가 부드럽게 풀릴 수밖에 없는 법이다." "모든 사람은 자기가 누구인지를 잊어버렸다. 우리가 우주는 이해할지 몰라도 자아는 결코 이해할 수 없다. 우리는 우리 자신의 이름을 잊어버렸다는 정신적 재난을 당한 상태다. 인간은 항상 길을 잃었다. 에덴동산 이후 인간은 늘 방랑자였다. 그러나 언제나 자기가 무엇을 찾는지는 알고 있다고 생각했다. 그러나 매섭게 내리는 회의론이라는 우박을 맞다 보면 찾아갈 집마저 잃어버렸다. 현대인에게 하늘은 사실상 땅 아래에 있다. 회의주의자는 거꾸로 선 사람이다."

인생은 동화와 같은 이야기

체스터턴은 오히려 아이들이 읽는 동화 안에서 인생의 길을 발견할 수 있다고 말한다.

"내가 시종일관 확실하게 믿고 있는 최초의 철학과 최후의 철학은 아기 방에서 배운 것이다." "동화의 나라는 상식이 통하는 밝은 나라다. 땅이 하늘을 심판하는 것이 아니라 하늘이 땅을 심판한다."

그는 동화 이야기 속에 인간이 깨달아야 하는 영적 진리가 있다고 설파한다. 《신데렐라》는 마리아의 찬가와 같이 비천한 자가 높아진다는 것을, 《미녀와 야수》는 사랑스럽게 되기 위해서는 먼저 사랑을 받아야 한다는 것을, 《잠자는 숲속의 공주》는 어떻게 생일 선물의 축복이 죽음의 저주로 바뀌고, 그리고 죽음이 잠으로 경감될 수 있는지를 들려준다고 보았다. 그러면서 모든 행복의 잣대는 감사이며, 감사할 수 없다면 행복하지 않은 것이라고 주장한다. 그래서 체스터턴은 인생의 본질도 결국 이야기라고 말한다.

"환상적인 꿈은 언제나 한 가지 금지 사항이 달려 있다. 기절할 정도로 어마어마한 것을 받으려면 한 가지 작은 조건을 만족시켜야만 한다. 12시까지는 돌아와야 한다."

인생은 하나의 이야기다. 어떤 이야기가 있다면 반드시 이야기를 만든 자가 있을 것이다. 우리가 아주 어렸을 때는 굳이 동화가 필요 없었다. 짧은 말이나 단순한 이야기로도 충분히 재미있었고, 사는 것 자체가 흥미로웠다. 그래서 끝없이 반복하면서도 지칠 줄 몰랐다. "또 해 줘요." 하나님은 마치 어린아이처럼 영원히 변함없는 열정을 품고 계시는지 모른다. 우리의 하늘 아버지께서 우리보다 더 젊으실 정도로 우리는 죄로 인해 늙어 버렸다. 그래서 우리는 어린아이처럼 하나님을 "아빠 아버지"라고 부르는 것이다. 자연의 반복 현상은 단순히 되풀이되는 현상이 아니라 무대에서 받는 앙코르일지 모른다. 하나님도 해와 달에게 "또 해 봐"라고 하시면서 단조로운 반복을 기뻐하시는 것이리라.

기독교적 세계관

체스터턴은 이 세계를 보는 안목들에 대해서 이야기한다. 즉 낙관주의와 비관주의다. 하지만 그 어떤 것도 기독교적 세계관을 배제하고서는 올바른 가치를 가질 수 없다. 기독교적인 세계관은 하나님이 이 우주를 선하고 질서 있게 창조하셨다는 것을 믿기에 낙관적인 생각을 가질 수 있고, 인간의 죄악으로 인한 타락과 부패로 비관적인 생각을 가질 수 있다. 하지만 그 둘 모두 우주와 창조주 하나님을 사랑하는 자가 될 수 있다. 날것 그대로 보자면, 낙관주의자는 비관주의자를 제외한 모든 것을 좋게 생각한다. 비관주의자는 자기 자신을 제외한 모든 것을 나쁘게 생각한다.

"낙관주의자는 당신의 눈을 주시하는 사람이고, 비관주의자는 당신의 발을 주시하는 사람이다."

하지만 기독교를 통해 비관주의 위에 낙관주의의 왕관을 씌울 수 있다. 이것이 진리에 부합하는 것이다. 기독교가 우주에 대해서는 낙관적이라는 비난과 세상에 대해서는 비관적이라는 비난을 동시에 받는 이유가 여기에 있다. 비록 악한 이 세상에서 살고 있지만, 모든 생명은 하나님의 꿈과 비전을 품고 살아야 한다.

체스터턴은 자살이란 여러 죄 중 하나가 아니라 가장 대표적인 죄라고 보았다. 자살은 존재 자체에 관심을 두는 것을 거부하는, 궁극적이고 절대적인 악이다. 인생에 대한 충성 맹세를 거부하는 행위다. 한 사람을 죽인 사람은 한 사람을 죽이는 죄를 짓는 것이다. 그러나 자기 자신을 죽이는 사람은 모든 사람을 죽이는 것이 된다. 그 자신과 관련된 온 세상을 지워 버리기 때문이다.

자살자는 순교자의 정반대편에 있는 사람이다. 순교자는 자기 밖의 어떤 것에 매우 관심이 많아서 자신의 개인적인 삶을 잊어버린다. 반면 자살자는 자기 밖의 어떤 것에도 관심이 없어서 모든 것을 끝내 버린다. 전자는 무언가 시작되기를 원하고, 후자는 모든 것이 끝나기를 원한다. 순교자가 숭고한 것은 바로 생명과의 궁극적인 연줄을 고백하기 때문이다. 그는 무언가를 살게 하려고 죽음을 택한다. 자살이 비열한 것은 자살자에게는 존재와의 연줄이 없기 때문이다. 그는 단순히 파괴자이며 영적으로 온 우주를 파괴한다.

기독교 진리의 역설

《정통》의 핵심은 6장 "기독교의 역설"에 있다. 여기서 체스터턴은 자기 일생을 간증한다. 그는 진리의 구도자였다. 하지만 그가 살펴본 여러 사조와 철학들은 도리어 기독교 신앙으로 그를 인도했다. 이성주의자는 이성이 도대체 무슨 쓸모가 있는지 의심하게 만들었고, 허버트 스펜서를 읽었을 때는 진화라는 것이 과연 일어나기나 했는지 의심하게 되었고, 로버트 잉거솔(Robert Ingersoll)의 무신론 강좌 시리즈를 다 읽었을 때는 두려움을 느꼈다. 그는 절박한 상태에 빠졌다. 헉슬리에서 찰스 브래들로(Charles Bradlaugh)에 이르는 불가지론자들의 기독교 신앙에 대한 비판을 읽으면서, 오히려 기독교는 아주 비범한 것임이 틀림없다는 생각이 그의 마음에 자라나기 시작했다.

그들의 기독교 비난은 일관성이 없어 보였다. 상호모순적이었다. 기독교를 비판할 때 '낙관적'이라는 수식과 '비관적'이라는 수식이 공존했다. '금욕적'이라는 비판과 '세속적'이라는 비판이 함께했다. '평화주의'라는 말과 '호전적'이라는 말이 동시에 등장하기도 했다. 이 모든 것을 본 체스터턴은 나사렛 예수가 그리스도가 아니라면 적그리스도라는 생각에 이르렀다. 기독교는 온전한데 비판가들이 각자의 관점에서 오해하고 있는 것이며, 기독교가 현명한 것인지 모른다는 생각이 들었다. 그는 "기독교는 질서와 규칙을 확립했는데 그 질서의 중요한 목적은 선한 것이 자유롭게 활동할 수 있는 공간을 만들어 주기 위함"이라는 결론에 도달했다.

체스터턴은 우주와 세상은 역설적인 일로 가득하다고 이야기하면서, 기독교 자체가 역설적인 진리를 품고 있기 때문에 많은 사람이 기독교를 다양한 모습, 심지어 상반된 모습으로 이해하는 것은 당연하다고 생각했다. 따라서 그는 기독교야말로 영적 진실을 드러내는 진리의 종교라고 평가했다.

기독교는 분명 역설적인 진리를 담고 있다. 사실 기독교와 불교는 상반되는 종교다. 부처는 눈을 감고 있고, 예수는 눈을 뜨고 있다. 불교는 구심적이지만 기독교는 원심적이다. 기독교는 원을 부수고 밖으로 나간다. 그래서 십자가다. 십자가는 비록 그 중심에 하나의 충돌과 모순을 가지고 있지만, 그 모양을 바꾸지 않은 채 네 방향으로 끝없이 확장될 수 있다. 중심에 하나의 역설을 지니고 있기 때문에 변함없이 자랄 수 있다. 불교의 원은 그 자체의 자리로 돌아와 갇혀 있는 반면, 십자가는 그 가지가 사방으로 열려 있다. 그것은 자유로운 여행자들을 위한 이정표다.

불교의 시선은 내부로 향하고 있지만, 기독교는 외부로 확장된다. 기독교야말로 우리를 내면세계에서 외부로 초월하게 하는 종교다. 기독교는 내면을 들여다볼 뿐 아니라 바깥을 보는 종교다. 예수님의 말씀을 들어 보라. "자기의 목숨을 잃고자 하는 자는 얻을 것이요"(마 16:25 참고).

이처럼 용기란 영혼이 한계점을 지나고도 부서지지 않는 것이며, 죽을 준비를 하면서도 살고 싶은 강한 욕망을 의미한다. 이런 점에서 볼 때, 기독교의 진리는 '긍정을 위한 부정'이라고 말할 수 있다. 부활을 위한 십자가, 높아지기 위한 낮아짐, 섬김을 받기 위한 섬김, 삶을 위한 죽음, 자기 부인 등. 기독교에서 말하는 겸손이란 인간이 하나님의 영광의 형상대로 지으심을 받았다는 것과 그러나 동시에 죄인이라는 사실을 아는 것이다. 타락한 천사인 사탄은 그의 장중함 때문에 하늘에서 추락했고, 천사는 뼛속까지 비운 새처럼 그의 가벼움 때문에 날 수 있었다는 말이 있다. 성경은 이웃을 사랑하고 원수를 사랑하라고 가르치는데, 그렇다면 이웃과 원수가 같다는 말이 된다. 이웃 사랑은 결국 원수 사랑이기 때문이다.

이사야 6장은 종말 때의 하나님 나라의 모습을 이렇게 묘사한다. "그때에 이리가 어린양과 함께 살며 표범이 어린 염소와 함께 누우며 송아지와 어린 사자와 살진 짐승이 함께 있어 어린아이에게 끌리며 암소와 곰이 함께 먹으며 그것들의 새끼가 함께 엎드리며 사자가 소처럼 풀을 먹을 것이며"(사 11:6-7). 어떻게 하면 사자와 어린양이 그 고유의 강함과 연약함을 지키면서 공존할 수 있을까? 이사야는 대비되는 동물들의 화합을 통해 하나님 나라의 평화로운 모습을 보여 준다. 이리와 어린양, 표범과 어린 염소,

송아지와 어린 사자, 살진 짐승과 어린아이, 암소와 곰 등. 하나님의 나라에서는 사자가 소처럼 풀을 먹고, 젖 먹는 아이가 독사의 구멍에 손을 넣고 장난을 친다.

놀랍게도 하나님 나라의 비전은 역설적인 성격을 드러낸다. 사자는 어린양과 함께 누우면서도 자신의 왕 같은 위엄을 어떻게 그대로 보유할 수 있을까? 각자의 고유한 특성을 지니고 있으면서도 공존할 수 있을까? 이것이 교회가 풀려고 했던 문제이자 교회가 이룩한 기적이다.

체스터턴은 자연과 사회 속에서 많은 변칙성을 발견했다. 수많은 학자가 이해하고 설명하려고 무수하게 도전했지만 풀어내지 못한 이 변칙성을 온전히 설명할 수 있는 것이 바로 기독교 신앙이고 하나님의 능력임을 알게 된 것이다. 그래서 그는 숨은 변칙성까지 추측하게 되었다. 기독교의 교리는 이미 삶의 변칙성과 법칙을 간파했을 뿐 아니라 예외적인 것까지 내다보았다. 자비로우면서도 엄격하게 되는 일이 하나님의 나라에서는 얼마든지 가능하다. 기독교는 사자를 길들이고, 심지어 이리와 곰과 뱀조차도 길들인다.

"내 거룩한 산 모든 곳에서 해 됨도 없고 상함도 없을 것이니 이는 물이 바다를 덮음같이 여호와를 아는 지식이 세상에 충만할 것임이니라"(사 11:9). 결국 하나님의 통치가 그 모든 변칙성과 역설을 가능하게 해 준다.

정통 신앙의 힘

사실 기독교의 역설은 사람의 이성으로 납득할 수 없다. 우주에 충만하신 하나님이 성령을 통해 한 육체 안에 거하신다는 성육신과 성부, 성자, 성령, 삼위이면서 하나이신 하나님, 불사의 신적 존재가 십자가를 지고 우리 죄를 대속하기 위해 실제로 죽으신다는 것, 사망에 이를 수밖에 없는 죄의 용서 가능성, 그리고 예언의 성취 등 이해할 수 없는 것이 너무 많다. 따라서 정통 신앙은 로맨스다. 정통 신앙만큼 위험하고 흥미진진한 것은 없었다.

정통 신앙은 온전한 정신이다. 온전한 정신을 가지는 것은 미치는 것보다 더 드라마틱하다. 오히려 지나치게 치밀한 이성이 사람을 미치게 한다. 미친 사람은 보통의 것에서 너무 많은 이유를 찾아내기 때문에 미치게 된 것이다. 미치광이는 이성을 제외한 모든 것을 잃은 사람이다. 광기란 뿌리 없이 사용된 이성, 허공에 떠 있는 이성이다. 올바른 기본 원리 없이 생각하기 시작하는 사람은 미치게 된다. 미치광이가 되는 일은 쉽다. 이단이 되는 것도 쉽다. 현시대의 흐름을 그냥 따라 사는 것은 언제나 쉽다. 어려운 것은 자신의 것을 잃지 않고 지키는 일이다. 속물이 되는 것도 쉽다. 우리가 넘어질 수 있는 각도는 수없이 많지만 설 수 있는 각도는 단 하나뿐이다. 체스터턴은 말한다.

"나는 하늘의 마차가 천둥소리를 내며 시대를 가로질러 날고, 둔한 이단들이 배를 깔고 엎드리고, 야성적인 진리는 비틀거리면서도 똑바로 서 있는 환상을 보았다."

체스터턴은 진화론자와 진보주의자들에 대해서도 언급한다. 그들의 주장이 의미를 가지려면 기독교가 절대적 기준과 바탕이 되어야 한다. 진화나 진보에 명확한 비전이 있다면, 사람들은 그 비전을 원하게 될 것이다. 이 명확한 비전은 하나님이 제공해 주신다. 하나님은 우리에게 그림의 색을 정해 주시는 분이 아니다. 그분은 우리에게 팔레트의 물감을 주셨다. 그리고 한 소재, 한 모델, 고정된 비전을 주셨다.

"비전은 언제나 탄탄하고 믿을 만하다. 비전은 언제나 하나의 사실이다. 종종 사기를 치는 것은 현실이다."

또한 체스터턴은 자연주의에 대해서도 경고한다. 기독교의 가르침은 자연이 우리의 어머니가 아니고 우리의 누이라고 말한다. 우리는 자연과 더불어 같은 아버지를 모시고 있다. 당신이 자연을 어머니로 간주한다면 그녀가 계모임을 알게 될 것이다. 윌리엄 워즈워스(William Wordsworth)나 랄프 왈도 에머슨(Ralph Waldo Emerson)에게 자연은 엄숙한 어머니였지만, 성 프랜시스(St. Francis)에게는 어린 여동생이었다.

많은 이들의 공격에도 불구하고 기독교 진리는 손상되지 않았다. 그것이 정통 신앙이 가진 힘이다. 정통 신앙은 엄숙하고 지루하고 무사 안일한 것이 아니다. 정통 신앙처럼 모험이 가득하고 흥미진진한 것은 없었다. 정통 신앙은 건전한 정신과 함께하는 것이고, 올바른 정신을 유지하는 것은 미치는 것보다 더 극적이다. 기독교는 가장 침체해 있을 때조차 세상을 끓어오르게 할 수 있다. 그만큼 충분히 열광적이다. 교회가 복음을 심하게 손상시켰다. 교회의 존재 의미는 이 세계에 대한 날카로운 최후 통첩이다. 기독교 교회는 초자연적 생명력을 지닌 공동체이기 때문이다.

기적은 초자연적인 사건이 객관적으로 발생하는 현상이다. 현대 교회로 오면서 기적이 부정되고 있다. 그러나 기독교 교리에 따르면, 드물긴 해도 기적은 분명히 일어나고 있다. 왜냐하면 오늘도 살아 역사하시는 창조주 하나님이 전능하신 분이기 때문이다. 인간의 역사 속에서 기적이 발생했다는 믿음은 결코 신비적인 것이 아니다. 기적을 믿는 자들은 그에 대한 증거를 가지고 있기 때문에 기적을 수용한다. 마찬가지로 기적을 믿지 않는 자들은 기적을 부인하는 교리를 가지고 있기 때문에 기적을 부인한다. 기적이 불가능하다는 추상적 관념을 믿고 있기 때문이다. 이렇게 독단주의자가 되는 것이다. 기적은 그것을 믿는 자에게만 일어난다. 하나님은 살아 계신 분, 당신보다 더 많은 것을 아시는 분, 오늘뿐 아니라 내일도 당신에게 진실을 말씀하시는 존재다. 이 세계는 물질의 운명이 아니라 인격이 창조했다.

체스터턴은 기독교가 단순히 진리를 말하기 때문이 아니라, 그 자체가 진리를 들려주는 주체이기 때문에 영접했다. 기독교는 원죄와 같은 달갑지 않은 개념을 전파한다. 하지만 결국 그것은 연민의 정과 형제애, 그리고 우레와 같은 웃음과 동정심으로 귀결된다. 오직 원죄의 교리가 있을 때만 우리는 걸인을 불쌍히 여길 수 있고, 동시에 권력을 지닌 세속의 왕을 불신할 수 있다. 기독교의 달갑지 않은 면을 깊이 들여다보면, 그것이 결국 인간 삶의 버팀목임이 드러난다. 기독교의 으뜸가는 역설은 사람의 일반적인 상태가 온전한 정신 상태, 분별력 있는 상태가 아니라는 것이다. 말하자면, 정상적인 상태 그 자체가 비정상이라는 것이다.

정통 신앙이 주는 기쁨

끝으로 체스터턴은 정통 신앙을 알고 난 후에야 정신적인 해방감을 맛보았다고 말한다. 정통 신앙은 궁극적인 기쁨과 관련이 있다. 이는 C. S. 루이스의 "예기치 못한 기쁨"과 일맥상통한다. 이방 종교는 슬픔 그 자체이고, 기독교는 기쁨 자체다. 사람은 기쁨을 기본으로 깔고 슬픔을 표면적으로 느낄 때 좀 더 본연의 모습을 갖게 되고 인간다운 면모를 갖추는 법이다. 우울은 간주곡과 같이 막간에 생기는 일시적인 마음 상태여야 한다. 반면에 찬양은 영구적인 영혼의 맥박이 되어야 한다.

정통 신앙은 기쁨을 거대한 것으로 만들고, 슬픔을 작고 특수한 것이 되게 한다. 복음서의 예수님은 모든 면에서 스스로 크다고 생각했던 모든 사상가 위에 우뚝 서 계신다. 책의 마지막에 체스터턴은 기독교 신앙의 본질을 이처럼 묘사한다.

"하나님이 우리의 땅 위를 걷는 동안 너무나 커서 우리에게 보여 줄 수 없었던 것이 하나 있었다. 때로 나는 그것이 그분의 환희가 아니었나 하고 상상해 본다."

15
십자가의 의미를 알라 | 마틴 로이드 존스
사도행전 8:26-39

인생은 나의 것?

L   한때 유명했던 여가수가 부른 노래 "내 인생은 나의 것"에 "내 인생은 나의 것, 나는 모든 것 책임질 수 있어요"라는 가사가 있다. 필자는 그 노래를 들으면서 참 불경스럽다는 생각을 했다. 사람과의 관계에서 독립심을 갖는 것은 좋은 일이다. 하지만 하나님과의 관계라면 이는 정말 안 좋은 마음 자세다. 《천국과 지옥의 이혼》(홍성사, 2019)에서 C. S. 루이스(C. S. Lewis)는 "내 인생은 하나님 것. 나의 모든 것 주님께 맡겨 드립니다"라는 고백이 인간이 취해야 할 태도라고 말했다.

하나님이 아닌 다른 것이 내 삶의 중심이 되면 그것은 죄다. 하나님보다 내 생명, 결혼 생활, 자식, 직장, 사업체를 더 중요하게 여긴다면 이는 죄가 된다. 하나님보다 더 소중한 것이 있다는 것은 하나님이 나에게 최고의 존재가 아니시라는 말이고, 이것은 곧 우상 숭배를 의미한다. "내 인생은 나의 것"이라는 모토는 결국 지옥의 원리다. 지옥의 원리를 벗어나 천국의 원리, 즉 하나님이 인도하시는 대로 이끌림을 받는 것, 성령의 인도하심을 받는 삶이 가장 복된 삶임을 루이스는 주장한다.

마틴 로이드 존스(Martyn Lloyd-Jones, 1899-1981)는 1899년 12월 20일 영국 웨일스 카디프에서 태어났다. 그는 1915년, 16세의 나이로 런던 세인트 바돌로매 병원 의과 대학에 수석으로 입학했고, 1921년에 의학박사 학위를 취득했으며, 26세에 왕립의학협회로부터 의사 자격을 획득해 왕립 주치의였던 토마스 호더(Thomas Horder) 경의 수석 어시스턴트가 되었다. 한마디로, 그는 전도유망한 의사였다. 그러나 하나님의 거룩한 부르심에 순종해 '영혼의 의사'로 사역하기로 결심하고 목사가 되었다.

의사의 관점에서 그는 죄는 질병이고 그리스도가 이 질병에 대한 유일한 치료자이심을 평생 선포했다. 그의 탁월한 책《영적 침체와 치유》(CLC, 2008)에는 이런 사상이 잘 드러나 있다. 그의 아내, 베단 필립스(Bethan Phillips) 가문은 1859년과 1904년의 웨일스 부흥 운동에 크게 기여했다.

칼뱅 감리교회 출신인 로이드 존스는 정식 신학 교육을 받지 않고 독학했지만, 1927년 웨일스 샌드필즈에서 목회를 시작했다. 1938년에는 그 유명한 캠벨 모건(Campbell G. Morgan) 목사의 부름을 받아 웨스트민스터 채플에서 함께 사역했고, 캠벨 목사의 은퇴 이후 1943년부터 25년간 그 교회에서 목회했다. 1968년 건강상 이유로 은퇴한 로이드 존스는 1981년에 하나님의 부르심을 받았다.

그는 영국인으로는 찰스 스펄전(Charles Spurgeon), 리처드 백스터(Richard Baxter), 존 번연(John Bunyan) 등으로부터, 미국인으로는 조나단 에드워즈(Jonathan Edwards)로부터, 또한 청교도들로부터 많은 영향을 받았다. 그리고 그의 사역은 훗날 제임스 패커(James Packer)에게 지대한 영향을 미쳤다. 로이드 존스는 세계적인 강해 설교가로서 많은 저술을 남겼는데, 로마서를 바탕으로 한 설교집 14권, 에베소서를 바탕으로 한 설교집 8권 외에도 전도 설교 등을 남겼다. 그는 성경 구절 하나를 가지고 책 한 권을 쓸 정도로, 말씀 한 구절로 구원의 진리를 탐구하는 깊이 있는 연구자이기도 했다.

예수 그리스도로 충만한 목사

로이드 존스는 "하나님의 은혜와 섭리에서 떠난 인본주의적 신앙을 바로 세워야 한다"는 목회 철학을 가지고 있었다. 오늘날에도 적용해야 할 이야기다.

> "성령의 첫 번째 사역은 하나님 앞에서 사람들을 겸손하게 하고 죄를 회개하게 하는 것인데, 강단에서 그런 면을 볼 수 없다. 하나님을 경외하지 않는 사람들을 부드럽게 대해 주고, 위로나 해 주며, 즐겁게 해 주는 설교는 절대 하나님이 인정하시는 설교가 아니다."

로이드 존스가 보기에 당시의 교회는 사람들의 필요를 채우기 위한 종교 서비스를 제공하는 곳이지 진리의 기둥과 터가 아니었다. 로이드 존스는 이렇게 기도한다.

> "오, 그리스도여! 주는 내가 바라는 모든 것입니다. 주님 안에는 그보다 더 풍성함이 넘치나이다. 타락한 자를 일으키시고, 힘이 없는 자를 붙잡으시며, 병든 자를 치료하시고, 눈먼 자를 인도하소서. 주님의 이름은 거룩하시고 의로우시나 저는 불의뿐입니다. 저는 거짓되고 죄로 가득 찼으나 주님은 은혜와 진리로 가득하십니다."

그는 암으로 세상을 떠나면서도 이런 말을 남겼다.

> "(건강) 회복을 위해 기도하지 마라. 영광에 들어가는 것을 방해하지 마라."

그는 매일 맥체인 성경 읽기표를 따라 규칙적으로 성경을 읽었는데, 세상을 떠나기 전날인 1981년 2월 28일에는 부활장인 고린도전서 15장을 읽었다고 한다. 그의 고향인 랭게이토에 있는 로이드 존스의 묘비에는 다음과 같은 성구가 새겨져 있다. "내가 너희 중에서 예수 그리스도와 그가 십자가에 못 박히신 것 외에는 아무것도 알지 아니하기로 작정하였음이라"(고전 2:2). 이는 그의 삶을 대표하는 성구였을 것이다.

"우리가 처한 상황에도 불구하고 소망이 있습니다. 예수 그리스도, 십자가에 못 박히신 분이 유일한 소망입니다. 여러분은 그분을 아십니까? 그분을 의지합니까? 그분을 통해 죄 씻음을 받아 깨끗하고 새롭게 되었습니까?"

그는 은퇴하기 전 담임목사로서 교인들에게 "그가 십자가에서 죽으심으로 여러분을 구원해 주시고 하나님과 화목하게 해 주신다는 것을, 이제는 깨달아 알게 되었습니까?"라고 물었다. 그는 그리스도로 충만한 목사였다.

그의 사후, 딸인 엘리자베스 캐서우드(Elizabeth Catherwood)와 옥스브리지(옥스퍼드 대학과 케임브리지 대학) 출신 역사학자인 외손자 크리스토퍼 캐서우드(Christopher Catherwood)가 로이드 존스의 53년 동안의 설교 중 17개를 선별해 《그리스도 중심의 설교》(복있는사람, 2015)를 편찬했다.

이 장에서 나누고자 하는 로이드 존스의 설교, "그리스도가 죽으신 이유"는 사도행전 강해 시리즈 제6권, 《저항할 수 없는 기독교》(복있는사람, 2011)의 마지막 18장에 수록된 설교다. 이 설교는 웨스트민스터 채플에서의 마지막 설교이자, 그의 목회 여정 마지막 설교다(1968). 그는 사도행전의 강해 설교를 끝마치지 못하고, 8장에서 멈춰야 했다. 암 진단을 받아 사임을 하게 되어 자신의 설교를 마무리했기 때문이다.

《그리스도 중심의 설교》 말미에는 편집자들의 평이 기록되어 있다. "그는 설교한 대로 살았다." 이 얼마나 설교자들이 듣고 싶은 말인가! 그의 삶은 처음도 예수 그리스도요, 마지막도 예수 그리스도였다. 처음도 은혜요, 마지막도 은혜였다. 필자도 언젠가 은퇴하게 될 터인데, 그때가 되면 필자가 평생 행한 설교 중 10편을 선별하고 싶다. 아마 주제는 "구원", "은혜", "생명", "사랑", "사명"이 될 것 같다. 필자도 자신이 설교한 대로 살아간 목회자로 기억되고 싶다.

스데반의 일로 박해를 당하게 된 예루살렘 교회의 신자들은 사방으로 흩어지기 시작했다. 하지만 그들은 단순히 도피한 것이 아니라 가는 곳마다 복음을 전하고 교회를 세웠다. 그중에는 빌립 집사가 세운 사마리아 교회도 있다. 사마리아 교회가 크게 부흥한다는 소식을 접한 예루살렘 교회는 베드로와 요한을 보내 점검하게 했고, 그들이 기도하고 안수하니 사마리아 교인들에게 성령이 임하셨다. 말하자면, 사마리아의 오순절이다. 교회의 성립과 확산은 인본적인 노력이 아닌 성령의 인도하심과 권능에 의해 이루어진다. 사도행전에 나오는 사도들과 제자들의 나아가는 길, 다가가는 길, 그리고 돌아오는 길은 모두 보이지 않는 성령이 인도하신 결과다. 그래서 '사도'행전은 곧 '성령'행전이다.

사마리아 교회를 세우게 하신 성령이 빌립을 또 다른 곳으로 인도하셨다. 빌립 집사는 "주의 사자"에게 이끌림을 받고, 그대로 순종했다. 하나님이 예루살렘에서 가사로 내려가는 광야 길을 가라고 감동을 주셨을 때 왜, 누구를, 어디서 만나게 될지 몰랐지만, 그는 힘차게 나아갔다. 빌립 본인은 몰랐지만 하나님의 계획은 이번 전도를 통해 개인 전도에서 해외 선교로 넘어가는 것이었다. 광야에서 빌립은 에티오피아 내시를 만나게 된다.

성령의 인도하심으로 빌립이 광야에서 만난 인물은 예배하러 예루살렘에 갔다가 고국으로 돌아가는 내시였는데, 그는 에티오피아 여왕 간다게의 모든 국고를 맡은 관리였다. '에티오피아 사람이 어떻게 예루살렘 순례자가 되었는가?' 하는 의문이 들 수 있다.

전승에 따르면 스바 여왕이 솔로몬에게 왔다가 그와 동침해 아들을 낳았다고 한다. 그렇게 해서 에티오피아 사람들은 솔로몬의 후예로서 유대인이 되었다고 주장한다. 에티오피아 사람들은 스스로를 에티오피아 유대인으로 여긴다. 그렇게 에티오피아에 유대교가 자리를 잡았고, 절기에 맞춰 본국에 해당하는 예루살렘으로 순례를 갔던 것이다. 내시는 여왕의 재무를 담당하는 고위직으로 상당한 영향력을 행사하는 사람이었다. 성령이 빌립으로 하여금 그를 찾아가 복음을 전하게 하신 것이다.

내시는 수행원들의 호위를 받으며 수레를 타고 큰 소리로 이사야서를 읽고 있었다. 마침 예수님을 예언하는 부분을 읽고 있었다. 그런데 빌립은 지나가면서 그 내용을 듣고 의미도 잘 알고 있었다. 절묘한 타이밍을 제공하시는 대단한 성령이시다. 이에 빌립은 도발적인 질문을 던진다. "읽는 것을 깨닫느냐"(행 8:30). 공생애 중 예수님도 "내가 무엇을 하여야 영생을 얻으리이까"(눅 10:25)라고 묻는 율법 교사에게 이런 취지의 질문을 던지신 적이 있다. "율법에 무엇이라 기록되었으며 네가 어떻게 읽느냐"(눅 10:26). 그때 예수님의 독서법은 '몸으로 읽는 것'이었다. 즉 머리로만 읽는 것이 아니라 읽은 것을 몸으로 살아 내는 것이었다.

빌립은 내시에게 읽은 것을 깨닫느냐고 물었다. 성경은 매일 실천적으로 읽어야 하는 책이면서 동시에 깨달아야 하는 책이다. 이를 위해서는 지도를 받아야 한다. 깨달음을 얻기 위해서는 구약과 신약을 연결하고, 약속과 성취를 관련짓고, 이사야서와 복음서를 서로 비춰 봐야 한다. 바로 예수 그리스도 중심적으로 읽어야 한다. 신약이, 복음이, 성취가 모두 예수 그리스도 안에서 이루어졌기 때문이다. 읽은 것이 이해되지 않을 때 예수님을 넣으면 모든 문제가 다 풀리기 시작한다. 돌아보면 필자의 인생도 마찬가지였다. 인생길에서 만난 모든 우여곡절과 영고성쇠가 예수님께 도달하기 위한 과정일 뿐이었다. 그렇다. 우리 삶에, 우리 생명에 의미를 부여해 주시는 분은 예수님밖에 없다.

내시가 읽고 있던 이사야서 본문은 "그가 도살자에게로 가는 양과 같이 끌려갔고 털 깎는 자 앞에 있는 어린양이 조용함과 같이 그의 입을 열지 아니하였도다 그가 굴욕을 당했을 때 공정한 재판도 받지 못하였으니 누가 그의 세대를 말하리요 그의 생명이 땅에서 빼앗김이로다"(행 8:32-33; 사 53:7-8)였다. 내시가 궁금했던 것은 이사야 선지자가 말하는 '그'가 누구인가였다.

내시는 이사야서의 말씀을 읽고도 이해를 못했다. 아무리 열심을 내고 성경을 많이 읽어도 구약 말씀만 가지고는 이해가 안 된다. 누가 대신 형벌을 받는다는 말인가? 의로운 자가 고난을 받는다는데, 그는 이사야인가? 아니라면 누구인가? 개인인가, 아니면 집단인가? 진리를 알고 있는 빌립은 그분이 바로 메시아 예수님이시라는 것을 알려 주었을 것이다. 백성들을 위해 처참하게 죽으신 분은 바로 나사렛 예수님이시다. 그것이 바로 얼마 전에 예루살렘에서 일어났던 사건이다.

십자가의 참된 의미

여기서 로이드 존스는 두 가지 사항을 강조한다. 첫째, 십자가는 거치는 것이라는 것을 절대 잊지 말라고 한다. 그에 따르면, 사람들이 예수님의 십자가 죽음에 대해 관심을 가지지 않는 이유는 죽음을 직시하지 않기 때문이다. 사람들은 예수님의 죽음을 항상 이상적으로 미화한다. 그분의 죽음을 아름답고 훌륭한 일로 바꾸고 있다. 그 죽음의 목적에는 부합하는 말이지만, 실상은 절대 그렇지 않다. 사람들은 십자가를 액세서리나 장식으로 변질시켰다. 하지만 본래 십자가는 '거치는 것'이었음을 명심하라. 십자가는 로마 시대에 가장 가혹한 사형 틀이었다. 십자가는 험한 십자가다. 흉한 것이요, 추한 것이다.

이사야의 표현에 따르면, 예수님은 "고난받는 종"으로 오셨다. 메시아로 오신 그리스도에 대해 유대교는 영광의 왕으로 오시는 모습을 기대했다. 그런데 예수님은 낮고 천한 신분으로 오셨다. 그뿐 아니라 십자가에 달려 죽으심으로 지상 사역을 마무리하셨다. 세상을 구원하러 오신 메시아가 죽는다는 것은 이해할 수 없고, 흉악범으로 십자가 처형을 당했다는 것은 상상할 수도 없는 일이었다. "그는 주 앞에서 자라나기를 연한 순 같고 마른 땅에서 나온 뿌리 같아서 고운 모양도 없고 풍채도 없은즉 우리가 보기에 흠모할 만한 아름다운 것이 없도다"(사 53:2). "전에는 그의 모양이 타인보다 상하였고 그의 모습이 사람들보다 상하였으므로 많은 사람이 그에 대하여 놀랐거니와"(사 52:14).

메시아로, 구원자로 오신 분이 왜 십자가 죽임을 당하셔야 했는가? 바로 인류의 허물과 죄악 때문이었음을 잊지 말아야 한다. "그가 곤욕을 당하여 괴로울 때에도 그의 입을 열지 아니하였음이여 마치 도수장으로 끌려가는 어린양과 털 깎는 자 앞에서 잠잠한 양같이 … 곤욕과 심문을 당하고 끌려갔으나 그 세대 중에 누가 생각하기를 그가 살아 있는 자들의 땅에서 끊어짐은 마땅히 형벌 받을 내 백성의 허물 때문이라 하였으리요 그는 강포를 행하지 아니하였고 그의 입에 거짓이 없었으나"(사 53:7-9). 예수님에 대해 설교하는 자는 예수님의 십자가가 우리 죄에 대한 처절한 대가였음을 항상 주지시켜야 한다.

둘째, 로이드 존스는 십자가에서 정의와 자비가 조화를 이루고 있다는 사실을 망각해서는 안 된다고 강조한다. 하나님의 속성 중 하나가 바로 공의다. 하나님은 정결하시고 거룩하시기 때문에 죄와 불법을 간과하지 않으신다. 죄의 삯은 사망이다. 한편 하나님은 피조물에 대한 무한한 사랑과 자비와 긍휼을 품고 계신다. 정의와 자비는 하나님의 중요한 속성이면서 서로 충돌하는 것처럼 보인다. 인류는 범죄함으로 타락해 모두 죄 가운데 빠졌다.

어떻게 하나님은 인류의 죄에 대해서 공정하게 심판하시면서도, 동시에 인류를 죽음에서 건져 내시는 자비를 베푸실 수 있는가? 그것은 오직 십자가로만 가능하다. 십자가는 범죄한 인류에 대한 하나님의 철저한 공의의 집행과 죽어 마땅한 인류를 죄와 사망 권세에서 건져 내 살리시는 자비의 통합이다. 서로 배타적인 두 속성이 십자가에서 절묘하게 균형과 조화를 이루고 있다. 따라서 십자가야말로 하나님의 지혜요, 하나님의 능력이다.

이 일을 이루신 분이 바로 예수님이시다. 예수님은 구약의 모든 제사 제도를 완성하시고 승화시키시는 분이며, 예수님의 십자가로 인해 죄인이었던 인류는 하나님과 화평을 누리게 된다. "새 언약의 중보자이신 예수와 및 아벨의 피보다 더 나은 것을 말하는 뿌린 피니라"(히 12:24). 예수님이 빠지면 이해가 안 된다. 예수님은 성경의 중심이시다. 하나님의 아들이신 예수님이 곧 십자가의 예수님이시다. 예수님은 죄가 없는데도 우리 때문에, 나 때문에 고난을 받으셨다. "그가 찔림은 우리의 허물 때문이요 그가 상함은 우리의 죄악 때문이라 그가 징계를 받으므로 우리는 평화를 누리고 그가 채찍에 맞으므로 우리는 나음을 받았도다"(사 53:5).

내시의 질문에 대해 빌립은 차근차근 설명하면서 복음으로 나아갔다. "빌립이 입을 열어 이 글에서 시작하여 예수를 가르쳐 복음을 전하니"(행 8:35). 구약 성경은 신약 성경의 도입부다. 의문에서 시작하되, 공감대가 형성된 지점에서 시작해야 한다. 하지만 종국에는 예수님께 도달해야 한다. 그래야 이해가 된다. 우리의 작은 이야기도 예수님의 거대한 이야기와 만날 때 이해가 된다. 로이드 존스는 빌립이 했을 법한 이야기를 구성하며 복음의 핵심을 다룬다.

우선 빌립은 예수님의 십자가의 의미를 설명해 주었을 것이다. 바울의 표현대로, 십자가는 "유대인에게는 거리끼는 것이요 이방인에게는 미련한 것"(고전 1:23)이었다. 예수님 자신도 십자가를 앞에 두고 겟세마네 동산에서 번민하셨고, 극심한 고통을 느끼셨고, 이런 말씀을 하셨다. "나의 하나님, 나의 하나님, 어찌하여 나를 버리셨나이까"(마 27:46).

솔직히 예수님의 탄식은 순교자들의 수준에도 못 미치는 것 같다. 순교자들은 강 같은 평안과 사자 같은 용기 가운데 찬양을 부르며 순교한 경우도 많다. 그런데 예수님은 눈물과 탄식으로 호소하셨다. 그런데 그럴 수밖에 없는 이유가 있다. 순교자의 죽음은 의로우신 예수님을 위하고 예수님을 칭송하는 것이기 때문이다. 순교는 우리가 단 한 번만 쓸 수 있는 은사이기도 하다. 그래서 우리도 순교자를 따라 기쁨과 찬양 중에 순교의 길을 가야 한다.

하지만 예수님의 십자가 죽음은 인류의 죄를 위한 것이었다. 의롭고 선한 자를 위해서라면 용감하게 죽는 자가 있을 수 있지만, 예수님은 극악한 죄인들을 대신해 죽으신 것을 잊지 말자. "우리가 아직 죄인 되었을 때에 그리스도께서 우리를 위하여 죽으심으로 하나님께서 우리에 대한 자기의 사랑을 확증하셨느니라"(롬 5:8). 그래서 예수님은 고통스러워하셨다. 성부 아버지께서도 잠깐 동안 성자 예수님을 완전히 외면하셨다. 왜냐하면 인류의 죄가 그분의 위에 있었기 때문이다. 순교자는 의로우신 예수님을 위하여 죽지만, 예수님의 십자가는 죄인들을 위한 죽음이다. 허물과 죄악의 결과물은 간고와 질고인데, 내가 짊어져야 할 간고와 질고를 예수님이 대신 짊어지셨다. 그래서 예수님은 탄식하시고 괴로워하신 것이다.

예수님의 이 참혹하고 거치는 죽음은 모든 사람을 위한 것이다. 이 세상에 죄 없는 자가 어디 있는가? 유대인이든 이방인이든, 문자로 된 율법이 있든 없든, 모든 사람은 하나님의 절대적 기준 앞에서 죄인으로 드러날 수밖에 없다. 사실 하나님의 법은 우리의 선한 양심에 새겨져 있다. "이런 이들은 그 양심이 증거가 되어 그 생각들이 서로 혹은 고발하며 혹은 변명하여 그 마음에 새긴 율법의 행위를 나타내느니라"(롬 2:15).

하나님의 법은 모세와 이스라엘을 통해 율법에 객관적으로 진술되어 있다. 하지만 모든 인간의 양심 안에는 이미 하나님의 법이 새겨져 있다. 누구도 몰랐다고 부인할 수 없다. 양심의 소리는 결코 틀어막을 수 없기 때문이다. 따라서 모든 민족, 모든 인간은 하나님의 엄중한 심판 아래 있다. "의인은 없나니 하나도 없으며"(롬 3:10). "우리가 알거니와 무릇 율법이 말하는 바는 율법 아래에 있는 자들에게 말하는 것이니 이는 모든 입을 막고 온 세상으로 하나님의 심판 아래에 있게 하려 함이라"(롬 3:19). 우리는 하나님이 주신 명령과 기준에 미치지 못했을 뿐 아니라 의도적으로 그것을 깨뜨렸다. 이것이 우리의 허물과 죄악이다.

하나님이 그 모든 허물과 죄악을 예수님께 담당시키셨다. "우리는 다 양 같아서 그릇 행하여 각기 제 길로 갔거늘 여호와께서는 우리 모두의 죄악을 그에게 담당시키셨도다"(사 53:6). 우리는 자신이 옳다는 생각으로 각자의 방식대로 살아간다. 우리는 의도적으로 하나님께 반역했다. 인간은 스스로 하나님이라 생각한다. 하나님께 반역하고 하나님의 명령을 업신여기는 사람, 그는 죄악과 불의를 저지르고, 그 결과 간고와 질고를 짊어지게 된다. 길도 잃어버렸다. 인간이 본래 있어야 할 자리에서 크게 이탈했다. 삶을 바르게 이해하지 못하고 목적도, 방향 감각도, 목표도 가지지 못했다. 세상은 길을 잃었고, 표적에서 벗어났다. 광야에서 헤매고 있다. 삶에는 "의미 없는 소음과 분노로 가득한 바보의 이야기"(셰익스피어의 《맥베스》)만이 있을 뿐이다. "목자 없는 양"같이 고생하며 기진한다(마 9:36).

이런 상황에서 인류에게 필요한 것은 오직 예수님뿐이다. 만유인력의 법칙을 통해 성경의 창조 섭리를 확신한 세계적인 과학자 아이작 뉴턴 (Isaac Newton)은 말년에 기억 상실증에 걸렸다고 한다. 그런 뉴턴이 제자들에게 한 말은 그의 신앙을 잘 보여 준다. "내가 알고 있는 것은 두 가지다. 하나는 내가 죄인이라는 것, 다른 하나는 예수께서 내 구주시라는 것이다. 그 외에 무슨 지식이 더 필요하냐?" 사실 뉴턴은 물리학보다 성경 연구를 더 많이 했고, 신학 연구 저술을 더 많이 남겼다.

참으로 애석하고 안타까운 것은, 이런 실상에도 불구하고 많은 사람이 예수님을 알지 못한 채 살아간다는 것이다. 세상은 빌립과 내시의 문답을 반복하고 있다. "읽는 것을 깨닫느냐?" "누구를 가리키는 것입니까?" 사람들은 예수님을 알아보지 못했다. 유대인 종교 지도자들도 몰랐다. 헬라 철학자들도 몰랐다. 심지어 사람들은 그분을 멸시했다. "그는 멸시를 받아 사람들에게 버림받았으며 간고를 많이 겪었으며 질고를 아는 자라 마치 사람들이 그에게서 얼굴을 가리는 것같이 멸시를 당하였고 우리도 그를 귀히 여기지 아니하였도다"(사 53:3). 사람들은 하나님의 아들이신 예수님 대신 흉악한 강도를 선택했다. 예수님은 버림받으셨다. 지금도 버림받고 계신다. 이런 우리에게 소망이 있는가?

성령의 이끄심을 따라

내시는 빌립의 설명을 듣고 감동했다. 성령이 그의 마음을 열어 주신 까닭이다. 믿음도 하나님의 선물이다. 그래서 그는 세례를 받고자 했다. 유대교에서 기독교로 나아가는 것이다. 후대에 삽입된 것으로 보이는 37절에는 세례 문답에 해당하는 물음과 신앙고백이 나온다. "빌립이 이르되 네가 마음을 온전히 하여 믿으면 가하니라 대답하여 이르되 내가 예수 그리스도께서 하나님의 아들인 줄 믿노라"(행 8:37). 이에 빌립은 내시에게 세례를 주었다. 내시는 "기쁘게" 길을 갔다(행 8:39). '예기치 못한 기쁨'이 그를 찾아온 것이다. 이 모든 것이 성령의 역사다. 시작부터 과정, 그리고 마무리까지 모두가 성령의 인도하심이었다.

이제 우리의 차례다. 성령의 음성에 귀를 기울이고, 그분의 인도하심에 순종해야 한다. 그리할 때 사도행전의 역사가 지금 여기서 재연되고 하나님의 나라가 확장될 것이다.

16
동성애, 어떻게 볼 것인가 | 존 스토트
로마서 1:26-27

S 여론조사 기관, 한국갤럽이 2021년 3월에 성소수자 청
년들을 대상으로 설문 조사를 한 결과, 성소수자 10명
중 1명이 그리스도인이고, 성소수자 중 50%가 우울 증
상을 겪었으며, 38%는 최근 1년간 정신과를 방문한 경험이 있고, 41%는
최근 1년간 자살을 생각했다고 한다. 이는 일반 청년보다 14배가 높은 수
치다.

동성애에 대한 존 스토트의 입장

존 스토트(John Stott)의 대표작은 《현대 사회 문제와 그리스도인의 책임》
(IVP, 2011)이지만. 잘 알려지지 않은 《존 스토트의 동성애 논쟁》(홍성사, 2006)
이라는 책이 있다. 이 책의 원제는 《동성 간의 결혼도 가능한가?》인데, 이
책에서 스토트는 동성애 문제에 대한 복음주의적 대안을 제시한다.

제4차 로잔 대회가 서울-인천에서 진행될 예정이기에 동성애에 대한
로잔의 입장에 대한 질문이 많다. 1974년 빌리 그레이엄(Billy Graham)과 함
께 로잔 대회를 처음 태동시킨 스토트의 저술에 기초하면서, 오늘 우리의
구체적 상황에서 한국 로잔 부의장이기도 한 필자는 이렇게 정리하고자

한다.

동성애에 대해 사람들의 입장은 크게 두 가지, 호모포비아(homophobia) 혹은 호모필리아(homophilia)로 나뉜다. 여기서 '호모'는 '호모섹슈얼'(homosexual), 즉 '동성애'를 의미하는 축약어이며, '포비아'(phobia)는 '공포증', '필리아'(philia)는 '애호'를 의미한다. 따라서 호모포비아는 '동성애 공포증'으로, 호모필리아는 '동성애 애호'로 번역할 수 있다.

그런데 과연 그리스도인에게는 동성애에 대한 공포증 혹은 애호 두 가지 선택밖에 없는가? 다른 대안은 없는 것일까? 동성애자를 죄인으로 낙인찍고 공격하고 배제하거나, 그렇지 않으면 동성애를 자연스러운 것으로 여기고 인정하는 길 외에는 다른 선택이 없는가? 성경을 통해 볼 때, 예수님은 죄에 대해서는 엄격하셨지만 죄인에 대해서는 한없이 부드럽고 인자한 분이셨다. 어떻게 예수님의 길을 따라갈 것인가?

이와 관련해 스토트는 먼저 세 가지 전제를 이야기한다. 첫째, 우리는 모두 인간이다. 인간은 하나님의 형상을 지녔으나 타락하여 영광과 비극을 모두 안고 있는 존재다. 둘째, 우리는 모두 성적인 존재다. 하나님은 우리를 천사와 같이 무성적 존재가 아닌 남자와 여자로 만드셨다. 셋째, 우리는 모두 죄인이다. 그래서 우리 모두는 하나님의 은혜를 필요로 한다. 성적인 죄도 수많은 죄 중의 하나다. 스토트는 우리에게 "이중의 회개"가 필요하다고 한다. 이중의 회개란 동성애자인 그리스도인과 동성애자가 아닌 그리스도인 모두의 회개가 필요함을 의미한다. '동성애자 그리스도인들은 적극적인 동성애 행위를 버릴 것'과 '이성애자 그리스도인들은 호모포비아를 버릴 것'을 주장한다. 양쪽 모두 회개하고 중간에서 만나야 한다는 것이다.

여기서 한 가지 유념해야 할 사항이 있다. 종교적으로 죄라고 말하는 것이 있고 형법상 범죄가 있다. 그런데 종교적인 죄와 형법상의 범죄가 반드시 일치하지 않는다. 예를 들어, 간음은 종교적으로 죄이지만, 오늘날 한국에서는 형법상 처벌 대상이 아니다. 물론 법적인 처벌을 받지 않는다고 해도, 간통이 도덕적으로 아무 문제가 없다거나 개인의 권리가 될 수는 없다. 동성애도 마찬가지다. 동성애가 실정법상 범죄 행위는 아니라 해도, 종교적으로 혹은 윤리적으로 정당하거나 권장할 사항이 아님을 알아야 한다.

또 한 가지, '동성애적 성향을 지닌 것'과 '동성애적 행위를 하는 것'을 구별해야 한다. 동성애에 끌림을 받는다고 해서 동성애 행위 자체가 정당하다고 볼 수는 없다. 이와 관련해 "동성애를 선천적으로 볼 것이냐, 후천적으로 볼 것인가?" 하는 문제도 뜨거운 감자다. 현재까지 과학이 밝혀낸 바에 따르면, 동성애 DNA가 따로 존재하지는 않는다. 그렇다면 동성애는 불가항력적인 인간의 본질은 아니라고 볼 수 있다. 실제로 동성애자였지만 이후 탈동성애한 사람도 있다. 이처럼 동성애는 유전자에 뿌리박혀 있는 것이 아니며 평생 지속되는 것도 아니다. 이런 사실은 "동성애적 성향을 후천적으로 바꿀 수 있는가?"에 대한 논쟁에 매우 중요한 역할을 하게 될 것이다.

그렇다면 동성애에 대해 성경은 어떻게 말하고 있는가? 창세기 19장 1-13절에는 하나님의 천사들이 소돔을 파괴하는 기사가 나온다. 소돔성의 악행을 조사하기 위해 남성의 모습으로 나타난 천사들을 상대로, 그곳

남성들은 "우리가 그들을 상관하리라" 하면서 공격해 왔다. 동성애가 소돔의 유일한 죄는 아니지만, 중요한 죄 중의 하나였음은 분명하다. 그래서 서구권에서는 'sodomy'가 '남자끼리 나누는 성행위'를 의미하는 단어가 되었다.

사사기 19장에는 첩을 데리고 집으로 돌아가던 레위인이 기브아에서 봉변을 당한 이야기가 나온다. 그 레위인은 그곳 남성들로부터 동성애적 위협을 받았다. "네 집에 들어온 사람을 끌어내라 우리가 그와 관계하리라"(삿 19:22). 이 일이 빌미가 되어 베냐민 지파는 이스라엘 11개 지파에게 멸절당할 위기에 처하기도 했다.

레위기에는 성결법이 등장하는데 여기서도 동성애 행위의 위험성을 경고하고 있다. "너는 여자와 동침함같이 남자와 동침하지 말라 이는 가증한 일이니라"(레 18:22). "누구든지 여인과 동침하듯 남자와 동침하면 둘 다 가증한 일을 행함인즉 반드시 죽일지니 자기의 피가 자기에게로 돌아가리라"(레 20:13).

이런 기조는 신약에서도 동일하다. 바울은 로마서에서 하나님을 떠나 저지르는 이방인의 범죄의 전형으로 동성애를 제시한다. 바울에 따르면, 악한 인간은 바꿔치기의 명수다. 하나님의 영광을 썩어질 사람과 새와 짐승과 기어다니는 동물 모양의 우상으로 바꾼다(롬 1:23). 참으로 어리석은 바꿔치기다. 그뿐만 아니라 하나님의 진리를 거짓 것으로 바꾸어 피조물을 조물주보다 더 경배하고 섬긴다(롬 1:25). 이는 인간 마음의 정욕 때문이다. 하나님을 떠난 인류는 순리(順理)를 역리(逆理)로 바꾸어 쓴다(롬 1:26-27). 순리대로 산다는 것은 창조 질서에 맞게 자연스럽게(naturally) 산다는 의미이고, 역리로 산다는 것은 부자연스럽게(unnaturally), 즉 하나님의 뜻에 어긋나게 산다는 의미다. 순리란 하나님이 세우신 사물의 자연적인 질서에 따르는 것이고, 역리는 창조 질서의 왜곡이다. 이런 자들이 구원받지 못하는 것은 명약관화하다.

"불의한 자가 하나님의 나라를 유업으로 받지 못할 줄을 알지 못하느냐 미혹을 받지 말라 음행하는 자나 우상 숭배하는 자나 간음하는 자나 탐색하는 자나 남색하는 자나"(고전 6:9). 표준새번역에서는 "탐색하는 자나 남색하는 자"를 "남창 노릇을 하는 자나 동성연애를 하는 남자"로 번역한다. 바울은 교회 사역을 하고 있는 디모데에게 목회적 지침을 준다. "[율법을 주신 것은] 음행하는 자와 남색하는 자와 인신매매를 하는 자와 거짓 말하는 자와 거짓 맹세하는 자와 기타 바른 교훈을 거스르는 자를 위함이니"(딤전 1:10). 따라서 동성애는 하나님 나라와 양립할 수 없고 율법이나 복음과도 배치된다.

동성애 행위에 대한 성경의 부정적인 금기는 창세기 1-2장에 나오는 인간의 성과 결혼에 대한 가르침을 통해서도 알 수 있다. 창조주 하나님은 남자와 여자, 한 남자와 한 여자의 결혼 제도, 결혼 안에서의 성, 출산을 제정하셨다. 이것이 바로 창조 질서다. 인간은 동반자를 필요로 한다. "돕는 배필"(창 2:20)이 있어야 한다. 그래서 하나님은 남성에게 여성, 여성에게 남성을 주신 것이다. 양성 간의 보완을 위해서다. 그리고 결혼 제도를 만드셨다. "이러므로 남자가 부모를 떠나 그의 아내와 합하여 둘이 한 몸을 이룰지로다"(창 2:24). 여기에는 '떠남', '연합', '한 몸' 등의 개념이 담겨 있다. 남녀 간의 결혼은 '원래 하나였다가 분리되었다가 결혼을 통해 다시 하나가 되는 결합'이라고 말할 수 있다. 예수님도 구약의 성과 결혼에 대한 가르침을 인용하시면서, 하나님이 인간을 남자와 여자로 만드셨고 결혼할 때 떠남, 연합, 한 몸을 이루는 것이 지당하다고 승인하셨다(마 19:4-6).

이로 보건대, 남성-여성의 양성은 하나님의 창조물이다. 남성은 XY, 여성은 XX의 성 결정 유전자를 지닌 것은 변경 불가능한 생물학적 진리다. 이성 간 결혼은 하나님이 만드신 제도다. 성경의 결혼은 남자와 여자, 일

S

191

부일처제다. 이성 간 정절은 하나님의 뜻이다.

그런데 동성애 행위는 이 세 가지(남자-여자, 이성 간의 결혼, 정절)를 모두 위반하는 것이다. 동성애는 성과 결혼에 대한 예수님의 말씀, 즉 하나님의 말씀을 부정한다. 따라서 동성애는 반성경적, 반윤리적, 반과학적이다. 동성애를 반대하는 사람들 가운데에는 목사만 있는 것이 아니라 의사, 교육자, 과학자, 법률가 등 각계를 대표하는 전문가들이 있다. 뮌헨 대학 교수인 볼프하르트 판넨베르크(Wolfhart Pannenberg)는 "성경은 동성애 행위를 명백하게 거부해야 할 것으로 평가하고 있다"면서 "동성애 결합을 결혼과 대등한 것으로 인정하는 교회는 더 이상 하나의, 거룩한, 보편적, 사도적 교회가 아니다"라고 했다.

동성애의 문제점

현실적으로도 동성애의 끝은 좋지 않다. 1989년 5월 덴마크는 동성 결혼을 합법화하는 최초의 나라가 되었다. 당시에 많은 지지자들이 동성 커플의 결혼 생활을 축복하면서 그들의 사랑이 영원하리라 생각했다. 하지만 동성애 결혼이 평생 지속되리라는 믿음은 허구였음이 곧바로 드러났다. 남성 동성애 관계는 정절보다는 문란함이 특징이다. 제프리 사티노버(Jeffrey Satinover) 박사는 "동성애 커플 156쌍 중 7쌍만 성적 정절을 지키며, 100쌍 가운데 5년 이상 함께 산 사람은 단 한 쌍도 없었다"며 동성애의 짧은 유효 기간을 구체적으로 제시했다. 그뿐 아니라 동성애는 각종 심각한 질병의 통로이기도 하다. 동성애는 전염성 간암, 사망률이 높은 직장암을 유발한다. 7가지 비바이러스성 감염과 4가지 바이러스성 감염에 취약하다. 이런 이유로 동성애자는 25-30년 정도 평균 수명이 단축된다고 폴 캐머런(Paul Cameron) 박사는 주장한다(Paul Cameron, "Does Homosexual Activity Shorten

Life?", *Psychological Reports* 1998, pp. 847-866).

동성애와 후천성면역결핍증(AIDS)의 연관성도 무시할 수 없다. 에이즈는 1981년 미국에서 처음 밝혀지고 보고된 질병으로서, 인간면역결핍바이러스(HIV)로 전파되고, 감염된 후에는 10년 또는 그 이상을 숙주인 인체에 잠복해 있다가, 인체의 면역계와 신경계를 공격해 파괴하여 질병에 무방비 상태로 만든다. 에이즈는 정액과 체액을 통해 감염되며, 감염된 사람과의 성관계나 수혈 등으로 전염된다. 이 병은 예방 백신이나 치료 약도 없다. 미국 정신의학 협회지는 "모든 20세 게이 남성의 30%가 30세에 이를 때쯤이면 HIV에 감염되었거나 에이즈로 사망해 있을 것이다"라고 예상했다. 한국에이즈예방재단 김준명(전 연세대 의대 감염내과 교수) 이사장은 "감염 확률이 높은데도 10-20대가 동성 간 성 접촉을 하는 경우 에이즈에 대한 경각심 없이 노출되어 자기도 모르게 신규 감염자가 되고 있다"고 했다.

에이즈 약은 매일 복용해야 하는데, 그 비용은 매년 1만 4천 달러에 이른다. 한국에서는 HIV 감염자 본인이 부담해야 하는 진료비가 전혀 없다. 에이즈 치료비, 입원비 전액에 간병비까지 모두 공적자금으로 지원된다. '국민건강보험공단 질병관리본부 에이즈 환자 진료비 현황'에 따르면 2016년 921억 원이 지출되었다. 2017년 국회 보건복지위원회 국정감사 자료에 따르면 1인당 치료 지원비가 1,100만 원이었다(《우리 아이 꼭 지켜줄게》, 물맷돌, 2023, 181-182). 그리고 매년 신규 감염자가 1천 명 이상 증가하고 있다. 코로나19 확산을 막기 위해서 국가는 재정적, 행정적 지원을 아끼지 않았다. 확진자를 격리하고, 일상생활을 규제하고, 각종 치료 비용을 부담했다. 그런데 코로나19보다 치명률이 훨씬 높은 에이즈 현황, 감염자 관리, 의료비 지출, 감염 경로에 대한 데이터는 전혀 제공하지 않고 있다. 최근에는 원숭이 두창 바이러스와 동성애 관련성이 제기되고 있는 실정이다.

물론 동성애자 차별이나 혐오는 시정되어야 한다. 예수님의 본을 따라 '행위'와 '행위자'를 구분해야 한다. 하나님은 차별을 반대하시며 모든 사람을 사랑하라고 하셨다. 심지어 죄인까지도 사랑하라고 하셨다. 그러나 하나님이 주시거나 허락하지 않으신 것을 '권리'로 주장하면 안 된다.

현재 동성애자들은 동성애를 노예 해방, 흑인 해방, 여성 해방과 비교하기도 한다. 하지만 이는 어폐가 있다. 노예제나 인종차별, 남녀 성차별은 성경적으로 정당화될 수 없지만, 동성애자는 그러한 삶을 치유하고, 그러한 삶에서 해방시키는 것이 옳은 일이다. 동성애는 용서받고 치유받아야 할 질병이자 죄다. 하나님은 우리를 구원하고 변화시키기 위해 용납하시지, 우리를 죄 가운데 내버려 두시고, 죄를 정당화하기 위해 용납하지는 않으신다. 일반적으로 동성애자들은 '치료'라는 말에 거부감을 갖지만, 동성애가 치료 불가능한 것은 아니다.

그럼에도 불구하고 대부분의 교회가 동성애자에게 사랑을 보여 주는 데 실패했다. 교회는 그동안 성소수자를 멸시와 모욕의 대상, 편견과 억압의 대상으로만 여겼다. 하지만 다수의 동성애자들이 자신의 상태에 대한 책임이 없을 수 있다는 생각도 해야 한다. 어떤 이는 동성애의 출발점을 이렇게 분석하기도 한다. "동성애 성향은 성장 과정에서 비정상적으로 충족되지 못한 부분에 대한 정상적인 욕구일 수 있다"(Elizabeth R. Moberly, *Homosexuality*, James Clark, 1983, p. 28). 예를 들어, 아버지의 사랑 결핍이 남성을 향한 성적 지향으로, 어머니의 사랑 결핍이 여성을 향한 성적 지향으로 나타나기도 한다. 이를 간파한 스토트는 다윗과 요나단처럼 '진정한 우정'을 동성애에 대한 제한된 해결책으로 제시하기도 한다. 물론 이 우정은 성적 뉘앙스가 없는 우정이다.

동성애 성향의 핵심에는 깊은 외로움, 사랑에 대한 갈망, 정체성 추구,

완전함에 대한 갈망이 깔려 있다. 그렇다고 해서 이런 처지에 있는 사람이 꼭 동성애로 나아가야 할 이유도 없다. 동성애적 성관계의 육체적 관계냐, 홀로 외롭게 격려되는 고통이냐의 양자택일이 아니다. 교회는 치유하는 공동체로서 사랑, 이해, 용납, 버팀목을 제공할 수 있어야 한다. 동성애에서 치유받기를 원하는 사람들에게 전문적인 상담을 무상으로 제공하는 사역을 적극적으로 진행해야 한다. 그 안에서 목회 상담, 전문가의 치료, 우정의 관계를 통해 기독교는 치료적 환경을 제공해야 한다.

포괄적 차별금지법에 대하여

2022년 4월 국가인권위원회가 리얼미터에 의뢰한 여론조사에서 "귀하께서는 사회 모든 구성원이 불합리한 차별을 받지 않는 평등사회 실현을 위해 차별금지법이 필요하다는 의견에 얼마나 동의하십니까?"처럼 차별금지법에 속한 자세한 정보 제공 없이 조사를 실시했고, 조사 결과는 차별금지법이 필요하다는 의견에 대한 동의가 67.2%, 반대가 28%였다. 여론조사 업체인 한국갤럽이 2022년 5월 초에 실시한 여론조사에서는 포괄적 차별금지법 제정 찬성이 57%, 반대가 29%라는 결과가 나왔다. 그러나 2022년 8월 리얼미터가 전국의 만 18세 이상 성인 남녀 3천 명을 대상으로 실시한 조사에서는 차별금지법 제정으로 발생하게 될 구체적인 사례를 제시한 후 '반대한다'가 59.9%로 차별금지법 내용 인지 전보다 상승했다.

여론조사 결과에 따르면 차별금지법 내용을 모르면 '찬성'하고, 알면 '반대'한다는 것을 알 수 있다. 이처럼 허울 좋은 이름을 걸고 있는 법안에 반대하는 우리 기독교의 입장은 '차별'하자는 것이 아니라 '분별'하자는 것뿐이다. 현대에는 공산주의가 아니라 성 혁명으로 인한 성의 자유로 신앙이 위협받는다. 이는 마치 일제 강점기에 한국 교회가 신사참배의 위협을 당하던 때를 연상케 한다.

　대한민국 헌법은 모든 국민이 법 앞에 평등하며 차별을 받지 않는다고 규정한다. 따라서 국민은 누구도 성별, 종교, 사회적 신분 등에 따라 차별을 받지 않는다. 이를 위해 각종 법령은 개별적으로 차별금지법을 이미 마련해 시행하고 있다. 사정이 이런데도 포괄적 차별금지법안은 개별 법률이 담보하는 내용을 중복 포괄하면서까지 강력하게 동성애를 합법화하려는 꼼수를 부리고 있다.

　이 법안은 정의당 장혜영 의원이 2020년 6월 29일에 대표 발의했다. 이에 기독교대한성결교회의 총회장으로 있던 필자는 총회장 성명서를 발표했다(2020년 9월 22일). 이 성명서는 네 가지를 주장했다. 첫째, 성별, 성적 지향, 성별 정체성 항목 반대, 둘째, 창조 질서와 구원의 도리에 배치, 셋째, 사회 관습의 보편적 인륜 도덕을 해침, 넷째, 역차별로 법적 형평성과 공정성을 훼손함.

　코로나19가 한창이던 2020년 여름에 청와대에서 기독교 총회장단과 문재인 대통령과의 면담이 있었다. 여기서 필자는 코로나19 문제보다 이 법안 문제를 제기했다. 이 법안은 동성애 지지의 자유는 보장하고 반대의 자유는 제재한다는 것, 이 법안은 이름처럼 차별금지가 아니라 역차별법이라는 것, 이 법안은 합법화를 넘어 합덕화 법안이라는 것, 법은 최소한의 윤리와 도덕성을 지녀야 하며 전통문화를 반영해야 하는데 이 법안은 그렇지 못하다는 것, 이 법안은 도덕적이고 종교적 판단을 불법으로 만듦으로써 표현의 자유와 양심의 자유, 종교의 자유를 억압하게 될 것임을 역설했다. 따라서 전통문화를 해치며 사회 안전과 양성평등, 그리고 건전한 성 윤리 형성에 부정적인 영향을 미치는 차별금지법과 동성결혼법의 제정에 반대한다는 기독교의 입장을 대변했다.

　그 후 민주당 박주민 의원이 당시 야당을 배제하고 공청회를 단독으로 개최했다(2022년 5월 25일). 이에 기독교대한성결교회는 다음 날 "차별금지법 반대 결의안"을 총회에서 통과시켰다. 왜 기성 총회는 이 법안에 대해 반대 성명서를 낼 수밖에 없었는가? 이 법안에 따르면 성별에 대한 정의를 "여성, 남성, 그 외에 분류할 수 없는 성"이라고 하면서 '제3의 성'을 신설하려 했다. 게다가 이 법안은 사회적 성, 젠더 정체성을 생물학적 성 정체성보다 우위에 두려 했다. 위반자에 대한 처벌 조항도 강력했다. 이 법안 제56조에 따르면, 1년 이하 징역 또는 1천만 원 이하 벌금, 3천만 원 이하 이행 강제금을 부과할 수 있게 했다. 또한 사회적 성의 법적 권한을 명시하고 차별이 발생했을 때, 형사 처벌과 민사상의 징벌적 손해배상도 규정하고 있다.

결론적으로 이 법안은 종교의 자유, 표현의 자유를 침해하는 역차별법이 되며, 동성애 옹호 교육, 성전환 증가, 성에 대한 주관적 판단을 키울 소지가 다분했다. 만약 이 법안이 통과되면 기독교 강단에 재갈이 물리게 될 것이다. 다시는 동성애 금지나 동성애가 죄라는 설교를 못 하게 될 것이며, 유튜브에 올려 있는 관련 동영상도 모두 내려야 할 것이다. 그렇지 않다면 민형사상의 처벌과 불이익을 받을 것이다.

포괄적 차별금지법안에 대해서 아직도 마음을 결정하지 못했다면 다음의 질문에 대해서 몇 개나 "아니요"라고 말해야 하는지 생각해 보라. 이것은 포괄적 차별금지법이 시행되면 실제 어떤 문제가 벌어질지를 질문 형식으로 물음으로써 이 법안의 심각한 문제점을 깨닫게 하는 데 도움을 주고자 필자가 작성한 것이다.

<포괄적 차별금지법안에 반대할 수밖에 없는 열 가지 질문>

① 남녀의 성별뿐 아니라 제3의 성을 인정해야 하는가?

② 성별 구분 없이 공중화장실이나 공중목욕탕을 함께 사용해도 좋은가?

③ 성별을 선택할 수 있는 자기 결정권이 신체적 성보다 더 우선하는가?

④ 남성과 남성, 여성과 여성의 결혼이 법적으로 인정되어야 하는가?

⑤ 동성으로 이루어진 부부에게 입양할 수 있는 권한을 줄 수 있는가?

⑥ 동성애를 죄라고 설교하는 것을 법적으로 제재할 수 있는가?

⑦ 자녀들에게 동성애는 선택할 수 있는 권리라고 가르칠 수 있는가?

⑧ 자녀들에게 성별 선택은 자유이며 성전환은 권리라고 말할 수 있는가?

⑨ 동성애는 에이즈나 원숭이 두창 감염률을 높인다고 말할 수 없는가?

⑩ 제3의 성을 인정하는 것이 하나님의 창조 질서, 인류 도덕, 전통문화에 부합하는가?

이 밖에도 이 법안이 통과된다면 더 많은 문제가 파생될 가능성이 높다. 예를 들어, "남성이 여성 전용 공간에 출입할 수 있는가?", "남성이 스스로 여성이라고 주장한다면 여성 스포츠 경기에 참가할 수 있는가?", "성범죄 전과자가 어린이집이나 유치원에 취업해도 되는가?" 이 중 한 가지라도 "아니요"라고 대답한다면 이 법안에 반대해야 한다. 만약 당신이 이 모든 질문에 "예"라고 대답한다면 찬성해도 좋다. 그러나 그 결과는 당신과 자녀들이 지게 된다는 것을 잊지 말기 바란다. 차별금지법은 이런 길로 가는 법이다. 처음에는 그럴듯하게 꾸미지만 미끄러운 경사길이다. 이 법이 제정된 나라들에서 목격되고 있는 현상을 가상의 질문은 보여 주고 있다.

오늘날의 위기를 실감하며

이외에도 현재의 헌법적 가치와 기준을 변개하고자 시도하는 법률안이 많이 상정되고 있다. 현행 헌법 제36조에 "혼인과 가족 생활은 개인의 존엄과 양성의 평등을 기초로 성립되고 유지되어야 하며"라고 명문화되어 있음에도, 2020년 9월 남인순 의원이 발의한 "건강가정 기본법" 개정안이

나 정춘숙 의원이 공동 발의한 "가족정책기본법"에 따르면 다음과 같은 변개 사항을 발견할 수 있다. "가족의 형태를 이유로 차별받지 아니하며." 문제는, "가족은 혼인, 혈연, 입양으로 이루어진 사회의 기본 단위"라는 구절을 삭제했다는 것이다. 이렇게 되면 가족은 합의만 한다면 얼마든지 구성할 수 있고 해체할 수 있는 임의적인 것이 되어 버린다. 그들은 이것을 '다양한 가족의 형태'나 '가족 형태의 다양성'이라고 호도한다.

또한 각 교육청이 제정하는 "서울학생인권조례"에도 차별금지법적 요소들이 이미 들어와 있다. 제2장 제5조에 "성적 지향, 성별 정체성 등을 이유로 차별받지 않을 권리"를 명시하고 있다. 이에 따라 현재 한국의 학교에서는 학생의 임신, 출산 및 동성애자가 될 수 있는 권리까지도 보장하려고 하고 있다.

우리는 진리 위에 바로 서야 한다. 진리를 위해 싸워야 한다. 다만 미혹에 빠진 자를 불쌍히 여기고 그들이 회복되고 치유받을 수 있도록 관용과 용서와 포용의 마음도 가져야 한다. "또 어떤 자를 불에서 끌어내어 구원하라 또 어떤 자를 그 육체로 더럽힌 옷까지도 미워하되 두려움으로 긍휼히 여기라"(유 1:23).

17
하나님을 알아가라 | 제임스 패커
호세아 6:3

P 호세아 선지자를 통해, 하나님은 이스라엘이 하나님을 아는 지식이 없어서 망한다고 말씀하셨다. "내 백성이 지식이 없으므로 망하는도다 네가 지식을 버렸으니 나도 너를 버려 내 제사장이 되지 못하게 할 것이요 네가 네 하나님의 율법을 잊었으니 나도 네 자녀들을 잊어버리리라"(호 4:6). 선민 이스라엘에 우상 숭배가 성행하고, 종교 혼합주의가 나타나고, 사회적 불의가 일어나 저주와 파멸을 자초하게 된 이유는 그들이 자신들의 하나님을 제대로 알지 못했기 때문이다.

따라서 복과 생명을 위해 오늘날 우리가 해야 할 일은 오직 하나님을 아는 일뿐이다. "그러므로 우리가 여호와를 알자 힘써 여호와를 알자 그의 나타나심은 새벽빛같이 어김없나니 비와 같이, 땅을 적시는 늦은 비와 같이 우리에게 임하시리라 하니라"(호 6:3). 여기서 "새벽빛"은 소망을, "어김없나니"는 하나님의 변함없으심을, "비"와 "늦은 비"는 하나님의 선하신 임재를 의미한다.

성공회 사제이자 청교도 신학자인 제임스 패커(James Packer, 1926-2020)는 존 스토트(John Stott)와 알리스터 맥그래스(Alister McGrath)와 더불어 20세기 복음주의를 대표하는 신학자다. 영국의 글로스터 출신인 패커는 옥스퍼드 대학에 진학해 C. S. 루이스(C. S. Lewis)의 강의를 들었으며, 후에는 마틴 로이드 존스(Martyn Lloyd-Jones)의 영향을 많이 받았다.

패커는 27년 동안 영국에서 교수로 봉직했고 이후 캐나다 리젠트로 옮겨 거기서도 교직 생활을 했다. 패커가 주로 다룬 주제는 "성경", "교회", "성령", "거룩한 삶", "소명", "기도" 등이었다. 그는 2016년 황반변성으로 시력을 상실했는데 이로 인해 사역을 마무리했고, 2020년 하나님의 부르심을 받았다. 대표작으로는 《성령을 아는 지식》(홍성사, 2002), 《은혜를 아는 지식》(쉴만한물가, 2002), 《기도》(IVP, 2008), 《거룩의 재발견》(토기장이, 2016) 등이 있다. 패커가 마지막으로 남긴 말, "모든 방법으로 하나님을 영광스럽게 하십시오"를 통해 그가 어떤 신앙과 신학을 가지고 있었는지 짐작할 수 있다.

《하나님을 아는 지식》(*Knowing God*, 1973 / IVP, 1996)은 전 세계에서 150만 부 이상이 판매된 베스트셀러다. 찰스 콜슨(Charles Colson)은 이 책을 "기독교 클래식"이라고 불렀고, '현대의 고전'으로 읽히고 있다.

패커는 이 책에서 인간의 본분은 하나님을 아는 것이라고 주장한다. 당신은 하나님을 제대로 알고 있는가?(Do you know God?) 현대인은 하나님을 명확히 알지 못하기에 혼란에 빠져 있다. 우리 삶에서 가장 중요한 것이 하나님을 아는 것이다. 인생의 목표가 하나님을 아는 것이 되면 우리 삶이

고양되고 모든 것이 본래의 위치를 찾게 된다. 학문, 재물, 권력, 세상적인 것보다 더 높은 하나님을 아는 것이 더 중요하다. 더 나아가 하나님이 기뻐하시는 것도 하나님을 아는 것이다. 하나님은 시쳇말로 "나 좀 알아 달라"고 하신다.

하나님이 십계명 중 제2계명을 주신 이유도 하나님을 제대로 알라고 우리에게 촉구하신 것이다. 제2계명의 핵심은 형상으로 하나님을 묘사하지 말라는 것이다. "너를 위하여 새긴 우상을 만들지 말고 또 위로 하늘에 있는 것이나 아래로 땅에 있는 것이나 땅 아래 물속에 있는 것의 어떤 형상도 만들지 말며 그것들에게 절하지 말며 그것들을 섬기지 말라"(출 20:4-5). 하나님을 형상으로 만드는 것은 무한하신 하나님을 축소하고 왜곡할 위험이 있다. 이는 하나님의 명예를 손상시키고 모욕하는 행위다. 아론의 금송아지 형상은 여호와의 영광을 가렸다. 아무리 대단하게 잘 만든 것이라도 인간이 만든 형상이 어떻게 하나님의 도덕적 성품, 의로우심, 선하심, 전능하심을 온전히 드러낼 수 있겠는가?

하나님을 아는 유익

패커는 먼저 '하나님을 아는 것'과 '하나님에 대해 아는 것'을 구별하라고 한다. 우리는 하나님을 알지 못하면서도 하나님에 대해서는 많은 것을 알 수 있다. 직접적인 체험으로 하나님을 알지는 못하지만, 하나님에 대해 많이 들어서 지식은 많이 가질 수 있다. 그러나 박식한 신학자보다 신실한 신자가 하나님을 더 잘 안다. 신앙은 어느 정도의 체험이 동반되어야 한다. 직접 아는 것과 들어서 아는 것은 다르다.

어떻게 하나님'에 대한' 우리의 지식을 하나님'을' 아는 지식으로 바꿀 수 있을까? 하나님에 대해 배운 진리를 하나님 앞에서 묵상해 하나님을 향한 기도와 찬양이 되도록 하면 된다. 묵상은 영적 및 정신적 시야를 밝히는 것으로, 우리는 묵상을 통해 하나님의 영광과 위대하심, 그리고 우리의 연약함과 죄성을 깨달아 겸손해지고 그리스도 안에 나타난 하나님의 자비를 묵상함으로 평안을 얻는다. 이러한 체험으로 깊이 들어갈수록 하나님을 아는 지식이 점차 증가하고, 결과적으로 우리의 기쁨, 능력, 평안도 증가한다.

히브리인들에게 앎은 지적인 것만을 의미하지 않는다. 훨씬 더 포괄적인 의미가 있다. '알다'의 히브리어 동사 '야다'는 부부가 서로 한 몸이 될 때처럼 전인적인 앎, 체험적인 앎을 의미한다. 하나님에 대한 우리의 지식도 이런 수준이 되어야 한다. 하나님을 아는 것은 지적, 의지적, 감정적 관계를 이루는 것이다. 지성, 감정, 의지가 함께하는 전인적, 인격적인 관계여야 한다. 이렇게 제대로 하나님을 알 때에만 우리에게 다음과 같은 실제적인 유익이 주어진다.

P

첫째, 하나님을 아는 사람에게는 에너지가 생긴다. 하나님을 향한 열심과 열정이 생긴다. 하나님을 향한 열정으로 갈멜산에서 바알과 아세라 선지자를 척결한 엘리야는 하나님의 영에 감동되어서 왕의 수레 앞을 힘차게 달려 나갔다(왕상 18:46). "오직 자기의 하나님을 아는 백성은 강하여 용맹을 떨치리라"(단 11:32). "오직 여호와를 앙망하는 자는 새 힘을 얻으리니 독수리가 날개 치며 올라감 같을 것이요 달음박질하여도 곤비하지 아니하겠고 걸어가도 피곤하지 아니하리로다"(사 40:31).

둘째, 하나님을 아는 사람은 담대함을 가진다. 다니엘과 세 친구인 사드락과 메삭과 아벳느고의 용기를 보라. 오순절 성령의 충만을 받은 베드로와 사도들을 보라. 이전에는 겁쟁이였지만 이후에는 세상이 감당하지 못할 하나님의 사람이 되었다. 우는 사자도, 뜨거운 불구덩이도, 어두운 감옥과 처형의 위협도 그들을 꺾을 수 없었다. "사람보다 하나님께 순종하는 것이 마땅하니라"(행 5:29).

셋째, 하나님을 아는 사람은 위대한 생각을 가진다. 노아는 120년 동안 세상의 비난과 조롱을 받아 가면서 위대한 방주를 완성했다. 모세는 이스라엘 백성을 애굽의 압제에서 해방하고 하나님의 언약 백성으로 만들고 가나안 땅에 들어갈 준비를 철저하게 시켰다. 위대한 업적을 이룬 다윗과 느헤미야도 하나님을 알았기 때문에 무수한 역경과 위협을 견디고 승리할 수 있었다.

넷째, 하나님을 아는 사람은 세상이 빼앗을 수 없는 평안을 소유한다. "평안을 너희에게 끼치노니 곧 나의 평안을 너희에게 주노라 내가 너희에게 주는 것은 세상이 주는 것과 같지 아니하니라 너희는 마음에 근심하지도 말고 두려워하지도 말라"(요 14:27). 따라서 하나님을 아는 것은 그 자체로 은혜다. 그 은혜를 구하라.

하나님의 속성

《하나님을 아는 지식》은 3부로 되어 있는데, 1부는 건너뛰어도 괜찮을 것 같다. 1부에서는 하나님의 속성과 능력을 언급하기 전, 선지식을 전달하는 데 무려 101쪽을 할애하고 있기 때문이다. 2부에 본격적인 주제가 전개되고, 3부에서는 실제적인 적용을 다룬다.

일반적으로 하나님의 속성은 공유적 속성과 비공유적 속성으로 대별된다. 여기서 말하는 공유란 피조물도 갖고 있는 속성을 기반으로 한다. 피조물에게 어떤 좋은 속성이 있다면 그것이 무엇이든 그 속성의 원천은 하나님이시다. 하나님은 피조물이 갖고 있는 속성의 완벽한 원천이자 원류가 되시기 때문이다. 이처럼 하나님은 피조물과 공유하는 속성과 피조물은 절대 흉내조차 내지 못하는 비공유적 속성, 두 가지를 가지고 계시다. 하나님의 비공유적 속성에는 영원성, 편재성, 무한성, 독립성, 불변성, 전지성, 전능성 등이 있고, 공유적 속성에는 선함, 진리, 의로움, 영성, 자유, 지혜 등이 있다.

하나님이 인간을 하나님의 형상으로 만드셨기 때문에 우리는 하나님의 좋은 속성을 갖게 되었다. 그러나 인류의 타락으로 이런 좋은 것들도 부패하고 말았다. 구원은 이런 좋은 속성들의 회복도 포함한다. 하나님은 우리 안에서 하나님의 형상과 하나님의 공유적 속성을 회복하는 일을 수행하신다. 여기서는 하나님의 대표적인 속성 세 가지를 살펴보고자 한다.

변함없으신 하나님

시간과 공간과 문화라는 견지에서 보면, 성경 속 인물들과 우리는 멀리 떨어져 있다. 역사, 지리, 시대, 문화적으로 너무 달라 그들과의 연결 고리를 찾기 어렵다. 그래서 성경을 읽으며 당혹감을 느끼기도 한다. 그러나 그들과 우리의 연결 고리는 하나님이시다. 성경에는 변함없으신 하나님이 계시며, 그분이 우리의 역사를 인도하고 계신다. 성경 인물들이 관계를 맺었던 하나님은 오늘날 우리와 관계를 맺고 계신다. 그들이 체험한 하나님은 곧 우리가 체험할 하나님이시다. 하나님은 어제나 오늘이나 영원토록 동일하신 분이다.

첫째, 하나님의 생명은 변하지 않는다. 하나님은 영원부터 영원까지 동일하신 분이고 처음이요 마지막이시다. 인간은 세월이 가면 늙고 생명의 불꽃이 사그라든다. 창조주와 피조물의 근본적인 차이점은, 피조물은 변하기 쉽고 변화를 허용하지만 하나님은 변하지 않으시고 언제나 동일하시다는 것이다. 하나님은 "불멸의 생명의 능력"(히 7:16)이시다. 하나님은 영원한 생명이시다. 그러므로 하나님만이 영원한 생명을 주실 수 있다.

둘째, 하나님의 성품은 변하지 않는다. 인간의 취향과 사고방식과 기질은 달라질 수 있다. 그래서 인간은 변덕스럽다. 하지만 하나님의 성품은 성경 시대나 오늘날이나 다르지 않고 언제나 동일하다. 하나님의 성호인 '여호와'(야훼)는 "나는 스스로 있는 자"(출 3:14)라는 뜻이다. 하나님은 자존하시며, 타자의 영향을 받지 않으시고, 영원토록 변함없으심을 의미한다. "온갖 좋은 은사와 온전한 선물이 다 위로부터 빛들의 아버지께로부터 내려오나니 그는 변함도 없으시고 회전하는 그림자도 없으시니라"(약 1:17).

셋째, 하나님의 진리는 변하지 않는다. 사람은 거짓말하고 배신한다. 그래서 사람의 말은 믿을 수 없다. 오죽했으면 그리스도인들도 "사람은 믿을 대상이 아니라 사랑의 대상이다"라는 말을 성경 구절처럼 암송하고 다니겠는가! "모든 육체는 풀이요 그의 모든 아름다움은 들의 꽃과 같으니"(사 40:6). "풀은 마르고 꽃은 시드나 우리 하나님의 말씀은 영원히 서리라"(사 40:8). 그래서 하나님의 말씀만이 세상을 판단하는 기준이 된다.

넷째, 하나님의 방식은 변하지 않는다. 하나님은 죄를 미워하시며, 회개하도록 감동하시며, 은혜를 베푸신다. 사람들은 시시때때로 변하지만 하나님의 방식은 일관적이다. "하나님은 사람이 아니시니 거짓말을 하지 않으시고 인생이 아니시니 후회가 없으시도다 어찌 그 말씀하신 바를 행하지 않으시며 하신 말씀을 실행하지 않으시랴"(민 23:19). 이런 원리를 생각하면 신약 시대에 하나님이 행하신 일은 정말 놀라운 일이었음을 알게 된다.

"하나님을 제대로 알면, 하나님이 인간이 되셨다는 성육신은 가장 큰 신비다."

영원하신 하나님이 유한한 방식으로 자신의 존재를 제한하셨기 때문이다.

"예수님이 성자 하나님이시라면 다시 사셨다는 것보다 죽으셨다는 것이 훨씬 더 놀랍다."

하나님은 불멸 불사의 존재 방식을 지니고 있는데, 인류의 죄를 대속하기 위해 실제로 죽으셨다는 것은 더 큰 선을 위한 하나님의 섭리와 역사다. 물론 하나님은 다시 본래의 방식을 취하시기는 했지만 말이다.

기적도 동일하다. 하나님은 피조물에게 창조 질서를 주셨다. 하지만 필요하다면 하나님은 기적을 일으키신다. 기적은 자연 질서를 잠시 멈추고 하나님의 능력과 은혜를 보여 주는 '카이로스'의 시간이다. 기적은 하나님이 하시는 일을 보이는 표적이 된다. 하지만 기적 후 멈춘 질서는 다시 창조 질서로 되돌아간다. 하나님은 무한한 자유 가운데 동일한 방식으로 섭리하신다.

다섯째, 하나님의 목적은 변하지 않는다. 하나님께는 후회가 없다. 인간이 마음을 바꾸고 계획을 번복하는 경우는 선견지명이나 능력이 부족할 때다. 하나님은 전지전능하시기 때문에 그러실 이유가 없다. "이스라엘의 지존자는 거짓이나 변개함이 없으시니 그는 사람이 아니시므로 결코 변개하지 않으심이니이다"(삼상 15:29). "여호와의 계획은 영원히 서고 그의 생각은 대대에 이르리로다"(시 33:11). 하나님이 시간 속에서 하시는 일은 영원 전부터 계획된 것이다. 그렇기 때문에 하나님의 약속은 반드시 이루어진다. 시간이 아무리 많이 흘러도 하나님의 언약과 약속은 성취된다.

엄위하신 하나님

"주의 보좌는 예로부터 견고히 섰으며 주는 영원부터 계셨나이다"(시 93:2). 히브리서는 하나님 대신 '위엄', '영광'이라는 말을 사용한다. 세상에도 재물, 권력, 능력, 지혜 등에 있어 탁월한 존재들이 있다. 군계일학처럼 많은 사람들 가운데 뛰어난 사람들이다. 그런 이들을 보면 일종의 후광이 보이는 것 같을 때도 있다. 하지만 하나님의 절대적 위엄 앞에서는 아무것도 아닌 존재들이다. 창조자와 피조물 사이에는 결코 건널 수 없는 격차가 존재한다. 하나님은 초월적인 존재요 절대적인 존재이시다. 하나님은 무한하시고 영원하신 분이다. 피조물인 인간의 필설로는 하나님의 엄위와 위엄을 온전히 묘사할 수 없다. 이를 표현하기 위해 고대인들은 하나님을 '하늘에 계신 분'으로 묘사하곤 했다. 하나님이 하늘에 계시다는 것은 단순히 공간적으로 높이, 멀리 계시다는 것이 아니라, 위대함에 있어서 훨씬 위에 계시며 따라서 경배를 받으셔야 한다는 뜻이다.

그런데 오늘날에는 하나님의 엄위하심과 존엄하심에 대한 인식이 희미해진 것 같아 안타깝다. 현대 신앙인들의 협소한 하나님관을 누군가는 이렇게 질타할지 모른다. "당신의 하나님은 너무 작다"(Your God is too small). 오늘날 하나님이 인격적인 분이시라는 사실은 크게 강조되는 반면에, 하나님의 위엄은 간과되고 있다. 하나님은 우리의 친구이시자 말벗이시고 위로자이시고 아버지이시다. 주님은 인격적인 존재로서 우리를 친근히 대하시고 살갑게 맞아 주신다. 물론 맞는 말이다. 하지만 그런 친근함과 다정함 위에 하나님의 절대 위엄이 존재하고 있음을 명심해야 한다.

생각해 보라. 우리를 포함해 우주 만물이 창조주 하나님의 손안에 있다. 그러나 하나님은 결코 우리 안에 갇혀 계시지 않는다. '인격적인 그러나 엄위하신', 이것은 한 쌍의 진리다. 우리가 위대하다고 생각하는 세상의 권세나 힘을 하나님과 비교할 수 있겠는가? "이 지식이 내게 너무 기이하니 높아서 내가 능히 미치지 못하나이다"(시 139:6). "내가 주께 감사하옴은 나를 지으심이 심히 기묘하심이라 주께서 하시는 일이 기이함을 내 영혼이 잘 아나이다"(시 139:14). "하나님이여 주의 생각이 내게 어찌 그리 보배로우신지요 그 수가 어찌 그리 많은지요"(시 139:17).

하나님의 지혜, 임재, 능력이 얼마나 무한한지 인식하라. 극심한 고난을 당한 욥은 자신의 처지를 한탄하며 자신을 향한 하나님의 섭리와 통치를 비판했다. 그러자 욥기 마지막에 하나님이 친히 욥에게 나타나셨다. 그리고 우주 만물을 통치하시고 운행하시는 그분의 섭리에 대해 질문 공세를 펼치신다. "네가 이것을 아느냐?", "네가 이것이 무슨 의미인지 아느냐?", "이것이 왜 이렇게 되는지 아느냐?" 하나님의 질문에 대해서 욥의 대답은 일관되게 "모릅니다"였다. 엄위하신 하나님의 섭리는 광대하기에 인간은 이해할 수 없다.

하나님은 이사야를 통해 자기 백성에게 도전하신다. "너희는 눈을 높이 들어 누가 이 모든 것을 창조하였나 보라"(사 40:26). 이스라엘의 하나님이 만유를 창조하시고, 열방과 만민도 창조하시고, 모든 존재를 섭리하고 통치하신다. 하나님은 세상의 위대한 자들을 세워 하나님의 뜻을 성취하신다. 하나님은 별들을 창조하여 운행하게 하신다. 하나님은 포로 생활로 낙심한 백성들의 하나님에 대한 잘못된 생각을 꾸짖으신다. 하나님에 대한 우리의 생각은 결코 충분히 크지 않다. "그런즉 너희가 나를 누구에게 비교하여 나를 그와 동등하게 하겠느냐"(사 40:25).

하나님을 잘 모르면 자기 자신도 제대로 모르게 된다. 그러면 자기를 낮게 보고 자신을 창조하신 하나님에 대해 원망하고 불평하게 된다. 그래서 하나님은 우리 자신에 대한 잘못된 생각도 꾸짖으신다. 또한 우리가 하나님의 엄위하심을 더디 믿는 것도 꾸짖으신다. 하나님은 이렇게 말씀하시는 듯하다. "도대체 무엇이 문제란 말이냐?" "오직 여호와를 앙망하는 자는 새 힘을 얻으리니 독수리가 날개 치며 올라감 같을 것이요 달음박질하여도 곤비하지 아니하겠고 걸어가도 피곤하지 아니하리로다"(사 40:31).

지혜로우신 하나님

성경이 말하는 지혜는 영리함, 지성, 지식과는 다르다. 이는 도덕적 속성이기도 하다. 성경적 의미에서 지혜로우려면 우리의 지성과 영리함이 올바른 목적을 위해 선용되어야 한다. 지혜는 최선이며 최고인 목표와 그것을 달성하기 위해 가장 확실한 수단을 선택하는 능력이다. 지혜는 도덕적 선의 실제적 측면으로, 오직 하나님 안에서만 완전하게 발견된다. 지혜는 하나님의 본질이다.

패커는 '인간의 지혜'와 '하나님의 지혜'를 변별하라고 한다. 모사 아히도벨은 지혜롭다고 알려진 인물이었다. 오죽했으면 아히도벨의 지혜를 하나님의 지혜로까지 여겼겠는가. 하지만 아히도벨의 지혜는 결국 인간의 지혜에 불과함이 드러났다. 그의 지혜는 반란 주동자 압살롬에게 거절되었고, 결국 그는 자결로 생을 마무리했다(삼하 17:23). 아히도벨의 지혜는 잘못된 목적을 지향한 것이었고, 안 좋은 수단을 동원했고, 목적을 이룰 수 있는 능력이 결여되었기 때문이다.

하나님의 지혜는 하나님의 전능하심과 결합되어 있기에 결코 좌절되지 않는다. "지혜와 권능이 하나님께 있고 계략과 명철도 그에게 속하였나니"(욥 12:13).

"능력이 없는 지혜는 애처로운 상한 갈대이며, 지혜가 없는 능력은 공포의 대상이다."

하나님 안에는 무한한 지혜와 무한한 능력이 결합되어 있기 때문에, 그분은 우리의 완전한 신뢰를 받으시기에 합당하다. 하나님의 창조, 섭리, 은혜의 사역은 하나님의 지혜를 드러내 보여 준다. 또한 하나님의 지혜는 세상의 목적을 지향하지 않는다. 사람들은 행복, 건강, 재물, 권세 등을 목적으로 한다. 그들의 지혜를 총동원해 이런 것들을 쟁취하려 한다. 하나님의 지혜는 창조물을 통해 하나님을 찬양하며, 하나님의 뜻에 따라 선용하고, 하나님을 사랑하고 경외하는 것을 목적으로 한다. 하나님의 영광이 되고, 결국 우리의 영광이 되게 하는 것이다. 인간을 죄에서 구원하고 하나님을 향한 믿음과 소망과 사랑의 관계로 들어오게 하는 것이다.

하나님의 지혜가 성경 인물들을 통해 어떻게 드러났는가? 아브라함은 우유부단하고 책임감도 부족했다. 그는 위기를 모면하기 위해 자신의 꾀를 짜내서 아내를 누이라 불렀고, 하갈을 통해 자식을 낳고자 했다. 하지만 아브라함의 지혜는 수치와 낭패만을 가져왔다. 아브라함은 점차 하나님의 임재 안에 사는 법을 배우면서 하나님의 뜻을 신뢰하고 기다리며, 성취하고 순종했다. 아브라함의 삶은 하나님의 지혜를 깨달아 배우는 여정이었다. 그가 믿음의 아버지, 열국의 아버지가 된 것은 하나님의 지혜를 따른 결과다.

야곱은 잔꾀의 대가였다. 이것도 지혜라면 지혜다. 그는 아버지 이삭과 형 에서를 감쪽같이 속였다. 심지어 그의 장인이요 외삼촌인 라반도 궤계를 써서 속였다. 하지만 그가 얻은 것은 고난, 도피, 가정불화, 야반도주, 쫓김, 절체절명의 위기뿐이다. 그의 인생길은 험악한 나그넷길이었다. 하지만 하나님의 지혜를 따르면서 그의 삶은 안정되었고 이스라엘 열두 지파의 시조가 되었다.

요셉은 야곱의 편애를 받는 아들로서 형들의 비리를 고자질하곤 했다. 하지만 애굽에서 고난을 받는 중에는 하나님의 지혜를 따라 인내했다. 그 결과 하나님의 섭리로 영광의 자리에 올라섰고 세상과 가족을 구원하는 자가 되었다.

여기에서 생각해 봐야 할 것이 있다. 지금 우리가 당하는 고난에 내재된 하나님의 목적을 당장 알 수 없다면 어떻게 대처해야 하는가? 그저 모든 것을 하나님으로부터 온 것으로 여기고, 말씀에 귀를 기울여야 한다. 그 상황에서 하나님의 얼굴을 찾아야 한다. 그리하면 하나님이 지혜를 주실 것이다. 그 지혜를 따르면 구원을 받고 영광을 얻게 된다. 바울은 육체의 가시를 두고 세 번 간구했다. 그런데 뜻밖에도 하나님의 응답은 이것이었다. "내 은혜가 네게 족하도다 이는 내 능력이 약한 데서 온전하여짐이라"(고후 12:9). 바울은 자신이 받는 괴로움이 그리스도께 영광을 돌리기 위해 주어졌음을 깨닫고 하나님의 지혜를 받아들였을 뿐만 아니라 기뻐하기도 했다.

인간의 지혜가 아니라 하나님의 지혜를 구하라. 하나님은 그 지혜를 주겠다고 약속하셨다. "너희 중에 누구든지 지혜가 부족하거든 모든 사람에게 후히 주시고 꾸짖지 아니하시는 하나님께 구하라 그리하면 주시리라"(약 1:5). 참된 지혜자는 하나님이 지혜로우신 분임을 고백하고, 모든 일을 하나님 말씀에 비추어 하나님을 의뢰하고, 하나님을 위해 사는 자다. 인간의 사사로운 지혜는 우리를 결국 멸망으로 이끌어 갈 뿐이다.

하나님께 알려지는 삶

이처럼 패커는 하나님을 아는 것의 중요성을 강조했다. 우리 믿음의 대상이자 우리의 주 되신 분을 알지 못하면 안 된다. 우리가 하나님을 알 때 우리는 구원을 받고 영생을 얻게 된다. "영생은 곧 유일하신 참 하나님과 그가 보내신 자 예수 그리스도를 아는 것이니이다"(요 17:3). 하지만 우리는 하나님을 아는 것에서 멈추어서는 안 된다. 우리도 하나님께 아신 바가 되어야 한다. "내가 너희를 도무지 알지 못하니 불법을 행하는 자들아 내게서 떠나가라"(마 7:23). "이제는 너희가 하나님을 알 뿐 아니라 더욱이 하나님이 아신 바 되었거늘 어찌하여 다시 약하고 천박한 초등학문으로 돌아가서 다시 그들에게 종노릇하려 하느냐"(갈 4:9). "나는 선한 목자라 나는 내 양을 알고 양도 나를 아는 것이 아버지께서 나를 아시고 내가 아버지를 아는 것 같으니 나는 양을 위하여 목숨을 버리노라"(요 10:14-15). 하나님을 알고, 하나님의 기쁘신 뜻대로 순종함으로 하나님께 유명하기를 바란다.

18

신앙이 없으면 자연의 아름다움도 덧없다 | 알리스터 맥그래스

고린도후서 3:13-16

기독교 변증가, 알리스터 맥그래스

M 북아일랜드 벨파스트 태생인 알리스터 맥그래스(Alister McGrath, 1953-현재)는 옥스퍼드 대학에서 분자생물학 박사(22세), 신학박사(24세), 문학박사 학위를 받았다. 이후 그는 역사신학 교수, 과학과 종교 석좌교수로 봉직했다. 맥그래스는 판타지 소설인《에이딘 연대기》(포이에마, 2013)를 저술하기도 했다.

청소년 시절에는 무신론에 심취했으나 과학사와 과학철학을 공부하는 동안, 과학 이론으로 설명할 수 없는 세계가 있다는 것을 깨달아 기독교에 관심을 갖게 되었고, 치열한 지적 탐구 끝에 결국 기독교로 회심했다. 맥그래스의 이러한 구도적 여정을 보여 주는 책이《지성적 회심》(생명의말씀사, 2021)이다. 이후 그는《신학이란 무엇인가》(복있는사람, 2020),《종교개혁 시대의 영성》(좋은씨앗, 2021) 등을 집필했다.

맥그래스는 리처드 도킨스(Richard Dawkins)나 크리스토퍼 히친스(Christopher Hitchens) 같은 무신론 과학자들과의 논쟁을 통해 기독교 변증가로서의 면모를 드러내며 "과학에 과학으로 답할 수 있는 유일한 신학자"라는 평가를 받게 되었다. 이런 관점에서 맥그래스는《도킨스의 신》(SFC, 2017),《도킨스의 망상》(살림출판사, 2008),《과학과 종교 과연 무엇이 다른가?》

(LINN, 2013) 등을 집필했다.

이 장에서 다룰 맥그래스의 책은 《삶을 위한 신학》(2010 / IVP, 2014)이다. 이 책 원제는 《Mere Theology》, 직역하면 《순전한 신학》인데, 이는 C. S. 루이스(C. S. Lewis)의 《순전한 기독교》(Mere Christianity)의 제목을 패러디한 것이다. 영어 'mere'은 '부가된 것이 없는 본연의'라는 의미다. 신학은 그 신학을 하는 사람이나 학파에 따라 독특한 관점과 사상들이 녹아 있기 마련이지만, 맥그래스는 이 책을 통해 '신학이라는 것의 근본적인 의미와 효용성'을 탐구하고자 했다.

맥그래스에 따르면, 신앙은 관계의 문제이자 하나님에 대한 신뢰인 반면, 신학은 지성의 열정으로 하나님에 대해 더 많이 알고자 하는 갈망이다. 그는 가장 바람직한 신학은 그리스도인들이 삶과 섬김으로 성찰을 실천하는 것이라 보았다. 신앙을 통해 이해한 것을 말로 설명하려는 시도, 즉 "이해를 추구하는 신앙"이 신학인 셈이다. 맥그래스에게 신앙과 신학은 서로 멀리 떨어져 있지 않고 유기적인 관련을 맺고 있다.

맥그래스는 성경(영감), 이성(계시와 신비), 전통을 신학의 세 가지 주요한 원천으로 보았다. 이성을 신학의 중요한 원천으로 삼았지만 성경의 영감성을 받아들인다는 점에서 독일 자유주의 신학자들과는 궤를 달리한다. 이성은 계시, 신비와 보조를 맞추어야 한다고 보았다. 계시와 신비는 믿음의 영역이다. 계시는 인간의 이성을 침해하는 것이 아니라 한계를 보여 주고, 그 한계 너머에 있는 것을 맛보게 해 준다. 이성은 우리를 어느 정도까지는 데려갈 수 있다. 그러나 나머지 길은 믿음으로 가야 한다. 신앙은 이성과 대치되는 것이 아니고 이성을 초월하는 것이다. 신앙은 이성적인 동의를 끌어내고 요청하지만 강요하지는 않는다. 전통으로는 예배를 들 수 있다. 신학이 따분하고 진부해질 때 예배는 신학에 생기를 불어넣을 수 있다고 본다. 예배는 신학의 배경(context)일 뿐 아니라 교정자의 역할을 한다. 참된 신학은 목회, 선교, 예배를 통해 말씀을 실천할 때 이루어진다.

복음과 현실의 변화

맥그래스에 따르면, 신학은 이 세상을 올바른 관점으로 바라볼 수 있게 해 준다. 신학은 분별력, 상상력, 지도, 해석의 틀, 바뀐 세계관을 제공한다. 예수님의 이적 중에는 맹인의 눈을 고쳐 주신 기사가 많다. 이는 역사적 사실이면서, 동시에 비유이기도 하다. 예수님은 육신의 질병을 치유하실 뿐만 아니라 사람의 안목을 열어 주시고 밝혀 주신다는 알레고리다. 어거스틴(Augustine)은 "하나님의 은혜는 마음의 눈을 치유하며 이를 통해 우리는 파편화되고 왜곡된 세계가 아니라 있는 그대로의 세계를 볼 수 있다"라고 말했다.

맥그래스는 조지 허버트(George Herbert)의 시 "창"(The Windows)을 인용해 설교와 설교자에 대한 정의를 내린다. 이 시에서 허버트는 설교자란 하나님의 진리를 보는 '창'이라고 했다. 설교를 통해 창문을 열어 줌으로써 설교를 듣는 이들이 새로운 관점을 얻게 해 준다. 이를 통해 하나님의 진리는 단순한 지식을 넘어 실제 생활에 영향을 미치게 된다. 아이리스 머독(Iris Murdoch)은 "눈을 뜨고 있다고 해서 항상 눈앞의 것을 보는 것은 아니다. 우리의 마음은 끊임없이 움직이며 괜한 근심거리를 만들어 내고 종종 기만적인 장막을 만들어 낸다. 그것 때문에 우리는 세상을 온전하게 볼 수 없다"고 했다. 장막은 제거되고 우리의 눈은 치유되어야 한다. 이것은 인간의 노력이 아닌 하나님의 은혜의 결과다.

복음이 가져오는 안목의 변화를 설명하기 위해 맥그래스는 고린도후서 3장 13-16절을 예로 든다. 이 본문에는 "수건"이란 단어가 6회 나온다. 수건은 헬라어로 '칼륌마'인데, 베일, 덮개, 가리개 등을 의미한다. 광야에서 이스라엘 자손이 모세 얼굴의 광채를 보고 가까이하기를 두려워하자 모세는 수건으로 얼굴을 가렸다(출 34:33). 아마도 모세의 입장에서는 백성들이 자기를 높이고 심지어 신격화할까 염려해 수건을 썼을 것이다.

하지만 모세가 수건을 쓴 것은 상징적인 행위로서, 구약의 율법이 보여주는 하나님의 영광의 광채는 부분적이고 일시적임을 암시한다. 율법도 하나님이 주신 것이기에 그 안에 영광이 담겨 있다. 당시에는 율법도 이스라엘 백성의 눈을 부시게 할 만큼 장엄한 것이었다. 그러나 신약의 그리스도와 복음 안에서 비치는 하나님의 영광에 비하겠는가! 구약의 율법이 전등이라면, 그리스도의 복음은 태양 빛에 비견될 것이다.

유대교인들은 여전히 수건을 쓴 채 하나님의 영광의 빛을 온전히 보지 못하고 있다. 또한 구약 성경을 문자주의적으로 해석하려는 사람들도 여전히 수건을 쓰고 있는 것이다. 그리스도 안에서, 성령을 통해서만 수건이 온전히 벗겨진다. 그리스도의 복음을 통해 수건을 벗은 얼굴로 하나님의 영광을 보게 된다. 그리스도를 믿는 자들은 하나님의 영광의 빛을 보고, 하나님의 형상으로 변화해 영광에서 영광에 이른다. 계시를 통해 수건이 벗겨진다. 우리의 안목이 열리게 된다.

복음으로 인한 우리 안목의 변화는 행실의 변화로 이어진다. 우리는 말씀을 들을 때, 기도할 때, 예배할 때 변화를 경험한다. 사실 복음은 설명이 아니라 구원, 즉 인간의 변화에 관한 것이다. 신약의 일차적인 관심은 나사렛 예수의 삶, 죽음, 부활을 통한 인간 존재의 변화에 있다. 신약은 복음의 변화시키는 능력을 증언하며, 사물을 보는 관점의 변화를 불러온다. 사도행전에서 세 번이나 자세히 묘사된 바울의 회심은 이를 극적으로 보여 준다. 바울은 그리스도인의 변화에 대해 다음과 같이 말한다. "너희는 이 세대를 본받지 말고 오직 마음을 새롭게 함으로 변화를 받아 하나님의 선하시고 기뻐하시고 온전하신 뜻이 무엇인지 분별하도록 하라"(롬 12:2).

맥그래스는 연금술 이미지를 통해 영적 변화를 설명한다. 비록 실패로 끝났지만 연금술은 일반 금속을 금으로 바꾸려는 시도였다. 말하자면, 복음은 은혜의 연금술이다. 복음은 일상을 초월로, 평범한 것을 천상의 것으로, 죽음을 영생으로 변화시킨다. 복음을 통해 우리 관점이 극적으로 변하고, 이어서 우리 행동도 극적으로 변화된다. 약을 상처에 바르듯이 은혜가 부어지면 사람이 말끔히 치유된다. 맥그래스는 교회의 설교와 성례전을 통해 이런 변화의 능력이 부어진다고 보았다. 영혼의 양약이 주어지는 것이다.

M

자연은 하나님의 영광의 무대

기독교적 자연관에 의하면, 자연은 해석되는 존재다. 자연 세계는 하나님의 창조물로서 하나님의 소유이며 인간에게 위탁된 것이다. 인간은 하나님의 형상을 지니고 있지만, 이것은 특권이 아니라 책임이다.

자연은 하나님의 모습을 드러낸다. 오늘날 우리는 차갑고 추상적이며 분석적인 과학의 눈으로 자연을 보는 시대에 살고 있다. 그러나 기독교적 관점이 현대 과학의 등장에 중요한 역할을 했다. 기독교 신앙은 자연을 더 멀리, 더 깊이 봄으로써 자연 안에 창조자이며 구원자이신 하나님의 흔적이 점점이 박혀 있고, 하나님을 상기시키는 것들이 빛나고 있으며, 하나님의 상징들이 아로새겨져 있음을 알게 되었다. "하늘이 하나님의 영광을 선포하고 궁창이 그의 손으로 하신 일을 나타내는도다"(시 19:1). 장 칼뱅(Jean Calvin)은 자연 세계를 "하나님의 영광의 무대"라고 했다. 창조 세계에는 하나님의 영광이 반영되어 있다. "여호와 우리 주여 주의 이름이 온 땅에 어찌 그리 아름다운지요 주의 영광이 하늘을 덮었나이다"(시 8:1).

맥그래스는 신앙이 없으면 자연과학도 아무런 의미가 없다는 것을 체험적으로 간증한다.

"어린 시절의 나는 신에 대해서는 관심이 없었지만, 망원경으로 별자리를 관찰하며 자연의 경이로움에는 깊이 감탄하는 무신론자였다. 그러나 내가 보고 있는 별의 모습이 현재가 아닌 과거의 모습이라는 것을 알게 되었고, 별들을 인간의 덧없이 짧은 생명을 상기시키는 죽음의 상징으로 느끼게 되자, 우주의 아름다움도 내게 큰 의미가 없어졌다. 나의 하찮음, 세계의 허무함과 무의미함을 대하면서 좌절을 느꼈다." "하나님의 렌즈를 통해 세상을 본다면 어떨까? 기독교의 의미 지도를 통해서 본다면? 나는 신앙의 관점에서 밤하늘을 볼 때 다르게 보인다는 것을 발견했다. 나는 내가 소중한 존재라는 것을 깨달았다. 하나님의 크고 위대하심을 깨닫는다." "기독교 신앙은 탁월한 안경을 제공하여 육안으로 관찰할 수 있는 것의 한계를 넘어 의미와 가치를 파악하여 더 풍성한 영역으로 들어가게 해 준다."

"주의 손가락으로 만드신 주의 하늘과 주께서 베풀어 두신 달과 별들을 내가 보오니 사람이 무엇이기에 주께서 그를 생각하시며 인자가 무엇이기에 주께서 그를 돌보시나이까"(시 8:3-4). 우리에게는 이 세상과 우리 자신을 이해할 수 있게 해 주는 위대한 이야기가 필요하다. 자연 자체로는 이것을 알 수가 없다. 우리는 단순히 세상의 것들이 어떻게 돌아가는지가 아니라, 그것들이 무엇을 의미하는지 알고 싶은 것이다.

"나는 과학을 사랑하는 젊은 학생이었지만, 과학이 완벽한 것은 아니라고 생각했다. 과학은 사물이 어떻게 작동하는지 이해하는 데 도움을 주지만, 과연 그것이 무슨 의미가 있을까? 과학은 내가 어떻게 이 세상에 존재하게 되었는지를 묻는 말에 분명한 답을 줄 수 있지만, '나는 누구인가?', '내가 왜 이곳에 있는가?',

'나는 변화될 수 있는가?', '인생의 의미는 무엇인가?'라는 더 깊은 질문에는 대답할 수 없었다."

과학이 세계가 어떻게 작동하는지를 이해하는 학문이라면, 신학은 이러한 것들이 가지고 있는 의미를 추구하는 학문이다.

자연과학은 만능이 아니다. 자연과학은 신앙을 친구로 삼아야 한다. 우리에게는 과학이 실재에 대해 제공하는 부분적인 이야기 이상의 큰 이야기가 필요하기 때문이다. 단순한 인지적 기능이 아닌 실존적 깊이를 소유한 '우주에 대한 필수 개념', 즉 '큰 그림'(big picture)이 필요하다. 과학이 지닌 위대한 지적 덕목은 과학 자신의 한계를 안다는 것이다. 과학은 증거에 근거해 답할 수 있는 질문에만 대답하는데, 우리 인간의 호기심은 그 이상을 원한다.

"우리는 궁극적인 질문들을 피할 길이 없다. 과학적 진리는 정확하지만 완전하지는 않다."

기독교는 의미망(a web of meaning)을 제공해 준다. 이는 마치 산꼭대기에 올라 마을, 평지, 시내, 숲을 내려다보는 것과 같다. 우리는 큰 그림을 이해하고 그 속에서 우리의 위치를 찾아야 한다. 작은 것들은 큰 그림의 일부를 이루고 있을 뿐이다. 우리 힘으로는 큰 그림 전체를 온전히 이해할 수 없다. 그래서 외부의 도움이 필요하다. 그것이 바로 계시다.

그런 점에서 성경과 기독교는 자연과학에게 의미망과 연결망을 제공해 준다. 과학은 사물을 분리해 그것들이 어떻게 작동하는지를 보는 데 탁월하다. 반면 믿음은 그것들을 다시 모아서 무엇을 의미하는지 보게 한다. 기독교는 합리적 과학의 실용성을 부인하지 않는다. 다만 온전한 이야기를 위해서는 필요한 말이 더 있다. 과학에 보충해야 할 것이 있다고 말하는 것이다. 여러 가지 색의 조합으로 하나의 멋진 작품이 만들어지듯이 말이다. 사실 우리는 우리 앞의 이야기와 뒤의 이야기를 잃어버렸다. 복잡한 영화가 상영되는 중간에 영화관에 들어간 사람과 같다. 그래서 우리에게는 지금 보고 있는 이야기를 해석할 큰 이야기가 필요하다.

맥그래스는 자연과학을 맹신하는 사람들에게 따끔한 경고를 던진다.

"나는 무신론의 지적인 논거가 내가 추정한 것보다 훨씬 탄탄하지 않다는 것을 알게 되었다. 기독교가 무신론보다 현실에 더 포괄적이고 일관성 있으며 설득력 있는 설명을 제공한다는 것을 깨달았다. 기독교는 이중적인 합리성이 있는 것 같았다. 기독교 자체로 타당할 뿐만 아니라, 그 밖의 모든 것을 타당하게 해 준다."

사실 맥그래스의 이 말은 C. S. 루이스의 말을 인용한 것이다. "내가 기독교를 믿는 이유는, 태양이 떠오른다는 것을 믿는 것과 같다. 태양을 보았기 때문만이 아니라 태양을 통해서 다른 모든 것을 보기 때문이다." 여기서 기독교, 신앙, 성경은 조명의 역할을 한다. 하나님은 빛으로 세상을 비추시고 지금 보고 있는 것을 이해할 수 있게 해 주신다. 인간의 관점이 거룩하게 바뀐다.

루이스는 기독교 신앙의 합리성을 숙고하도록 많은 도움을 주었다. 기독교 신앙을 받아들이는 것이 지성을 포기하는 것이 아님을 제대로 알려 주었다. 복음은 인간 지성을 배척하거나 약화시키지 않는다. 오히려 인간 이성이 신앙을 통해 조명되고 활기를 얻어 자연적 한계를 넘어서게 된다. 기독교는 자기 경험을 초월해 더 위대한 무언가와 연결되도록 돕는 길을 제시한다. 생물학자 피터 메더워(Peter Medawar)가 "오직 인간만이 자신이 서 있는 땅 조각 이상을 조명하는 빛에 힘입어 길을 찾아간다"라고 말한 것도 이와 동일한 취지다.

《삶을 위한 신학》 7장에는 맥그래스의 간략한 지성적 간증이 나온다. 그는 버트런드 러셀(Bertrand Russell)을 읽으며 "나는 삶에 아무런 의미도 없다는 사실을 알았다. 나는 맹목적인 우주적 힘의 우연한 부산물이었고, 목적이 아니라 단지 방향에 대해서만 말할 수 있는 우주의 거주자일 뿐이다. 나는 하나님을 믿는 사람들보다 지적으로 우월하다는 자부심만 있었다. 나는 인간의 고통스럽고 덧없는 삶을 깊이 생각하기 시작했다"라고 회상했다. 하지만 결국 궁극적인 질문 앞에서는 꿀 먹은 벙어리가 될 수밖에 없음을 경험했다.

"나는 누구인가? 나는 정말 중요한가? 왜 내가 여기에 존재하는가? 나는 변화될 수 있는가? 과학이나 인간의 이성은 이런 질문에 대답할 수 없다. 그러나 이런 질문들의 해답을 찾지 못하면 삶은 무의미해질 가능성이 있다. 삶의 진짜 큰 질문들은 인간 이성이 증명할 수 있는 것을 훨씬 넘어선다."

맥그래스는 이러한 구도자적 탐구를 지속적으로 이어 갔고, 종국에는 자연과학적 맹신에서 벗어날 수 있었다.

"나는 계속 수학, 물리학, 화학을 공부했고, 옥스퍼드에서 장학금을 받고 화학을 공부했다. '과학의 역사와 철학' 도서관 서가에 있는 책들 중 칼 포퍼나 토마스 쿤의 책을 읽으면서 과학적 지식의 신뢰성과 한계에 대해 질문을 하기 시작했다. 자료만으로는 이론을 확실히 증명할 수 없고, 과학의 역사에서 이론이 근본적으로 수정되어 왔고, 중대한 실험을 고안하는 것이 무척 어려우며, 주어진 일련의 관찰 내용을 가장 잘 설명하는 이론을 결정할 때 엄청나게 복잡한 문제들이 관련되어 있다는 것을 알았다. 이것은 순수한 물이라고 여겼던 과학적 진리를 흙탕물로 만들어 버렸다.

나는 과학적 방법에도 한계가 있으며 광대한 지적, 미학적, 도덕적 영역이 과학적 방법 너머에 있다는 사실을 이해하기 시작했다. 과학적 실증주의가 다소 유

M

치하다는 것을 깨닫고 어쩔 수 없이 포기하고, 하나님에 대한 질문을 포함하여 이전에는 무의미하거나 무가치한 것으로 치부했던 일련의 모든 질문들을 다시 탐구하기 시작했다. 과학과 종교가 상극이라고 생각했던 것에서 점차 비판적이지만 건설적인 시너지를 나타내고, 아울러 지적인 풍요를 획득할 수 있는 엄청난 가능성으로 보였다. 리처드 도킨스는 과학과 종교를 전쟁으로 본다. 과학자는 무신론자가 되어야 한다고 한다. 그러나 과학도 사실과 가정에 근거한다. 다양한 차원의 설명이 서로 보완, 수정, 발전한다. 과학적 설명과 종교적 설명이 서로 보완할 수 있다."

맥그래스는 자연과학의 이론 중 하나인 빅뱅도 종교적으로 수용 가능성이 있다고 말한다. 창세기 1장에 기록된 하나님의 최초의 창조 행위는 최초의 우주적 사건인 빅뱅의 형태를 띨 수도 있다. 폭발은 오랜 시간을 거쳐 별과 행성을 형성하고 생명체의 발생과 변화에 적합한 조건을 만들었을 수 있다고 맥그래스는 말한다. 그리스도인은 하나님이 세계를 창조하시고 의도된 결과를 향해 세계를 이끌어 가신다고 믿는다. 어떤 사람은 하나님이 직접 개입하셨다고 생각하고, 어떤 사람은 하나님이 세계를 창조하셨지만 자연의 힘을 통해 세계 창조의 목적을 성취하신다고 생각한다. 이런 각각의 설명은 서로 모순되기보다는 서로를 보완할 수 있다고 한다.

사실 이런 창조론은 기독교 신학을 정립한 어거스틴에 의해서도 주창된 바 있다. 어거스틴은 자연을 씨앗에 비유해 설명한다. 하나님은 씨앗을 만드셨고, 이 씨앗은 적절한 때에 자라서 성장할 것이다. 창조 질서는 하나님이 심으신 인과관계로서, 나중에 나타날 수 있다. 물론 창조가 이루는 발전은 하나님의 주관적 섭리에 종속된다. 하나님은 순식간에 세계를 창조하셨지만 그것을 계속 발전시키시고 형성해 나가신다. 따라서 창조를 연대기적인 관점에서 6일 만에 완결된 것으로 이해해서는 안 된다고 한다. 소위 '창조의 6일'은 창조된 세계의 구성 요소를 분류하는 틀로, 창조 세계를 더 잘 이해하고 인식하게 한다는 것이다.

창조에는 두 개의 순간이 있다. 하나님이 우주를 창조하신 일차적인 행위와 섭리에 따라 인도하시는 지속적인 과정이다. 창조는 하나의 사건일 뿐 아니라 과정이다. 여하튼 이런 관점을 통해 창조주 하나님은 현재도 일하고 계신다는 것을 이해할 수 있다고 한다. "예수께서 그들에게 이르시되 내 아버지께서 이제까지 일하시니 나도 일한다 하시매"(요 5:17).

계시와 이성, 성경과 자연의 조화

맥그래스는 그 외에 새로운 무신론의 뿌리를 고찰하면서 이것이 대단히 위험하다는 것을 논파한다. 사실 무신론은 잃어버린 하나님을 다른 것으로 대체하려고 필사적으로 노력한다. 하나님 개념을 거부하는 사람들은 자유나 평등의 개념과 같은 대체물을 이상화하는 경향을 보인다. 그리고 그런 개념들이 아무도 도전할 수 없는 신적인 권위를 가진다. 프랑스 혁명을 보라. 하나님이 없어진 자리를 인간이 차지했다. J. R. R. 톨킨(J. R. R. Tolkien)은 나치주의와 스탈린주의의 등장이 초래할 타락과 잔인함의 깊이를 통찰했다. "나는 사람들이 말하는 진보 시대와 함께 걸어가지 않을 것이다. 일어나서 지혜로워져라. 그들의 진보는 그 앞에 열려 있는 어둠의 심연으로 나아가기 쉽다." 무신론은 정치적 유토피아를 표방하지만, 실제로는 디스토피아를 만들어 낼 뿐이다.

신앙은 자연과학의 역사적 기원과 바른 설명을 제공한다. 올바르고 현명하게 사용한다면 과학은 신앙에 도전하기는커녕 오히려 하나님의 영광을 발견하는 관문이 될 것이다. 신학은 더 넓은 관점으로 우리 일상생활을 조망해 현실의 모습을 바르게 보여 준다. 이전에는 그 자체가 절대적인 목적이었던 세상이 이제 더 큰 것으로 들어가는 문이 된다. 하나님은 계시와 이성, 성경과 자연, 모두를 통해 자신을 계시하시고 인류를 구원으로 초대하신다.

Martyn Lloyd-Jones.

Richard Baxter.

John Bunyan.

G. K. Chesterton.

John Stott.

John Ryle.

Alister McGrath.

David Livingstone.

Dorothy Leigh Sayers.

William Wordsworth.

II
살다

JOHN OWEN

THOMAS WATSON

JOHN WESLEY

JOHN WESLEY

CHARLES WESLEY

GEORGE WHITEFIELD

WILLIAM WILBERFORCE

CHARLES SPURGEON

CHARLES SPURGEON

CHARLES SPURGEON

OSWALD CHAMBERS

C. S. LEWIS

C. S. LEWIS

MARTYN LLOYD-JONES

JOHN STOTT

JOHN STOTT

JAMES PACKER

ALISTER MCGRATH

19
행복은 죄 죽이기에 달렸다 | 존 오웬
로마서 8:12-14

참된 행복은 무엇일까?

"당신은 행복이 무엇이라고 생각해요?" 아내가 물었다. 아마도 책을 읽다 저자의 생각과 필자의 생각을 견주어 보기 위해 던진 질문이리라. 필자는 행복이란 '결핍을 느끼지 않는 상태'라고 생각한다. 문제는 '결핍을 느끼지 않는 것'이 모든 것을 충만히 소유하고 있다는 의미는 아니라는 것이다. 막대한 돈을 소유 했으면서도 늘 부족함을 느끼며 살아가는 거부들이 많다. 이미 상당한 권력을 누리고 있음에도 여전히 권력 사다리의 꼭대기에 도달하지 못해 안달복달하는 사람들도 많다.

그렇다면 행복은 이 땅에서는 절대로 향유할 수 없는 허구적인 가치일까? 아니다. 이 땅에서도 행복을 누릴 수 있다. 행복이 기독교의 최고 가치는 아니지만, 여전히 중요한 가치임에는 틀림없다. 결핍이 채워진 사람, 그래서 결핍을 느끼지 않는 사람은 밖으로 감사를 표하게 된다. 그래서 그리스도인에게 있어 감사는 행복감 지수라고 할 수 있다. 감사가 넘치는 사람은 행복이 충만한 사람이다.

감사가 풍성해지기 위해서는 하나님을 우리 삶의 주인으로 모셔야 한다. 무한하신 하나님이 내 안에 계신다면 영육 간의 결핍이 채워지고 감사가 봇물 터지듯 쏟아져 나올 것이다. "내 잔이 넘치나이다"(시 23:5). 반면 세상 사람들은 아무리 노력해도 참된 행복에 이르기 어렵다. 자족하거나 감사하기 어렵기 때문이다. 참된 믿음은 우리를 참된 만족과 감사와 행복으로 인도한다.

참된 행복을 추구한 존 오웬

그리스도인의 참된 행복을 추구한 대표적인 목사가 바로 존 오웬(John Owen, 1616-1683)이다. 아직 오웬에 대해서 잘 알지 못하고 큰 관심도 없던 때 영국 런던의 웨슬리 채플을 방문한 적이 있다. 길 건너편에 청교도들의 작은 묘지가 있었는데, 바로 번힐 필즈 베리얼 그라운드(Bunhill Fields Burial Ground)였다. 그곳에는 수잔나 웨슬리(Susanna Wesley)와 존 번연(John Bunyan)의 묘가 있었는데, 뜻밖에도 수잔나 웨슬리의 묘 옆에 존 오웬의 묘가 있었다. 그 일이 계기가 되어 오웬에 대해 관심을 갖고 연구하기 시작했다.

오웬은 1616년 웨일스의 청교도 가문에서 태어났고, 성장해서는 청교도 운동에 동참했다. 그는 영국 청교도 신학의 대표적인 인물이요 위대한 설교자로서 '청교도의 황태자'로 불렸으며, 개혁주의 경건의 핵심을 잘 표현한 인물이다. 그래서 오웬은 칼뱅 이후 가장 위대한 신학자로 불린다.

오웬은 신학뿐 아니라 현실 정치에도 적극 참여한 청교도였다. 그는 찰스 1세(Charles Ⅰ) 국왕이 처형된 다음 날 의회에서 설교했고, 호국경 올리버 크롬웰(Oliver Cromwell)의 전임 목사가 되었으며 청교도 신학을 널리 전파하는 데 큰 역할을 했다. 1651년 옥스퍼드 대학교 크라이스트처치 칼리지의 학장이 되었고, 1652년에는 크롬웰이 당연직 총장(국왕이 총장)으로 있는 옥스퍼드 대학의 부총장이 되었다.

옥스퍼드 대학의 교수와 학생은 모두 영국의 우수한 인재들이었고 동시에 모두 그리스도인이었다. 하지만 오웬이 옥스퍼드 대학에서 일하며 보니, 그들은 전혀 행복해 보이지 않았다. 오히려 무기력해 보였으며 도덕적으로 타락한 삶을 살고 있었다. 오웬은 이해할 수가 없었다. '왜 신자들이 이렇게 무기력할까?', '왜 영국 최고의 사람들인 이들도 영적으로 나태하고 부도덕한 삶에 매여 있을까?' 오웬이 찾아낸 원인은 바로 죄였다. 그들이 예수님을 영접하고 믿음으로써 거듭났지만, 여전히 죄성(罪性)이 남아 있어서 그들을 죄로 이끌며, 그들을 무기력하고 나태하고 부도덕한 삶으로 이끈다는 것을 깨달은 것이다.

그들을 행복하고 능력 있게 살게 하기 위해서는 그들 안에 내재한 죄성을 뿌리 뽑아야 했다. 오웬은 죄를 죽여야만 하나님의 자녀다운 삶을 살 수 있다고 믿었다. 이 사실을 깨달은 오웬은 이 문제에 천착하여 평생토록 연구하고 책을 쓰고 설교했다. 가톨릭과 국교회 지도자들이 죄는 깨닫게 하지만 치료책을 제시하지 않아 신자들이 괴로움 가운데 살아가는 것을 애통해하며 성경에서 치료법을 찾고자 했다.

이 문제와 관련해서 나온 대표적인 책이 《죄 죽이기》(*The Mortification of Sin*, 1656)다. 원제의 의미를 제대로 살려 번역하면 《죄를 굴복시키기》, 《죄에게 망신살 주기》, 《죄를 꼼짝 못 하게 만들기》 정도가 된다. 옥스퍼드 크라이스트처치 칼리지에는 학생들과 함께 예배드리고 강론할 수 있는 부설 예배당이 있었다고 한다. 오웬은 이 교회에서 옥스퍼드 대학 교수와 학생들을 상대로 "죄 죽이기"에 관한 주제로 설교와 강론을 했고, 사람들의 요청으로 이 내용을 책으로 출판하게 되었다. 《죄 죽이기》는 당시 13-17세였던 대학생들의 신앙을 바로 세워 그들로 하여금 경건한 삶을 살게 하기 위한 목적으로 기술된 책이었다.

오웬은 성경 구절 하나를 잡고 씨름했다. "너희가 육신대로 살면 반드시 죽을 것이로되 영으로써 몸의 행실을 죽이면 살리니"(롬 8:13). 특별히 조건 문으로 되어 있는 "육신대로 살면", "영으로써 몸의 행실을 죽이면"이라 는 구절에 주목해야 한다. 오웬에 따르면, '성도들이 지금 어떤 모습으로 살고 있는가'를 보면 그들의 마음과 정신의 상태를 알 수 있다.

당시 사람들은 하나님의 자녀다운 모습을 보이지 못하고 있었다. 종교 개혁을 통해 하나님의 은혜의 본줄기로 되돌아왔고 이신칭의라는 교리를 재발견했지만, 여전히 하나님의 구원의 은혜를 온전히 누리지 못하고 있 었다. 믿음으로 거듭난 자들이 왜 성화의 은혜를 얻지 못해 능력 있고 행 복한 삶을 살지 못하는가? 왜 하나님의 약속과 하나님의 능력을 체험하지 못하고 있는가? 그 이유는 '복음적 경건'이 사라졌기 때문이다. 죄를 죽이 고 성화를 이루기 위해서는 하나님의 은혜와 인간의 책임이 균형을 이루 어야 하는데 그렇게 하지 못했다. 그래서 신자들에게는 시험과 유혹을 이 기기 위한 좀 더 분명한 지침이 필요했다.

오웬은 이런 깨달음에 근거해 죄 죽이기는 영혼 안에 있는 죄 경향의 약화이며, 마음 안에 있는 죄 성향의 소멸로 가능하다고 생각했다. 중생의 은혜에 이어 성화의 은혜를 받기 위해서는 신자의 책임과 의무를 다해야 한다. 이 부분에서 문제가 생겼기 때문에 무기력하고 나태하고 비참하고 죄악 된 삶을 살아가는 것이다. 물론 신자의 책임과 의무가 인본적인 노력 을 강조하는 것은 아니다. 중생의 주체가 하나님이시듯, 성화의 주체 역시 하나님이심을 잊지 말아야 한다.

오웬은 신자 안에 남아 있는 죄에 대해 독특한 설명을 제시한다. 성경 에는 '남은 자(remnant) 사상'이 있다. 선민 이스라엘이 범죄로 인해 징계를 받은 때에도 하나님은 남은 자를 그루터기처럼 남겨 두셔서 훗날 그들을 통해 신실한 하나님의 언약을 이어 가신다는 것이다. 파멸의 재난 속에서도 새로운 생명과 열매를 소망하게 하는 약속이다. 오웬에 따르면, 예수님의 보혈로 죄가 다 소멸했지만, 하나님은 우리 안에 죄의 '잔존 세력'(remnant)을 남겨 두셨다. 이 잔존 죄악을 처리하기 위해서 인간은 평생 하나님과 함께 경건한 삶을 살아야 하는데, 그렇지 않으면 이 잔존 죄악이 신자의 발목을 잡게 된다.

죄 죽이기

오웬은 '죄 죽이기'에 대해서 다음과 같이 정의한다.

"① 죄 죽이기는 신자의 사역이다. 죄 죽이는 일은 신자의 평생에 걸친 의무다. ② 오직 성령만이 죄를 죽이실 수 있다. 주도적으로 이끄시는 분은 성령이시다. ③ 죄 죽이기는 영적 생명과 활력을 얻게 한다."

먼저 우리가 주목해야 할 것은 오직 믿음으로써 구원받았다는 사실을 확정하는 일이다. 바울은 로마서 8장 1-3절에서 믿음으로 의롭게 된 사람의 복된 지위에 대해 설명한다. 이 기초 위에서만 신자의 성화를 올바르게 이해할 수 있다. "그러므로 이제 그리스도 예수 안에 있는 자에게는 결코 정죄함이 없나니 이는 그리스도 예수 안에 있는 생명의 성령의 법이 죄와 사망의 법에서 너를 해방하였음이라 율법이 육신으로 말미암아 연약하여 할 수 없는 그것을 하나님은 하시나니 곧 죄로 말미암아 자기 아들을 죄 있는 육신의 모양으로 보내어 육신에 죄를 정하사"(롬 8:1-3).

바울은 예수 안에 있는 자에게는 더 이상 정죄함이 없고, 사망의 법에서 해방되었고, 율법과 육신으로 이룰 수 없는 일을 이루게 되었다고 선언한다. 3절을 통해서는 중생뿐 아니라 성화에서도 하나님의 인도하심에 따라 과거에는 불가능했던 일이 이루어질 수 있음을 이야기한다. 중생이 첫 번째 은혜라면, 성화는 두 번째 은혜다. 우리는 그리스도 안에서 두 번째 은혜를 받을 수 있다! 그리스도인은 첫 번째 은혜와 두 번째 은혜를 혼동하지 않아야 하며, 두 번째 은혜를 도외시한 채 살아서도 안 된다. 오웬은 바로 이 두 번째 은혜를 이루라고 권고한다.

로마서 8장 13절은 우리가 어떻게 두 번째 은혜를 받을 수 있는지를 가르쳐 준다. "너희가 육신대로 살면 반드시 죽을 것이로되 영으로써 몸의 행실을 죽이면 살리니"(롬 8:13). 신자의 현실의 삶에는 '육신'과 '영'이라는 두 차원이 존재하는데, 각각 '죽음'과 '생명'으로 귀결된다. '이것이냐 저것이냐', '이쪽이냐 저쪽이냐'의 선택의 기로에 서 있는 우리에게 오웬은 후자를 선택하라고 한다. 전체적으로 "~하면"과 같은 조건문으로 이루어진 구절인데, 각 조건문에는 의무와 약속과 수단이 나온다. 그리고 조건에 따른 결과도 확실하다. 몸의 행실을 죽이면 반드시 산다. 행실과 결실 사이에는 분명한 상관관계가 존재한다.

누구에게 이 의무가 주어졌느냐? 바로 너희들이다

죄를 죽이는 이 의무가 주어진 대상은 신자들이다. "너희"는 거듭난 신자를 의미한다. 더 자세히 말하자면 "너희"는 '예수 안에 있는 자'(롬 8:1), '정죄함이 없는 자'(롬 8:1), '육신에 있지 아니하고 영에 있는 자'(롬 8:9), '그리스도의 영으로 살리심을 받은 자'(롬 8:10-11)다. 오웬은 "참된 신자들은 그들을 정죄하는 죄의 권세로부터 확실하게 해방된 자들이긴 하지만, 그들 안에 내재하는 죄의 권세를 죽이는 것을 자신의 평생 과업으로 삼아야 한다"라고 했다. 이신칭의는 하나님 은혜의 종말이 아니라 은혜의 시작을 의미한다.

의무를 수행할 원인이자 수단은 무엇인가? 성령이시다

원어는 '에이 데 프뉴마티'라고 되어 있는데 '만일 영으로써'라는 뜻이다. 여기서 말하는 "영"은 인간의 영이 아니라 하나님의 영이다. 이 영은 예수를 살리시고, 우리를 살리시며, 우리 안에 거하시는 아버지의 영이시다(롬 8:11). 하나님은 삼위일체이시기 때문에 아버지의 영은 곧 아들의 영이시요 성령이시다. 그래서 다양한 표현들이 나온다. "영"(롬 8:4, 5, 6, 9, 13), "하나님의 영"(롬 8:9), "그리스도의 영"(롬 8:9), "예수를 죽은 자 가운데서 살리신 이의 영"(롬 8:11), "그의 영"(롬 8:11), "양자의 영"(롬 8:15), '말할 수 없는 탄식으로 우리를 위해 친히 간구하시는 성령'(롬 8:26) 등이다.

성령으로 말미암지 않고 죄를 죽이려고 하는 모든 시도는 헛되고, 성령 이외의 다른 방법들은 우리에게 절망만 남길 뿐이다. 오웬은 "이것은 성령의 일이다. 이 일은 오직 성령으로 말미암아서만 이루어질 수 있고, 그 밖의 다른 어떤 능력을 통해서도 이루어질 수 없다"라고 말한다. 죄 죽이기는 인격 수양이 아니다. 자신의 힘이나 방법으로 죄를 죽이려고 하는 시도는 '자기 의'로 귀결된다. 이는 세상 모든 거짓 종교의 실체다.

성령이 없는 모든 해결책은 헛되다. 성령은 죄를 제대로 깨닫게 하신다. 의가 무엇인지도 알게 해 주신다(요 16:8). 성령은 죄를 소멸하는 영이시다. 성령은 우리 안에서 성화를 시작하시고 완성하신다(살전 5:19, "성령을 소멸하지 말며"). 성령은 우리 영혼의 기도를 지원하신다(롬 8:26). 그리스도를 믿고 성령의 역사를 의지해야만 죄를 죽일 수 있다. 이런 점에서 오웬의 입장은 르네상스의 영향을 받은 알미니안주의(Arminianism)와 소시니안주의(Socinianism) 등 인본주의적 경건 운동과 구별된다.

신자의 의무는 무엇인가? 몸의 행실을 죽이는 일이다

"몸"은 무엇을 의미하는가? 몸은 육신을 의미하는데, 그것은 우리의 부패하고 타락된 본성이다. 불법의 종(롬 6:19)이자 죄악 된 욕망(롬 6:6)으로서 '옛 사람', '죄의 몸', '죄에게 종노릇'이라는 말과 일맥상통한다. 부패한 존재로서의 인간, 죄악 된 욕망들과 뒤틀린 정서들의 본거지, 한마디로 우리에게 남아 있는 죄를 "몸"이라고 한다.

"몸의 행실"은 무엇인가? '행실'은 헬라어로 '프락시스'로서 외적인 행위를 말한다. 갈라디아서 5장 19-21절에는 "육체의 일"이 기록되어 있다. 음행, 더러운 것, 호색, 우상 숭배, 주술, 원수 맺는 것, 분쟁, 시기, 분 냄, 당 짓는 것, 분열함, 이단, 투기, 술 취함, 방탕함 등이다. 갈라디아서 5장 24절에서는 "몸의 행실"을 육체, 정욕, 탐심으로 말한다.

'죽인다'는 것은 죄의 권세와 능력을 성령으로 제거하는 것, 즉 십자가에 못 박는 것을 의미한다. 우리 몸에 남아 있는 죄를 죽임으로 죄가 더 이상 권능을 가지고 육신의 일이나 행실들을 생산할 수 없게 하는 것이다. 죄가 육체의 일이나 행실을 일으킬 능력을 가질 수 없도록, 다시 말해 죄를 불임 상태로 만드는 것이다.

가톨릭이 말하는 죄 죽이기에는 심각한 오류가 있다. 죄악 된 욕망을 죽일 수 있으려면 먼저 믿음이 필요한데, 그들은 믿음의 중요성을 간과하면서 죄를 죽일 것을 요구한다. 성령 없이 고행이나 금식 등 인간의 힘으로 하려는 것이다. 이는 참으로 어리석은 지침이다. 이런 인본적인 구원론은 불교나 타 종교에서 많이 발견된다. 기독교는 처음부터 끝까지 은혜의 종교다.

하지만 모든 책임을 성령에 돌리고 자신은 전혀 힘쓰지 않는 것도 잘못이다. 성령은 우리 안에서 우리와 함께 일하시는 분이다. 우리에게 억지를 가하시거나 우리 없이 혼자 일하시는 분도 아니다. 은혜는 무자격자가 거저 받는 것이다. 하지만 은혜의 강조가 우리의 노력이 무의미하거나 불필요하다는 의미는 아니다. 은혜는 인간의 협력을 배제하지 않는다. 우리가 성령의 도우심으로 죄 죽이기에 힘쓸 때 우리 안에서 은혜가 비로소 활성화된다.

"우리의 영적 생명의 활력과 권능과 위로는 육신의 행실을 죽이는 일에 달렸다."

의무를 수행했을 때 어떤 약속이 주어지는가? 살게 된다

하나님의 약속은 우리의 생명이다. 여기서 말하는 '생명'은 생명이 주는 기쁨, 위로, 능력 등을 의미한다. 내게 주어진 생명이 나를 복되게 하며, 나의 생명과 더불어 기쁨과 위로를 누리게 된다. 현세에서는 선하고 생명력이 넘치며 평안하고 영적인 삶을 살고, 내세에서는 영생을 얻게 될 것이다. 우리의 영적인 삶의 생명력, 능력, 위로는 육신의 행실을 죽이는 데 달려 있다.

신자가 죄 죽이는 일을 소홀히 할 때 구원받은 자의 지위와 신분을 상실하는 것은 아니다. 그러나 구원받은 자답게 새 생명의 활력을 가지고 살아갈 수 없게 되고, 그의 영혼과 심령은 파멸에 이르러서 불신자들과 다름없게 되어 버린다. 비참한 신자가 되는 것이다. 로마서 7장은 성령의 법에 따라 죄의 법과 싸우는 신자의 심령 상태를 묘사한다. 죄를 죽인다는 것은 죄의 성향을 약화시키는 것이고, 죄를 죽이는 데 지속적으로 성공하는 것을 의미한다. 죄의 지배에서 벗어난 신분을 지닌 신자는 죄의 성향을 약화시켜 자신의 삶 속에서 지속적으로 죄를 이기고 의와 거룩함을 이루는 삶을 살아야 한다.

다시 말하지만, 죄를 죽이는 일과 성화는 오직 하나님의 은혜와 능력을 통해서 가능하다. 하나님이 우리에게 주신 두 가지 은혜, 즉 칭의와 성화, 즉각적인 구원과 점진적인 구원은 모두 하나님의 은혜로만 가능하다. 성화의 과정에서 우리가 기억해야 할 것은 우리 안에 있는 죄의 잔존 세력이 활동하지 못하게 만드는 것이다. 이것을 성화 혹은 거룩함이라 말할 수 있다. 신자는 행복해지기보다 거룩해지기를 열망해야 하는데, 따라서 성화 과정에 적극적으로 참여해야만 한다. 그리스도인의 정체성은 성화와 거룩함을 통해 표출된다.

죄의 목표는 신자를 지배하는 것이다. 죄는 영혼을 약화시키고 힘을 빼앗아 간다. 죄는 영혼을 어둡게 만들어 죄악 된 욕망으로 우리 생각을 가득 채운다. 따라서 죄를 죽여야 은혜가 잘 자랄 수 있다. 하나님이 우리에게 죄를 죽일 수 있는 능력을 이미 주셨음을 잊지 말라.

오웬은 우리 마음을 정원에 빗대어 이야기한다. 정원에 꽃이나 약초를 심어 놓고 관리를 제대로 하지 않으면 잡초가 정원을 장악해서 작물이 피해를 입게 된다. 죄란 마음의 정원에 핀 잡초와 같다. 쓴 뿌리다. 우리는 평생토록 이 잡초를 뽑아 주어야 한다. 죄를 죽여야 마음에 진실함과 평안이 자리할 수 있다. 죄는 성령을 근심하게 한다(엡 4:30). 죄는 우리로 하여금 비참하고 무능한 신앙생활을 하게 만든다. 죄는 신자를 나약하게 하고, 신자에게서 평안을 빼앗는다. 요한복음 15장이 말하는 것처럼, 포도나무가 열매를 잘 맺기 위해서는 가지치기를 잘해 주어야 하는 것과 같다.

제임스 패커(James Packer)는 오웬의 《죄 죽이기》에 대해서 "그는 내게 죄의 본질, 죄와 싸워야 할 필요성, 죄와 싸우는 방법을 가르쳐 주었다. 그는 내게 한 사람의 영적인 삶에서 마음의 생각의 중요성을 알게 해 주었다. 그는 내게 신자 안에서 성령의 사역, 영적인 성장과 진보, 믿음의 승리의 진정한 본질이 무엇인지를 명료하게 알게 해 주었다. 이는 영적 금광이다"라고 논평했다. 오웬은 이 책을 통해 다음과 같이 말하고 싶었던 것 같다. "죄의 세력에서 자유함을 얻기를 원하는 성도들은 내재하는 죄의 세력을 죽이는 것을 자기의 평생의 사업으로 삼아야 합니다. 우리의 영적 생활의 생명과 활력은 죄를 죽이는 데에 달렸습니다. 인생의 여정에서 죄를 죽이지 않는 자들은 어떤 발전도 이룰 수 없습니다. 육체의 행위를 잘 다스린다면 우리는 영적 생명의 활기와 힘, 안정들을 얻게 됩니다."

죄를 죽이고 거룩한 삶을 이루는 실제적인 지침들은 무엇일까? 오웬은 성령의 역사를 통한 거룩한 습관을 들이라고 권한다. 이때는 부정적인 접근보다는 긍정적인 접근이 좋다. 우선 성경 읽기, 기도, 묵상, 성례, 예배 등은 성령의 은혜의 분명한 수단이다. 어디 이것뿐이겠는가? 다양한 방식의 성경 통독, 가정예배, 새벽기도, 건강한 소그룹 활동, 나눔을 실천하는 것도 몸의 행실을 죽이고 영을 따라 사는 삶이 될 것이다. 우리 모두 죄를 죽이는 성도가 되기를 간구한다.

20
경건을 정성껏 돌보다 | 토마스 왓슨
시편 24:3-6

W

한국의 교회와 신앙에도 많은 영향을 미친 청교도주의
의 역사적 뿌리는 영국 종교개혁의 중심에 있었던 청
교도 운동이다. '청교도'(清教徒)는 영어로 'Puritans'인데
'순결한'이란 뜻을 가진 단어 'pure'에서 나왔다. 이 표현은 초대 교회 신
자들을 '예수쟁이들', 즉 '그리스도쟁이들'이란 의미를 가진 '크리스티아
노스'로 명명한 바와 동일하게, 초기에는 비난과 조롱의 어조로 사용되
었다. "너희들만 깨끗하냐?"는 뜻이다. 청교도들은 영국 국교회의 핍박을
받아 일부는 네덜란드로 이주했고, 다른 이들은 메이플라워호를 타고 미
국으로 이주해서 미국 청교도의 기원이 되었다. 유명한 조나단 에드워즈
(Jonathan Edwards)도 미국에 정착한 청교도였다.

청교도는 종교개혁의 지성적인 전통도 이어 받았지만 회심과 경건이
라는 실천적 측면에 더 초점을 맞췄다. 그 결과 17세기 독일 경건주의에
영향을 미치기도 했다. 청교도는 회심을 목적이 아닌 신앙의 한 과정으로
보았고, 궁극적으로 성결한 삶을 이루어야 하며, 그 성결을 이루는 것이
바로 경건이라고 믿었다. 이처럼 '그리스도를 향한' 회심이 '그리스도를
위한' 삶으로 전환되어야 함을 강조했다. 이런 청교도의 전통은 시대를 초

월하는 영적 보화를 풍부하게 품고 있다. 오늘날 우리가 여전히 청교도의 작품을 읽어야 하는 이유가 여기에 있다.

청교도 설교자들은 교리 설교를 많이 했는데, 성경 본문에서 특정한 교리를 추출하고 그 교리를 현실에 적용하는 방식으로 설교를 전개했다. 현재 기준으로 보면 설교가 쉬우면서도 깊이가 있다는 장점이 있다. 반면에 적용점이 많다 보니 설교가 너무 길다는 단점도 있다.

청교도 신학자, 토마스 왓슨

《경건》,《회개》(1668 / 복있는사람, 2015),《묵상의 산에 오르라》(1657 / 생명의말씀사, 2013) 등을 저술한 토마스 왓슨(Thomas Watson, 1620-1686)은 청교도 신학자이자 목회자다. 리처드 백스터(Richard Baxter)가 독학으로 사역을 감당한 것과 대조적으로, 왓슨은 옥스퍼드 대학에서 학사와 석사 학위를 받았으며 런던 세인트 스티븐(St. Stephen's) 교회를 맡아 목회했다. '설교의 황태자'라 불리는 찰스 스펄전(Charles Spurgeon)은 자신의 설교 모본으로 왓슨을 꼽았다.

"토마스 왓슨은 청교도 시대를 복음주의의 황금기로 만들었다."

왓슨은《웨스트민스터 신앙고백 소요리문답》작성에도 참여했으며 그 해설서를 집필했다. 왓슨은 이 문답서의 교리를 중심으로 170여 편의 설교와 십계명, 주기도 해설, 팔복 해설 등을 남겼다.

왓슨은 청교도 운동의 지도자로 영국 국교회와 갈등을 겪으며 여러 번 투옥됐다. 청교도 운동은 16-17세기 종교개혁의 정신을 가톨릭적 요소와 혼합하고자 한 영국 국교회의 중도주의를 비판하며 더 철저한 개혁을 시도한 운동이다. 1662년 영국 정부가 통일령을 내려 비국교도 목사의 설교를 금지하자 왓슨은 포고령 시행 한 달을 남기고 고별 설교 네 편을 남겼다.

청교도로서 왓슨도 회심과 경건을 강조했다. 여기서 소개하는 그의 설교의 주제도 "경건"이다. 이 설교의 본문은 시편 24편인데, 내용과 형식에서 시편 15편과 매우 유사한 시편 24편은 성전 입장 의식시로 분류된다. 시편 130-134편(이 15개의 시편은 '성전에 올라가는 노래'라고 불린다)도 성전 입장 의식시인데, 성전 제사 혹은 예배에 참여하러 가는 이들이 하나님과 예배에 합당한 자격 조건을 자문자답 방식으로 논하는 내용을 담고 있다. 이 시편들은 안식일에 성전에서 진행되는 예배만이 아니라 일상적인 삶에서부터 예배가 시작된다는 것을 가르쳐 준다.

시편 23편에서 "내가 여호와의 집에 영원히 살리로다"(시 23:6)라고 말한 다윗은 시편 24편에서는 "여호와의 산에 오를 자가 누구며 그의 거룩한 곳에 설 자가 누구인가"(시 24:3)라고 질문을 던진다. 물론 다윗은 기럇 여아림에 오랫동안 방치된 법궤를 찾아 시온산으로 옮겼고, 이스라엘에서 여호와 경배 의식을 복원했으며, 장차 이루어질 성전 건축을 위해 물적, 행정적 준비를 마친 인물이다. 하지만 그는 영원하시고 전능하신 여호와 앞에 항상 겸손함을 유지하며 합당한 예배자와 예배자의 조건을 묻고 있다.

시편 24편은 한편으로는 성소 입장 자격, 예배자의 자격, 천국 시민의 자격에 대해 말하면서, 다른 한편으로는 하나님이 받으시는 예배의 조건을 가르쳐 준다. 첫째, 깨끗한 손(clean hands), 둘째, 청결한 마음(pure heart), 셋째, 진실한 언어(truthful tongue)가 세 가지 조건이다. 이 조건들의 공통점은 정결함이다. 손의 깨끗함이 외적인 정결이고, 마음의 청결함이 내적인 정결이라면, 진실한 언어는 내적 정결함이 외부로 드러나는 언어생활의 정결함이다. 경건한 사람의 특징인 내적, 외적, 언어적 정결함은 거룩함으로 귀결된다.

하나님과 교제하기 위해서는 우리의 성품이 하나님의 성품과 일치해야 한다. 하나님은 거룩하시다. 하나님께 나아오는 자는 하나님의 성품을 본받은 자여야 하고, 하나님께 나아옴으로써 그 거룩함이 더욱 확고해진다. 주님을 찾는 자에게는 물질적인 '복'뿐 아니라 영적인 복인 하나님의 '의'가 주어진다. 이를 통해 여호와를 경배하는 자는 '하나님을 찾는 족속', '하나님의 얼굴을 찾는 자'라는 이름을 얻는다. 이것이 바로 왓슨이 말하는 경건한 사람이다.

거짓 경건과 참 경건

왓슨은 시편 24편에 근거해 경건을 다음과 같이 규정한다.

"경건은 하나님이 사람 안에 찍으시고 만들어 내시는 거룩한 인장이요 작품이며, 이로써 사람은 육에 속한 사람에서 영에 속한 사람으로 변화하게 된다."

따라서 경건은 하늘로부터 오는 지혜로서 초자연적인 성격을 갖는다. 이는 마치 천상의 식물에 비견될 수 있다. 이것은 지상에서 자라난 것이 아니라 하나님이 주신 식물이다. 하지만 이것도 식물이기에 정성스런 돌봄이 필요하다. 돌봄이 없으면 잡초가 자라나 이 식물을 잠식하게 될 것이다. 이 천상의 식물이 잘 자라야 성령의 열매가 풍성히 맺힐 수 있다. 경건은 하나님이 주신 것이지만 신자가 정성스럽게 돌보아야 한다.

이미 바울은 경건의 유익이 광범위함을 말한 바 있다. "육체의 연단은 약간의 유익이 있으나 경건은 범사에 유익하니 금생과 내생에 약속이 있느니라"(딤전 4:8). 이 말씀과 관련해 왓슨은 경건의 출처가 천국이기 때문에 경건한 사람은 이미 천국에 와 있는 존재라고 한다.

"경건은 때가 되기도 전에 이미 그 사람을 천국에 있게 한다."

경건한 사람은 천국의 사람이다. 육신이 죽어야만 천국에 가는 것이 아니라 이미 천국을 향유하는 것이 가능하다. 경건한 사람은 천국을 앞당겨 이 세상에서 사는 사람이다.

왓슨의 설교의 특징 중 하나는 가상의 대적자가 던지는 질문에 대응하는 형식에 있다. 이 설교에서 대적자는 외식하는 거짓 경건을 문제 삼으며 묻는다.

"이 세상에는 수많은 거짓 경건자가 있지 않느냐?"

왓슨은 거짓 경건이 있음을 인정하면서도 경건을 가장하는 자는 "침대에 우상을" 놓아두고 사울의 사자를 속인 미갈과 같은 사람이라고 일갈한다. "미갈이 우상을 가져다가 침상에 누이고 염소 털로 엮은 것을 그 머리에 씌우고 의복으로 그것을 덮었더니 사울이 전령들을 보내어 다윗을 잡으려 하매 미갈이 이르되 그가 병들었느니라 사울이 또 전령들을 보내어 다윗을 보라 하며 이르되 그를 침상째 내게로 들고 오라 내가 그를 죽이리라 전령들이 들어가 본즉 침상에는 우상이 있고 염소 털로 엮은 것이 그 머리에 있었더라"(삼상 19:13-16). 이처럼 신자 중에는 거짓 경건을 지닌 이들이 있다. 하지만 그들은 결코 하나님의 생명과 복을 받지 못할 것이다. 이들은 "회칠한 무덤"(마 23:27)이요, "살았다 하는 이름은 가졌으나 죽은 자"(계 3:1)요, 유다의 말처럼 "물 없는 구름"(유 1:12)이다.

예수님은 마태복음 23장에서 외식하는 바리새인과 서기관들을 향해 일곱 번 "화 있을진저"(마 23:13, 15, 16, 23, 25, 27, 29)라고 선포하셨다. 외식적 경건으로 사람을 잠시 속일 수는 있어도 하나님을 속일 수는 없다. 반드시 상응하는 징계를 받게 될 것이다.

《경건》에서 왓슨은 경건한 사람의 특징을 다음의 24가지로 설명한다. 지식이 있음, 하나님을 향한 사랑으로 불타오름, 예배에 철저함, 그리스도를 귀하게 여김, 말씀을 사랑함, 겸손, 진실함, 열정, 감사, 죄 안에 거하지 않음, 영적인 일을 영적인 방식으로 행함, 하나님과 동행함, 믿음으로 행함, 하나님을 닮음, 사람이 아닌 하나님을 섬김, 눈물을 흘림, 성령이 내주하심, 기도, 천국에 속함, 인내, 성도들을 사랑함, 타인과 선한 관계를 맺음,

철저히 경건을 익힘, 다른 이들의 경건을 위해 노력함 등이다. 이런 특징은 참된 그리스도인이라는 배지가 된다.

경건의 증진

그렇다면 경건을 증진하는 방법에는 무엇이 있을까? 왓슨이 말한 것들 중 중요한 것 세 가지만 살펴보도록 하자.

기도

첫 번째는 기도다. 경건한 사람은 기도하는 사람이며 기도하는 자만이 경건할 수 있다. "모든 경건한 자는 주를 만날 기회를 얻어서 주께 기도할지라 진실로 홍수가 범람할지라도 그에게 미치지 못하리이다"(시 32:6). 하늘의 은혜가 쏟아져 들어오면 기도가 쏟아져 나온다. 경건한 자는 억지로 기도하지 않는다. 자연스럽게 기도하게 되어 있다.

기도란 우리 영혼이 하늘과 교제하는 일이다. 하나님은 성령으로 우리에게 내려오시고, 우리는 기도로 그분께 올라간다. 왓슨은 기도를 비유적으로 묘사한다. 기도하는 사람은 하나님의 귀에 대고 속삭인다. 은혜의 아기는 태어나는 순간 소리쳐 운다. 그때부터 호흡이 시작된다. 이처럼 하나님의 택하심과 부르심을 받은 자는 신앙생활 초기부터 기도하게 되어 있다. 바울도 회심하고 거듭나자마자 기도했다. "그는 지금 기도하고 있다"(행 9:11, 새번역성경).

경건한 사람의 집은 "향기 나는 집"으로 기도의 향기가 온 집 안에 가득하다. 기도하되 열정적으로 기도해야 한다.

"불 없는 향은 향기를 내지 못한다. 뜨거움이 없는 기도는 불 없는 향과 같다."

그래서 부르짖는 기도를 해야 한다. 부르짖는 기도는 능력이 있다. 가습이 기도로 불타오를 때 불 병거를 타고 하늘로 올라갈 수 있다.

한편으로는 불신앙에 빠지지 않도록 주의해야 한다. 기도가 난파당하는 것은 불신의 암초에 걸려 파선하기 때문이다. 기도는 믿음으로 드려야 하지만, 동시에 죄를 짓지 말아야 기도가 계속 유지된다. 죄는 기도의 입을 막아 버리는데, 강도가 입에 재갈을 물려 소리를 지르지 못하게 하는 것과 같다. 죄는 기도를 오염시키고 감염시킨다.

경건한 자는 영적인 기도를 드려야 한다. 이때 영적인 기도란 영적인 목적을 가지고 드리는 기도를 의미한다. 육적인 욕망으로 드리는 기도가 아니다. 영적인 기도는 실천을 동반한다. 그래서 그리스도인은 기도 후에 더 좋아진다. 운동 후에 힘을 얻듯이 죄를 이길 힘이 강해지는 것이다.

기도는 또한 축복의 약속에 전제된 조건이다. 기도로 약속을 청원한다. 기도해야 약속된 것을 얻을 수 있다. 모든 것은 기도로 거룩해진다. 기도로 죄의 잡초를 뽑아내고 은혜의 꽃에 물을 준다. "하나님의 말씀과 기도로 거룩하여짐이라"(딤전 4:5).

회개

두 번째는 회개다. 회개를 통해 경건이 증진된다. 왓슨은 《회개》에서 "회개는 정화"라고 규정하면서, 사도행전 26장 베스도와 아그립바왕 앞에서 행한 바울의 증언을 통해 회심을 강조한다. 바울은 자신의 이력을 회심 이전, 회심, 회심 이후의 삶으로 나누어 제시한다. 바울의 삶은 회심 이전과 회심 이후가 완전히 다르다. 왓슨은 바울의 모범을 따라 믿음과 회개가 우리 인생에 주어진 하나님의 가장 큰 은혜임을 주장한다.

"이 세상을 살아가는 성도에게 필수적인 두 가지 큰 은혜는 믿음과 회개다."

이 둘은 성도가 하늘로 비상하는 데 필요한 양 날개다. 그런 의미에서 회개를 "기초적인 은혜"라고 불렀다. 왓슨은 회개의 중요성을 계속 강조한다.

"회개는 때가 있는 것이 아니라 장인의 연장이나 병사의 무기처럼 늘 곁에 두고 사용해야 한다." "회개는 신심을 키우고 자비를 불러온다." "우리가 회개하는 처음 순간부터 후회와 고통이 클수록 그 뒤로 느끼는 후회와 고통은 점차 줄어들 것이다." "신자들이여, 다른 일들에 대해서는 슬퍼하고 분노하면서 죄에 대해서는 그리하지 않는가? 세상의 눈물은 땅에 떨어지지만, 거룩한 눈물은 하나님의 병에 담긴다."

이 중 마지막 문장은 시편 말씀, "나의 눈물을 주의 병에 담으소서"(시 56:8)를 인용한 것이다. 그러면서 당시 왓슨이 살아가는 영국의 회개의 필요성을 역설했다.

"영국은 두 바다로 둘러싸인 섬인데, 하나는 물의 바다, 또 하나는 악의 바다다. 이제 영국은 세 번째 바다, 곧 회개로 이루어진 눈물의 바다가 되기를 바란다."

왓슨에 따르면, 회개의 눈물로 이루어진 강이 없이는 노를 저어 낙원에 이를 방법이 없다. 경건한 사람은 우는 사람이다. 자기에게 붙어 떨어지지 않는 죄로 인해 운다. 죄가 회개의 눈물에 빠져 익사하지 않으면 영혼이 불에 타 죽게 된다. 그리스도인의 삶에서 반드시 드러나야 하는 것은 회개다. 하지만 그보다 앞서 마음에 믿음의 씨앗이 작용한다. 회개는 은혜이므로 반드시 살아 있는 믿음에 의해 행해져야 한다. 회개는 하나님의 성령의 은혜이며, 죄인은 이 회개를 통해 안으로는 겸손해지고 밖으로는 개혁된다. 예수님의 처음과 마지막 말씀은 "회개하라!"였다. 이처럼 왓슨은 회개를 강조하면서 그 회개의 전제 조건으로서 믿음을 제시한다. 이는 이신칭의 교리를 주창한 종교개혁의 전통을 따르는 것이기도 하다.

왓슨은 회개의 성분을 다음의 여섯 가지로 설명한다. 첫째, 죄를 봄(안약, 라오디게아, 바울), 둘째, 죄를 슬퍼함(영혼의 격분, 거룩한 슬픔), 셋째, 죄를 고백함(배출구), 넷째, 죄를 부끄러워함, 다섯째, 죄를 미워함(양심의 구토), 여섯째, 죄에서 돌아섬(개혁, 다시는 돌아가지 않음) 등이다. 이것이 갖추어져야 온전한 회개라 할 수 있다. 죄를 숨기는 자, 죄를 어중간하게 고백하는 자, 죄를 가볍게 완화하는 자, 죄를 변명하는 자는 하나님께 의롭다 함을 받지 못한다.

"죄를 범할 때는 마귀의 종이 되고, 죄를 변호할 때는 마귀의 변호사가 된다."

죄의 고백은 하나님께 영광을 돌리고, 영혼을 겸손하게 하고, 마음의 괴로움을 해소하고, 죄를 몰아내고(악의 배출구, 나쁜 피 배출), 그리스도를 존귀하게 하고, 용서의 통로가 된다.

용서는 히브리어로 '나사'인데 '안 보이는 곳으로 가져간다'는 의미다. 아무리 찾아도 발견할 수 없다는 의미다. 용서받는 것은 커다란 축복이다. 용서받은 영혼은 지옥의 사정거리에서 벗어나게 된다. 회개는 용서를 이끌어 내는 원천이 아니라 '용서받기 위한 자격'이 된다.

마음이 슬픔으로 녹아내리면(회개하면) 우리는 거룩한 의무를 감당하기에 합당한 자로 설 수 있다. 회개는 주님께 크나큰 기쁨을 드린다. 회개는 영적인 축복으로 들어가는 문이다. 회개는 현세적인 축복도 불러온다. 회개로 슬픔의 날이 끝난다. 회개는 죄가 많음을 보여 주는 것이 아니라 은혜를 받았음을 보여 주는 표시다.

왓슨은 회개의 일곱 가지 결과로 주의, 변호, 의분, 두려움, 열망, 열정, 응징을 말하는데, 이는 다음 성구를 분석한 결과다. "보라 하나님의 뜻대로 하게 된 이 근심이 너희로 얼마나 간절하게 하며 얼마나 변증하게 하며 얼마나 분하게 하며 얼마나 두렵게 하며 얼마나 사모하게 하며 얼마나 열심 있게 하며 얼마나 벌하게 하였는가 너희가 그 일에 대하여 일체 너희 자신의 깨끗함을 나타내었느니라"(고후 7:11).

왓슨은 영국이 제대로 회개하지 못해 받게 된 징계를 언급한다. 당시에 영국에서 발생한 재난을 회심의 중요성을 역설하는 데 사용한다.

"하나님이 영국을 역병(1665년 흑사병)으로 치셨다. 하나님이 회개하기를 기다리

셨지만, 변함없이 죄를 지었다. 마침내 근자에 불의 회초리로 우리를 치셨으며 엄청난 화염이 그것이다(1666년 런던 대화재). 이 화염은 마지막 날의 대화재를 연상시킨다. 요압은 자기 밭의 곡식이 불에 타자 압살롬에게 달려갔다(삼하 14:31). 이교도들은 폭풍우를 만나자 회개하며 죄를 배 밖으로 던졌다(욘 1:14-15). 우리가 이들처럼 하지 않는다면 이교도보다 더 악한 것이다."

왓슨은 성경을 인용하여 현실을 비판한다. 이는 왓슨이 얼마나 성경을 잘 알고 있었는지를 보여 준다.

왓슨은 회개한 자와 회개하지 않은 자를 탕자의 비유로 설명한다. 회개하기 전에 탕자는 돼지와 같은 생활을 했다. 그래서 탕자는 유대인이 가장 꺼리는 돼지와 함께 기거해야 했고, 돼지가 먹는 쥐엄 열매를 먹고 사는 비참한 처지에 빠졌다. 하지만 그가 회개했을 때 모든 것이 변했다. 그는 큰아들과 동급으로 대우받고 그의 권위와 위신이 회복되었다. 회개를 미루는 것은 위험하다. 왜냐하면 죄가 머무는 기간이 길어질수록 회개하기가 더 어려워지고, 죄는 강해지고, 마음이 완악해지며, 마귀의 구속력은 더 커지기 때문이다.

묵상

세 번째로 경건을 증진하는 방법은 묵상이다. 그의 책《묵상의 산에 오르라》에 따르면, 묵상은 하나님을 만나는 거룩한 습관이다. 왓슨은 시편 1편을 인용한다. "[복 있는 사람은] 오직 여호와의 율법을 즐거워하여 그의 율법을 주야로 묵상하는도다"(시 1:2). '묵상'(默想)은 한자로 '조용히 생각하다'라는 뜻이지만, 원어로는 '작은 소리로 읊조리다'라는 의미를 갖는다.

현대인의 비극 중 하나는 방해받지 않고 혼자 있을 수 있는 기회가 거의 없다는 점이다. 항상 열심히 해야 하고 성과를 내야 하는 현대인들은 조용히 있을 심리적, 공간적, 경제적, 시간적 여유가 없다. 한마디로 피로 사회다. 신자들의 처지도 별반 다르지 않다. 신자들의 식탁에서 경건한 대화가 사라지고, 골방에서의 묵상이 사라진 것이 가장 큰 불행이다. 최소한 하루 한 차례는 거룩한 묵상을 통해 하나님과 교제를 나눌 수 있기를 바란다.

묵상의 산에 오르면 눈앞에 전망이 확 트이듯, 그리스도와 천국을 볼 수 있게 된다. 구약은 되새김질하지 않는 짐승을 부정하다고 하는데, 묵상을 통해 말씀을 되새기지 않는 신자도 부정한 신자로 간주된다. 말씀을 읽는 것이 진리를 머리에 전달한다면, 묵상은 진리를 가슴에 전달한다. 또한 묵상은 우리의 마음을 균형 있게 유지해 주어 허영이나 교만에 치우치지 않게 해 준다. 묵상은 진지하고 엄숙한 태도로 하나님을 생각하는 것이기에 우리에게 거룩한 감정을 갖게 해 준다.

자신의 영적 상태를 묵상하라. 성경을 묵상하라. 설교 말씀을 묵상하라. 하나님의 속성, 하나님의 약속, 그리스도의 사랑을 묵상하라. 죽음을 묵상하라. 심판의 날을, 지옥을 묵상하라. 묵상하지 않으면 경건한 그리스도인이 될 수 없다. 묵상하지 않으면 하나님의 진리가 우리에게 머물 수 없다. 묵상은 말씀이 뿌리를 내리는 것이다. 말씀을 받았더라도 뿌리내리지 않은 말씀은 새가 와서 그 말씀을 주워 먹는다.

왓슨은 묵상을 '향수'에 비유한다. 장미의 아름다움과 향기는 순간일 뿐이다. 이 향기를 오래 유지하려면 어떻게 해야 할까? 꽃을 잘게 찢고 쪄서 증유를 짜내고 거기에 메탄올을 추가하면 향수를 만들 수 있다. 이 향수는 오랫동안 향기를 간직하게 해 준다. 영적으로 보면 묵상은 말씀의 향수를 만드는 과정이다. 마리아는 천사가 해 준 말을 묵상함으로 마음에 간직했다. "마리아는 이 모든 말을 마음에 새기어 생각하니라"(눅 2:19). 우리가 몸의 치료를 위해 몸을 치료제에 담그듯이 묵상하라. 말씀에 자신을 푹 담가야 한다.

경건을 증진하는 데는 다양한 방법이 있겠지만, 가장 기본적으로 기도, 회개, 묵상을 통해 경건한 삶을 살아야 한다. 너무 많은 것을 하려 하기보다는 선택과 집중으로 자신의 경건을 증진해 천국의 기쁨과 평안을 이 땅에서도 누리기를 바란다.

21
'거의 그리스도인'에서 '온전한 그리스도인'으로 | 존 웨슬리
사도행전 26:24-29

W 코로나19 방역 조치가 해제되었지만 아직도 상당수의 성도들이 교회로 돌아오지 않고 있다. 그야말로 잃어 버린 양이 되어 버렸다. 최근 '플로팅 크리스천'(Floating Christian)이란 말이 생겨났다. 부평초처럼 '여기저기 떠도는 크리스천'이란 말로, 자발적으로 교회에 나가지 않는 '가나안' 신자와는 달리 교회에 정착하지 않고 이 교회 저 교회를 나가거나 온라인 예배를 드리는 등 자유로운 방식으로 신앙생활을 하는 사람들을 가리킨다. 이런 현상을 보고 있으면, 과연 그들이 평소에 올바른 신앙을 갖고 있었는지 궁금해진다. 어려울 때 친구가 참 친구이듯, 어려울 때 드러나는 신앙이 참된 신앙이 아닐까? 껍데기 신앙은 언젠가 들통나게 된다. 우리는 참 신앙을 가진 자가 되어야 한다.

W

그런데 이런 문제는 교회가 시작된 이래 계속해서 있어 왔다. 심지어 존 웨슬리(John Wesley)도 이 문제를 심각하게 여기고 이에 관한 설교를 했다.

"The Almost Christian", 직역하면 "거의 그리스도인"이라는 제목의 설교다. 그런데 '거의'라는 말은 원어 'almost'라는 단어를 제대로 표현하지 못한다. 근접은 했지만 본질적으로는 아니라는 의미가 들어 있기 때문이다. 그래서 현대에는 "이름뿐인 그리스도인", 혹은 "명목상의 그리스도인"이라고 번역하는 것이 일반적이다.

웨슬리의 설교 중 44편을 모은 《그 길: 웨슬리 표준설교 읽기》(대한기독교서회, 2019)에는 "90% 그리스도인"이라는 표현이 나온다. 물론 "Almost Christian"이란 표현을 웨슬리가 처음으로 사용한 것은 아니다. 흠정역 성경을 보면 사도행전 26장 28절에 "네가 나를 설득하여 거의(almost) 그리스도인이 되게 하는도다"라는 표현이 나온다. 이 성경책을 읽던 웨슬리도 이런 표현에 익숙했을 것이다. 심지어 웨슬리보다 1세기 전인 1671년에 청교도 운동가 매튜 미드(Matthew Mead)가 이미 《유사 그리스도인》(*The Almost Christian*, 지평서원, 2008)이란 제목의 책을 펴냈다.

이 설교는 웨슬리가 1741년 7월 25일 옥스퍼드 대학교 세인트 메리(St. Mary's) 채플에서 설교한 내용이다. 웨슬리의 회심 체험이 1738년 5월 24일이니, 회심 후 약 3년 뒤에 한 설교다. 이 설교에는 웨슬리 자신의 체험이 고스란히 녹아 있다. 웨슬리는 목사의 아들로 태어나서 모태 신앙인으로 신앙생활을 했다. 그러나 웨슬리는 올더스게이트 체험을 하기 전 자신도 "Almost Christian"이었고, 이제는 변해서 "Altogether Christian"(온전한 그리스도인)이 되었음을 고백한다. 이처럼 그는 자신의 체험을 바탕으로 "거의 그리스도인"으로 살지 말고 "온전한 그리스도인"이 되어야 한다고 역설한다.

한국 기독교의 상황도 웨슬리가 말하는 상황과 크게 다르지 않다. 신앙생활이 길어지다 보면 신앙이 문화처럼 변질되기 쉽다. 주님을 만나는 뜨거운 체험이나 주님을 향한 열정이 없어도, 습관과 관습을 따라 겉모습만 신앙생활을 하는 경우도 있다. 성경에 대한 지식도 있고, 종교 활동에 성실히 참여하지만, 명목상의 그리스도인들이 많이 있다.

　1970년대에 신학생이었던 필자는 아파트 전도를 할 때 확신이 없는 신자들을 많이 만났다. 그래서 불신자를 전도하는 일 외에 신자를 대상으로 구원의 확신을 심어 주는 일도 해야 했다. 2020년대에도 이해할 수 없는 상황이 펼쳐지고 있다. 신앙생활에 열정도 없고, 심지어 교회에 자주 출석하지도 않으면서도 구원의 확신을 갖고 있다고 말하는 사람들이 늘어난 것이다. "오늘 죽어도 나는 천국에 갈 수 있다"는 그들의 구원의 확신은 무엇에 근거한 것인지 때로는 궁금하기도 하다. 자신의 부모가 신앙생활을 하고 자신을 위해 기도해 주고, 교적부에 자기 이름이 올라 있고, 가끔 성탄절이나 부활절 등에 교회에 나오기 때문일까? 구원의 확신을 갖는 것은 중요하고 좋은 일임이 틀림없지만, 웨슬리의 표현대로 "거의 그리스도인"이 근거 없는 확신을 가지고 살아간다면, 그것도 문제가 아닐 수 없다.

　웨슬리는 양 울타리 밖에 있는 사람보다 먼저 울타리 안에 있는 사람들을 점검해야 한다고 보고, 자신을 '참된 그리스도인'으로 착각하며 살아가는 '명목상의 그리스도인'에게는 어떤 특성이 있는지를 다음과 같이 지적한다.

　첫째, 이름뿐인 그리스도인은 이교도적 정직을 가지고 있다. 그들은 불의를 행하거나, 이웃의 소유를 강압이나 속임수로 빼앗거나, 가난한 자를 학대하거나, 누군가를 협박하거나, 다른 이의 권리를 무시하지 않는다. 그들은 정의뿐 아니라 진리에도 관심을 가지고 있다. 그들은 거짓을 미워한다. 사랑과 도움을 주고받으며 살아간다. 구제하고 절약하고 다른 사람들을 돌볼 줄도 안다. 세상의 기준으로 볼 때 선한 이들이고 칭찬과 존경을 받을 만한 사람들이다. 그들은 훌륭한 인격자들이고 대단히 윤리적인 사람들이다. 하지만 그들은 참된 그리스도인이 아닐 수 있다.

　둘째, 복음이 규정하는 경건의 모양을 가지고 있다. 외적으로 보면 그

W

리스도인의 외양을 지니고 있다. 명목상의 그리스도인이라고 해도 주일 성수, 금식, 기도, 묵상, 성만찬 등을 행하고, 금연과 금주하며 비도덕적인 행실을 피하는 사람이 있다. 그들은 타인에 대한 험담이나 다툼을 피하고 복음이 규정하는 선을 행한다. 친절하고 근면하고 구제를 실천한다. 예배에 참여하고, 헌금하고, 봉사도 하며, 각종 종교 의식, 경건 훈련, 규율, 봉사에 전념한다. 하지만 이런 외적인 표징이 그들의 참됨을 확증해 주지는 못한다. 경건의 모양이 있지만 내적인 평안은 없을 수 있다. 종교인으로서는 훌륭하지만 하나님의 자녀가 아닐 수 있다.

셋째, 명목상의 그리스도인들도 하나님을 섬기려는 마음과 하나님의 뜻을 따라 행하려는 마음이 있다. 그들은 마음이 강퍅하지도 않아서 하나님의 뜻에 의도적으로 불순종하지 않는다. 도리어 그들의 내면에는 하나님을 향한 열망도 있다. 선을 행하고 악을 멀리하려 하는, 하나님을 향한 거룩한 열정을 지닌 사람들이다. 이 수준의 그리스도인을 '이름뿐인 그리스도인'이라 부르는 것이 합당한가? 이 정도면 훌륭한 그리스도인 아닌가? 안타깝게도 그런 사람도 참된 그리스도인이 아닐 수 있다.

존 웨슬리의 고백

웨슬리 자신도 그런 그리스도인으로 오랫동안 살아왔다고 고백했다. 모든 악을 피하고, 거짓 없는 양심을 가지려고 애썼고, 모든 사람에게 선을 행하려고 주어진 모든 기회를 선용했다. 어디서나 신중하게 행동하려 했다. 하나님을 섬기려는 의도와 그분을 기쁘시게 하려는 마음의 소원도 가지고 있었다. 그런데 성령은 그가 '이름뿐인 그리스도인'에 불과하다는 사실을 가르쳐 주셨다.

그는 옥스퍼드 대학 재학 중 지인들과 함께 홀리 클럽(Holy Club)을 결성해 활동하면서 바울처럼 자신을 쳐서 주께 굴복시키려 했다. 그런 그들의 열정을 보면서 사람들은 '메소디스트'(Methodist), 즉 '규칙쟁이'라고 조롱할 정도였다. 그들은 경건 생활에 열심을 내고 절제하며 금욕주의자로 살았다. 심지어 웨슬리는 하나님의 뜻을 따르기 위해 옥스퍼드 대학 교수직을 버리고 선교사가 되어 미국 조지아주로 떠나기까지 했다. 하지만 그는 여전히 'Almost Christian'일 뿐이었다. 마음에 평안이 없었다.

대서양을 건널 때 무서운 바다 폭풍을 경험하며 웨슬리는 두려움을 느꼈다. 이대로 죽으면 구원을 받지 못할까 봐 두려웠다. 그런데 그 배에 동승한 모라비안들은 전혀 두려워하는 기색이 없었다. 오히려 그들은 평화롭게 기도하며 찬송하고 있었다. 평안한 이유를 묻는 웨슬리에게 한 모라비안 교도가 다음과 같이 반문했다. "당신은 예수님을 아십니까?"(Do you know Jesus?) 일류 대학에서 신학을 공부했으며 교수에다가 목사이며 지금 선교사인 웨슬리는 그 질문을 받고 큰 충격을 받았을 뿐 아니라 수치심까지 느꼈다. "당신은 정말로 예수님을 아십니까?" 웨슬리는 그때의 심정을 다음과 같이 표현했다.

"나는 미국인을 회개시키려고 아메리카에 건너갔었다. 그러나 나를 회개시킬 자는 누구인가? 나는 외관상으로는 훌륭한 신자이며 설교도 잘하고 믿음도 좋다. 그러나 나는 모든 사람에게 '내가 사는 것이 아니라 내 안에 그리스도께서 사신다!'라고 외칠 수 있는 신앙을 원한다."

미국 조지아주 선교 사역의 실패 후 귀국한 웨슬리는 자신의 진정한 정체성을 두고 갈등과 번민에 휩싸였다. 자신이 진짜 신자가 아니라 가짜 신자라고 느꼈기 때문이다. 그러던 중 1738년 5월 24일 올더스게이트 광장에서 진정한 회심을 경험하게 된다. 그 회심 경험에 대해 웨슬리는 자신의 일기에 다음과 같이 기록했다.

"오늘 아침 5시경 나는 성경을 펴고 '이로써 그 보배롭고 지극히 큰 약속을 우리에게 주사 이 약속으로 말미암아 너희가 정욕 때문에 세상에서 썩어질 것을 피하여 신성한 성품에 참여하는 자가 되게 하려 하셨느니라'(벧후 1:4)라는 구절을 읽었다. 밖으로 나가 또 성경을 폈을 때 '너는 하나님 나라에서 멀지 않다'는 말씀을 읽게 되었다.

저녁에 나는 별로 내키지 않은 걸음으로 올더스게이트 거리에 있는 한 집회에 참석했는데 거기서 한 사람이 루터의 《로마서 주석》 서문을 읽고 있었다. 9시 15분경에 그가 그리스도 안에 있는 믿음을 통하여 하나님이 마음에 변화를 일으키시는 일을 설명하고 있을 때, 나는 내 마음이 이상스럽게 뜨거워짐을 느꼈다. 나는 내가 그리스도를 신뢰하고 있다고 느꼈으며 구원을 위해 다만 그리스도만 믿고 있음과 그 위에 주께서 나의 죄를 다 거두어 가시고 나를 죄와 사망의 법에서 건져 주셨음을 믿는 확신이 나에게 주어졌다. 나는 전력을 다하여 유별나게 나를 모욕의 대상으로 삼고 또 핍박한 사람들을 위해 기도하기 시작했다. 집에 돌아온 후에 나는 많은 시험을 받아 싸웠으나 나는 울부짖었으며 모든 시험은 물러갔다. 은혜 주시고 승리케 하시는 주님을 찬양합니다."

'믿음으로 하나님 앞에 의롭게 된다'는 이신칭의는 원래 하박국 2장 4절에 나온다. 하박국은 혼란한 시대 가운데 하나님의 섭리를 깨닫기 위해 기도했는데, 그 기도에 대한 하나님의 응답이 "의인은 그의 믿음으로 말미암아 살리라"(합 2:4)였다. 이 메시지는 500년 후 다메섹 도상에서 예수님을 만나고 회심 체험을 한 바울에 의해 로마서에 다시 기록된다. "복음에는 하나님의 의가 나타나서 믿음으로 믿음에 이르게 하나니 기록된 바 오직 의인은 믿음으로 말미암아 살리라 함과 같으니라"(롬 1:17).

그리고 이 메시지는 다시 1500년이 지나 신앙적 회의에 빠져 있던 마르틴 루터(Martin Luther)를 감동시켜 참된 신앙을 재확립하는 종교개혁을 이루게 했다. 루터는 자신의 《로마서 주석》 서문에 이것을 기록해 놓았다. 그리고 그로부터 또 200여 년이 지나 웨슬리가 그 책에 적힌 내용을 듣고 변화되는 역사가 일어난 것이다. 말씀 한 구절의 생명력과 역사는 이렇게 위대하다. 하나님의 구원의 은혜는 인간의 역사 안에서 계속해서 흘러가고 있음을 확인할 수 있다. 이는 성령의 역사이기도 하다.

'거의 그리스도인'의 원형, 아그립바왕

웨슬리의 설교에서는 생략되어 있지만, 사도행전 26장을 보면 성전을 더럽히고 사람들을 선동한다는 죄목으로 투옥된 바울이 유대 총독으로 취임한 베스도와 유대 왕 아그립바 앞에서 자신을 변론하는 내용이 나온다. 아그립바는 유대 종교와 하나님에 대해 잘 알고 있는 사람이기 때문에 바울은 그에게 자신의 하나님 체험을 자세히 설명한다(행 26:26-29).

바울의 변론을 다 듣고 난 아그립바왕의 마지막 반응은 "이 사람이 만일 가이사에게 상소하지 아니하였더라면 석방될 수 있을 뻔하였다"(행 26:32)였다. 그는 바울의 무죄를 확신했다. 그럼에도 특별히 행정적이거나 사법적 조치를 취하지는 않았다. 물론 종교적인 결단도 없었다. 즉 복음을 듣고 회심할 뻔했지만 회심하지는 못했다. 웨슬리는 아그립바를 'Almost Christian'으로 보았다. 만약 어떤 학생이 원하는 대학에 '거의' 합격할 뻔했다고 말한다면 이것은 합격했다는 말인가, 불합격했다는 말인가? '거의' 천국에 갈 뻔했다는 말은 천국에 갔다는 말인가, 천국에 못 갔다는 말인가? 안타깝게도 후자다.

온전한 그리스도인이 되기 위해서

그렇다면 'Almost Christian'이 'Altogether Christian'이 되기 위해서, 즉 '명목상의 그리스도인'이 '온전한 그리스도인'이 되기 위해서 필요한 것은 무엇일까?

하나님을 사랑하라

하나님을 뜨겁게 사랑하는 방법밖에 없다. "네 마음을 다하며 목숨을 다하며 힘을 다하며 뜻을 다하여 주 너의 하나님을 사랑하고 또한 네 이웃을 네 자신같이 사랑하라"(눅 10:27). 마음과 뜻과 목숨을 다하고 힘을 다하여 하나님을 사랑하는 것이다.

마가는 예수님을 찾아와 제일 중요한 계명에 대하여 묻는 서기관의 이야기를 들려준다. 예수님은 서기관도 잘 아는 신명기 6장 4절부터 나오는 "쉐마 이스라엘"(이스라엘아 들으라!)을 들어 "하나님을 사랑하라"는 첫째가 되는 계명을 말씀하시고, 서기관도 그 말씀에 전적으로 동의하였다. 그런데 예수님은 그가 지혜 있게 대답함을 보시고 "네가 하나님의 나라에서 멀지 않도다"(막 12:34)라고 말씀하셨다. 이는 칭찬을 하시면서도 아직 부족함을 보신 것이다. "하나님의 나라에서 멀지 않도다"라는 말은 아직 하나님 나라에 들어간 것은 아니라는 뜻이다. 서기관은 구원받을 뻔했던 사람이다. 아는 것만 가지고는 부족하다. 그렇게 실제로 살아야 한다.

주님만을 사랑하는 자, 하나님 외에 더 바랄 것이 없는 자는 복되다. 하나님에 대한 사랑은 다음과 같이 표현된다. "나의 하나님, 당신은 나의 전부이십니다." 내 안과 밖이 모두 주님으로 채워지는 것, 그분과 늘 동행하는 삶이 온전한 그리스도인이 되는 비결이다. "하늘에서는 주 외에 누가 내게 있으리요 땅에서는 주 밖에 내가 사모할 이 없나이다"(시 73:25).

이웃을 사랑하라

이는 모든 사람을 사랑하는 것을 의미한다. 우리는 하나님을 사랑한다고 말하면서, 하나님이 사랑하시는 사람은 사랑하지 않는다. 하나님이 누구를 사랑하시는가? 그들이 모두 나의 이웃이다. 우리의 가족, 혹은 우리에게 선대하는 자만 사랑하는 것이 아니라 우리의 원수도 사랑해야 한다. 물론 이런 사랑은 내 안에서 나오는 것이 아니라 하나님이 내게 부어 주셔서 나를 통해 흘러 나가는 사랑이다.

예수님이 부자 청년에게 요구하셨던 것도 바로 이웃 사랑이다. 하나님의 사랑을 형제와 이웃에 대한 사랑으로 표현하라는 요구다. "네가 온전하고자 할진대 가서 네 소유를 팔아 가난한 자들에게 주라"(마 19:21). 하지만 부자 청년은 자기 소유를 팔아 가난한 사람들에게 나누어 주고 예수님을 따르라는 예수님의 초청을 받고는 근심하면서 떠나갔다. 그는 예수님의 제자가 될 뻔했던 사람이다. 그러나 물질에 대한 애착이 사람에 대한 사랑보다 더 컸다. 부자 청년은 예수님의 요구를 수용하지 못했고, 그래서 결국 넘어진 것이다. 우리는 사랑을 위해 모든 것을 참고, 모든 것을 믿고, 모든 것을 바라며, 모든 것을 견뎌야 한다.

믿음을 가져라

온전한 그리스도인이 되기 위해서는 올바른 믿음을 가져야 한다. 오늘날에도 이성적이고 합리적이고 의식적이고 규율적인 신앙을 갖고 사는 사람들이 있다. 그들은 한마디로 교양이 있는 종교인이다. 오늘날 종교는 교양이 되었다. 종교가 문화가 되었다. 하지만 그것이 구원을 보장하는 것은 아니다. 또 다른 설교, "믿음에 의한 구원"에서 웨슬리는 마귀의 믿음에 대해 언급한다. 마귀도 예수님을 귀신처럼 알아보았다. 하지만 그런 지적 인식이 사람들을 지옥 불에서 건져 내는 것이 아니다. 예수님의 십자가 이전에 제자들이 가졌던 믿음도 구원의 능력이 있는 믿음이 아니었다. 위험이 닥치자 그들은 모두 예수님을 떠났다.

우리에게는 참된 신앙이 필요하다. 지식적 믿음을 넘어서야 한다. 전인적인 믿음, 온전한 믿음을 가질 때 온전한 그리스도인이 되는 것이다. 이런 믿음은 자신의 죄가 그리스도의 공로로 사함을 받았고, 자신이 하나님의 사랑 안에 거하고 있다는 확신을 가져온다. "내가 진실로 진실로 너희에게 이르노니 내 말을 듣고 또 나 보내신 이를 믿는 자는 영생을 얻었고 심판에 이르지 아니하나니 사망에서 생명으로 옮겼느니라"(요 5:24). "무릇 하나님께로부터 난 자마다 세상을 이기느니라 세상을 이기는 승리는 이것이니 우리의 믿음이니라"(요일 5:4).

우리는 온전한 그리스도인인가?

우리는 스스로에게 물어야 한다. "나는 이교도의 정직, 정의, 자비, 진실을 실행하고 있는가? 나는 그리스도인의 외양, 즉 믿음의 형식을 가졌는가? 나는 하나님의 말씀이 금하는 것을 모두 피하고 있는가? 나는 하나님이 원하시는 선을 행하려고 노력하고 있는가? 나는 하나님을 기쁘시게 하려는 열망이 있는가?" 이 정도가 되지 않으면 90%도 되지 못한 것이다. 바리새인의 수준에도 미치지 못한 것이다.

그러나 이 수준에 이르렀다고 해서 온전한 그리스도인이 된 것은 아니다. "하나님의 사랑이 나의 마음에 부어지고 퍼져 있는가? 하나님이 나의 전부이시라고 말할 수 있는가? 하나님 한 분만으로 만족할 수 있는가? 나의 이웃을 나 자신처럼 사랑하고 있는가?" 이런 질문들 모두에 "그렇다"고 응답할 수 있는 순간까지 하나님께 기도하고, 그분의 은혜와 긍휼을 구하며 믿음의 길을 굳건히 걸어가야 한다.

22
선한 양심으로 얻는 기쁨 | 존 웨슬리
고린도후서 1:12-14

용어 번역에 대하여

W 존 웨슬리(John Wesley)는 자신의 설교 중 대표적인 작품 44편을 모아 표준설교집(《그 길: 웨슬리 표준설교 읽기》)을 펴 냈다. 그중 열 번째 설교는 로마서 8장 16절 "성령이 친히 우리의 영과 더불어 우리가 하나님의 자녀인 것을 증언하시나니"를 본문으로 한 "성령의 증거"이고, 열한 번째는 고린도후서 1장 12절 "우리가 세상에서 특별히 너희에 대하여 하나님의 거룩함과 진실함으로 행하되 육체의 지혜로 하지 아니하고 하나님의 은혜로 행함은 우리 양심이 증언하는 바니 이것이 우리의 자랑이라"를 본문으로 한 "우리 자신의 영의 증거"다.

열 번째 설교 제목인 "성령의 증거"는 본문 문구와 잘 어울리는 반면, 열한 번째 설교 제목은 좀 어색하다. 본문에는 "우리 영"이라는 표현이 아닌 "우리 양심"이 나오기 때문이다. 아마도 앞 설교에서 "성령과 우리 영이 함께 증언한다"라는 표현의 영향으로, 웨슬리는 "양심"을 '영'으로 간주한 것으로 보인다. 필자는 '우리의 기쁨'이라고 하고 싶지만, 이것 역시도 본문 문구와 맞지 않는다. 차라리 '우리의 자랑'이라고 해야 할 것 같다.

하지만 웨슬리의 설교를 자세히 읽어 보면 웨슬리는 '자랑'을 '기쁨'

이라는 개념과 혼합해서 사용하고 있다. 당시 웨슬리는 흠정역(KJV)을 사용해 설교했는데, 흠정역에서는 고린도후서 1장 12절을 다음과 같이 번역하고 있다. "For our rejoicing is this, the testimony of our conscience, that in simplicity and godly sincerity, not with fleshly wisdom, but by the grace of God, we have had our conversation in the world, and more abundantly to you-ward." 직역하면 다음과 같다. "왜냐하면 우리의 기쁨은 이것이다. 우리 양심의 증언도 이것이다. 단순성과 신실함 가운데, 육체의 지혜가 아니라 하나님의 은혜로, 우리는 세상에서, 그리고 더욱 특별히 너희를 향해서 그렇게 쭉 처신해 왔다는 점이다."

사실 개역개정의 "자랑"은 흠정역의 "기쁨"과 상통할 수 있다. 우리의 자랑이 곧 우리의 기쁨이고, 우리의 기쁨이 곧 우리의 자랑이기 때문이다. 그래서 이 장에서는 '기쁨'을 본류로 하면서도 '자랑'의 측면도 함께 살펴보고자 한다. 또 한 가지 유의해야 할 단어는 "거룩함"이다. 흠정역은 이를 'simplicity'(단순성)로 번역했다. 무엇이 웨슬리에게, 아니 우리 성도들에게 기쁨이 되는가? 무엇이 자랑이 되는가?

그리스도인의 기쁨

바울은 고린도전후서를 통해 문제가 발생한 고린도 교회를 방문할 것을 예고했지만 실제 방문이 이루어지지는 않았다. 이에 대해 바울의 대적자들은 그가 쉽게 약속을 어기는 사람이고 경솔한 사람이라고 폄하했다. 하지만 바울의 생각은 전혀 그렇지 않았다. 교회의 문제를 치리하기 위해 방문을 계획했어도 그는 언제나 상황에 따라, 그리고 성령의 인도하심에 따라 결정하고 움직였다. 하나님은 고린도 교회와 성도들을 사랑하시기 때문에 바울의 방문이 이루어지든, 그렇지 않든 그것을 통해 선을 이루시는 분이다. 바울도 그것을 알기에 하나님의 뜻을 따라 고린도 교회를 방문하지 않았다. "내가 내 목숨을 걸고 하나님을 불러 증언하시게 하노니 내가 다시 고린도에 가지 아니한 것은 너희를 아끼려 함이라"(고후 1:23).

바울은 목회나 치리를 가볍게 결정하지 않았다. 그래서 12절의 표현이 나올 수 있었다. 바울은 자신의 여행 계획과 자신이 전하는 말씀이 육체의 지혜에 따른 것이 아니라 하나님이 주신 생각이었음을 자기 양심을 걸고 말했다. 하나님의 거룩함과 진실함으로 행했기 때문에 그는 떳떳하고 자랑스럽다고 말할 수 있었던 것이다. 모든 것이 다 하나님의 은혜다. 바울이 방문할 필요가 없을 정도로 그들이 다시 믿음에 우뚝 섰기에 기뻐하고 자랑한다고 한 것이다. "우리가 너희 믿음을 주관하려는 것이 아니요 오직 너희 기쁨을 돕는 자가 되려 함이니 이는 너희가 믿음에 섰음이라"(고후 1:24). 이것이 바울의 기쁨, 아니 바울의 자랑이다.

웨슬리는 이 본문을 깊이, 그리고 자세히 분석하는 대신 그리스도인의 기쁨이 무엇이 되어야 하는지를 묻는다. 그리스도인은 "주 안에서 항상 기뻐하라 내가 다시 말하노니 기뻐하라"(빌 4:4)라는 말씀을 따라 살아가는 존재다. 바울은 데살로니가 교회에 보낸 서신에서 그리스도인의 의무 세 가지를 제시한다. "항상 기뻐하라 쉬지 말고 기도하라 범사에 감사하라 이것이 그리스도 예수 안에서 너희를 향하신 하나님의 뜻이니라"(살전 5:16-18). 기쁨, 기도, 감사다. 이 세 가지를 통전적으로 시행하기 위해서는 가운데 있는 기도가 중요하다. 기도할 때 기쁨이 있고, 기도할 때 감사가 넘친다. 기도를 통해 기쁨과 감사가 함께 묶이는 것이다.

여하튼 우리에게는 기쁨이 반드시 필요하다. "어떻게 기쁨을 회복할 수 있을까? 어떤 기쁨을 회복해야 할 것인가?" 이 질문에 쉽게 대답하기가 어려우면 반대로 생각해 보자. "현재 우리는 무엇 때문에 슬퍼하고 있는가?" 현재의 슬픔을 알면 우리가 추구하는 기쁨이 무엇인지 알게 되고,

그 기쁨이 그리스도인에게 합당한 것인지도 알 수 있다.

　뉴욕 맨해튼에 가면 로버트 인디애나(Robert Indiana)라는 작가가 설치한 건물 조형물을 볼 수 있다. 그 조형물의 제목은 "LOVE"다. 최근에는 "HOPE"라는 작품도 설치되었다. 이처럼 단순한 설치 미술을 보는 것만으로도 그 본질을 깊이 묵상하게 된다. '사랑이란 무엇인가?', '희망이란 무엇인가?' '그리스도인의 기쁨'도 마찬가지다. 웨슬리는 그리스도인의 기쁨의 본질과 기초에 대해서 이야기하고 있다.

선한 양심에 주목하다

웨슬리는 먼저 양심에 대해 이야기한다. '양심'은 바울이 주로 사용한 단어로, 성경에서 33회 사용되었다. '양심'(良心)은 헬라어로 '쉰에이데시스'인데, '쉰'은 '함께', '에이데시스'는 '보는 것'이라는 의미다. 즉 양심은 여러 사람이 함께 보고 선악과 진위를 판별하는 마음이라 할 수 있다. 영어로는 'conscience'이며 어원적 의미는 헬라어와 동일하다.

　양심은 아전인수(我田引水)나 견강부회(牽强附會)하는 마음이 아니다. 주관적으로 자기 본위로 주장하는 것이 아니라, 객관적으로 많은 사람이 옳다고 인정하는 것을 스스로 받아들이는 정신 작용이다. 선과 악에 대해, 그리고 진과 위에 대해 사람에게는 천부적인 양심이 있다. 이 양심은 하나님이 모든 영혼에 심어 놓으신 것으로, 외부 대상만이 아니라 자신의 기질, 생각, 말, 행위의 선악을 분별할 수 있는 능력이다. 이런 의미에서 양심은 자신에 대한 내적인 자각 장치이기도 하다.

　양심이 제대로 작동하면 선악을 분별하고 하나님을 알 수 있다. 바울은 로마서에서 '태초부터 하나님을 알 만한 것'을 마음에 주셨다고 했는데, 이것이 바로 양심이다. 양심은 부름 받지 않은 자연인에게도 주어진 것으

264

로, 하나님은 이 양심으로 이스라엘이 받은 율법의 기능을 대신하게 하셨다(롬 2:15). 반면 하나님은 그리스도인에게는 양심뿐 아니라 더 분명한 하나님의 말씀, 신구약 성경을 주셨다(딤후 3:16-17). 그리스도인은 양심과 하나님의 말씀을 모두 사용할 수 있는 축복된 위치에 있다.

하나님 앞에서 인간의 양심은 언제나 '선한 양심'이다. 베드로는 세례의 진정한 효력을 "하나님을 향한 선한 양심의 간구"(벧전 3:21)가 나타나는 것으로 말했다. 바울은 율법을 추구함에 있어 양심에 근거했다고 말했다. "나는 범사에 양심을 따라 하나님을 섬겼노라"(행 23:1).

거룩한 길에서 벗어날 때 우리는 스스로 양심의 가책을 느낀다. 양심의 가책이란 남들은 알 수 없지만 스스로는 인지할 수 있는 고통이다. 하나님이 양심을 통해 죄를 범한 자를 경계하시는 것이다. 하지만 양심은 문화, 종교, 교육에 따라 달라지기도 한다. 이곳에서는 양심의 가책을 느낄 일도, 다른 상황에서는 양심의 가책을 느끼지 않을 수 있다. 또한 양심은 타락하거나 화인을 맞는 경우가 있다(딤전 4:2). 따라서 우리는 올바른 양심을 갖도록 노력해야 하고 양심이 무뎌지지 않게 주의해야 한다.

그러면 바른 양심으로 살기 위해 무엇을 어떻게 해야 하는가? 첫째, 하나님의 선하시고 기뻐하시고 온전하신 뜻이 무엇인지 분별할 줄 알아야 한다(롬 12:1-2). 둘째, 자신의 영적 상태에 대한 참된 이해가 필요하다. 셋째, 자신의 말과 행위와 표준이 하나님 말씀과 일치되어야 한다. 넷째, 일치 여부에 대한 내적인 자각이 필요하다.

거리낌 없는 양심을 갖는 길은 오직 예수 그리스도로 말미암아 사는 것이다. 그분의 말씀을 기준으로 삼고 '예수님이라면 어떻게 하실까?'를 고민하며 살 때 비로소 건전한 양심으로 살게 된다. "이 닦아 둔 것 외에 능히 다른 터를 닦아 둘 자가 없으니 이 터는 곧 예수 그리스도라"(고전 3:11). 예수 그리스도에 대한 믿음이 율법의 놀라운 것들을 바로 보게 한다.

믿음으로 우리 영혼의 내밀한 실체들을 알게 된다. 믿음으로 하나님의 사랑이 우리 마음에 부어지고 서로 사랑하게 된다. "내 법을 그들의 생각에 두고 그들의 마음에 이것을 기록하리라"(히 8:10).

그렇다면 바울의 양심이 알고 증거하는 내용은 무엇인가? 첫째, 세상의 지혜가 아니라 하나님의 은혜를 힘입고, 둘째, 거룩함과 진실함 가운데 행하며, 셋째, 이렇게 이 세상과 서로를 향해 행하는 것이다. 우리도 바울처럼 마땅히 그렇게 살아가야 한다. 이 세 가지를 조금 더 자세히 설명해 보겠다.

첫째, 그리스도인은 육체의 지혜로 살면 안 되고 하나님의 은혜로 살아야 한다. 하나님의 은혜는 인간의 지혜에 대한 반대 역할을 한다. 하나님의 은혜는 특별히 성령의 은사로 체험된다. 우리의 양심은 우리의 공로가 아니라 하나님의 은혜 덕분이라고 고백한다. 우리의 양심이 그렇게 고백하며, 또한 그렇게 살아가려는 의지가 있으면 복이 있다.

둘째, 앞서 언급했듯이 흠정역은 "거룩함"을 'simplicity'(단순성)로 번역했다. 우리 양심이 '단순함과 진실함을 가지고' 행했다고 증언하도록 살아야 한다. 거룩함을 유지하기 위해서는 삶이 단순해야 한다. 마음도, 생활도, 의도도 단순하고 순수해야 하는 것이다. 다중 초점이 아니라 유일 초점으로서 하나님만을 바라보며 살아야 한다. 마음의 진실함(솔직함)은 하나님의 영광을 위해 말하고 행동할 때 크게 드러난다.

셋째, 그리스도인은 이런 삶의 자세를 삶의 모든 상황에서 보여 주어야 한다. 세상은 그렇지 않다 해도 우리는 세상을 향해 이런 원리를 실천해야 한다. 물론 믿음의 동료들에게 동일하게 행동하는 것은 두말할 필요도 없다. 사람들을 차별하면 안 된다.

　개역개정 성경에서는 바울이 이런 삶의 자세, 양심의 증언을 자랑으로 여겼다고 했는데, 웨슬리는 이것이 우리의 기쁨이 된다고 표현했다. 양심의 선한 증거, 우리 영혼의 선한 증거를 얻은 자는 기쁨을 얻는다. 당신은 무슨 일로 기뻐하는가? 당신의 기쁨의 근원은 무엇인가? 바울의 이런 자랑과 기쁨이 당신에게도 있는가?

　필자인 나는 기뻐한다, 하나님의 구원받은 자녀가 된 것을. 나는 기뻐한다, 하나님 나라의 상속자가 된 것을. 나는 기뻐한다, 내가 부르심에 합당하게 살아가는 것을. 나는 기뻐한다, 성령이 내 마음에 역사하시는 것을. 나는 기뻐한다, 내 삶의 목적이 하나님의 영광에 있는 것을.

　그리스도인이 누리는 기쁨은 자연적 기쁨이 아니다. 먹고 마시고 즐기는 향락, 일시적 감정, 외적인 성공, 건강, 권력, 지위, 재산, 학위에서 오는 것이 아니다. 이런 것들은 쉽게 변하고 사라진다. 소유가 아닌 존재에서 오는 기쁨이어야 한다.

우리의 자랑, 우리의 기쁨

바울은 여러 곳에서 이런 '기쁨'을 '자랑'이라는 말로 표현했다. 그리스도인이 되기 전, 바울도 자랑할 것이 꽤 많은 사람이었다. 난 지 8일 만에 할례를 받았고, 이스라엘 족속이요, 베냐민 지파요, 히브리인 중의 히브리인이요, 율법으로는 바리새인이었다. 그러나 그 모든 자랑거리가 예수 그리스도를 아는 지식을 얻는 데는 방해가 되었다. 그래서 그는 그 모든 자랑거리를 배설물처럼 여겼다. 그런데 예수님을 믿은 후 진짜 자랑거리가 생겼다. 십자가에 못 박혀 죽으신 예수님이 그의 자랑이 되었다. 바울은 그리스도의 고난에 동참하는 십자가를 자랑으로 여겼다.

바울은 심지어 자신의 연약함까지 자랑, 즉 기쁨으로 여겼다. 그 이유는 그리스도의 능력이 머물게 하기 위해서였다(고후 11:30, 12:1, 9). 인간의 약함 가운데 하나님의 강한 능력이 나타난다. 그래서 나의 약함도 기뻐하고 자랑한다. 바울에게 본래 자랑은 어리석은 것이고 교만한 것이었다. 그러나 바울은 하나님의 은혜를 자랑했다. 하나님이 하신 일을 드러냈다. 바울의 자랑은 자기 칭찬이 아니라 하나님에 대한 감사와 영광이다.

채워지지 않는 마음을 채우는 일

C. S. 루이스(C. S. Lewis)는 《순전한 기독교》(홍성사, 2018)에서 다음과 같이 말한다. "만일 내가 내 안에서 이 세상의 어떤 경험으로도 만족할 수 없는 갈망이 있음을 발견한다면, 내가 다른 세상을 위해 지음을 받았기 때문에 그렇다는 것이 아마도 제일 좋은 설명일 것이다." 이 세상에서 채울 수 없는 내 안의 갈망이 천국의 증거라는 말이다.

사람들은 천국을 갈망하는 마음을 다른 것으로 채울 수 있다고 오해한다. 음식, 돈, 섹스, 향락, 명예, 권력, 학위, 여행, 휴가, 새 차, 큰 집 등을 추구하고 자랑하며 살지만, 이런 것들로는 결코 우리 마음의 빈 공간을 채울 수 없다. 일시적으로 착각하고 살지만 막상 가지고 나면 여전히 마음의 빈 공간을 느낄 수 있다. 그 마음의 빈 공간은 하나님의 자리다. 이 땅의 유한한 것으로는 영원하신 하나님의 자리를 채울 수 없다.

그리스도인의 기쁨은 하나님 말씀에 순종하는 데서 오는 기쁨이요, 하나님을 사랑하고 계명을 지키는 데서 오는 기쁨이다. 은혜로 살아가는 자신의 삶에 기뻐하는 것이다. 이런 자랑과 기쁨은 무뎌진 양심, 냉담해진 양심, 마비된 양심, 더럽혀진 양심, 화인 맞은 양심에서 나올 수 없다.

웨슬리의 설교에서는 언급되지 않았지만, 바울은 계속해서 자랑거리, 즉 그의 기쁨을 열거했다. "오직 너희가 읽고 아는 것 외에 우리가 다른 것을 쓰지 아니하노니 너희가 완전히 알기를 내가 바라는 것은 너희가 우리를 부분적으로 알았으나 우리 주 예수의 날에는 너희가 우리의 자랑이 되고 우리가 너희의 자랑이 되는 그것이라"(고후 1:13-14).

바울은 자신이 쓴 편지의 모든 내용이 진실하며, 그 이면에 다른 어떤 뜻도 없음을 밝히고 있다. 동시에 바울은 고린도 성도들이 바울과 그 일행의 진정한 가치를 제대로 알지 못한다고 보았다. 하지만 천국에서는 고린도 성도들에게 바울 일행이, 바울 일행에게 고린도 성도들이 자랑이요 기쁨이 될 것을 확신하고 있다. 선한 양심에 따라 살아왔기 때문이다. 영원한 기쁨, 종말론적 기쁨, 영원한 자랑, 종말론적인 자랑거리가 되기를 소망하고 있다. 우리도 선한 양심으로 살아가기를 바란다. 우리의 영혼이 이를 증언하기 원한다. 그렇게 살아갈 때 우리 안에 참된 기쁨과 자랑이 넘쳐흐르게 될 것이다.

23
잠자는 자여, 깨어나 빛을 발하라 | 찰스 웨슬리
에베소서 5:8-14

존 웨슬리(John Wesley, 1703-1791)와 찰스 웨슬리(Charles Wesley, 1707-1788) 형제는 기독교 역사뿐 아니라 영국 역사에 큰 발자취를 남긴 인물들이다. 웨스트민스터 사원의 벽면과 바닥에는 영국을 빛낸 위인들의 이름이 적혀 있는데, 존 웨슬리와 찰스 웨슬리의 이름도 거기에 기록되어 있다.

이 둘도 위대하지만 두 형제를 길러 낸 이들의 어머니는 얼마나 위대한가! 이들의 어머니 수잔나 웨슬리(Susanna Wesley)는 사무엘 웨슬리(Samuel Wesley)와의 사이에 19명의 자녀를 낳았지만, 그중 10명은 사망하고 9명만 성인까지 성장했다. 많은 자녀를 양육해야 하는 어려움에도 수잔나는 자녀 교육에 대한 명확한 철학을 갖고 있었다. 자녀 양육과 관련해 그녀가 남긴 글에 따르면, 그녀는 자녀들과 매일 개인적으로 시간을 가졌는데 주로 자녀의 고집을 꺾는 일에 중점을 두었다고 한다. 수잔나는 자녀의 고집을 꺾지 않으면 자녀 본인에게는 물론, 부모와 사회에 폐를 끼치게 된다고 보았다. 이처럼 수잔나는 자녀들에게 규율과 원칙을 교육했고, 존 웨슬리와 찰스 웨슬리도 이런 교육을 받고 자랐다.

존 웨슬리와 찰스 웨슬리는 네 살 차이로, 둘 다 명석하고 경건한 형제

270

였다. 존 웨슬리가 옥스퍼드 대학에 먼저 들어갔지만 부친의 목회를 돕기 위해 잠시 학교를 쉬게 되었다. 이때 동생 찰스 웨슬리가 옥스퍼드 대학에 입학했다. 찰스 웨슬리는 재학 중 홀리 클럽(Holy Club)을 조직해서 성경을 연구하고 경건 활동을 하는 한편, 주말에는 빈민 구제와 봉사에도 열심을 냈다. 학교로 돌아온 존 웨슬리는 이 홀리 클럽에 가입해 주도적인 역할을 했다.

두 형제는 같은 대학에서 활동했을 뿐 아니라 같은 배를 타고 미국 조지아주로 선교를 떠났고, 항해 도중 만난 폭풍 속에서 모라비안 교도들의 평안한 모습에 함께 감동을 받았다. 각각 조지아주 다른 지역에서 사역했지만 서로 긴밀하게 소통했다. 찰스 웨슬리가 먼저 고국으로 돌아간 뒤 존 웨슬리는 남아서 동생의 목회 지역을 돌보다 늦게 귀국했다.

찰스 웨슬리에게도 해결할 수 없는 답답함과 영적 갈망이 있었다. 게다가 그는 늑막염까지 걸려 육체적으로도 고생하고 있었다. 어느 날 셋집 주인인 터너 부인이 찾아와 병으로 사경을 헤매는 그를 위해 간절히 중보 기도를 해 주었다. "나사렛 예수의 이름으로 일어나 믿으라. 그리하면 네 모든 병이 나음을 얻으리라." 고난 가운데 낮아질 대로 낮아진 찰스 웨슬리는 터너 부인의 기도를 믿음으로 받아들였다. 강한 마음의 떨림을 느낀 그는 "내가 믿습니다. 내가 믿습니다" 하며 믿음을 고백했다.

찰스 웨슬리의 일기에 의하면, 바로 그날 그는 성경을 펼쳐 들고 읽다가 중생의 체험과 함께 신유 체험을 하게 되었다. 그가 읽은 성경 구절은 다음과 같다. "너희의 하나님이 이르시되 너희는 위로하라 내 백성을 위로하라 너희는 예루살렘의 마음에 닿도록 말하며 그것에게 외치라 그 노역의 때가 끝났고 그 죄악이 사함을 받았느니라 그의 모든 죄로 말미암아 여호와의 손에서 벌을 배나 받았느니라 할지니라 하시니라"(사 40:1-2). 그 날은 1738년 5월 21일이었다.

그 후 찰스 웨슬리는 하나님의 은혜와 능력을 찬양하는 찬송시를 계속해서 작곡했다. 평생 6,500개의 찬송시를 썼는데 감리교 초기의 찬송시 대부분은 그가 작곡했다. 현재 우리가 사용하고 있는 새찬송가에도 그가 작곡한 곡이 15장 "하나님의 크신 사랑"을 포함해 13곡이 실려 있다(새찬송가 15, 22, 23, 34, 105, 126, 164, 170, 174, 280, 388, 522, 595장).

찰스 웨슬리는 형인 존 웨슬리에게 자신이 체험한 놀라운 은혜를 이야기했다. 존 웨슬리는 동생의 이야기를 듣고 자신도 하나님의 은혜를 체험하고 싶다는 강한 열망에 휩싸였다. 그리고 3일 뒤인 1738년 5월 24일, 올더스게이트 체험을 통해 회심하게 되었다.

찰스 웨슬리의 설교

《그 길: 웨슬리 표준설교 읽기》에 들어 있는 설교 중 유일하게 존 웨슬리의 것이 아닌 설교가 있다. 바로 찰스 웨슬리의 설교다. 에베소서 5장 14절을 본문으로 한 이 설교는 1742년 4월 4일 옥스퍼드 대학에서 한 설교다. "그러므로 이르시기를 잠자는 자여 깨어서 죽은 자들 가운데서 일어나라 그리스도께서 너에게 비추이시리라 하셨느니라"(엡 5:14).

찰스 웨슬리는 이 본문을 세 부분으로 나누어 설교를 구성했다. 첫 번째는 '잠자는 자'에 대해서, 두 번째는 '죽은 자들 가운데서 일어나라는 것', 세 번째는 '그리스도께서 빛을 비추신다'는 내용이다. 오늘날 표현으로 하면 세 대지 설교다. 찰스 웨슬리도 존 웨슬리처럼 지성적인 사람이지만, 성령 체험을 한 후에는 지성적인 설교보다는 체험을 촉구하는 설교를 했다. 말씀을 붙들고 간절히 기도하라는 내용이 그의 설교의 주를 이루고 있다. 따라서 교리적인 설교가 아닌 쉽고 감동적인 설교다.

잠자는 자들은 누구인가?

찰스 웨슬리에 따르면, '잠자는 자들'은 '밤에 속한 자들', 즉 '어둠에 속한 자들'이다. "자는 자들은 밤에 자고 취하는 자들은 밤에 취하되"(살전 5:7). 일반적으로 낮보다는 밤에 행하는 일들은 부끄러운 일들이 많다. 잠자는 자들은 어둠의 일, 부끄러운 일, 죄악에 속한 일을 행하는 자들이다. "그들이 은밀히 행하는 것들은 말하기도 부끄러운 것들이라"(엡 5:12).

회심하기 전 성 어거스틴(St. Augustine)도 어둠 속에서 살아왔다. 그는 밤의 사람이요 잠자는 자였다. 그러나 어머니 모니카(Monica)의 기도와 하나님의 은혜로 죄악의 본질을 꿰뚫게 되고 하나님의 능력으로 어둠으로부터 벗어나게 되었다. 그를 회심시킨 것은 바울의 로마서였다. "낮에와 같이 단정히 행하고 방탕하거나 술 취하지 말며 음란하거나 호색하지 말며 다투거나 시기하지 말고"(롬 13:13).

하나님의 빛이 없으면 인간은 어둠에 잠겨 살아갈 수밖에 없다. "보라 어둠이 땅을 덮을 것이며 캄캄함이 만민을 가리려니와"(사 60:2). 하지만 하나님이 우리에게 빛을 비추시면 우리는 그 어둠에서, 그 밤에서 벗어나 하나님의 자녀로서 살아갈 수 있다. "너희는 다 빛의 아들이요 낮의 아들이라 우리가 밤이나 어둠에 속하지 아니하나니 그러므로 우리는 다른 이들과 같이 자지 말고 오직 깨어 정신을 차릴지라"(살전 5:5-6). 찰스 웨슬리는 잠에 대해서 더 깊이 분석했다.

W

잠이란 무엇인가?

잠이란 자연인의 상태, 즉 은혜 받기 전 인류의 상태를 의미한다. 그들의 영혼은 아담의 죄로 인해 깊이 잠들어 있다. 창조주와 구원자를 알지 못하며 자신이 어떤 위험에 처해 있는지도 모른다. 그래서 자신이 처한 현실에 대해 무지하고 무감각하며, 그저 세상에 취해 살아간다. 그러한 삶의 끝은 사망, 죽음, 지옥일 뿐이다. 당연히 영적인 나태와 게으름에 빠져 산다. 잠자는 자들은 자신의 영적 상태에 대해 무지하다. 인생에서 가장 중요한 일이 타락으로부터 회복되는 것, 즉 하나님의 형상을 회복하는 일이라는 사실을 알지 못한다. 그래서 태평하게 살아가는 것이다.

영적 무지 속에 있는 자연인은 어떤 상태에 있는가?

그들은 착각 속에 살아간다. 영적으로 병들었음에도 스스로 건강하다 착각하고, 사슬에 묶인 채로 스스로 자유하다고 착각한다. 마귀의 지배 아래 있으면서 평화를 누리고 있다고 착각한다. "평안하다, 평안하다" 하지만 평안이 없다. 거짓 평화에 속아 살아간다. 지옥의 입구를 안식처로 여기고 그곳에서 잠을 자고 쉬고 있다. 경고의 나팔을 불어도 그들은 깨닫지 못한다.

라오디게아 교회의 영성을 가진 자들은 잠자는 상태에 있다

불신자뿐 아니라 영적으로 잠들어 있는 신자들이 있을 수 있다. 사악하지는 않지만 차지도 덥지도 않고, 조용하고 이성적이며, 남에게 해를 끼치지 않고, 조상의 종교를 따르는 이들이 바로 그런 신자다. "네가 말하기를 나는 부자라 부요하여 부족한 것이 없다 하나 네 곤고한 것과 가련한 것과 가난한 것과 눈먼 것과 벌거벗은 것을 알지 못하는도다"(계 3:17).

코로나19는 한국 교회에 선택을 강요했다. 엘리가 될 것인가, 사무엘이 될 것인가? 엘리는 신분상 대제사장이었지만 영적인 능력이 없고 하나님과의 관계도 끊어진 채 말씀과 이상과 비전이 희귀한 시대를 대표하는 자다. 심지어 그는 스스로 잘 걷지도 못해 의자에 앉아만 있는, 자기 몸만 키우는 비둔한 자였다. 세상의 빛과 소금은커녕 도리어 사회의 짐이 되어 버렸다. 반면 사무엘은 어리고 아무런 직위도 없지만 깨어 있어 하나님의 음성을 듣고 일어나 달려갔다. 그에게는 말씀과 비전이 있었다. 엘리는 전통, 경륜, 지위, 재물을 대변하고, 사무엘은 영성, 경성, 경건, 순종을 대변한다.

한국 교회의 역사는 이제 130년을 지나 140년으로 넘어가고 있다. 우리의 모습이 점점 엘리 대제사장을 닮아 가는 것 같아 우려된다. 한국 교회가 엘리의 길을 따른다면 소망이 없다. 사무엘을 따라야 소망이 있다. 라오디게아 교회처럼 되면 안 된다.

그리스도교적 바리새인들 역시 그런 잠자는 상태에 있다

예수님은 유대교적 바리새인들을 책망하셨다. 외적으로는 사회의 인정을 받았지만, 주님의 눈에는 그저 책망받아야 할 자들이었다. 마태복음 23장에는 그들에 대한 책망의 말씀이 7회나 기록되어 있다.

그런데 바리새인들은 교회 안에도 존재한다. 아니, 교회 안에 바리새인들이 없었던 적이 없다. 그들은 기독교적 바리새인들이다. 경건의 모양은 있지만 경건의 능력은 부인하는 이들이다(딤후 3:5). 그들도 유대교적 바리새인들처럼 일주일에 두 번 금식하고, 모든 은혜의 수단을 사용하며, 꾸준히 교회에 출석하고, 성찬에 참여하고, 소득의 십일조를 드린다. 하지만 그들에게는 생명이 없다. 하나님의 진정한 은혜와 무관하기 때문이다. 그들도 예전 바리새인들처럼 겉은 아름다우나 죽은 자의 뼈와 더러움이 가득한 '회칠한 무덤'일 뿐이다. 당신은 어떠한가?

잠자는 자들에게는 호흡이 없다

왜냐하면 그들에게는 살아 계신 성령이 없기 때문이다. "향락을 좋아하는 자는 살았으나 죽었느니라"(딤전 5:6). 이는 비록 참 과부를 선정하기 위해서 제시한 기준이지만 많은 신자가 이들처럼 향락을 일삼고 있다. 성령이 없이는 그들의 모든 언행, 심사, 그리고 기도에 참된 호흡이 깃들 수 없다.

영적으로 죽은 자는 왜 무지한가?

눈은 있으나 보지 못하고, 귀가 있으나 듣지 못하고, 입이 있으나 말하지 못하기 때문이다. 그들에게는 선과 악을 분별하는 지각이 없다. "단단한 음식은 장성한 자의 것이니 그들은 지각을 사용함으로 연단을 받아 선악을 분별하는 자들이니라"(히 5:14).

그들에게는 영적인 감각, 영적인 지식을 받아들이는 입구가 없다

둘째 아담이 살리는 영이 되어 죄와 쾌락과 물질과 명예 안에서 죽어 있던 자들을 살리실 때까지 그들은 그 상태에 머물러 있을 것이다. 누구도 그 상태에서 벗어날 수 없다. 하나님이 깨우실 때까지 그 상태에 있는 것이다. 따라서 인간의 자력 구원은 불가능하다. 아무리 내면을 성찰하고 마음을 닦아도 결코 구원의 길을 발견하지 못한다. "내가 곧 길이요 진리요 생명이니"(요 14:6)라고 하신 예수님을 따라야 한다. 성령을 받아야 한다. "그러나 진리의 성령이 오시면 그가 너희를 모든 진리 가운데로 인도하시리니 그가 스스로 말하지 않고 오직 들은 것을 말하며 장래 일을 너희에게 알리시리라"(요 16:13).

잠에서 깨어나고 하나님의 형상을 회복하기 위해 필요한 것은 무엇인가?

윤리와 도덕을 통한 인격 수양은 해결책이 될 수 없다. 육은 육이고 영은 영이다. 그래서 내면의 총체적인 변화, 즉 회개와 위로부터 거듭남이 필요하다. 성령으로 거듭나야 참된 생명을 얻게 된다. 중생해야 영과 혼과 몸이 성화되기 시작한다. 거듭남, 즉 중생은 전적인 하나님의 은혜다.

잠자는 자여, 깨어서 죽은 자들 가운데서 일어나라

잠자는 인간을 깨우실 수 있는 분은 오직 하나님뿐이시다. 찰스 웨슬리는 성경에서 그 예들을 찾는다. 먼저 예수님은 나사로를 불러 무덤에서 나오게 하셨다. "이 말씀을 하시고 큰 소리로 나사로야 나오라 부르시니"(요 11:43). 두 번째, 예수님은 회당장 야이로의 12세 된 딸을 살리셨다. 예수님은 그 아이는 죽은 것이 아니라 자고 있다고 하셨다. "그 아이의 손을 잡고 이르시되 달리다굼 하시니 번역하면 곧 내가 네게 말하노니 소녀야 일어나라 하심이라"(막 5:41). 세 번째, 골짜기에서 하나님이 죽은 자들을 살려 내시는 광경이다. 마른 뼈들이 하나님의 말씀과 생기를 통해 살아나 거대한 군대가 되었다. "너희 마른 뼈들아 여호와의 말씀을 들을지어다"(겔 37:4). "생기야 사방에서부터 와서 이 죽음을 당한 자에게 불어서 살아나게 하라"(겔 37:9).

찰스 웨슬리는 다음과 같이 권면한다.

"사나운 비바람이 주위에 몰아치고, 여러분은 지금 파멸의 심연, 그분의 심판의 소용돌이 속에 가라앉고 있습니다. 거기서 벗어나기를 원하십니까? 그러면 스스로를 그 심연, 그 소용돌이 속으로 던지십시오. 그러면 그분이 여러분을 심판하지 않으실 것입니다."

이것은 요나 이야기를 준용한 것이다. 이방인 선원들도 환난을 잠재우기 위해서는 신에게 기도해야 한다는 것을 알고 있었다. 하지만 요나는 기도하지 않았다. "자는 자여 어찌함이냐 일어나서 네 하나님께 구하라 혹시 하나님이 우리를 생각하사 망하지 아니하게 하시리라"(욘 1:6).

오늘날 교회들이 세상의 질타를 받고 있다. 제발 세상을 위해 기도해 달라고 하지만 우리는 너무 깊은 잠에 취해 있는 것 같다. 요나는 결국 자신의 불순종을 고백하고, 선원들은 마지못해 그를 배 밖으로 던졌다. 그러자 풍랑이 잦아들고 선원들은 구원받았을 뿐 아니라 요나도 영적 잠에서 깨어나 참된 생명으로 나아가게 되었다. 우리도 심연 속으로 몸을 던져야 한다. 그 바다는 곧 하나님의 품이다. 도망가지 말라. 당신의 몸을 던져라. 그래야 잠에서 깨어 살게 된다.

주의 날이 도둑같이 임함을 기억하라. "한 번 죽는 것은 사람에게 정해진 것이요 그 후에는 심판이 있으리니"(히 9:27). 그날은 불시에 임한다. 미처 대비하기 전에 올 수도 있다. 지금은 잠들어 있을 때가 아니다. 항상 깨어 있어야 한다. 은혜의 줄을 놓아서는 안 된다. 그렇게 해서 장차 올 진노를 피해야 한다. "요한이 세례 받으러 나아오는 무리에게 이르되 독사의 자식들아 누가 너희에게 일러 장차 올 진노를 피하라 하더냐"(눅 3:7).

지하 감옥에 쓰러져 있는 베드로를 생각해 보자. 밤이 지나고 형이 집행될 아침이 다가오고 있다. 그런데 베드로는 아직 깊은 잠에 빠져 있다. 기도해야 하는데 몸과 마음이 피곤해 그렇게 하지 못하고 있다. 그래서 주님의 보내심을 받은 천사가 그의 옆구리를 쳤다. 그렇게 베드로를 깨우고 그를 살려 냈다(행 12:7-8). 지금도 주님은 빛을 비추고 계신다. 이제 깨어나야 한다. 죽음의 아가리에서 벗어나야 한다. 그분의 음성을 듣기를 원한다.

흔들어 깨우시는 주님의 손길을 느껴라. 세상적인 행복의 꿈에서 깨어나라. 하나님은 당신을 위해 우리를 창조하셨다. 그분 안에서 영원히 안식할 때까지 쉼은 없다. 이 땅에 장막을 세우지 말라. 당신은 나그네다. 영원한 나라를 향해 출발하라.

죽음과 심판을 맞이할 준비가 되어 있는가? 하나님 앞에 설 준비가 되었나? 성도들의 유산에 참여할 준비가 됐는가? 우리에게는 이미 기업이 약속되어 있다. "우리로 하여금 빛 가운데서 성도의 기업의 부분을 얻기에 합당하게 하신 아버지께 감사하게 하시기를 원하노라"(골 1:12). 선한 싸움을 싸우고 믿음을 지켰는가? 의, 참된 거룩함, 하나님의 형상을 회복했는가? 옛 사람을 벗어 버리고 새사람을 입었는가? 당신의 등잔에는 기름이 충분한가? 신의 성품에 참여한 자인가? 당신 자신이 성령의 전임을 아는가? 성령 충만을 받았는가?

그리스도가 빛을 비추어 주실 것이다

잠들었던 우리가 깨어날 수 있는 이유는 주님이 이미 빛을 비추어 주셨고, 지금도 비추어 주시며, 항상 비추어 주실 것이기 때문이다. 하나님은 빛이시다. 빛은 곧 구원이며 생명이다. 그리고 주님은 우리도 빛이 되라고 하셨다. 찰스 웨슬리는 많은 성구를 인용하며 우리에게 하나님의 빛이 비치고 있음을 강조했다.

"여호와 하나님은 해요 방패이시라 여호와께서 은혜와 영화를 주시며 정직하게 행하는 자에게 좋은 것을 아끼지 아니하실 것임이니이다"(시 84:11). "네 빛이 흑암 중에서 떠올라 네 어둠이 낮과 같이 될 것이며"(사 58:10). "어두운 데에 빛이 비치라 말씀하셨던 그 하나님께서 예수 그리스도의 얼굴에 있는 하나님의 영광을 아는 빛을 우리 마음에 비추셨느니라"(고후 4:6). "내 이름을 경외하는 너희에게는 공의로운 해가 떠올라서 치료하는 광선을 비추리니 너희가 나가서 외양간에서 나온 송아지같이 뛰리라"(말 4:2). "일어나라 빛을 발하라 이는 네 빛이 이르렀고 여호와의 영광이 네 위에 임하였음이니라"(사 60:1). "너희가 전에는 어둠이더니 이제는 주 안에서 빛이라 빛의 자녀들처럼 행하라"(엡 5:8). 또한 바울은 빛의 결과에 대해서도 언급한다. "빛의 열매는 모든 착함과 의로움과 진실함에 있느니라"(엡 5:9).

당신은 정말 하나님을 만나고 그분의 은혜를 체험했는가? 참된 믿음이 있는 자인가? 당신은 성령을 받았는가? 당신은 성령 체험을 했는가? 당신은 거듭났는가? 당신은 성결의 은혜를 받았는가?

이 모든 것은 우리를 위해 희생하신 예수님으로 인해 이미 우리에게 주어진 은혜다. 이 은혜를 사장시키지 말자. 모두 힘써 기도하고 간구함으로써 우리에게 약속된 모든 은혜를 놓치지 말자. 없는 은혜를 구하자는 것이 아니다. 하나님이 약속하신 은혜를 구하라는 것이다. 잠자는 자여, 깨어나라. 그리고 하나님의 풍성한 은혜를 받으라.

24
하나님 손에 맡겨진 진흙 | 조지 휫필드
예레미야 18:1-6

감리교 운동가, 조지 휫필드

 미국의 정치가, 외교관, 과학자, 저술가이자 최초의 미국인이라 불리는 벤자민 프랭클린(Benjamin Franklin)은 조지아주에 있는 고아원을 위해 조지 휫필드(George Whitefield, 1714-1770)가 호소할 때 한 푼도 헌금할 생각이 없었다. 그런데 휫필드의 설교를 들으며 감동받은 프랭클린은 가지고 있던 동전을 헌금해야겠다고 생각했다. 하지만 설교를 듣는 동안 더 큰 감동을 받은 프랭클린은 동전뿐 아니라 그가 가진 은전과 심지어 금화까지 헌금통에 다 넣었다는 일화가 있다. 오죽하면 "휫필드가 설교하는 집회에 갈 때는 지갑을 가지고 가지 말라"는 말이 있었겠는가. 그의 설교를 듣고 헌금하기 위해 예배 중 돈을 빌리러 다닌 사람도 있었고, 돈을 가지러 집에 다녀온 사람도 있었다. 이후 프랭클린은 휫필드가 마음껏 설교할 수 있도록 건물을 지어 주었는데 그것이 훗날 펜실베이니아 대학이 되었다.

　회의주의자 데이비드 흄(David Hume)도 휫필드의 설교를 듣기 위해서라면 30여 킬로미터를 걸어와도 아깝지 않다고 말했다. 존 웨슬리(John Wesley)가 노예 해방에 관심이 많았다면, 휫필드는 아동복지 문제에 관심을 기울인 감리교 운동가였다.

횟필드는 1714년 영국 글로스터에서 태어났다. 두 살 때 아버지가 세상을 떠났고, 어려운 가정 형편에도 옥스퍼드 대학에 근로 장학생으로 들어갔다. 옥스퍼드에서 찰스 웨슬리(Charles Wesley)의 도움을 받아 홀리 클럽(Holy Club)에도 들어갔다. 횟필드는 이곳에서 찰스 웨슬리의 형 존 웨슬리를 만났다. 횟필드가 존 웨슬리보다 열한 살 적었지만 두 사람은 많은 영역에서 동역자로 일했다.

횟필드는 성공회 교회에서 강단을 허락하지 않자 야외 설교를 시작했고, 성공회의 교구 제도에 제한받지 않고 목회를 했다. 웨슬리도 횟필드의 이런 방침을 따랐다. 웨슬리가 남긴 "세계는 나의 교구다"라는 유명한 말도 횟필드의 영향을 받은 것이다. 웨슬리와 횟필드는 18세기 영국 복음주의 운동의 주축이었지만, 둘의 성향은 서로 달랐다. 웨슬리가 알미니안적 감리교의 시조라면 횟필드는 칼뱅 감리교의 시초가 되었다.

천둥과 번개 같은 설교

웨슬리가 조직에 귀재라면, 횟필드는 설교의 달인이었다. 횟필드의 설교는 찰스 스펄전(Charles Spurgeon), 마틴 로이드 존스(Martyn Lloyd-Jones), 존 스토트(John Stott) 등 위대한 설교자들에게 영향을 미쳤다. 설교자 횟필드의 별명은 '천둥과 번개'였는데, 우렁찬 음성, 청중의 마음을 여는 설득력, 적합한 예화 사용, 눈물의 호소 등이 그의 설교의 특징이었다.

횟필드의 첫 설교는 글로스터 고향 교회인 세인트 메리 드 크립트(St. Mary de Crypt) 교회에서 있었는데, 그 설교에 감동받아 12명이 회심했고 이후 많은 사람에게 알려지게 되었다. 유명해진 횟필드는 런던에서도 설교했는데, 그가 설교하는 곳은 어디든 청중이 몰려와 자리를 가득 채웠다. 그의 설교를 듣기 위해 수천 명이 모이곤 했는데, 그중에는 수 킬로미터를 걸어온 사람도 있었다. 나중에는 1만 명, 그리고 2만여 명이 모이기도 했다. 청중은 모두 옥외에서 서서 설교를 들었다. 안개가 짙은 날도, 비나 눈이 오는 날도 휫필드의 설교를 듣기 위해 사람들은 모여들었다. 미국 보스턴에서는 지역 인구보다 더 많은 3만 명이 모였고, 12만 명까지 모인 집회도 있었다.

조지 휫필드와 존 웨슬리

휫필드는 설교를 통해 회개와 원죄, 칭의, 중생, 그리스도의 십자가, 하나님의 절대 주권적 예정과 선택 교리, 성령의 직접적인 인도하심 등을 이야기했고, 특별히 중생, 즉 "거듭나야 한다"며 거듭남의 급박한 필요성을 강조했다. 그의 설교는 거듭나지 못한 자연인의 마음의 부패성과 신생의 필연성에 대한 것이었다. 이후에 신학적으로 칼뱅주의 입장에 서 있던 휫필드는 알미니안적 신학을 가지고 있던 웨슬리와 결별했다.

웨슬리는 자신의 설교 "값없는 은혜"(Free Grace)에서 휫필드의 신학에 비판적인 입장을 보였는데, 이를 읽고 휫필드가 보낸 편지가 남아 있다. 이 편지는 휫필드의 신학 사상과 함께 그의 훌륭한 인품을 잘 보여 준다.

이 편지에서 휫필드는 자유의지와 선택 교리, 만인구원론과 이중 예정에 대해 논쟁을 했다. 그는 웨슬리의 제비뽑기 습관을 비판하며 기도를 중시하라고 권면하기도 했다. 철저한 칼뱅주의자로서 휫필드는 원죄에 대한 철저하고 심도 깊은 이해, 그리고 하나님의 주권을 강조했다. 선택 교리를 반박하기 위해서 로마서 8장을 제시한 웨슬리를 비판하면서, 로마서 8장은 불신자에게 주는 본문이 아니라 신자들에게 주신 말씀이라는 것을 상기시켰다. 불신자에게 신앙을 독려하려는 것이 아니라, 신자에게 이미 주어진 하나님의 권능과 주도권을 설명하고 있다는 것이다.

"당신은 구원이 하나님의 은혜가 아닌 인간의 자유의지에 달려 있다고 주장하는 것이다."

선택 교리가 인간의 역할을 축소하거나 무용지물로 만든다는 비판에 대해서는 "누가 선택을 받고 누가 영벌을 받을지 모르기 때문에 열심히 설교해야 한다"라고 대답했다. 선택의 교리가 신자의 거룩한 삶을 방해하지 않는다고 강조한 것이다.

신학적으로는 양극단에 서 있었지만 횟필드는 웨슬리를 적대적으로 대하지 않았다. 오히려 깊은 형제애를 보여 주었다.

"나는 예수의 이름으로 당신을 사랑하고 당신을 위해 목숨도 내놓을 준비가 되어 있습니다." "하나님 앞에 섰을 때 당신이 나를 위해 해 준 것들을 천사와 성도들 앞에 감사할 것입니다."

짓궂은 기자들이 횟필드에게 다음과 같이 질문했다. "당신은 천국에 갔을 때 웨슬리를 만날 것이라고 생각하십니까?" 그러자 그는 겸손하게 다음과 같이 말했다.

"나는 웨슬리가 주님 가까운 곳에 있는 것을 보게 될 것입니다. 그런데 웨슬리가 멀리 있는 나를 알아볼 수 있을지는 잘 모르겠습니다."

조지 횟필드의 사역

횟필드는 사도 시대 이후 가장 위대한 부흥 운동이라 평가받는 18세기 영국 복음주의 운동, 그리고 미국 제1차 대각성 운동의 주역이었다. 20세에 회심한 후 22세부터 34년 동안 복음 전도자로 살았던 횟필드는 1만 8천 번의 집회, 작은 집회까지 포함하면 3만 번 이상 설교했다. 음향 시설도 없는 열악한 환경에서 수천에서 수만 명의 청중을 상대로 설교한 것이다. 영국과 미국 사이를 오가며 설교했는데, 한 번에 2-3개월이 소요되는 범선으로 미국을 7회 왕복했다. 횟필드는 미국에서는 조나단 에드워즈(Jonathan Edwards)와 영국에서는 존 웨슬리와 동역했다.

찰스 스펄전은 "조지 횟필드 생애의 어느 부분을 펼치든 즉각 마음이 뜨거워지는 것을 느낀다. 횟필드의 생애는 생명이요 불이요 바람이요 강력이었다. 주님께 순종하는 데 있어 내게 모델이 있다면 그것은 조지 횟필드다"라고 말했다.

한번은 바다에서 풍랑을 만난 횟필드가 이런 일기를 남겼다.

"나는 독서를 하고 곁에 없는 친구들을 위해 뜨겁게 중보 기도 하며 시간을 보냈고, 그들을 생각하며 위안을 삼았다. 대부분의 양식을 바다에 버렸고, 도르래 장치는 고장이 나서 우리 배가 어디로 갈지 모르는 상황이다. 그러나 하나님을 송축한다. 지금 내가 풍부에 처하는 법뿐만 아니라 비천에 처하는 법을 배우고, 예수 그리스도의 좋은 군사처럼 고난을 이겨 내는 법을 배우게 되리라 믿기 때문에 이 상황이 오히려 나를 기쁘게 한다. 오! 주님, 저의 연약함 가운데서 당신의 강함이 커지게 하시고, '내니 두려워 말라'고 제 영혼에 말씀하여 주소서"(1738년 10월 6일 금요일).

1770년 9월 29일 토요일, 횟필드는 보스턴 엑세터에 모여든 청중에게 설교하고, 다음 날인 주일 아침에 임종했다(56세). 미국 매사추세츠 뉴베리포트(Newburyport) 교회에 있는 그의 묘비에는 다음과 같이 기록되어 있다.

"1770년 9월 29일, 이곳에서 조지 횟필드가 마지막으로 설교하였다"(George Whitefield here preached his last sermon. Sept. 29. 1770).

영국에서는 존 웨슬리의 집례로 장례 예배가 드려졌다. 웨슬리는 그 자리에서 "수천수만 명의 죄인들을 회개시킨 사람에 대해 들어 보신 적이 있습니까? 무엇보다도 그토록 많은 죄인을 어둠 속에서 빛으로, 사탄의 권세에서 하나님께로 옮겨 놓은 축복의 도구가 되었던 사람에 대하여 들어 보신 적이 있습니까?"라며 횟필드를 기렸다.

다음 설교문은 휫필드가 예레미야 18장 1-6절을 본문으로 시행한 "도공과 진흙"(The Potter and the Clay)이라는 설교의 대지다. 예레미야 18장 1-12절의 내용을 세분하면, 1-4절에는 하나님의 지시를 받은 토기장이의 행동, 5-10절에는 하나님의 일반적인 의미 풀이, 11-12절에는 현실에 대한 적용과 회개 권유가 나온다. 원문을 약간의 첨삭만 하여 번역했다. 휫필드의 설교를 최대한 생생하게 들려 드리겠다.

"도공과 진흙"(렘 18:1-6)

예레미야 18장 1-6절에 대한 설명

하나님은 여러 가지 방법으로 우리 조상들에게 선지자들을 통해 말씀하기를 기뻐하셨습니다. 1절은 하나님으로부터 선지자 예레미야에게 임한 말씀을 알려 줍니다. 그가 침대에서 잠을 자거나 생각에 잠겼을 때일 것입니다. "너는 일어나라." 그리고 "토기장이의 집으로 내려가라"(선지자는 그곳을 알고 있었습니다). "거기에서 내 말을 네게 들려주리라"라고 하셨습니다. 왜 여기에서 직접 말씀하지 않으시는지, 그곳에서 어떤 방식으로 들려주실 것인지는 알 수 없었습니다. 예레미야는 아무와 의논하지 않고, 조금도 주저하지 않고 즉시 말씀에 순종했습니다.

"내가 토기장이의 집으로 내려가서 본즉 그가 녹로로 일을 하는데." 작업장에 들어갔을 때 도공은 그릇을 물레에 돌리고 있었습니다. 예레미야는 토기장이가 하는 일을 조용히 지켜보았습니다. "진흙으로 만든 그릇이 토기장이의 손에서 터지매", 즉 토기장이의 손에서 그릇이 훼손되었습니다. 따라서 사용하려고 했던 용도에 적합하지 않게 되었습니다. 토기장이는 이 손상된 그릇을 가지고 조금도 망설임 없이 자기가 만들고 싶은 것을 만들었습니다. 그는 다른 사람들과 의논하지 않고 자기 생각대로 했습니다.

이때 하나님의 말씀이 예레미야에게 들렸습니다. "그때에 여호와의 말씀이 내게 임하니라 이르시되 여호와의 말씀이니라 이스라엘 족속아 이 토기장이가 하는 것같이 내가 능히 너희에게 행하지 못하겠느냐 이스라엘 족속아 진흙이 토기장이의 손에 있음같이 너희가 내 손에 있느니라"(렘 18:5-6). "진흙이 토기장이의 손에 있음같이 이스라엘 족속아, 너희도 내 손에 있다. 내가 너희를 세워 내 백성으로 삼고 너를 천하 모든 민족보다 뛰어나게 축복했는데, 네가 패역하여 스스로 멸망하였느니라. 그러므로 토기장이가 자기의 망가진 그릇을 버린 것처럼, 나도 너희를 버리고 새로 짓는 것이 마땅하다"는 음성으로 들렸습니다.

하나님의 형상과 훼손된 진흙

이것이 성경의 일차적인 의도인 것 같습니다. 그러나 영광스러운 여호와께서 여기에서 일반적으로 이스라엘 집에 대해 말씀하신 내용은 인류의 모든 개인에게 적용될 수 있습니다. 첫째, 나는 자연적으로 태어난 모든 사람이 아담의 후손으로 하나님 앞에서는 단지 '진흙'에 불과하다는 것을 증명할 것입니다. 둘째, 훼손된 질그릇은 필연적으로 갱신되어야 하며, 이 위대한 변화가 누구에 의해 이루어지는지 알려 드릴 것입니다.

본래 아담은 하나님 보시기에 아름답게 만들어졌습니다. "하나님의 형상을 따라 만드셨다"고 선언한 것처럼 말입니다. 하나님이 다른 피조물을 만들 때처럼 "사람이 있어라" 말씀하시니 사람이 있었다고 하신 것이 아니라 "우리의 형상을 따라 우리의 모양을 따라 우리가 사람을 만들자"라고 말씀하셨습니다. 그리고 진흙이라는 재료를 사용하고 영혼을 불어 넣으셨습니다. 그러나 타락으로 인해 이런 신성한 이미지는 너무 많이 훼손되었습니다.

W

타락 전 인간에게는 창조주의 의지 외에 다른 의지가 없었습니다. 하나님의 뜻과 아담의 뜻은 음악의 조화와 같았습니다. 그들 사이에는 조금의 불화도 없었습니다. 그러나 이제 그는 어둠이 빛에, 지옥이 천국에 반대되는 것처럼, 하나님의 뜻에 직접적으로 반하는 의지를 가지고 있습니다. 우리 모두는 하나님의 원수일 뿐만 아니라 하나님의 법에 굴복하지 아니하며 굴복할 수도 없는 육신의 생각을 가지고 있습니다.

우리는 미워해야 할 것을 사랑하고 사랑해야 할 것을 미워합니다. 우리는 우리가 바라야 할 것을 두려워하고 두려워해야 할 것을 희망합니다. 아니, 우리의 욕망은 때때로 통제할 수 없을 정도로 높아져서 우리의 현재와 영원한 생명을 희생시키면서까지 우리의 정욕을 만족시키려 합니다. 우리는 마음의 법과 싸우며 죄와 사망의 법에 사로잡혀 갑니다.

인간을 짐승과 악마에 비유할 때 사람들이 화를 내는 것을 나는 이해합니다. 매우 학식 있는 고위 성직자는 "사람은 짐승이 되어도 구원을 받을 수 없고 마귀가 되어도 구원을 받을 수 없다"고 말합니다. 그러나 하나님의 마음에 합한 사람인 다윗도 자기 자신에 대해 "내가 주 앞에서 짐승과 같이 미련하다"고 말했습니다. 또한 의로운 욥도 일반적인 사람에 대해 말하면서 "그는 들나귀의 새끼로 태어났다"고 말했습니다. 그리고 우리 주님이 말씀하시기를 "너희는 너희 아비 마귀에게서 났느니라", 그리고 "온 세상이 지금 불순종의 아들들 곧 거듭나지 않은 모든 영혼을 다스리는 사악한 자 그 안에 있다"고 하셨습니다.

우리의 어리석음, 우리의 욕망을 땅의 것에 고정시키는 경향, 육신의 일을 도모하고 육신의 정욕을 채우려는 열심은 우리가 세속적이며 짐승이라는 증거입니다! 그리고 우리의 욕망, 분노, 증오, 악의, 시기 등은 우리가 악마적이라는 것을 증거합니다.

첫 사람 아담의 영혼에 있어서, 양심은 의심할 여지 없이 주님의 등불이었으며 선과 악, 옳고 그름을 분별할 수 있게 해 주었습니다. 그리고 이 것의 일부가 아직 우리에게 남아 있습니다. 그러나 슬프게도 그것이 얼마 나 희미하게 타오르다가, 얼마나 쉽고 빠르게 꺼지는지 모릅니다. 당신은 경험으로 그것을 알고 있을 것입니다. 당신의 양심은 이미 훼손된 진흙입 니다.

하나님의 계시를 멸시하고 반대하는 자들이 이성이라 부르는 것은 타 락한 이성일 뿐이며 그것으로는 화평의 길에 이를 수 없습니다. 또한 롯을 성 밖으로 인도하러 온 천사들에 의해 눈이 먼 소돔 사람들처럼 구원의 길을 볼 수 없습니다. 타락한 인간은 완전히 훼손된 진흙 조각입니다.

그러나 이것이 전부가 아닙니다. 우리의 무지, 우리 의지의 왜곡, 사랑 의 배신, 양심의 부패, 이성의 타락이 이어집니다. 그리고 우리 몸의 연약 함과 질병도. 인간은 문자 그대로 훼손된 진흙 조각입니다. 인간은 원래 '땅의 흙'으로 만들어졌기 때문입니다. 우리가 높은 가문이나 혈통을 자랑 함에도 우리는 모두 본래 같은 수준에 있었고 붉은 땅이 우리 모두를 형 성하는 공통 기반이었습니다. 실제는 진흙이지만, 하늘과 땅의 창조주께 서 직접 손을 대셨을 때 진흙은 놀랍게 변형되었습니다. "하나님이 사람 을 지으셨다"고 했습니다. 오직 하나님의 영원하신 마음에 미리 정한 계 획대로 세우시고 완성하셨습니다.

우리가 영광스러운 몸을 가졌고 죄를 알지 못할 때는 병도, 고통도 알 지 못했습니다. 그러나 '이가봇'처럼 슬프게도 하나님의 능력과 영광은 우리를 떠났고, 본래의 완전한 아름다움을 잃어버렸습니다. 종국에 우리 는 쓸쓸한 종말을 맞이하게 될 것입니다. "너희는 흙이니 흙으로 돌아가 야 한다." 예수님은 나사로의 무덤에서 우셨습니다. 그의 친구 나사로가 죽었기 때문에 우셨을 뿐만 아니라 죄로 말미암아 멸망할 짐승과 같이 된 인간을 보고 우셨습니다.

인간의 현재 모습, 육체와 마음과 영혼이 비참하게 타락한 것을 볼 때, 누가 그런 훼손된 진흙 조각에 대해 눈물을 참을 수 있겠습니까? 누가 사울과 요나단의 죽음 앞에 다윗의 애가를 받아들일 수 있습니까? "강한 자들이 어찌하여 무너졌는가! 그들이 그들의 높은 곳에서 어떻게 죽임을 당하였는가!" 하나님 보시기에 우리 모두는 똑같이 가증한 존재가 되었으며, 모두 똑같이 하나님의 영광에 이르지 못하며, 결과적으로 터진 진흙 조각일 뿐입니다.

손상된 진흙에서 새로운 피조물로

우리가 하나님 나라의 영광에 참여하려면 이 '손상된 진흙', 즉 우리의 타락한 본성이 전적으로 변화되어야 합니다. 우리의 지식, 의지, 이성과 양심이 새롭게 되어야 합니다. 위의 것을 구해야 합니다. 혈과 육은 하나님의 나라를 유업으로 받을 수 없으므로, 이 썩을 것이 썩지 아니할 것을 입고, 이 죽을 것이 죽지 아니함을 입어야 합니다. 따라서 이전 것은 지나가야 하며 육체와 정신과 영혼까지도 새것이 되어야 합니다.

이런 극적인 변화를 어떤 사람들은 회개, 어떤 사람은 회심, 어떤 사람은 거듭남이라고 부릅니다. 성경은 그것을 새 피조물이라고 부르고, 예수님은 "위로부터 나는 것"이라고 부르십니다. 이것들은 마음과 삶에서 일어나는 실제적인 변화, 인간의 영혼 안에 있는 신성한 생명의 진정한 부활을 의미합니다.

누가 이 손상된 진흙을 다른 쓸모 있는 그릇으로 만들겠습니까? 이 변화는 우리 자신의 의지와 능력으로는 불가능합니다. 진흙이 어떻게 스스로를 다르게 만들 수 있겠습니까? "[그리스도께서 말씀하시되] 아버지께서 이끌지 아니하시면 아무 사람도 내게 올 수 없느니라." "인간은 타락 이후로 스스로 하나님께 돌이킬 힘이 없다."

그러므로 내가 이 하늘의 도공, 하나님의 전능하신 성령을 소개해 드립니다. 태초에 우주적 혼돈 속에서 수면 위에 움직이셨던 그 영입니다. 이것은 동정녀 마리아에게 임재하신 영입니다. 이 동일한 영이 오셔서 우리 영혼의 혼돈 위에 움직이셔야 우리가 하나님의 아들이라 불릴 수 있습니다. 세례 요한은 이를 "성령으로 세례를 받는 것"이라고 했습니다.

위로부터 난 것은 "혈통으로나 육정으로나 사람의 뜻으로 나지 아니하고 오직 하나님께로부터 난 자"입니다. 이것은 두 번째 창조와 버금갑니다. 그러므로 이것은 새 '창조'라고 불립니다. 너희는 의와 거룩함으로 지으심을 받은 새사람을 입으라고 합니다.

이 새로운 피조물을 위하여 영광스러운 예수님은 아버지의 품을 떠나셨습니다. 그분은 박해를 받으셨습니다. 수치와 고난, 그리고 죽임까지 당하셨습니다. 그리고 그분은 다시 살아나셨고 이제는 아버지 우편에 앉아 계십니다. 나라와 언어와 방언이 다른 많은 영혼을 악에서 구원하기 위해서 고귀한 피를 흘리셨습니다. 오늘, 바로 이 시간에 하늘의 도공이신 하나님이 당신을 하나님의 계획에 합당한 그릇으로 만드실 수 있습니다.

막달라 마리아는 얼마나 비참한 존재였습니까? 그러나 예수 그리스도는 그녀에게서 일곱 악마를 쫓아내셨습니다. 예수님이 죽은 자 가운데서 살아나신 후에 제일 먼저 그녀에게 나타나셨고, 그녀는 마치 사도들의 사도처럼 되었습니다. 삭개오는 얼마나 탐욕스러운 사람이었습니까? 그는 부정한 세리장이었습니다. 그러나 예수님이 그를 부르셨을 때 그는 완전히 변화되었습니다.

그리고 더 이상 말할 것도 없이 바울은 얼마나 잔인한 사람이었습니까? 그는 박해자요 신성 모독자였습니다. 그는 주의 제자들을 위협했고 그리스도의 교회를 파괴했습니다. 그러나 그는 다메섹 도상에서 놀라운 전환점을 맞이하지 않았습니까? 박해자에서 전도자가 되었습니다. 후에 수천 명의 영적인 아버지가 되었으며, 지금은 영광의 주 예수 그리스도와 가장 가까운 곳에 앉아 있습니다. 이들은 후세에 믿어야 할 우리 모두에게 모본이 됩니다. 믿고 회개하십시오. 복음을 믿으십시오. 그러면 진노의 그릇이 귀한 그릇이 되어 주님께 귀하게 쓰임을 받을 것입니다.

우리는 진흙이요 당신은 토기장이십니다. 당신의 복된 형상을 우리 마음에 더욱 생생한 글자로 새기소서. 그리하여 영광에서 영광에 이르게 하소서. 아멘.

하나님께로 나아가자

이처럼 횟필드는 하나님의 절대 주권적 관점에서 그리스도의 구원의 은혜를 묘사했다. 모든 일을 이루시는 분은 하나님이시다. 인간은 스스로를 구원할 수 없다. 인간이 할 수 있는 일은 그분에게 나아가 손을 내밀고 그분의 은총을 구하는 것뿐이다. 그러면 창조주 하나님이 새로운 창조를 일으켜 우리를 새롭게 만드시고 새 생명을 주신다. 그 하나님께 나아가자. 구원자 되시는 아버지께 나아가자.

끝으로, 횟필드가 남긴 중요한 말 한마디를 기억하자.

"나는 녹슬어 없어지기보다는 닳아서 없어지게 하소서."

우리는 사나 죽으나 하나님의 것이다. 최초의 생명도 그러했고 구원받은 생명도 마찬가지다. 이제 하나님께서 허락하신 그 생명을 통해 하나님과 하나님의 나라를 위해 전력을 다하자. 우유부단함을 버리고 최선을 다해 주님의 나라를 위한 용사가 되자. 오직 내 안에 사시는 분은 그리스도 예수이시기 때문이다.

25

암담한 현실에서 소명 받기 | 윌리엄 윌버포스

로마서 14:7-12

무한 탐색 시대

최근 유튜브에 "사명의 삶"이라는 제목의 동영상이 올라온 것을 보았다. 《전념》(상상스퀘어, 2022)을 저술한 피트 데이비스(Pete Davis)의 하버드 대학 졸업 연설을 녹화한 것인데, 무려 3천만 뷰를 달성한 영상이다. 이 영상 내용에 따르면, 현대는 무한 탐색 모드 시대다. 인터넷 서핑은 물론이고, 심지어 TV를 시청할 때도 잠시도 머물지 못하고 계속 채널을 돌리는 시대라는 것이다. 우리는 끊임없이 주어지는 많은 선택지 앞에서 소위 탐색과 검색 중독 시대를 살고 있다.

선택지가 많을수록 행복할까? 결코 그렇지 않다. 깊이 고민하고 선택해 보지만, 선택하지 않은 것에 대한 후회, 선택한 것에 대한 불만족이 커진다. 지금 우리에게 필요한 것은 헌신, 전심, 꾸준함이다. 특히나 헌신이 절대적으로 필요하다. 오늘날 우리는 헌신을 잃어버렸다. 죽음이 삶의 길이를 통제한다면, 인간은 삶의 깊이를 통제할 수 있다. 즉 삶의 질을 통제할 수 있다는 말이다. 삶의 질은 헌신할 때 얻어진다. 뷔페에서 여러 메뉴를 섞어 먹을 때보다 한 가지 메뉴를 먹을 때 깊은 만족감을 얻는다. 한 가지 분야에 몰입하고 집중하는 것이 중요하다. 영화관에서 영화를 보는 것과 집에서 영화를 보는 것, 예배당에 나가 예배드리는 것과 집에서 온라인 예배를 드리는 것, 어느 쪽이 더 헌신적인가? 어느 쪽이 더 충만함을 느끼게 해 주는가?

소명의 대명사, 윌리엄 윌버포스

소명, 사명, 헌신의 대명사인 윌리엄 윌버포스(William Wilberforce, 1759-1833)는 노예 무역 폐지를 이끌어 낸 영국의 정치가이자 박애주의자로, 소위 '영국의 양심'으로 불렸던 인물이다. 윌버포스는 부유한 가정에서 태어나 케임브리지 대학을 졸업하고, 1780년 21세의 나이에 최연소 하원의원에 당선되었다. 금수저를 물고 태어난 그는 당시 상류층 사람들이 그러했던 것처럼 세상 연락과 유흥을 즐기며 살았다. 그러나 그는 1785년 26세에 주님을 만나 회심을 경험했다. 회심 후 기록한 그의 일기에는 다음과 같은 글이 적혀 있다.

> "내 과거의 깊은 죄악과 은혜를 망각한 죄가 매우 강력하게 내게 다가왔다. 나는 귀중한 시간과 재능을 낭비한 것을 회개했다. 이는 벌에 대한 두려움보다는 나 자신의 거대한 죄에 대한 깨달음이었다. 이 생각의 영향이 너무나 커, 나는 몇 달 동안 깊은 절망에 빠졌다."

이 일기에서 윌버포스는 "내 죄, 내 죄, 내 죄" 혹은 "나의 감사 없음"이라는 문구를 많이 사용했다. 회심 사건 이후, 그는 매일의 자기성찰, 긴 시간의 기도, 규칙적인 성찬과 금식, 아침과 저녁의 묵상, 홀로 있는 시간 등을 통해 경건 훈련을 했다.

그러던 중 윌버포스는 내적 갈등을 겪게 되었다. "의회에서 하나님과 국가를 동시에 섬길 수 있는가?"라는 질문에 직면했기 때문이다. 그는 신앙인으로서 하나님을 섬기는 것과 국가 고위 공직자로서 영국을 위해 봉사하는 것이 상호배타적이라고 느꼈다. 성과 속은 구별되어야 한다고 생각한 것이다. 그래서 믿음을 위해 공직에서 물러나야 할까도 고민했다. 윌버포스의 절친이자 당시 수상이었던 윌리엄 피트(William Pitt)에게 그는 이런 생각을 털어놓기도 했다.

그러다 런던 교구 담당이었던 존 뉴턴(John Newton) 목사를 찾아가 상담을 요청했다. 뉴턴 목사는 노예선 선장으로 일하다 회심해 "어메이징 그레이스"(Amazing Grace, 새찬송가 305장 "나 같은 죄인 살리신") 찬송을 작사했고, 이후 흑인 인권 운동을 한 인물이다. 뉴턴 목사는 윌버포스에게 공직에 헌신하는 것으로도 주님을 섬길 수 있다고 조언했다. "주님이 그분의 교회와 이나라를 위해 당신을 준비하셨음을 믿습니다." "당신의 목회지는 의회입니다." 뉴턴 목사와의 상담 후 윌버포스는 평안 가운데 헌신을 다짐했다.

"내 마음은 평온한 상태로 더욱 헌신하는 마음으로 하나님을 바라보게 되었다."

윌버포스는 거칠고 험한 정치계에서 그리스도의 증인으로 살아가는 것이 자신의 소명이라 확신했다. 그는 자신의 일기에 "전능하신 하나님은 내 일생을 바쳐 완수해야 할 두 가지 사명을 주셨다. 하나는 노예 제도의 폐지이고, 또 하나는 영국 사회의 도덕성을 회복하는 일이다"라고 썼다.

"노예 무역의 악이 너무나 엄청나고 끔찍하고 고칠 수 없는 것 같아 보였기 때문에 나는 이를 폐지해야 한다고 굳게 결심했다. 결과가 어떻든 지금 이 순간부터 노예 무역이 폐지될 때까지 결코 쉬지 않을 것이다." "모든 인간은 하나님의 형상으로 지음을 받았기 때문에 존귀하다."

윌버포스는 흑인으로 태어났다는 이유로 인간으로서의 대우와 존중을 받지 못하면 안 된다고 생각했다. 이제 그에게는 일생을 바쳐 헌신해야 할 분명한 목적이 생겼고, 그 목적은 그에게 지금까지 없던 새로운 에너지를 주었다. 실제로 그는 이 일에 평생 전념했다. 회심하기 전에는 자신의 목적을 이루기 위해 살던 사람이지만, 회심 후에는 그리스도를 전하

W

는 전도자가 되려다 정치가로서 정치 분야에서 그리스도를 섬기는 사람이 되었다.

공동체의 중요성

독불장군은 없다. 위대한 지도자에게도 공동체가 필요하다. 윌버포스에게는 친구들이 있었다. 이름하여 '클래팜 공동체'(Clapham Group)다. 클래팜 공동체는 '공적인 영역에서 경건한 삶을 살기로 헌신한 사람들'로 이루어진 공동체였는데, 법률가, 은행가, 문인, 사업가, 의사 등으로 구성되어 있었다.

이들은 모두 복음주의 그리스도인으로서 다니엘과 세 친구처럼 서로 협력하고 돕는 관계였다. 이들은 그 시대의 잘못된 도덕적 풍조에 저항하며 세상을 바꾸고자 노력했다. 이들이 개혁을 시도한 영역은 노예 제도, 교도소 개혁, 사회적 부도덕, 빈민 구제, 선교 등이었다. 음주, 욕설, 도박 규제 법안을 마련하고, 미혼모, 군인, 선원의 복지를 위해 노력했고, 동물 보호 운동을 벌이며 고아원 설립도 추진했다.

클래팜 공동체의 특징을 정리하면 다음과 같다.

① 분명하고 구체적인 목표를 설정했다.

② 신뢰할 수 있는 증거를 제시하기 위해 철저한 조사를 했다.

③ 헌신된 후원 단체를 결성했다.

④ 실패해도 좌절하지 않았다.

⑤ 오랜 세월 이 싸움에 헌신했다.

⑥ 문제에만 초점을 맞추었다.

⑦ 점진적인 발전을 받아들였다.

⑧ 풀뿌리 민중의 지지를 구했다.

⑨ 더러운 책략이나 폭력에 기대지 않았다.

⑩ 하나님의 뜻이라면 하나님이 인도하실 것이라는 확신으로 나갔다.

윌리엄 윌버포스, 노예 제도 폐지를 주장하다

윌버포스와 클래팜 공동체의 가장 중요한 관심사는 당시의 노예 제도였다. 노예 제도는 고대 시대부터 있어 왔고, 많은 문화권에서 흔히 볼 수 있는 악습이었다. 고대 이집트, 그리스, 이스라엘, 로마 제국에서도 발견되는데, 로마 제국 인구의 30%는 노예였다고 한다. 중세 시대는 농노라는 개념으로 노예 제도가 존재했다. 18세기 말, 세계 최고의 해군력과 상선을 보유했던 영국은 아프리카 흑인들을 잡아 북미 대륙으로 실어 나르는 노예 무역의 중추적 역할을 맡고 있었다. 열악한 항해 환경과 비인간적 처우로 수송 도중 25%가 넘는 흑인이 사망하기도 했는데, 약 1,100만 명의 아프리카인들이 노예로 팔린 것으로 추정되고 있다.

이런 노예 무역은 영국 국가 수입의 3분의 1을 차지하는 황금알을 낳는 거위였다. 따라서 노예 무역 폐지 운동에 대한 반대 입장이 매우 거셌다. 당시의 힘 있는 사람들인 농장 주인들, 기업가들, 선박 소유주들, 전통주의자들, 그리고 왕실에서 반대의 목소리가 높았다. 재정적 손실과 경기 침체에 대한 우려로 노예 무역 폐지 운동을 격렬히 반대하고 있었다. 의회에서 이 문제를 토의하기 위해서는 기득권층과 의회의 의사 방해를 넘어서야 했다. 노예 무역 폐지를 추진하던 윌버포스는 완고함, 편협함, 국제 정치의 압력, 노예들의 불안, 정치적 공포, 중상모략, 살해 위협, 두 번의 암살 시도 모면 등을 겪어야 했다.

1791년 윌버포스는 노예 무역 폐지를 주장하는 첫 번째 의안을 상정했으나 163대 88로 패했다. 그 후에도 16년 동안 11회나 부결되었지만, 윌버포스는 150회의 국회 연설을 통해서 "무엇이 위대한 나라를 만드는가?" 라고 계속 물었다.

"사람들은 내 애국심에 물음표를 다는데, 나는 진정한 애국심이 뭔가 이야기해 보고 싶다. 프랑스는 하나님을 버리고 인간의 권리를 누리기 위해 유혈 혁명을 일으켰는데, 영국은 하나님을 믿는다고 하면서 황금에 눈이 멀어 다른 인종을 짐승처럼 짓밟는 일을 자행하고 있다. 영국이 진정으로 위대한 나라가 되려면 하나님의 법을 지켜야 한다. 나는 하나님의 분노를 자초하는 노예 제도를 존속 시킬 때 하나님은 영국을 축복하실 수 없다고 본다. 나는 조국을 미워해서가 아니라 조국을 사랑하기 때문에 하나님의 축복을 막는 이 노예 제도를 폐지하고 자 한다. 하나님의 법을 어기고도 살아남은 제국은 역사상 없었기 때문이다."

소명의 열매

윌버포스의 헌신적 활동은 결국 열매를 맺었다. 1807년 노예 무역 폐지 법안이 상·하원에서 통과되었고, 1833년에는 노예 제도가 폐지되었다. 이 해는 윌버포스가 74세로 세상을 떠나기 직전이었다. 미국에서는 이보다 30년 후인 1863년, 에이브러햄 링컨(Abraham Lincoln) 대통령에 의해 노예해 방령이 선포되었다. 클래팜 공동체 외에도 윌버포스에게 영적인 지지와 격려를 보내 준 이들이 있었다. 존 뉴턴과 존 웨슬리였다. 다음은 웨슬리 가 윌버포스를 격려한 편지의 내용이다.

"이단에 대항하는 아타나시우스처럼 하나님의 능력이 당신을 일으켜 세우지 않았다면, 나는 당신이 어떻게 기독교와 영국의 추문이요, 인간 본 성의 추문인 이 극악무도한 악행에 맞서서 이 영광스러운 과업을 끝까지 밀고 나갈지 알 수 없습니다. 하나님이 바로 이 일을 위해서 당신을 세우 지 않으셨다면, 당신은 사람들과 마귀의 공세에 지쳐 버릴 것입니다. 하지만 하나님이 당신 편이시니, 누가 당신을 대적할 수 있겠습니까? 그들을 모두 합쳐도 하나님보다 강할 수 없습니다. 그러니 선한 일에 낙심하지 마십시오. 하나님의 이름과 그분의 위대한 능력으로 미국에서까지 노예 제도가 자취를 감춰 버릴 때까지 계속 전진하십시오. 청년 시절부터 당신을 인도하신 그분이 이 일과 모든 일에 계속해서 당신에게 힘을 주시기를 기도합니다."

주를 위해 실천하는 헌신자

윌버포스의 내면을 이해하기 위해서는 그가 저술한 책을 봐야 한다. 그의 책 《진정한 기독교와 전혀 다른 신앙 체계에 대한 실제적 고찰》(1793 / 《윌리엄 윌버포스의 위대한 유산》 중 2부, 요단, 2013)은 실천하는 기독교의 이상이 무엇인지를 잘 보여 준다. 이 책에는 "이 나라의 상류층과 중산층에서 자칭 그리스도인들 가운데 널리 퍼진, 진정한 기독교와 전혀 다른 신앙 체계에 대한 실제적 고찰"이란 부제가 달려 있다. 윌버포스는 다음과 같이 주장했다.

"진정한 그리스도인들의 핵심적이고 실제적 특징은 이렇다고 생각한다. 예수 그리스도를 통해서 회개하는 죄인을 받아 주신다는 약속에 의지하여 모든 다른 주인을 버리고 그들과의 관계를 끊어 버리고 하나님께 성심을 다하여 자신을 헌신한다. 이제 그들의 확고한 목적은 선한 주인을 잘 섬기기 위해 자신을 전적으로 내어놓는 것이다. 그들은 자신의 것이 아니다. 신체적, 정신적 능력, 선천적 혹은 후천적인 자질, 영혼, 권위, 시간과 영향력, 이전에 자신의 것이라고 여겼던 모든 것들을 하나님의 영광을 위해 거룩하게 섬기는 데 사용한다. 우리나라의 안녕을 위한 나의 확고한 소망은 해군이나 군사력 또는 통치자들의 지혜, 국민들의 정신에 달려 있지 않다. 이 나라에 아직도 그리스도의 복음을 사랑하고 그 복음에 순종하는 이들이 얼마나 많이 있는가에 달려 있다."

이 글에서 윌버포스는 최후의 백보좌 심판을 항상 염두에 두는 것이 헌신적인 삶을 유지하는 비결이라고 가르쳐 준다. 즉 종말론적 신앙으로 살아가라고 촉구하면서 다음의 성구를 제시한다. "네가 어찌하여 네 형제를 비판하느냐 어찌하여 네 형제를 업신여기느냐 우리가 다 하나님의 심판대 앞에 서리라"(롬 14:10). 현재의 삶은 결국 하나님의 심판을 받게 된다. 우리 각 사람은 자기 일을 하나님께 직고해야 한다. 따라서 그는 정치적 결정과 행위에 대해서도 하나님께 직고해야 한다고 주장했다. 노예 제도, 노예 무역에 대한 결단을 유도하기 위해서였을 것이다.

"기독교의 원리에 따라 행하는 사람은 그리스도의 심판대에서 자신의 정치적 행위에 대해 설명해야 한다는 사실을 생각해야 한다."

그리고 하나님의 판결은 영원하며 취소할 수 없는 것임을 깊이 인식하라고 경고했다.

"하나님의 말씀이 내린 결정에 대해서는 항소란 있을 수 없다."

윌버포스는 계속해서 그리스도인은 자기 자신을 위해 살 수 없는 존재라고 주장했다. 살아도 죽어도 주를 위해서 그리해야 한다는 것이다. 내 것이란 없다. 오직 주님의 것이 있을 뿐이다. 윌버포스는 당시 많은 신자를 향해 명목상의 그리스도인처럼, 심지어 비신자처럼 살고 있다고 일침을 놓았다.

참된 그리스도인과 명목상의 그리스도인은 어떻게 구별되는가? 삶의 계획, 그리고 일상적인 행동을 살펴볼 때 그들을 비신자와 어떻게 구별할까? 자녀 교육에 있어서, 사적인 시간에 나누는 대화에 있어서, 건강과 재산, 부와 지위, 축복에 대해 성경적인 기준을 가지고 있는지를 살펴보면 된다고 그는 말한다. 세상의 기준을 따르고 있다면, 당신은 명목상의 그리스도인이거나 비신자임을 자각해야 한다고 경고했다.

윌버포스는 인간 본성이 지닌 타락과 연약성을 강조했다. 인간의 이성이 얼마나 흐려져 있는가? 인류의 감정은 얼마나 왜곡되었는가? 인간의 양심은 얼마나 무감각해졌는가? 어떻게 분노와 질투와 증오와 복수가 인간의 타락한 가슴에서 솟아오르는가? 인간은 얼마나 저급한 욕망의 노예가 되어 있는가? 인간은 근본적으로 얼마나 악한가? 인간이 얼마나 선에 무능한가?

당대 영국인의 삶에서 윌버포스는 인간의 이런 모습을 보았다. 우상 숭배, 어리석은 미신, 애정 결핍, 짐승 같은 잔혹함, 냉혹한 압제, 야만적인 잔학 행위 등 당시 영국인들이 하나님을 마음에 두지 않음으로 합당하지 못한 일들을 많이 행하고 있다고 했다(롬 1:28). 불의, 추악, 탐욕, 악의, 시기, 살인, 분쟁, 사기, 악독, 배신, 무자비 등이 판을 치고 있었다.

"사람이 부유해지면 마음이 굳어지고, 권력은 행복을 나눠 주는 도구가 되는 대신 남용되며, 악한 습관은 저절로 생기는 반면 선한 습관은 습득하기 매우 어렵다는 사실, 사람들은 너무나 쉽게 악한 길로 빠져든다."

그는 자신의 동기가 얼마나 순수하지 못한지, 삶의 목적이 얼마나 잘못되었는지, 자신의 견해가 얼마나 저급한지, 얼마나 이기적이며 무가치한 욕망을 가지고 있는지, 의무를 행하는 데는 게으르며 자신의 권리만을 주장하려고 하는지 등을 깨달아야 한다고 했다. 윌버포스가 보기에 어느 누구도 하나님의 눈을 피할 수 없고 하나님의 심판을 막을 수 없었다. 소돔과 고모라의 심판, 가나안 족속에 내리신 심판, 불순종한 이스라엘의 고난, 니느웨와 바벨론의 멸망, 로마의 멸망 등은 자명한 결과였다. 그러므로 영국도 회개해야 한다고 말했다.

그러나 동시에 소망도 있다고 보았다. 자신의 비참함을 느끼는 자들은 구원을 받게 될 것이다. 길을 잃었고 희망이 없다는 것을 진정으로 깨달

W

은 사람들은 인간의 원죄와 연약함을 절실하게 인정하면서 하나님을 찾게 된다. 그러면 하나님은 그들을 만나 주시고 변화시켜 주실 것이다. '죄인'(sinner)이 '성인'(saint)이 되는 것이다. 성령이 그렇게 만드신다. 성령이 성화시켜 주실 것이다.

이 책에서 윌버포스는 정치 문제뿐 아니라 예배에 대해서도 언급했다. 윌버포스에 따르면, 하나님은 예배 시간에 이런 요구를 하신다고 한다.

"내 아들아, 내게 네 마음을 다오. 그러면 네가 온 마음으로 하나님을 사랑하게 될 것이다."

우리 예배는 하나님을 향해서 사랑, 기쁨, 감사, 신뢰, 소망, 열정을 드리는 예배가 되어야 한다. 하나님께 합당한 감정으로 드려져야 한다. 우리가 참된 예배를 드릴 때 영적 성숙을 이루고 거룩함을 이룰 수 있다. 나무는 열매를 보아 안다. 믿음은 거룩함의 열매로 증명된다.

또한 윌버포스는 우리 믿음의 진보는 하나님과 그리스도에 대한 경외와 사랑, 인간을 향한 사랑과 친절, 온유함, 영원한 것에 대한 관심, 세상 명예와 소유에 대한 무관심, 자기 부인과 겸손에 달려 있다고 했다.

"항상 능동적이고 유익한 사람이 되며 다른 사람들에게 관대해지자. 자기를 부인하고 절제 있는 삶을 살자. 게으른 것을 부끄럽게 여기자. 물질적인 축복을 받았다면 헛된 허영심을 충족시키려 하지 말고, 허식을 버리고 검소한 삶을 살며, 유행의 노예가 되지 말자. 다른 사람들을 선의와 친절로 대하자. 기독교의 생명력을 다시 회복하도록 열심히 기도하자."

이처럼 윌버포스는 노예 제도 폐지뿐만 아니라 당시 기독교의 부패에도 도전했다. '더 나은 시대'를 꿈꾼 것이다.

금수저에 능력도 출중한 윌버포스였지만, 그에게도 약점이 있었는데, 바로 볼품없는 외모였다. 어릴 때부터 작고 기형적인 체형을 가졌던 윌버포스는 키가 160cm밖에 안 될 정도로 작았다. 평생 병약했고, 시력도 약했으며, 등이 많이 굽어 있어 걸을 때는 곱사등같이 보여 '새우'라는 별명이 있었다. 대장염, 무기력증, 우울증, 불면증 등의 병으로 시달릴 때 윌버포스는 다음과 같은 기도를 적었다.

"구원과 도움을 찾아 저는 당신께 날아갑니다. 오, 주님, 속히 구원을 내려 주소서. 저는 극복할 수 없는 큰 난관에 처해 있습니다. 오, 주님, 연민과 자비로 저를 돌아보시고 저를 회복시키셔서 이 세상에서 평안하게 쉬게 하시든지 아니면 차라리 저를 저세상으로 옮기소서."

윌버포스가 하원에서 연설하려고 일어서면 그 모습이 마치 동화 속 난쟁이 같았다고 한다. 그러나 그가 연설을 마치고 자리에 앉을 때는 마치 거인을 보는 것 같았다고 전해진다. 동료인 제임스 보스웰(James Boswell)은 "새우가 고래가 되었다"고 놀리기까지 했다. 보스웰은 "나는 새우가 테이블에 오르는 것을 보았다. 그러나 그의 말을 듣는 가운데 그는 점점 더 커져서 마침내 고래가 되었다"라고 말했다.

하나님의 은혜로 새우가 고래가 되었다. 사명은 사람을 위대하게 만든다. 헌신은 새우를 고래가 되게 한다. <타임> 지는 "그는 마치 S와 같았다. 곧게 펼 수 없는 지팡이(Stick) 같다. 그러나 노예를 위해 호소할 때 그의 얼굴은 천사(Seraph)와 같았다"고 기록했다.

인생의 암담한 현실에 직면한 사람들은 체념 조로 말한다. "이런 총체적 부패 속에서 한 사람의 힘으로 무엇을 할 수 있겠는가?" 그러나 윌버포스의 삶은 헌신된 한 사람, 헌신된 하나님의 사람, 깊은 영성과 예리한 실력을 겸비한 한 사람의 영향력이 얼마나 큰지를 우리에게 보여 준다. 그

W

시대에만 가능한 것이 아니다. 오늘날에도 얼마든지 가능하다.

1833년, 드디어 노예 제도가 철폐되고 노예들이 해방되었다. 46년 동안의 수고가 결실을 맺은 3일 후, 윌버포스는 "나로 하여금 영국이 노예 제도를 통해 얻어지는 2천만 스털링의 돈을 포기하는 날을 목도하고 죽게 하시니 하나님께 감사할 뿐이다"라는 말을 끝으로 눈을 감았다. 윌버포스는 친구에게 마지막 작별 인사를 하며 "나 자신에 대해서는 불쌍한 세리의 기도처럼 '하나님, 이 죄인을 불쌍히 여기소서'라는 기도밖에 할 것이 없다"라고 말했다. 그의 평생의 좌우명은 "내 앞에 빛나는 정치적 지위보다 내 마음속에 빛나는 하나님을 더 원하고 있다"였다. 그는 하나님을 위해 온전한 헌신의 삶을 살았다.

고인의 뜻에 따라 본래 장례식은 간소하게 진행해 뉴잉턴 교회 뜰에 그의 시신을 안치할 예정이었지만, 상하 양원의 의원들이 가족들과 친지들의 동의를 구해 국가장으로 웨스트민스터 사원에 묻었다. 이로써 윌버포스는 제16대와 제18대 수상이었던 친구 윌리엄 피트와 웨스트민스터 사원에 나란히 묻히게 되었다. 영국 국교회는 7월 28일을 윌버포스를 기념하는 날로 정했다. 이는 정치인으로서는 수백 년 만에 처음 있는 일이었다. 웨스터민스터 사원 명판에는 다음과 같이 기록되어 있다.

"위대하고 선량한 사람들이 많았던 시대와 나라에, 그는 우리 시대의 가장 뛰어난 사람 중의 한 명이었다… 일시적인 것이든 혹은 영적인 것이든 이웃의 필요를 채우기 위한 노력에서 그의 이름은 특히 하나님의 축복을 통해서 영국으로부터 아프리카 노예 무역의 죄를 없애고 대영제국의 모든 식민지에서 노예를 폐지하는 길을 마련한 점에서 영원히 기억될 것이다."

작금의 우리 상황을 바라보며 한국 목사들의 잘못에 대해 생각하게 된다. 그동안 교회 안에서 은혜 받았다는 젊은이들을 다 신학교에 보냈다. 하나님께 헌신하는 길을 목사가 되는 것으로만 본 것이다. 1970-80년대 한국 교회의 놀라운 부흥이 교회와 신학교만 살찌우는 결과로 이어졌다. 신학교 정원만 늘어났다. 반면 정치계, 문화계, 경제계, 학계, 법조계 등 여러 분야의 헌신된 전문가를 키우지 못했다. 그래서 오늘날 여러 영역에서 훌륭한 지도자가 배출되지 않고 있다. 대통령 선거철만 되면 이런 현실을 더 실감하게 된다. 대한민국 국민들은 '최선의 선택'이 아니라, '차악을 선택'해야만 하는 안타까운 상황에 놓인다.

기독교적 세계관을 지닌 인물을 길러 내지 못했다. 기독교의 복음이 세상의 가치관을 끌어올리기는커녕 진보와 보수에 양분되어 침몰하는 현상도 보인다. 한국 기독교가 실패했음을 먼저 회개해야 한다. 그동안 목회자들은 교회 교인만 만들었지, 세상에서 바르게 사는 하나님의 사람을 만들지 못했다. 이 시대에 필요한 인재를 키워 내지 못한 것을 회개한다. 지금부터라도 10년, 20년 후를 생각하며 정치가를 키워야 한다. 각 영역의 신령한 지도자를 키워야 한다. 실력뿐 아니라 영성도 충만한 다니엘, 느헤미야 같은 인물을 각계 각 부분에 세워 나가야 한다.

예수님은 "네 칼을 도로 칼집에 꽂으라 칼을 가지는 자는 다 칼로 망하느니라"(마 26:52) 하셨다. '칼'이 능력이라면 '칼집'은 성품이다. 실력과 성품이 함께 갈 때 위대한 지도자가 되는 것이다. 탁월한 리더십이 생기는 것이다. 칼집이 없는 칼은 아무 때나 칼을 빼고 아무 곳이나 찌르기 때문에 위험천만하다. 자동차의 제동장치처럼, 분명한 가치관과 자기 절제, 소명과 성품이 갖추어져야 한다. 리더는 하루아침에 만들어지지 않는다.

한국 정치를 짧게 요약하면, 정치공학 기술은 탁월한데 영혼이 없는 정치다. 《군주론》에 나오는 마키아벨리식 정치 음모만 판을 친다. 아돌프 히틀러(Adolf Hitler)는 "진실은 중요하지 않다. 승리만이 중요하다"라고 말했다. 목적이 수단을 정당화한다고 생각했다. 그 결과가 무엇이었는지, 아픈 역사를 통해 우리는 잘 알고 있다. 한국에서 대통령 선거에 출마한다면 이런 이야기를 나누고 토론해야 하지 않을까? 자유민주주의, 시장경제, 통일, 경제 규모에 맞는 세계 중심 국가로서의 비전, 온 지구 생태계 보존, 공존공영, 생명 존중, 전 세계 백신의 공유, 태아 보호, 모성 보호 등에 대한 전문적인 식견을 가져야 하고, 북한, 중국, 러시아, 아프가니스탄, 미얀마, 팔레스타인, 우크라이나, 난민 등 주변 국가들에 대해서도 관심을 기울여야 한다. 하지만 이런 건설적인 논의는 상실되었고 오직 신변잡기적 물어뜯기만 존재한다. 가슴을 뛰게 하는 큰 비전이 없다. 그래서 기대도 하지 않고 딱히 비관도 하지 않는다.

무엇이 위대한 나라를 만드는가? 생각이 큰 나라다. 하나님의 나라와 질서를 이 땅 위에 확립하려는 생각과 계획이다. 우리는 지금 대가를 치르고 있고, 또다시 고초를 겪겠지만, 지금부터라도 대비를 해야 한다. 다니엘, 느헤미야, 윌버포스, 링컨, 안중근 같은 인물을 키워 내야 한다.

윌버포스는 영국의 노예 제도를 폐지했을 뿐만 아니라 국민의 도덕성과 윤리를 개혁했다. 외모와 건강을 보면 약하고 작은 사람이었지만 회심 이후 하나님께 소명과 사명을 받고 헌신의 삶을 살았다. 그는 종말의 심판을 바라보며 최선을 다했으며, 그 열매를 전 세계인들이 나누고 있다. 하나님은 이처럼 헌신된 한 사람을 통해 역사하신다. 우리도 가능하다. 우리 자녀들도 얼마든지 가능하다. 하나님을 향해 열심을 내고 헌신하자.

26
믿음은 기대는 것이다 | 찰스 스펄전
에베소서 2:8

S설교학자 앤드류 블랙우드(Andrew Blackwood)는 찰스 스펄
전(Charles Spurgeon, 1834-1892)을 사도 바울 이후 가장 영향력
있는 설교자로 꼽았고, 미국 설교 잡지 <프리칭>은 지
난 1천 년 교회사에 가장 위대한 설교자 1위로 그를 거론했다. 드와이트
L. 무디(Dwight L. Moody)는 자기의 복음의 불길은 성경과 스펄전으로부터 왔
다고 고백했다.

스펄전은 오른손에는 성경, 왼손에는 청교도의 경건 서적을 들고 다
니며 읽고 묵상했다. 그가 저술한 책은 135권에 달한다. 헬무트 틸리케
(Helmut Thielicke)는 스펄전을 "불붙은 떨기나무"로 불렀는데, 호렙산에서 모
세에게 나타난 불과 같이 강하게 타오르지만 소멸되지 않는 불꽃이었기
때문이다.

스펄전은 "은혜"라는 주제로 20회의 설교를 했고, 그 원고를 모아《은
혜》라는 책을 출판했다. 필자는 은혜의 특징은 무자격, 과분함, 불공평으
로 규정한다. 첫째, 하나님의 은혜는 무자격자에게 거저 주시는 것이다.
둘째, 은혜는 과분함을 속성으로 한다. "이 어인 은혜인가?"라는 말이 절
로 나온다. 다윗처럼 "내 잔이 넘치나이다"(시 23:5)라고 고백하게 된다. 마

지막으로 불공평함은 은혜란 인간이 납득할 수 없는 방식으로 주어지기 때문이다. 흔히 지옥은 불의의 원리, 세상은 공로의 원리, 하나님의 나라는 은혜의 원리로 운영된다고 한다. 세상은 공로가 많은 자에게 더 많은 것을 주어야 옳다고 하지만, 하나님의 나라는 가장 늦게 온 품꾼에게 제일 먼저 삯을 주고, 일찍 온 품꾼과 동일한 금액을 준다(마 20:8-10). 절대자이시고 지혜자이신 하나님의 처분에 대해 누가 이의를 제기할 수 있을까? 그것이 은혜다.

스펄전은 은혜를 설명하기 위해 이런 비유를 들었다. 어떤 목사가 물질적 어려움을 겪고 있는 한 자매를 돕기 위해 돈 봉투를 준비해 찾아갔다. 여러 번 문을 두드렸으나 아무런 대답이 없어, 할 수 없이 집으로 돌아왔다. 그날 저녁 그 자매가 목사를 찾아왔기에 목사가 말했다. "자매님, 집에 가서 몇 차례 문을 두드려도 아무런 대답이 없어 집에 안 계신 줄 알고 돌아왔어요." "몇 시쯤에요?" "정오요." "목사님, 저도 소리를 들었어요. 그런데 집세 받으러 온 주인인 줄 알고 가만히 있었어요." 이 이야기는 하나님의 은혜에 대한 많은 사람의 오해가 어떤 것인지를 잘 보여 준다. 인간은 자신의 오해 때문에 하나님의 은혜를 받지 못하고 살아간다.

주님은 우리에게 좋은 것을 주시기 위해 늘 문을 두드리시는 분이다(계 3:20). 그러나 우리가 마음의 문을 굳게 닫고 있으면 절대로 은혜를 받을 수 없다. 뒤집어 놓은 그릇에 물을 담을 수 없는 것과 같은 이치다.

은혜 받을 자격?

자신이 하나님의 은혜를 받을 자격이 없다고 생각하지 말라. 하나님은 잃어버린 자를 찾아다니시는 분이다. 하나님은 유자격자, 즉 '의로운 자'를 찾으시는 것이 아니라 '잃어버린 자'를 찾고 계신다. 누가복음 15장은 '잃어버린 것에 대한 3부작' 비유다. 중요하기 때문에 똑같은 주제를 대상을 바꾸어 가며 세 번 반복하는 것이다.

제일 먼저 등장하는 이는 목자로, 잃어버린 한 마리 양을 찾기 위해 99마리의 양을 두고 길을 나선다. 그리고 그 한 마리 양을 찾은 것이 너무도 기뻐 잔치까지 벌인다. 그 한 마리 양이 길을 잃지 않았다면 왜 그 목자가 길을 나서서 찾아다녔겠는가? 두 번째는 잃어버린 한 드라크마를 찾기위해 불을 밝히고 온종일 집 안을 쓸고 있는 한 여인이다. 역시 찾은 다음 기뻐하여 벗을 초청해 잔치를 벌인다. 그녀도 한 드라크마를 잃지 않았다면 왜 집 안을 쓸며 하루 종일 찾았겠는가? 세 번째는 잃어버린 아들을 기다리는 아버지다. 그리고 아들이 돌아오자 무조건 수용하고 용납하면서 기쁨의 잔치를 벌인다. 만약 그 아들이 집을 나가지 않았다면 왜 아버지가 기다리고 있었겠는가?

지금 스스로를 무가치하고, 잃어버린 자이며, 죄인이라고 생각하는가? 그렇다면 바로 당신이 예수님이 찾으시는 사람이다. 이 세상 그 누구도 하나님 앞에 설 자격이 있는 사람은 없다. 그래서 우리에게는 은혜가 필요하다. 하나님의 은혜는 그 목적으로 주어지는 것이다.

현재 자신의 모습을 비관해 훗날 자신이 변화되고 사랑받을 만한 때, 그때 은혜를 받으려 생각하는가? 그 생각도 잘못된 것이다. 한 화가가 그림 모델을 찾고 있었다. 그가 구상한 그림에는 여러 사람이 등장하는데, 그중에는 더러운 걸인도 있었다. 마침 적합한 걸인을 만난 화가는 그에게 "당신을 모델로 그림을 그리고 싶습니다. 내일 제 화실로 와 주십시오. 사례는 충분히 하겠습니다"라고 했다. 그런데 다음 날 찾아온 걸인을 본 순간 화가는 실망해 그를 그냥 돌려보냈다. 걸인이 깨끗한 용모에 근사한 옷차림을 하고 나타났기 때문이다. 화가가 원한 것은 불쌍하고 누추한 모습이지 깔끔한 차림새가 아니었다. 하나님 앞에 '있는 모습 그대로' 나아가야 한다. 예수님은 우리를 '있는 모습 그대로' 받아 주신다.

하나님의 은혜는 하나님의 속성, 즉 선함에서 나온다. '하나님'(God)은 모든 '선함'(Good)의 축약형이다. 하나님은 선하시다(God is so Good). 오직 하나님만이 선하시다. 이런 하나님의 선하심이 은혜의 뿌리가 된다. 따라서 은혜는 구원의 시작이요, 과정이요, 끝이다. 은혜가 모든 것이다. 물론 개신교회는 이신칭의로 믿음을 강조한다. 믿음이 있어야 의로움을 얻는다. 그래서 적극적으로 믿음을 가질 것을 독려한다. 하지만 믿음은 은혜가 사용하는 수단이다. 믿음에 치중한 나머지 하나님의 은혜를 잊으면 안 된다. 우리는 근원적으로 은혜로 구원을 받는 것이다.

사도 바울은 에베소서 2장 5절에서 우리가 은혜로 구원받았음을 분명히 밝히고 있다. "너희는 은혜로 구원을 받은 것이라"(엡 2:5). 하나님의 은혜야말로 구원의 통로다. 우리의 믿음도 은혜라는 원천을 통해 나오는 것이다. 따라서 믿음이란 인간이 스스로 가져야 할 구원의 자격 조건이 아니라 우리 안에서 역사하시는 하나님의 은혜다. 은혜는 구원의 원천이며, 믿음은 은혜라는 공장을 가동시키는 데 없어서는 안 되는 필수 장비다. 우리는 믿음을 통하여 구원을 받는다. 하지만 구원은 은혜로 가능한 것이다. 그래서 바울은 믿음과 은혜를 함께 말하면서도 은혜의 기초성을 강조한다. "너희는 그 은혜에 의하여 믿음으로 말미암아 구원을 받았으니 이것은 너희에게서 난 것이 아니요 하나님의 선물이라"(엡 2:8).

칼뱅주의자였던 스펄전도 믿음을 인간적인 것으로 보지 않고, 하나님의 은혜가 우리 안에 들어와 있는 것으로 보았다. 인류의 구원을 결정짓는 것은 하나님 편에서는 은혜요, 인간의 측면에서는 믿음이다. 그럼에도 믿음은 우리 안에 들어와 있는 하나님의 은혜의 결과라는 것이다.

그러면 믿음의 역할은 무엇인가? 은혜가 샘물과 같은 수원지라면, 믿음은 수로나 배관 역할을 한다. 믿음은 하나님의 자비의 물결이 흘러가 목마른 영혼들의 목을 축이는 수도관이다. 믿음은 하나님의 은혜가 흐르도록 하는 매개체다. 수원지는 하나님의 은혜. 실낱같은 믿음을 통해서도 은혜는 우리에게 전달된다. 겨자씨만 한 믿음이라도 하나님의 은혜가 흘러들어오는 통로가 된다. 유럽에 가면 현재까지 남아 있는 로마 제국 시대의 수로를 볼 수 있다. 당시에 로마는 수원지로부터 그 수로를 통해 제국 곳곳에 물을 공급했다. 믿음을 수로나 배관으로 비유하면 수동적인 느낌이 든다. 물론 믿음에는 적극적인 측면도 있다. 믿음은 하나님의 은혜를 붙잡고 받아들이는 손이다.

한 배가 물길을 따라 내려가다 격류에 휩싸였다. 통제 불능이 된 그 배는 잠시 후 나이아가라 폭포에서 떨어질 위험에 처했다. 끝내 배가 전복되어 탑승자들이 모두 물에 빠졌다. 이제 꼼짝없이 폭포에서 떨어져 죽을 위기 앞에서, 한 사람은 강기슭에서 던져 준 밧줄을 잡았고, 다른 사람은 밧줄 대신 큰 통나무를 붙잡았다. 결과는 어떻게 되었을까? 밧줄을 붙든 사람은 살고, 통나무를 붙든 사람은 죽었다. 사람을 살린 것은 강가에 연결되어 있는 밧줄이었다. 믿음이란 바로 밧줄을 붙드는 손이다. 물론 이 밧줄을 준비해 주신 분은 하나님이셨고 은혜였음은 두말할 필요가 없다.

믿음, 은혜에 온전히 기대는 것

스펄전은 믿음에 대해 이야기할 때 '기댐'(recumbency)이라는 단어를 사용한다. 이 단어는 무엇인가에 기대고, 휴식을 취하고, 뒤로 편안하게 눕는 행위를 의미한다. 믿음이란 하나님께 전적으로 기대는 것이며, 주님 안에서 쉼을 얻고, 그분의 품 안에서 편히 눕는 것을 의미한다. 한마디로 믿음이란 하나님과 그분의 은혜에 대한 전적인 신뢰, 의지, 의탁이다. 예수님이 "수고하고 무거운 짐 진 자들아 다 내게로 오라 내가 너희를 쉬게 하리라"(마 11:28)라고 하신 말씀 그대로다. 믿음은 행동을 일으키는 원동력이다. 믿음은 모든 영광을 하나님께 돌린다. 스펄전의 믿음에 대한 권고를 들어 보라.

"자비하신 하나님께 당신을 맡겨라. 소망의 근거를 은혜의 복음에 두라. 당신의 영혼을 구원자 예수께 의탁하라. 주님의 대속의 보혈로 죄 사함을 받으라. 흠도 티도 없는 주님의 의를 받아들이라. 믿음의 근거가 되시는 주님의 보혈을 신뢰하라. 주님이 흘리신 피가 없이는 구원의 믿음이 존재하지 않음을 기억하라."

인간의 믿음보다 하나님의 은혜가 선행하는 것처럼, 우리의 회개보다 하나님의 용서가 먼저임을 알아야 한다. 인간은 회개의 절대적 필요성을 가지고 있다. 사람들은 자신의 죄가 드러나지 않으면 다행이라고 생각한다. 그러나 드러나지 않은 죄가 더 무서운 것이다. 이 세상이 끝이 아니라 영원한 하나님 나라가 있기 때문이다. 죽음이 끝이 아니다. 우리에게는 영원한 생명이 있다. 그렇기 때문에 우리는 죄의 문제를 해결해야 한다. 죄의 문제를 해결하는 방법은 회개와 용서다. 그런데 일반적인 생각과는 달리 우리의 회개보다 용서가 먼저다. 용서받은 자가 회개하고, 회개하는 자는 용서를 확신한다.

탕자의 이야기를 생각해 보자. 아버지는 탕자가 집에 돌아오기 전에 이미 그를 용서하고 기다렸다. 탕자가 돌아왔을 때 그는 그것을 확인했을 뿐이다. 그가 돌아오지 않았다면 영영 그 사실을 몰랐을 것이다. 탕자가 돌아오는 것은 회개다. 그러나 회개가 용서를 만들어 내는 것이 아니다. 이미 아버지는 마음속으로 용서하고 있었다. 하나님의 용서의 은혜는 내 회개보다 더 크다. 그리고 더 먼저다. 회개는 믿음의 성장과 함께 성장한다.

믿음이 성장할수록 회개가 깊어진다. 회개할수록 거룩해진다. 은혜와 용서의 주도권은 하나님께 있다. 그것을 받아들이는 것이 우리의 믿음이고, 그것을 인정하는 것이 우리의 회개다.

오직 은혜로 씻기는 우리의 죄

그렇다면 어떻게 하나님의 용서가 우리의 회개보다 앞서는 것인가? 그 근거는 무엇인가? 성 어거스틴(St. Augustine)은 《참회록》에서 "나 자신이 죄인이라고 생각하지 않았기 때문에 나의 죄는 더욱더 구제 불능 상태가 되었다"라고 고백한다. 성경은 우리의 병을 진단해 준다. 우리는 모두 죄라는 병을 앓고 있다. 이것은 전 세계 모든 인류가 감염되어 있는 바이러스다. 이것은 잠복해 있다가 결국 그들을 영원한 사망으로 이끈다. "그러므로 한 사람으로 말미암아 죄가 세상에 들어오고 죄로 말미암아 사망이 들어왔나니 이와 같이 모든 사람이 죄를 지었으므로 사망이 모든 사람에게 이르렀느니라"(롬 5:12).

모든 인간이 죄인이고, 죄인에게는 죽음이 주어질 뿐이다. 인간은 죄와 죽음의 문제를 스스로 해결할 수가 없다. 그래서 하나님은 독생자 예수님을 보내셔서 그 죄에 대한 대가를 치르게 하셨다. 이는 결국 우리 죄의 용서가 미리 이루어졌음을 의미한다. 십자가는 인류에 대한 하나님의 선제적 용서를 선포하는 것이다. 죄는 예수 그리스도의 백신으로만 예방하고, 보혈의 능력으로만 치료가 가능하다. 이는 우리의 수고, 능력, 의가 아니라 하나님의 선물로 주어진다. 이것이 바로 하나님의 은혜, 용서하시는 은혜다.

하나님의 용서는 인간의 행동이 아닌 하나님의 은혜에 기초한다. 하나님은 인류의 죄를 용서하기 위한 예수님의 십자가 보혈을 '행위 언약'이 아니라 '은혜 언약'에 담아 주셨다. "그러나 이 은사는 그 범죄와 같지 아니하니 곧 한 사람의 범죄를 인하여 많은 사람이 죽었은즉 더욱 하나님의 은혜와 또한 한 사람 예수 그리스도의 은혜로 말미암은 선물은 많은 사람에게 넘쳤느니라"(롬 5:15). 아담은 행위 언약의 대표자인 반면, 예수님은 새로운 아담으로서 은혜 언약의 대표자이시다. 행위 언약은 인간의 행동 여하에 따라 우리 운명이 결정되는 언약이다. 반면 은혜 언약은 인간의 행동과 상관없이 하나님의 은혜가 승리하는 언약이다. 예수님을 통해 은혜 언약을 세우신 하나님은 행위 언약을 완성하셨다. 행위 언약 때 발생한 원죄와 죄의 문제를 은혜 언약 안에서 용서하시고 그 요구를 온전히 이루셨다. 그래서 우리는 아담이 아니라 예수님의 뒤를 따라 살아야 한다.

하나님의 은혜는 당신이 평생에 지은 모든 죄보다 크다. 하나님이 용서하지 못하실 죄는 없다. 구원하시지 못할 사람도 없다. 예수님은 세리장, 창기, 한센병 환자, 맹인을 치유하시고 은혜를 베푸셨다. 그들의 공로가 아니라 일방적으로 주시는 선물이었다. 이것을 받아들이는 것이 믿음이다. 예수님은 공생애 기간 여러 사례를 통해 은혜의 실효성을 보여 주셨다. 이런 사건, 기적, 가르침을 통해 우리가 은혜의 보좌 앞에 담대히 나아갈 수 있게 하신 것이다.

은혜의 적, 교만

우리가 은혜를 받을 때 주의해야 할 것은 무엇일까? 가장 주의해야 할 것은 교만이다. 은혜를 받은 우리를 유혹해 다시 죄의 세계로 끌어들이는 사탄의 무기가 바로 교만이기 때문이다. 필자의 장모님은 평생 기도를 많이 하신 기도 대장이셨다. 그분을 처음 만난 날부터 하나님의 부르심을 받기 직전까지 항상 필자에게 하신 말씀이 있다. "교만하지 말라." 나중에 보니 필자의 아들에게도 동일한 말씀을 하셨다.

성경은 교만이 패망의 선봉이라 말한다(잠 16:18). 바울의 말대로 선 줄로 생각하는 자는 넘어질까 조심해야 한다(고전 10:12). 그렇지 않으면 은혜로 시작했다가 공로로 끝나며, 처음이 되었다가 나중으로 마친다. 포도원 품꾼들의 비유(마 20:1-16)에서 처음에 고용된 사람들은 써 주심에 감사하는 마음으로 주인과 계약을 맺고 일을 시작했지만, 정산할 때 늦게 온 사람들이 먼저, 그리고 동일한 액수를 지급받는 것을 보고는 주인을 원망했다. 남들과 자신을 비교했고, 은혜를 망각하고 자신의 공로를 내세운 것이다. 이것이 교만이다. 이런 사람은 처음 되었다가 나중 된다. 그러나 나중에 들어왔어도 은혜에 감사하는 마음으로 살면 나중 된 자가 처음 된다. 우리 먼저 믿은 자들은 은혜로 시작했다가 자신의 공로를 내세울 위험성이 많다. 그러므로 특별히 주의해야 한다. 처음부터 마지막까지 은혜다.

라퐁텐(Lafontaine)의 《우화 선집》(Fables Choisies, 1668-1695)에는 까마귀와 여우 이야기가 나온다. 까마귀 한 마리가 부리에 치즈를 물고 나뭇가지에 앉아 있었다. 그 냄새에 이끌려 다가온 여우가 까마귀에게 말을 걸었다. "안녕, 까마귀님! 당신은 정말 멋지군요! 당신의 목소리까지 깃털 색깔과 어울린다면 당신은 숲속의 최고의 주인이 될 것입니다." 여우의 말을 들은 까마귀는 교만한 마음으로 자신의 아름다운 목소리를 들려주고자 부리를 크게 벌렸다. 그러자 입에 물고 있던 치즈가 떨어졌다. 재빠르게 치즈를 차지한 여우가 말했다. "친애하는 친구여, 모든 아첨꾼은 그의 말에 속는 사람들 덕분에 살아간다는 것을 명심하시오. 이 치즈는 이 가르침의 값이라고 생각하시오." 그러면서 여우는 날름 치즈를 먹어 버렸다. 교만한 자는 이처럼 수치와 낭패를 당한다.

S

은혜는 한순간, 일회성으로 받는 것이 아니라 신앙생활 내내 필요하다. 은혜가 아니면 우리는 살아갈 수 없다. 구원의 문턱을 넘을 때뿐 아니라 좁은 길을 걸어갈 때도 은혜는 절대적으로 필요하다. 안타깝게도 은혜를 받고도 옛 생활로 돌아간 사람들이 있다. 이는 출애굽해 광야로 나간 이스라엘 민족이 홍해에 가로막혀, 추격해 오는 애굽의 무시무시한 병거 소리와 군사들의 외침을 들었을 때의 두려움을 극복하지 못한 것과 같다. 광야의 이스라엘 민족처럼, 은혜로 구원받은 이들이 불평불만에 사로잡혀 불신앙의 모습으로 살아간다. 구원의 여정은 만만한 것이 아니다. 광야는 탄탄대로, 평탄한 길이 아니다. 많은 연단, 시험, 환난이 찾아온다. 그러므로 또 다른 은혜와 더 많은 믿음이 필요하다.

은혜는 거룩한 삶을 살도록 해 준다. 어린 시절 스펄전은 자신의 할아버지에게 이렇게 물었다고 한다. "할아버지, 나는 하나님의 자녀가 될 수 없음이 확실해요. 하나님의 자녀가 될 수 있다면 어떻게 이처럼 악한 생각들을 내가 가질 수가 있겠어요?" 그러자 할아버지는 인자하게 말씀하셨다. "찰스, 네가 이처럼 유혹을 받는 것은 네가 그리스도인이 되었다는 증거야. 이런 나쁜 생각은 네게서 나온 것이 아니다. 그것들은 마귀의 새끼들이란다. 마귀는 그런 것들을 그리스도인의 문에 걸어 두기를 좋아한단다. 그것들을 너의 것으로 여기지 말고 집 안이나 마음의 방 안에 들이지 마라."

우리는 하나님의 구원의 은혜를 방해하는 죄의 괴물을 향해 날마다 하나님의 승리를 선포해야 한다. 죄를 거부하고 거룩하게 사는 것이 진정 행복한 삶이다. 은혜는 하나님이 값없이 주시는 것이지만, 값싸게 받아서는 안 된다. 그 가치를 깨닫고 받아야 한다. 그러기 위해서는 하나님의 자녀로서의 선한 삶을 사는 값을 지불해야 한다. 신앙생활은 '하나님의 은혜를 아는 내가, 하나님의 은혜를 저버린 세상에서 살아가는 것'이다. 우리는 우리의 믿음을 세상의 공적인 영역에서 증명해야 한다.

죄와 끊임없이 싸우면서 우리는 은혜를 간구하고 하나님의 궁극적인 은혜에 도달해야 한다. "너희는 하나님의 은혜에 이르지 못하는 자가 없도록 하고 또 쓴 뿌리가 나서 괴롭게 하여 많은 사람이 이로 말미암아 더럽게 되지 않게 하며"(히 12:15). "이르지 못하는"이란 말은 은혜를 얻지 못하는, 혹은 은혜를 경험하지 못하는 사람을 의미한다. 우리가 하나님의 은혜에 이르지 못하면 우리 안에 반드시 쓴 뿌리가 자라난다. 은혜 없는 종교, 은혜 없는 관계, 은혜 없는 교회, 은혜 없는 마음에는 심각한 독초가 자라난다. 쓴 뿌리가 비록 작고 느리게 자라나더라도 결국에는 심각한 독성이 나타나게 된다.

찰스 스펄전의 마지막 말

스펄전은 "만일 내가 일천 번의 생을 살 수 있다면 나는 그 일천 번의 생을 모두 그리스도를 위해 바치겠습니다. 하지만 그것은 나를 향한 그리스도의 위대한 사랑에 보답하기에는 너무나 미약합니다"라고 했다. 스펄전에게 은혜란 인간이 결코 갚을 수 없는 것이었다. 그렇게 하나님의 은혜 가운데 살고 사역한 스펄전은 58세 나이로 프랑스 멘톤에서 사망했다. 죽기 전 스펄전은 "기억하시오. 그저 평범한 돌판에 'C. H. S.'라고만 쓰시오. 다른 것은 필요 없으니 장례는 소박하게 치러 주시오"라고 말했다. 사람들은 그의 묘비에 이렇게 기록했다.

"영원한 사랑으로 기억될 찰스 해돈 스펄전, 1834년 6월 19일 켈버돈에서 태어나서, 멘톤에서 1892년 1월 31일 예수 안에 잠들다. '나는 선한 싸움을 싸우고 나의 달려갈 길을 마치고 믿음을 지켰노라'"

스펄전의 말처럼 오직 은혜다. 오직 은혜가 모든 것을 가능하게 한다. 은혜는 믿음을 통해 우리 안에 역사한다. 하나님의 은혜만을 붙들고 살아가자.

27

찾으라, 물으라, 털어놓으라 | 찰스 스펄전
마태복음 12:38–42

S 찰스 스펄전(Charles Spurgeon)은 런던 메트로폴리탄 태버내클(Metropolitan Tabernacle) 교회에서 38년간 목회했다. 태버내클 교회의 출석 교인은 1만 명으로, 당대 기준으로 초대형 교회였다. '설교의 황제'로 불린 스펄전의 설교는 그의 설교집 15권으로 확인할 수 있다. 필자는 신학교 재학 시절 스펄전의 신구약 설교 노트와 영문 설교 전집을 사서 소장했었다. 그러나 솔직히 제대로 읽지를 못했다. 이번 기회에 그의 설교를 읽으며 발견한 독특한 점은 스펄전의 인물 설교인데, 그는 특별히 스바의 여왕에 대해 세 번에 걸쳐 설교했다. 스바의 여왕은 예수님도 인용하실 정도로 역사적으로 유명한 여인이지만, 필자는 이제까지 스바의 여왕을 중심으로 설교해 본 적이 없다. 이 장에서 스펄전의 설교를 통해 스바의 여왕에 대해 이야기해 보고자 한다.

　스바의 여왕과 관련해 스펄전은 1부 "표적"(마 12:42; 눅 11:31), 2부 "예수님께 물으라"(왕상 10:1), 3부 "마음의 교제"(왕상 10:2)라는 제목으로 설교했다. 스펄전 설교의 특징 중 하나는 성경 본문 한 절만 붙들고 설교한다는 것이다.

S

319

표적이 있음에도 믿지 않다

스펄전은 먼저 서기관과 바리새인들이 가증한 요구를 제시하는 것으로 시작한다. "선생님이여 우리에게 표적 보여 주시기를 원하나이다"(마 12:38). 사실 그들은 예수님의 말씀에 귀를 기울이지 않았다. 그 내용을 알아보려고도 하지 않았고 오히려 배척했다. 그러면서도 예수님께 표적을 보여 달라고 요청했다. 말씀을 가르치며 율법을 중시하는 자들이 말씀 대신 표적을 구하는 것이다. 이것은 예수님을 시험했던 사탄이 돌을 떡으로 만들라 하고 성전 꼭대기에서 뛰어내리라고 요구한 것과 같다. 이에 예수님은 그들의 요구를 거절하시면서 "악하고 음란한 세대가 표적을 구한다"고 책망하셨다(마 12:39).

사실 공생애 기간 예수님이 표적을 행하지 않으신 것은 아니다. 가나 혼인 잔치, 오병이어, 맹인의 치유, 한센병 환자 치유, 하반신 장애인의 치유, 혈루병 여인의 치유, 풍랑을 잠잠케 하심 등 많은 기적이 복음서에 기록되어 있다. 그들도 몇몇 기적의 현장에 함께 있었다. 하지만 그들은 여전히 표적 행하기를 요구했다. 이것은 예수님이 기적과 표적을 행하셨음에도 그들이 그것을 믿지 않았다는 것을 보여 준다. 기적을 우연으로 치부하고 평가절하했거나 좀 더 과시적인 표적을 보기를 원했는지 모른다.

예수님은 자신을 나타내시기 위한 과시적 목적보다는 가난한 자들을 돕기 위한 긍휼 사역의 일환으로, 그리고 믿음을 주시기 위한 수단으로 표적을 행하셨다. 표적을 위한 표적, 자신을 위한 표적은 행하지 않으셨다. 이미 보여 주신 표적으로도 충분했다. 그러나 그들은 이전의 표적들을 믿지 않으면서 또 다른 표적을 구했다.

요나의 표적

이에 예수님은 그들이 보게 될 '표적 중의 표적'을 '요나의 표적'에 비유해 말씀하셨다. 요나는 비록 선지자이지만, 우리가 흔히 알고 있는 신실한 선지자가 아니다. 그는 하나님께 불순종했다가 하나님께 징계를 받고난 후에야 선지자 사역을 억지로 수행한 자였다. 요나는 앗수르의 수도 니느웨로 가서 선포하라는 하나님의 명령에 반하여 정반대 방향인 다시스로 가는 배를 타고 도주했다. 하나님은 요나를 깨우치기 위해 거대한 풍랑을 일으키셨고, 결국 그는 바다에 빠져 거대한 물고기 배 속으로 들어갔다. 하나님은 긍휼로 그를 회개하게 하시고 3일 만에 물고기 배 속에서 나오게 하셨다.

예수님이 말씀하시는 바 "요나의 표적"(마 12:39)이란 요나가 큰 물고기 배 속에 들어갔다가 3일 만에 살아 나온 것으로, 예수님이 죽으셨다가 3일 만에 죽은 자 가운데서 다시 살아나실 것을 의미한다. 즉, 십자가와 부활이다. 수많은 표적을 보고도 믿지 않는 자들에게 더 보여 줄 표적은 없고, 다만 예수님이 죽었다가 다시 살아나실 표적만이 남았다는 것이다.

요나의 선포를 들은 니느웨는 어떻게 되었는가? 당시 니느웨 사람들은 완악하기로 소문이 난 자들이었지만, 열정 없는 선지자 요나의 전도를 듣고도 온 도시가 재를 뒤집어쓰고 철저히 회개했다. 니느웨 사람들은 회개에 민감했고, 그런 점에서 하나님의 마음에 들었던 자들이라고 할 수 있다. 하지만 예수님 당대의 유대인들은 그러지 못했다. 따라서 최후의 심판 때에 니느웨 사람들이 일어나서 "요나보다 더 큰 이"(마 12:41)이신 예수님의 말씀을 직접 듣고도 회개하지 않은 자들을 정죄할 것이다. 요나의 내키지 않는 단순한 선포를 듣고도 회개한 그들 앞에서, 간절한 마음으로 회개의 메시지를 전하신 예수님을 못 보았다거나 못 들었다고 핑계할 수 없을 것이다.

S

스바 여왕의 열심

니느웨 사람들의 이야기 다음에 "남방 여왕"(마 12:42)에 대한 언급이 나온다. 이 남방 여왕은 에티오피아나 예멘 지역에서 솔로몬의 명성을 듣고 찾아온 스바의 여왕이다. 성경은 이 여인을 '땅 끝에서 온 여인'으로 묘사하기도 한다. 탁월하기는 하지만 인간에 불과한 솔로몬의 지혜를 듣기 위해 땅 끝에서도 찾아왔는데, 하나님의 지혜와 말씀이시요, 하나님의 독생자이신 예수님이 하나님 아버지의 모든 영광으로, 그리고 하나님의 은혜와 진리가 충만함을 입고 오셔서 그들 중에 거하셨음에도 그 말씀을 듣지 않는다면 이를 어떻게 받아들여야 하는가?

스바의 여왕은 믿음의 모범을 넘어 당대 완악하고 불순종하는 유대인을 정죄하는 역할도 담당한다. 게오르크 프레드리히 헨델(Georg Friedrich Handel)이 작곡한 "솔로몬"이라는 오페라 중에 "스바의 여왕"이란 곡이 있다. 여왕의 도착을 알리는 트럼펫, 트롬본, 혼 등 화려하고 웅장하고 경쾌한 음악이 흘러나온다. 심판 때에도 스바의 여왕이 영광스럽게 일어나서 이 세대 사람들을 정죄할 것이다. 무슨 이유 때문인가?

첫째, 스바의 여왕은 '솔로몬의 지혜'에 대한 소문을 듣고 흥미를 느꼈다. 그리고 그를 만나 보고 싶은 열망을 가지고 먼 길을 찾아왔다. 스바의 여왕은 지혜를 얻기 위한 일에 관심을 가지고 시간과 물질을 들여 멀리에서 찾아왔다. 스바 여왕의 열정과 열심이 이 세상의 무관심한 사람들을 정죄할 것이다. 스바 여왕은 이 세대의 불신앙을 정죄할 것이다. 이 세대가 변명하지 못할 것은 스바 여왕의 열정에 못 미침 때문만은 아니다. 그들 가운데 계셨던 분의 영광 때문이다. "솔로몬보다 더 큰 이가 여기"(마 12:42) 계셨다. 반드시 그분의 음성에 귀를 기울였어야 마땅하다. 하지만 아무도 아무런 관심도 기울이지 않았다. 오늘날의 신자들도 성경, 말씀, 기도, 천국, 영원에 관심이 없다.

스바 여왕의 결단

둘째, 스바의 여왕은 어려운 상황에서도 결단했다. 당시 에티오피아에서 예루살렘까지 나아가는 길은 멀기도 하지만, 여러 가지 위험을 감수해야 하는 길이었다. 한 나라의 국정을 책임지고 있는 권력자가 상대국의 초청도 받지 않고 많은 일을 뒤로한 채 먼 길을 떠난다는 것은 보통 결심이 아니다. 더구나 그녀가 들은 솔로몬에 대한 소문은 확인된 것이 아니었다. 그래도 그녀는 믿었다. 비록 소문이지만 일단 믿고 실행에 옮겼다. 소문의 진상을 알아보기 위해 그곳으로 나아갔다. 자신은 최고의 지위에 있었음에도 불구하고 겸손하게 나아갔다.

나중에 솔로몬 앞에서 스바의 여왕은 "내가 내 나라에서 당신의 행위와 당신의 지혜에 대하여 들은 소문이 사실이로다"(왕상 10:6)라고 고백하면서, "내가 그 말들을 믿지 아니하였더니 이제 와서 친히 본즉 내게 말한 것은 절반도 못되니 당신의 지혜와 복이 내가 들은 소문보다 더하도다"(왕상 10:7)라고 칭송했다. 그런데 우리에게는 성경이 있고, 목숨 걸고 증언한 수 없이 많은 증인이 있다. 그리고 그 소식은 스바의 여왕이 들은 지혜보다 훨씬 중요한 것이다. 예수님과 그분의 말씀에는 죄 사함, 구원, 영생, 하나님 나라가 들어 있다.

스바 여왕의 자발적 나아감

스바의 여왕은 사실 "와서 나의 지혜를 들어라" 하는 솔로몬의 초청도 받지 않았다. 하지만 그녀는 자발적으로 나아갔다. 자신이 환영받으리라는 약속도 없었다. 그래서 솔로몬에게 줄 선물로 금 120달란트, 심히 많은 향품과 보석을 가지고 왔다. 그 선물은 솔로몬이 받은 선물 가운데 가장 큰 규모, 즉 역대급 선물이었다(왕상 10:10).

그러나 우리는 하나님께 나아오라는 명령을 받고 초청도 받았다. "알

S

지 못하던 시대에는 하나님이 간과하셨거니와 이제는 어디든지 사람에게 다 명하사 회개하라 하셨으니"(행 17:30). 하나님은 심판 날을 작정하시고 믿을 만한 증거를 충분히 주시고 부르신다. 이제 변명의 여지가 없다. 오직 천국이냐, 지옥이냐 하는 선택만이 남은 것이다. 우리는 그리스도에게 나가야 할 이유가 많은 반면, 스바의 여왕은 솔로몬에게 반드시 가야만 하는 이유가 없었다. 그런데도 여왕은 솔로몬에게 나아갔고 지혜를 얻었다. 그리스도는 통치권, 인격, 부, 영광, 능력, 은혜에서 솔로몬보다 더 크신 분이다. 그런데도 왜 우리는 예수님에게로 나아가지 않는가! 스펄전은 이와 관련해서 이처럼 경고한다.

"남방 여왕이 심판 때에 일어나 우리를 정죄할 것이다. 왜냐하면 밝은 빛 가운데서 취한 우리의 행동보다 어두운 데서 취한 그녀의 행동이 더 훌륭하기 때문이다."

최후의 심판 날에 그리스도가 스바의 여왕을 증인으로 부르실 것이다. 그러면 주님께 나아가지 않았던 자들은 그녀 앞에서 부끄러움을 당하게 될 것이다. 핑계를 댈 수 없을 것이다. 솔로몬에게 나아갔던 스바의 여왕을 본보기 삼아 예수님 앞에 더욱 열정적으로, 그리고 자발적으로 나아가자.

2부 "예수님께 물으라"

스바 여왕의 물음

스펄전의 스바의 여왕 설교의 두 번째는 "예수님께 물으라"라는 것이다(왕상 10:1). "스바의 여왕이 여호와의 이름으로 말미암은 솔로몬의 명성을 듣고 와서 어려운 문제로 그를 시험하고자 하여"(왕상 10:1). 스바의 여왕은 솔로몬에게 어려운 문제들을 물었다. 건축, 나라 통치, 통상 문제, 전쟁 수행 방법, 평화, 들짐승, 식물, 바다 어종, 새에 대한 이야기를 하다가 결국은 창조주 하나님에 대해 이야기했을 것이다. 솔로몬이 대답하지 못하는 것은 없었다(왕상 10:3). 스바의 여왕이 솔로몬에게 나아간 것처럼 우리는 예수님께 나아가야 하고, 스바의 여왕이 솔로몬에게 물은 것처럼 우리는 예수님께 물어야 한다. 솔로몬도 지혜롭지만 예수님은 지혜 자체이시다.

아무리 어려운 문제라도 "솔로몬보다 더 큰 이"에게 나아가 물어라. 예수님이 대답하지 못하실, 아니 해결하지 못하실 문제가 없다. 니고데모처럼 인생의 새로워짐에 대해서 질문이 있을 때도 나아와 물어라. 영생의 길에 대해 예수님께 물어라. 세상적인 질문이기는 하지만 유산을 나누는 문제를 묻는다면 예수님은 땅의 질문에 하늘의 답변으로 응해 주시고, 우문현답으로 인생의 길, 영생의 길을 지도해 주신다. 당신은 당신의 문제를 해결할 수 없다. 어느 누구도 당신의 문제를 해결해 줄 수 없다. 오직 예수님께 나아가야 한다.

우리 인생에게는 수많은 질문이 있다. 유한한 인간은 끊임없이 물을 수밖에 없는 존재다. 인생은 해답을 찾는 존재다. 우리의 질문은 세상적인 것에서부터 영적인 것까지 참으로 다양하다. 하지만 이 질문들에 궁극적인 답변을 줄 수 있는 사람은 없다. 모든 답은 예수님만이 갖고 계신다. 상투적으로 들릴지라도 "Jesus is the answer"(예수님이 해답)이시다.

하나님은 예수님의 영이신 보혜사 성령을 통해 우리에게 답변하신다. "우리는 어떻게 의로워질 수 있는가? 어떻게 하여야 구원을 받을 수 있는가? 어떻게 살아야 하나님께 영광을 돌릴 수 있는가? 이렇게 어려운 상황에서도 어떻게 이겨 낼 수 있는가? 이 세상에서 어떻게 하나님 나라를 앞당겨 살 수 있는가?" 예수님께 이런 질문을 드릴 필요도 없다. 그분은 우리가 머리로 생각만 해도 아시고 성령을 통해 가르쳐 주신다. 마치 솔로몬이 스바 여왕의 모든 질문에 대해서 쾌도난마처럼 답을 주어 그녀의 마음을 시원하게 한 것처럼, 예수님의 영이 우리를 모든 진리 가운데로 인도하실 것이다.

"복되도다 당신의 사람들이여 복되도다 당신의 이 신하들이여 항상 당신 앞에 서서 당신의 지혜를 들음이로다"(왕상 10:8). 정말 우리는 복 받은 자들이다. 항상 예수님의 말씀을 들을 수 있고 언제나 예수님의 인도를 받을 수 있기 때문이다.

3부 "마음의 교제"

스바 여왕의 털어놓음

스펄전의 스바의 여왕 설교의 세 번째는 "마음의 교제"다. "예루살렘에 이르니 수행하는 자가 심히 많고 향품과 심히 많은 금과 보석을 낙타에 실었더라 그가 솔로몬에게 나아와 자기 마음에 있는 것을 다 말하매"(왕상 10:2). 스바의 여왕은 자기 마음에 있는 것을 빠짐없이 다 솔로몬에게 말했다. 사실 왕으로서 포커페이스를 유지하고 자기 패를 감추는 것이 외교 전략상 유리하지만, 스바의 여왕은 그렇게 하지 않았다. 솔로몬도 모든 것에 진솔하게 답하면서 충만한 교제를 나누었을 것이다.

예수님께 조용히 나아가 마음을 다 털어놓으라. 예수님은 경청해 주시고, 상담해 주시고, 치유해 주신다. 예수님께 말씀드리지 못하는 것이 있다면 예수님의 사랑, 긍휼, 지혜와 능력에 대한 믿음이 부족하기 때문이다. 예수님께 찾아와 먼저 알리지 않고 다른 이에게 알리는 자들이 있다. "아사가 왕이 된 지 삼십구 년에 그의 발이 병들어 매우 위독했으나 병이 있을 때에 그가 여호와께 구하지 아니하고 의원들에게 구하였더라"(대하 16:12). 의학과 의약도 하나님의 은혜와 섭리 안에 있다. 그러니 먼저 하나님을 찾아야 한다.

당신은 왜 당신의 고민과 고통을 가지고 예수님께 먼저 나아가지 않는가? 문제도, 기쁨도 주님께 아뢰라. 예수님은 세상의 기쁨 위에, 세상이 줄수 없는 기쁨까지 더해 주신다. 생각해 보라. 예수님이 어떤 은혜와 권능을 베풀어 주셨는가? 가나 혼인 잔치에서 포도주가 떨어졌을 때 물로 포도주를 만드신 분이다. 물고기 두 마리와 보리떡 다섯 개로 물질 기적을 일으켜 5천 명을 먹이신 분이다. 온갖 병과 약한 것을 완벽하게 고치신 분이다.

당신의 고통과 문제만이 아니다. 당신의 계획도 주님께 말씀드려라. 성공했을 때도, 실패했을 때도 주님께 아뢰라. 당신의 열망과 두려움 모두를 주님께 고하라. 하나님의 아들과 교제하는 것은 가장 고상한 일이다.

스바의 여왕은 하나님을 찬양하며 돌아갔다. "당신의 하나님 여호와를 송축할지로다 여호와께서 당신을 기뻐하사 이스라엘 왕위에 올리셨고 여호와께서 영원히 이스라엘을 사랑하시므로 당신을 세워 왕으로 삼아 정의와 공의를 행하게 하셨도다"(왕상 10:9).

에티오피아 유대인

미군이 아프가니스탄에서 철군할 때 대한민국도 국민들과 한국에 협조한 아프가니스탄인들을 철수시키기 위해 군사 작전을 벌였다. 소위 '미라클 작전'을 성공시켜 390명을 탈출시켰다. 그런데 이런 작전을 이스라엘이 펼친 적이 있다. 이것은 1991년 '솔로몬 작전'으로, 아프리카의 스탈린으로 불리는 독재자 멩기스투 하일레 마리암(Mengistu Haile Mariam)이 에티오피아를 장악한 뒤 에티오피아 유대인을 학살할 것을 우려해 진행한 구출작전이다. 위협이 높아지자 이스라엘은 특공대 200명을 파견해서 기반을 마련했고, 베타 이스라엘 혹은 에티오피아 유대인들을 아디스아바바 이

S

스라엘 대사관으로 집결시킨 뒤에, 5월 24일과 25일 양일간 36시간이 넘도록 비행기 34대로 1만 5천 명을 수송해 구조해 냈다.

그런데 어떻게 아프리카 에티오피아에 유대인, 그것도 흑인 유대인들이 있을 수 있을까? 앞 장에서 잠시 살펴보았지만 유대인들은 솔로몬과 스바 여왕의 만남을 그 기원으로 본다. 전승에 의하면, 스바의 여왕이 솔로몬을 방문해서 구한 것은 지혜만이 아니라 자손도 포함되어 있다는 것이다. 스바 여왕과 함께 밤을 보낸 솔로몬은 반지를 주면서 아들이 태어나면 그 반지를 아들에게 주라고 했다. 스바의 여왕은 아들을 낳았고 그 아들이 20세가 되었을 때 반지를 가지고 솔로몬을 찾아왔다. 솔로몬은 그를 자신의 아들로 인정했다.

솔로몬은 아들을 자신과 함께 두고 싶었지만 아버지를 확인한 그 아들은 에티오피아로 돌아갔다. 그가 에티오피아로 돌아갈 때 솔로몬은 그에게 법궤와 오경을 선물로 주고 많은 수의 유대인도 함께 보냈다. 그리고 아들이 즉위해 에티오피아를 다스렸는데 그가 바로 메넬리크 1세라는 것이다. 그 후 솔로몬왕과 그 신하들의 후손들이 퍼졌기 때문에 에티오피아에 유대인이 존재하게 된 것이다.

에티오피아의 언어인 암하라어는 히브리어와 같은 셈 어족이다. 그리고 그들은 유대인과 같이 할례 의식, 안식일 엄수, 돼지고기 금지 등을 시행하고 있다. 사도행전에 에티오피아 여왕의 국고를 맡은 내시 간다게가 예배하러 예루살렘에 왔다가 빌립 집사의 전도를 받는 모습이 기록되어 있는 것도 우연이 아니다(행 8:26-39). 현행 에티오피아 헌법에도 "에티오피아 왕조의 창시자는 솔로몬왕과 시바(스바) 여왕의 자손 메넬리크다"라고 명시되어 있다. 물론 이 모든 것은 성경 외적인 자료에 의한 것이다.

중요한 것은 우리가 스바의 여왕을 자극제 삼아 예수님께로 나아가는 것이다. 표적을 보이라고 요구하는 서기관과 바리새인들에게 예수님은 이방인 니느웨 사람, 스바의 여왕을 믿음의 본보기로 제시하셨다. 그런데 지금 우리에게는 요나보다 더 크신 이가 여기 계시다. 솔로몬보다 더 크신 이가 여기 계시다. 표적을 구하는 '표적 믿음'은 '말씀 믿음'으로 나가야 한다. 그 말씀 안에서 우리는 예수님께 나아가야 한다. 예수 안에 구원이 있다. 생명이 있다.

28
바로 지금이 중요하다 | 찰스 스펄전
고린도후서 6:1–2

바로 지금에 주목하라

S 러시아의 대문호 레프 톨스토이(Leo Tolstoy)가 쓴 단편 소설 《세상에서 가장 중요한 것 세 가지》의 요지는 이렇다. "세상에서 가장 중요한 때는 바로 지금이고, 가장 중요한 사람은 지금 함께 있는 사람이며, 가장 중요한 일은 지금 곁에 있는 사람을 위해 좋은 일을 하는 것이다." '선을 행한다는 것'을 너무 거창하고 대단하게 생각할 필요는 없다. 지금 내 옆에 있는 사람에게 좋은 일을 하는 것이다. 영원은 지금 이 순간에 존재한다. 지금을 외면한 영원은 환상이며 착각이다.

찰스 스펄전의 회심, "나를 바라보라"

찰스 스펄전(Charles Spurgeon)의 할아버지와 아버지는 모두 청교도 목회자였고, 그는 17남매 중 맏이였다. 어느 주일 아침, 16세의 스펄전은 눈보라를 피해 자신의 교회가 아닌 근처 교회당에 들어가게 되었다. 역시 눈보라 때문에 시간을 맞추지 못한 그 교회 목사님을 대신해 구두 수선공인 평신도가 전하는 설교를 듣게 되었다. 설교 본문은 이사야 45장 22절로서 "땅 끝의 모든 백성아, 나를 앙망하라. 그리하면 구원을 얻으리라"는 내용이었다. 그 설교의 요지는 다음과 같다.

"보는 것은 고통이 따르지 않습니다. 손과 발을 움직일 필요도 없습니다. 단지 바라보기만 하면 됩니다. 사람들은 대개 자기 자신을 바라봅니다. 특별히 어려움 중에 자신 자신만을 바라보는 사람이 많습니다. 그런데 자신 속에서 그 어떤 문제의 해결도, 위안도 찾을 수 없습니다. 주변을 열심히 살펴보아도 마찬가지입니다. 어느 누가 어려움 가운데 놓여 있는 여러분을 도와줄 수 있습니까? 지금 이 순간 예수 그리스도는 '나를 앙망하라'고 말씀하십니다. 나를 바라보라. 나는 너를 도와주기 위하여 이 땅에 왔다. 나를 바라보라. 나는 너를 위해 십자가를 지고 있다. 나를 바라보라. 나는 너를 위해 피를 흘리고 있다. 나를 바라보라. 나는 너의 구원을 위해 죽임을 당하였다. 나를 바라보라. 나는 너의 영원한 생명을 위하여 부활했다. 나를 바라보라. 나는 너를 위하여 처소를 마련하려고 하늘로 올라간다. 나를 바라보라. 나는 하나님 우편에 앉아 있다. 오, 가련한 영혼아! 나를 바라보라. 나를 바라보라."

이렇게 말한 설교자는 스펄전을 바라보며 "왜 설교자인 나를 바라보는 것이오? 주님을 바라보시오. 당신이 할 일은 주님만 바라보고 사는 것이오"라고 했다. 이 말이 스펄전에게 엄청난 영적 깨달음을 주었다. 그동안 '내 속에 괴물이 있다'며 자신의 죄성을 인식하며 괴로워했던 스펄전은 그날 하나님만 바라보기로 결단하면서 회심했다. 그날은 1850년 1월 6일이었다. 스펄전은 그날의 소회를 다음과 같이 남겼다.

"내가 처음으로 그리스도를 바라보았을 때, 내 죄의 짐이 내 등에서 벗어났다. 그것은 내게 실제적인 용서와 실제적인 해방이었다." "나는 용서받았습니다. 나는 용서받았습니다."

그는 어두움에서 찬란한 빛을, 죽음에서 생명을, 절망에서 소망을, 슬픔에서 기쁨을 얻게 되었다.

그 후 스펄전은 1851년 10월, 17세의 나이에 워터비치 침례교회 목사로 청빙을 받았다. 그리고 20세에 당시 200여 명 출석하던 런던 뉴파크 스트리트(New Park Street) 교회에 담임목사로 청빙을 받은 뒤, 훗날 1만 명 이상 출석하는 메트로폴리탄 태버내클 교회를 이루었다. 그는 목회자 훈련 학교도 세웠다. 스펄전은 웨일스 부흥 운동의 일익을 담당하기도 했다. 1859년 웨일스에 부흥이 일어났을 때 스펄전은 런던과 케임브리지를 중심으로 활동하면서 그 불꽃을 더 세차게 일게 했다. 그는 존 번연(John Bunyan)의 《천로역정》을 100회 이상 읽었고 허드슨 테일러(Hudson Taylor), 조지 뮬러(George Müller)와 친분을 나누었다.

스펄전은 25세, 한창 교회가 성장하던 때 큰 뮤직홀을 대관해 첫 예배를 드리게 되었다. 뮤직홀은 6천 석 크기였는데 실제로 예배에 참석한 인원은 1만 2천 명 정도였다. 그런데 어디선가 "불이야" 하는 소리가 들려왔다. 실제로 불이 난 것은 아니었으나, 혼란에 빠진 사람들이 출구를 찾아 몰려들었고 그 과정에서 7명이 압사당하는 비극이 일어났다. 스펄전은 평생 이 비극적인 기억에 시달렸다고 한다.

그러나 이 사고가 그를 세계적으로 유명한 인물로 만들었다. 사람들 사이에서 '도대체 얼마나 설교를 잘하기에 1만 명 이상이 모였고 압사를 당했나?'라는 호기심이 일었던 것이다. 그의 설교는 인쇄되어 미국과 영국 전역에 배포되었다. 본인도 많은 책을 썼지만 그의 설교를 모은 책들이 많이 출간되었다. 본래는 예배에 참여하지 못한 사람들을 위해 인쇄했지만, 나중에는 '젊은 설교자가 어떻게 설교를 하기에 그런 대형 교회를 이루었나?'라는 궁금증에 많은 사람이 그의 설교를 열독했다. 그의 설교에는 수많은 명문장이 들어 있었다.

이후 하나님의 은혜로 1861년 메트로폴리탄 태버내클 교회가 세워졌는데 당시 6천 석 규모로서 세계에서 제일 큰 예배당 건축물이 되었다.

1864년 12월 넷째 주에 메트로폴리탄 태버내클 교회에서 고린도후서 6장 2절을 바탕으로 한 스펄전의 설교 "Now"를 소개한다. "이르시되 내가 은혜 베풀 때에 너에게 듣고 구원의 날에 너를 도왔다 하셨으니 보라 지금은 은혜 받을 만한 때요 보라 지금은 구원의 날이로다"(고후 6:2).

바울은 '구원'을 '은혜'와 연결시키고 있는데 둘 사이에 공통적인 것은 '지금'이라는 시간이다. 스펄전은 KJV 번역본을 사용해서 설교했는데 그 번역은 다음과 같다. "For he saith, I have heard thee in a time accepted, and in the day of salvation have I succoured thee: behold, now is the accepted time; behold, now is the day of salvation"(고후 6:2). "은혜 베풀 때"를 KJV는 "in a time accepted", 즉 '네가 수용되는 시간에'로 읽고 있다. "구원의 날"은 "the day of salvation"이다. 바울이 구절을 기록할 때, 전반부는 이사야 49장 8절을 인용한 것이고, 후반부는 그것에 대한 해석을 덧붙이되 그 중요 핵심으로 '지금'을 주목해야 한다고 한 것이다. "여호와께서 이같이 이르시되 은혜의 때에 내가 네게 응답하였고 구원의 날에 내가 너를 도왔도다 내가 장차 너를 보호하여 너를 백성의 언약으로 삼으며 나라를 일으켜 그들에게 그 황무하였던 땅을 기업으로 상속하게 하리라"(사 49:8).

바로 지금의 중요성

왕년을 말하기 좋아하는 사람은 옛날이 지금보다 낫다고 하는데, 솔로몬에 따르면 이는 지혜가 아니다. "옛날이 오늘보다 나은 것이 어찜이냐 하지 말라 이렇게 묻는 것은 지혜가 아니니라"(전 7:10). 과거를 이야기하지 말라. 과거에 붙잡히지 말라. 오히려 신자들은 미래를 바라보아야 한다. 미래 지향적인 삶을 살아야 한다. 왜냐하면 아직 우리에게 영광의 날이 오지 않았기 때문이다. 그래서 그리스도인은 예수님이 오시는 날을 고대하며 "어서 오시옵소서", "마라나타"를 외쳤다. 빠르게 날아가는 시간 속에서 무엇을 할 수 있는 시간과 계절은 바로 '지금, 바로 지금'이다.

소망이 없던 우리에게 '지금'의 가능성과 소망이 생기게 된 원인은 예수님께 있다. 예수님이 십자가에서 죽으심으로 '지금' 우리에게 은혜와 구원이 가능하게 되었다. '지금' 죄인들에게, '지금' 믿는 자에게 은혜와 구원이 가능하게 된 것이다. '지금' 천국에 가는 길과 '지금' 지옥에 가는 길이 열렸다. 바로 '지금'이 믿는 자들에게 은혜의 날이요, 구원의 날이다.

지금의 중요성을 강조하는 이야기들이 많이 있다. 하루는 마귀들이 인간들을 유혹해서 파멸시키기 위해 작전 회의를 열었다. 마귀 하나가 나서서 "하나님이 없다고 소문을 내자"고 했다. 그러나 하나님이 계신다는 사실은 모두 알고 있기 때문에 소용없다는 반론이 나왔다. 다른 마귀는 "지옥이 없다고 선전하자"는 의견을 내놓았다. 그러나 마귀 두목은 "사람들은 죄를 지으면 지옥에 갈 줄 알기 때문에 안 된다"고 했다.

그러자 혈기가 왕성한 젊은 마귀가 "차라리 적극적으로 그리스도인들을 죽이는 방법을 쓰자"고 했다. 그러나 "순교는 오히려 부흥의 씨가 된다"고 경험 많고 노련한 늙은 마귀가 경고했다. 누군가가 "매로 때리고 가두자"고 제안했지만 "그리스도인을 가두면 더 열심히 기도하고, 성령의 역사를 더 크게 일으키기 때문에 안 된다"고 했다. 결국 가장 나이가 많은 마귀가 나섰다. "예수도 믿고 열심히 기도도 하고 전도도 하고 사랑도 하라고 하자. 그러나 '차차' 하라고, '내일' 하라고 하자." '지혜로운' 제안을 들은 모든 마귀가 일제히 손뼉을 치고 그 제안을 채택했다고 한다. 이것은 지금도 마귀가 가장 효과적으로 사용하고 있는 전략이다.

한때 과거 부흥사 목사님들이 즐겨 사용했던 예화 가운데 '차차'와 '아차차' 이야기가 있다. 우리가 어떤 중요한 일, 곧 은혜 받는 일을 '차차' 하자고 미루면, 그 '차차'가 '아차차'가 된다는 것이다. 오늘이 은혜 받을 만할 때이고 구원의 날인데, 계속 '차차' 미루다가 어느 순간에 가서 '아차차', 큰 후회를 하게 된다는 것이다.

오늘의 중요성에 대해 스펄전은 이렇게 설명한다.

"본문 말씀에서 사도 바울은 지금을 강조하고 있습니다. 오늘을 말하고 있는 것입니다. 오늘이 은혜를 받을 때이고, 오늘이 구원을 받을 때입니다. 하나님이 믿음이나 순종을 말씀하실 때 한 번도 '내일'을 말씀하신 적이 없었습니다. 하나님의 말씀에 대한 믿음과 순종의 때는 오늘이기 때문입니다. 예수님도 사람들에게 '나를 따르라'라고 부르시는 경우에, 한 번도 '내일'을 말씀하신 적이 없었습니다. 예수님을 따르는 것은 오늘이지 내일이 아니기 때문입니다. 다른 것은 미룰 수 있어도 예수님을 따르는 것은 미룰 수가 없습니다."

"보라 지금은 은혜 받을 만한 때요.' 내가 은혜를 받아야 할 때는 내일이 아닙니다. 바로 오늘입니다. 만약 우리가 은혜 받을 일, 곧 말씀과 기도와 찬양과 전도와 사랑과 용서의 실천과 선행을 내일로 미룬다면, 내일이 와도 또 그다음 내일로 미룰 것입니다. 그리고 바로 그 내일은 마귀의 달력입니다. 내일은 없는 날입니다."

스펄전은 또 이렇게 말한다.

"이 세상에는 크게 세 종류의 달력이 있습니다. 우리가 쓰는 달력은 하루 24시간이 있고, 일 년 365일이 있습니다. 금년이 지나면 내년이 됩니다. 이게 우리의 달력입니다. 그러나 마귀의 달력은 항상 내일만 있습니다. 오늘 할 일도 내일로 미룹니다. 그래서 오늘 우리가 할 것은 아무것도 없습니다. 그런가 하면, 하나님의 달력에는 언제나 '오늘'만 있습니다. 하루를 살아도 오늘을 살고, 일 년을 살아도 오늘을 삽니다. 오늘이 나의 마지막 날인 것처럼 삽니다. 오늘을 충실하게 살아갑니다. 그래서 성경에 보면, '어제'라는 말은 14회, '내일'이라는 말은 56회, 그러나 '오늘'이라는 말은 376회 나옵니다. 하나님의 관심은 어제도 내일도 아닌 오늘입니다."

"여러분 가운데 어제는 신자가 아니었지만, 지금은 신자라고 말할 사람이 있을 것입니다. 그러나 어제는 신자였는데 지금은 신자가 아니라고 말할 사람은 없을 것입니다. 어제보다 중요한 것이 오늘입니다. 내일보다 중요한 것도 오늘입니다."

"지금 나는 하나님의 자녀입니다. 바로 지금이 구원의 날입니다. 주님을 영접하는 즉시 구원을 받습니다. 지금 하나님의 자녀로서 현재적으로 특권을 소유했는데, 바로 구원입니다. 은혜와 구원이 나중에 주어지는 것이 아닙니다. 지금 주시는 것입니다. 지금 하나님의 자녀가 되었고, 지금 은혜를 받았고, 지금 구원을 받았습니다."

"보라 지금은 구원의 날이로다"(고후 6:2). 이 말씀을 이해하려면 먼저 문맥을 봐야 한다. 바울은 앞에서 예수님의 대속적 죽음에 대해서 언급했다. "하나님이 죄를 알지도 못하신 이를 우리를 대신하여 죄로 삼으신 것은 우리로 하여금 그 안에서 하나님의 의가 되게 하려 하심이라"(고후 5:21). 구주께서 나타나지 않으셨다면 구원의 날이 없었을 것이다. 오늘이 구원의 날임을 주목하라. 이는 우리가 이제 그리스도를 통해 하나님과 화목할 수 있게 되었기 때문이다. 바울은 "보라 지금은 은혜 받을 만한 때요"라고 덧붙임으로 하나님이 죄인을 영접하신다는 것을 분명히 한다. 하나님께 나아가면 그가 누구든지 하나님은 그를 거부하지 않으신다.

바울의 이 말은 우리 각자에게 어떤 의무와 부담을 지우는가?

첫째, 현재의 이런 특권은 신자들에게 지금 행할 의무를 상기시킨다. 내일이 아니라 오늘 행해야 한다. 지금 무엇을 해야 할까? 지금 기도하라. 지금 전도하라. 지금 활용하라. 지금 선을 행하라. 지금 주라. 어리석은 부자처럼 내일로 미루지 말라는 것이다. "어리석은 자여 오늘 밤에 네 영혼을 도로 찾으리니 그러면 네 준비한 것이 누구의 것이 되겠느냐"(눅 12:20). 성경의 경고를 잊지 않아야 한다.

둘째, 이 말씀은 불신자들에게 지금 해야 할 것을 일러준다. 지금 영원을 생각해야 하고, 지금 하나님 앞에 설 것을 준비해야 한다. 먼저 하나님 나라를 구해야 한다. 가장 먼저 할 일은 그의 나라와 그의 의를 구하는 것이다. 바울은 "보라"(behold)라고 두 번에 걸쳐 말한다. 값이 비싸 구입하지 못하던 물건을 세일할 때 구입할 수 있다면, 그것이 복음이다. 이처럼 우리 영혼에게 지금이야말로 은혜 받을 만한 때, 구원의 날이다.

셋째, '지금 천국, 아니면 지금 지옥'이 결정된다는 것이다. 나중에 갈라지는 것이 아니다. 지금 그리스도와 함께하고, 지금 성령과 소통하고, 지금 안식을 얻는다. 지금 기쁨이 충만하고, 지금 감사할 것이 많고, 지금 만족함이 넘친다. 지금 승리하고, 지금 보호하심을 받고, 지금 인도하심을 받는다. 반면에 믿지 않는 자들은 나중이 아니라 지금 지옥에 있다. 지금 소망이 없고, 지금 감사가 없고, 지금 만족이 없다. 지금 안식이 없고, 지금 안전이 없고, 지금 진노하심 앞에 놓여 있다. 지금 사탄의 손아귀에 있다.

사람들은 지옥에 가기로 작정해서 지옥에 가는 것이 아니다. 내일 구원을 받겠다고, 내일 믿겠다고 생각했기 때문에 오늘 지옥에 있는 것이다. 구원을 받으려면 지금, 오늘 믿어야 한다. 왜냐하면 당신은 이미 죄로 죽었었고, 이미 정죄되었고, 이미 심판을 받았기 때문이다. 지금의 기회를

S

절대 놓치지 말라. 당신의 생명이 경각에 달려 있다.

그리스도인의 삶에 있어 가장 중요한 비밀은 지금 현재를 사는 일이다. 매일, 매시간 나의 관심이 예수님에 대한 생각으로 가득 차게 말이다. 지금 바로 이 순간 나는 실제로 예수님 안에 있음을 항상 마음에 새겨야 한다. 이 자리는 하나님 아버지께서 내게 주신 자리임을 한순간도 잊지 말아야 한다. 자신이 그리스도 안에 있고 거기 머물기를 원한다면 이렇게 고백하라. "주님, 제가 지금 당신 안에 있습니다. 주님이 지금 나를 붙들고 계십니다."

신앙생활에 있어서 '지금'이 가장 중요한 순간이라는 사실을 기억해야 한다. '어제까지 죽도록 헌신했으니 오늘은 좀 잊고 살아도 괜찮겠지?' 믿음 생활에 그런 것은 없다. '오늘까지만 세상에서 살고 내일부터 믿음 생활 잘하자'도 없다. 신앙은 항상 '여기 지금'(here & now)이다. 지금 현재 여기서 '예수님이 나의 주 나의 하나님'이 되셔야 한다. "주의 계명들을 지키기에 신속히 하고 지체하지 아니하였나이다"(시 119:60). 순종을 미루는 것은 불순종이다. 믿음을 미루는 것은 불신앙이다. 하나님은 'Now'이신데 당신은 'No'다. 'Now'가 아니면 'No'다. 신기하게, 마귀의 달력은 왜 이렇게 빨리 지나가는지 모른다. 말씀, 기도, 전도, 예배, 섬김, 봉사, 사랑, 용서, 친절 등의 실천이 중요하다는 것을 알면서도 조금씩 미루다 보니 세월이 지나 어느새 여기까지 이르렀다.

바로 오늘을 활용하라

그렇다면 스펄전은 믿는 자들에게 오늘을 어떻게 활용하라고 촉구하는가?

첫째, 오늘을 '은혜와 구원의 날'로 삼으라고 한다.

"은혜를 받는 것도, 구원을 받는 것도 오늘, 지금입니다. 지금 아니면 기회가 없습니다. 내일이면 늦습니다. 누가복음 19장 9절을 보십시오 '예수께서 이르시되 오늘 구원이 이 집에 이르렀으니 이 사람도 아브라함의 자손임이로다.' 십자가 상에서 예수님은 한편 강도에게 '오늘 네가 나와 함께 낙원에 있으리라'(눅 23:43) 라고 말씀하셨습니다. 구원은 외상이 아닙니다. 오늘 은혜와 구원의 주인공들이 되시기를 바랍니다."

둘째, 오늘을 '선행을 실천하는 날'로 삼으라고 한다. 스펄전은 야고보 서 성구를 인용하며 다음과 같이 말한다. "그러므로 사람이 선을 행할 줄 알고도 행하지 아니하면 죄니라"(약 4:17).

"그 앞에 무엇이 나옵니까? '들으라 너희 중에 말하기를 오늘이나 내일이나 우 리가 어떤 도시에 가서 거기서 일 년을 머물며 장사하여 이익을 보리라 하는 자 들아 내일 일을 너희가 알지 못하는도다 너희 생명이 무엇이냐 너희는 잠깐 보 이다가 없어지는 안개니라'(약 4:13-14). 당장 내일 일도 모르는데 일 년 후에 일을 어떻게 알겠습니까? 그리스도인에게 오늘은 선을 행할 수 있는 유일한 날입니 다. 선행을 미루는 것 자체가 죄입니다."

셋째, 오늘을 '서로 권면하는 날'로 삼으라고 한다. "오직 오늘이라 일 컫는 동안에 매일 피차 권면하여 너희 중에 누구든지 죄의 유혹으로 완고 하게 되지 않도록 하라"(히 3:13).

"권면이 무엇입니까? 영어 성경에서는 'encourage'로 번역했습니다. 용기를 불어 넣는 것입니다. 권면의 목적은 무엇입니까? 죄의 유혹으로 완고하게 되지 않기 위해서입니다. 헬라어로 '스클레로스'인데 '굳어지다'라는 뜻입니다. 뼈나 근육 도 굳어지면 끊어지고 깨지고 부러집니다. 강퍅한 마음의 대표자는 애굽 바로 왕입니다. 재앙이 임할수록 마음을 더욱 강퍅하게 가졌습니다. 그는 완악한 마 음을 품다가 결국 모든 것을 다 잃었습니다. 강퍅하면 망하는 것입니다. 그래서 오늘 서로를 권면하고 격려해 주라는 것입니다."

이처럼 스펄전은 내일로 미루려는 그리스도인의 나태함과 불신자들의 미온적 태도를 질타하면서 지금 당장 자리를 털고 일어나 행동하라고 일깨워 준다.

마지막으로, 스펄전은 다음과 같이 아름다운 시를 남겼다. 우리도 이 시 "지금 하십시오"의 가르침을 따라 지금을 의미 있게 살아야 한다.

"할 일이 생각나거든 지금 하십시오./ 오늘은 하늘이 맑지만 내일은 구름이 보일지도 모릅니다./ 내일은 당신의 것이 아니니 지금 하십시오./ 친절한 말 한마디가 생각나거든 지금 말하십시오./ 내일은 당신의 것이 안 될지도 모릅니다./ 사랑의 말이 있으면 지금 하십시오./ 사랑하는 사람이 언제나 당신 곁에 있지 않습니다./ 미소를 짓고 싶으면 지금 지으십시오./ 당신의 친구가 떠나기 전에 장미는 피고 가슴이 설렐 때/ 지금 당신의 미소를 지으십시오./ 불러야 할 노래가 있다면 지금 부르십시오./ 당신의 해가 저물면 노래 부르기에는 너무 늦습니다./ 당신의 노래를 지금 부르십시오."

29
거룩한 습관 | 오스왈드 챔버스
디모데전서 3:16

나의 최선을 드리리라, 오스왈드 챔버스

C오스왈드 챔버스(Oswald Chambers, 1874-1917)는 스코틀랜드 애버딘의 목사 가정에 태어났다. 챔버스는 십대에 메트로폴리탄 태버내클 교회에서 찰스 스펄전(Charles Spurgeon) 목사의 설교를 듣고 회심했다. 스코틀랜드의 명문 대학인 에든버러 대학에 입학한 챔버스는 그곳에서 윌리엄 워즈워스(William Wordsworth), 로버트 브라우닝(Robert Browning), 알프레드 테니슨(Alfred Tennyson)의 시와 문학을 섭렵하는 등 문학에도 관심을 보였고, 미술에도 조예가 깊어 미술을 전공했다.

하지만 챔버스는 회심 후 하나님의 일을 하는 사역자로 헌신하기로 결단했다. 그때 그는 "나는 네가 나를 섬기기를 원한다. 그러나 나는 너 없이도 할 수 있다"는 하나님의 음성을 듣고, 겸손히 주님께 엎드려 자신의 최고의 것으로 주님을 평생 섬기기로 결심했다. 그래서 챔버스는 총원 30여 명인 시골의 작은 대학인 더눈 대학에 입학했다(1897). 더눈 대학은 성경 중심의 신학 수업을 가르치는 학교였고, 챔버스는 이 학교에서 많은 것을 배웠다. 이후 챔버스는 이곳에서 강의를 하기도 했다.

챔버스는 가는 곳마다 기도 동지를 규합해서 기도 운동을 벌이고 성경을 가르치는 등 순회 사역을 이어 나갔다. 그의 활동 무대는 영국을 비롯해서 미국의 각 도시와 일본에까지 이르렀다. 그는 기도 동맹, 성경 훈련 대학, 통신 강좌, 일본 순회 설교 등 그야말로 '복음의 방랑자'처럼 사역했다.

한번은 챔버스가 미국 오하이오주에 있는 신시내티 성경 학교를 방문했다. 가서 보니 그곳은 성경을 중심으로 교육과 훈련이 잘 이루어지고 있었다. 챔버스는 이 학교 출신 사역자들과 깊은 교제를 나눴다. 그리고 그는 1908년 거트루드 홉스(Gertrude Hobbs, 결혼 후 비디 챔버스)라는 여성과 함께 뉴욕에 가게 된다. 홉스는 챔버스의 설교와 강의를 속기하고 타자하는 일을 맡았는데, 그는 그녀를 '비디'(BD), 즉 'beloved disciple'(사랑받는 제자)이라는 애칭으로 부르며 가깝게 지냈다. 계속 좋은 감정을 유지하던 두 사람은 2년 후 결혼했다.

제1차 세계대전이 발발했을 때 챔버스는 입대 대상 나이가 아니었다. 그러나 "영적인 응급 치료" 사역을 하겠다는 일념으로 자원 입대하여 이집트 자이툰에서 YMCA 군목으로 복무하며 호주와 뉴질랜드 장병들을 섬겼다. 그 와중에 맹장에 문제가 생겼지만, 부상병들의 병실을 사용하지 않겠다고 버티다가 맹장 파열로 사망하고 말았다. 그는 그야말로 "찢긴 빵과 부어진 포도주가 되었다." 소천 당시 43세였던 챔버스는 34세의 아내 비디 챔버스와 네 살이 된 딸 캐서린을 남기고 하나님 품에 안겼다.

챔버스와 관련된 많은 책이 있다. 그의 전기를 담은 책《순종의 길》(토기장이, 2011)이 있고, 그의 마지막 책은《오스왈드 챔버스의 전도서 강해》(토기장이, 2013)였다. 챔버스 사후에 그의 아내이자 속기사였던 비디 챔버스는 원고를 정리해 55권의 책을 유작으로 출간했다. 그중 가장 대표적인 책이《주님은 나의 최고봉》(1927)이다. 이 책은 하루에 한 장씩, 365일 묵상할 수 있도록 만든 묵상집이다. 원제는《My Utmost for His Highest》로《최상의 주님께 나의 최선을 드리리라》라는 의미이고, 이것은 챔버스의 좌우명이기도 했다. 이 책은 매일 묵상집의 최고 고전으로 하나님을 향한 절대적 항복 선언이다. 매일 묵상집의 시초는 이 책이 나오기 2년 전에 레티 버드 카우만(Lettie B. Cowman) 여사가 쓴 《사막에 샘이 넘쳐흐르리라》(1925 / 복있는 사람, 2011)다. 두 묵상집 모두 기독교 고전이다. 챔버스의 묘사에 따르면 "카 우만 부인 레티는 참으로 위풍 있는 성자 같았다"고 한다.

오스왈드 챔버스와 카우만 부부 이야기

챔버스와 카우만 부부는 친밀한 관계를 맺고 있는 사이였다. 레티 카우만의 남편 찰스 카우만(Charles E. Cowman)은 시카고 웨스턴 유니온에서 전기기 사로 일했는데 아내의 전도로 예수님을 영접했다. 그 후 그는 불타는 구령의 열정으로 절친이자 동료였던 어니스트 길보른(Ernest A. Kilbourne)을 전도했고, 이후에 그들은 함께 75명의 직장 동료를 전도했다. 이 75명이 전기 기사 밴드를 결성해 신우회처럼 활동했는데, 이것이 카우만과 길보른 선교회로 발전하게 되었고, 후에 일본 동경에 동양선교회를 설립하게 되었다. 그 단체에서는 복음을 전파하기 위해 <전기 메시지>(Electric Message)라는 잡지를 만들었다.

카우만과 길보른은 더 풍성한 사역을 위해 신시내티 성경 학교에 입학해서 신학을 공부했다. 그 과정에서 챔버스와 조우하게 되었고 협력했다. 챔버스가 미국 사역을 마치고 영국으로 돌아갈 때 카우만 부부를 데리고 갔다. 찰스 카우만은 몸이 약했지만 레티는 전단지와 쪽 복음을 선원들과 노동자들에게 배포할 정도로 헌신적이었다.

미국으로 돌아온 카우만 부부는 목사 안수를 받은 뒤, 길보른과 함께 자기들이 설립한 선교단체의 파송을 받아 일본 동경으로 건너가 동양선교회와 부설 기관인 동경성서학원을 세웠다. 동경성서학원의 뿌리는 신

C

시내티 성경 학교이기 때문에 두 학교의 학풍은 같았다. 후에 일본을 방문한 챔버스는 카우만과 길보른의 사역을 보면서 "나는 그들의 사역이 이렇게 정교하고 멋지고 조직적인 줄은 꿈에도 몰랐다"고 경탄했다. 그들은 모두 스펄전 목사에게 영향을 받았고, 동경에서 다시 만나 더 친밀하게 지냈다. 그곳에서 그들은 나카다와 마틴 웰스 냅(Martin Wells Knapp)과도 친분을 쌓았다.

동양성서학원에서 교육받은 정빈과 김상준이 귀국해서 1907년 필자가 지금 담임하고 있는 중앙성결교회를 설립했는데, 동행했던 카우만과 길보른이 큰 도움을 주었다. 그들은 전도관으로 쓸 셋집을 얻어 주었고 나중에 큰 기와집도 얻어 주었다. 후에 교회를 건축할 때가 되자, 레티가 친정 아버지에게서 받은 유산 1만 환을 헌금해 최초의 예배당을 건축하게 되었다. 약 6백 명 정도가 앉을 수 있는 마루가 깔린 이 예배당이 1911년에 세워진 무교정복음전도관(중앙성결교회의 전신)과 경성성서학원(서울신학대학교 전신)이었다.

《거룩과 성화》

《오스왈드 챔버스의 거룩과 성화》(토기장이, 2016)라는 책의 원제는 《Our Brilliant Heritage》, 즉 《우리의 찬란한 유산》이다. 그리스도인의 찬란한 유산이란 다름 아닌 '거룩'이다. 이 책은 그리스도인이란 그리스도를 통해 받게 된 이 거룩을 지켜 내야 하고, 매일 자기를 죽임으로써 성화의 은혜로 나아가야 할 의무를 가진 자라고 말한다.

챔버스는 목회서신에서 감독이나 집사와 같은 직분자에게 요구되는 자질에 대한 구절을 찾아, 이것들이 모든 그리스도인의 자질이 되어야 한다고 주장했다. 그는 먼저 디모데전서 3장 16절을 제시한다. "크도다 경건의 비밀이여, 그렇지 않다 하는 이 없도다"(딤전 3:16상). 바울은 앞서 9절에서 집사의 자격 요건으로 "깨끗한 양심에 믿음의 비밀을 가진 자"여야 한다고 했다. "경건의 비밀"은 곧 "믿음의 비밀"이다. 믿음의 비밀은 체험한 자만 아는 것인데, '거룩에 대한 복음의 비밀'을 이해하고 체험하기 위해서는 먼저 거듭나야 한다. 거듭남이 없다면 거룩과 성화는 어불성설이다.

그렇다면 내가 거듭났는지, 그렇지 않은지를 어떻게 알 수 있는가? 챔버스는 "내 마음의 소원"을 보면 알 수 있다고 한다. 당신은 무엇을 소원하는가? 세상의 어떤 것보다 거룩함을 사모하는가? 그렇다면 거듭났다. 거듭난 사람은 행복하기보다는 거룩하기를 갈망한다. 그것이 진정한 행복이기 때문이다. 거듭나면 거룩을 향한 갈망이 일어난다. 거룩함을 향한 목마름과 배고픔이 있다. 예수님이 팔복을 통해 말씀하신 바와 같이, 심령이 가난하고 의에 주리고 목이 마르다면 그것이 참된 복이다.

거룩은 하나님의 선물

챔버스는 거룩은 사람이 이루는 것이 아니라 하나님의 선물임을 기억하라고 말한다. 신자들이 실패하는 이유는 하나님의 방법이 아닌 자신의 방법으로 거룩해지려고 하기 때문이다. 거룩은 금식, 기도, 고행, 선행 등의 방법으로 이룰 수 없다.

"우리의 덫은 하나님이 없는 이기적인 거룩을 이루려는 덫이다. 거룩은 하나님이 개인의 삶을 주께서 제정하신 기준까지 들어 올리셨다는 것을 보여 주는 것이다. 거룩을 확대하면 무엇이 보이는가? 언제나 예수님, 오직 예수님만 보인다."

우리의 선행에는 하나님의 인이 찍혀야 한다. 그때에야 비로소 예수님의 편지가 될 수 있다.

하지만 거룩을 선물로 받기 위해서는 거룩의 필요성을 절감하는 것이

C

필요하다. 하나님은 필요를 느끼지 못하는 자에게 거룩을 주지 않으시기 때문이다. 먼저 내 안의 결핍을 깨달아야 한다. 영적 결핍, 즉 거룩의 결핍 말이다. 소아시아에 있던 라오디게아 교회는 그런 결핍 의식이 없었다. 이 세상에서 만족을 느끼며 진정한 영적 필요를 느끼지 못했다. 주님은 그 점을 책망하셨다. "네가 말하기를 나는 부자라 부요하여 부족한 것이 없다 하나 네 곤고한 것과 가련한 것과 가난한 것과 눈먼 것과 벌거벗은 것을 알지 못하는도다"(계 3:17).

우리는 주님의 말씀처럼 구하고 찾고 두드려야 한다. 거룩을 구해야 한다. 하나님은 모든 좋은 것을 주실 수 있는 의지와 능력이 있는 분이시기 때문이다. "온갖 좋은 은사와 온전한 선물이 다 위로부터 빛들의 아버지께로부터 내려오나니"(약 1:17). 그리고 늘 하나님께 가까이 가고자 노력해야 한다. 하나님을 멀리하면 안 된다. "하나님을 가까이하라 그리하면 너희를 가까이하시리라 죄인들아 손을 깨끗이 하라 두 마음을 품은 자들아 마음을 성결하게 하라"(약 4:8). 하나님을 가까이하면 손도 마음도 다 정결해진다.

거룩의 요체는 바로 예수 그리스도이시다. 경건의 비밀도 예수님이시다. 그래서 바울은 디모데전서 3장 16절에서 "경건의 비밀"을 언급한 후 곧바로 이렇게 덧붙인다. "그는 육신으로 나타난 바 되시고 영으로 의롭다 하심을 받으시고 천사들에게 보이시고 만국에서 전파되시고 세상에서 믿은 바 되시고 영광 가운데서 올려지셨느니라"(딤전 3:16하). 경건의 비밀은 '예수 그리스도의 인격과 사역'에서 찾아야 한다. 우리가 하는 일이 무엇이든지 그 일을 하면서 그리스도에게 초점을 맞추어야 한다. 믿음의 비밀은 그리스도의 비밀이다.

이 구절은 디모데전서의 핵심 구절로서, 우리의 신앙생활을 그리스도와의 관계에서 규정하고 있다. 여기에는 여섯 개의 선언이 들어 있다. 내용상 예수님의 초림과 재림, 육과 영, 천사와 이방인, 세상과 영광의 나라를 포괄하고 있다. 이러한 대조를 통해 인간의 삶이 어떻게 움직이는지, 하나님이 어떻게 역사하시는지를 보여 준다. 교회가 선포해야 할 경건의 비밀은 역사적이면서도 우주적인 그리스도이시다. 예수 그리스도의 사역에 대한 선포이고 찬양이며 기도다. 성육신, 십자가와 부활, 승천과 재림, 복음의 케리그마, 이런 예수님의 이야기가 자신의 이야기에 들어와 통합됨으로써 온전히 변화되어야 한다.

이처럼 우리의 초점이 예수 그리스도에게 맞춰질 때 우리는 참된 안식을 얻게 된다. "수고하고 무거운 짐 진 자들아 다 내게로 오라 내가 너희를 쉬게 하리라"(마 11:28). 예수님을 만나면 모든 것이 새롭게 변하기 때문에 예수님은 "다 내게로 오라"고 우리를 초청하신다. 쉰다는 것은 영과 혼과 육이 온전해지고 완성되는 것을 의미한다. "내가 너에게 영을 부어 주어 네가 완벽한 활력 가운데 머물게 하리라." 우리가 주님 안에 있을 때 그분은 우리에게 값진 선물을 주신다. 애쓰고 힘써서 얻는 것이 아니라 그분의 날개 그늘 아래 있을 때 받는 것이다.

"너희는 하나님으로부터 나서 그리스도 예수 안에 있고 예수는 하나님으로부터 나와서 우리에게 지혜와 의로움과 거룩함과 구원함이 되셨으니"(고전 1:30). 예수님은 '지혜와 의로움과 거룩함과 구원함'이 되셨다. 예수님 안에 완전한 지혜, 완전한 의로움, 완전한 거룩, 완전한 구원, 완전한 사랑이 있다. 그리스도 안에 있으면 이 모든 것이 우리의 것이 된다. 예수님이 우리 안에 거하시면 의식하지 않아도 거룩함이 자연히 나타나게 된다. 이것이 거룩함의 비밀이다. 거룩은 '모방'하는 것이 아니라 '수여'되는 것이다.

거룩은 기존의 것과 관련이 없다. 거룩은 완전히 새로운 종류의 영적인 은혜, 하나님의 은혜다. 그것은 구약이나 율법이 말하는 것처럼 행위를 통해 얻는 것이 아니다. 무엇도 덧붙일 필요가 없다. 하나님이 영성의 판을 완전히 새롭게 바꾸신 것이다. 이런 점에서 거룩은 결코 기워 놓은 누더기 같은 것이 아니다. 낡은 옷에 생베 조각을 붙이는 것이 아니다(마 9:16). 옛 사람을 완전히 벗어 버리고 새로운 피조물이 되는 것이다. 그렇기 때문에 거룩은 낡은 부대에 넣은 새 포도주도 아니다(마 9:17).

거룩을 단순하게 예수님이 우리 앞에 서서 모범을 보여 주신 것으로 이해해서는 안 된다. 거룩은 그리스도와의 교제를 통해 우리의 것이 된다. 그분과 깊은 교제를 해야 한다. 그리스도가 우리 '안'에 계시도록 해야 한다. "그리스도께서 너희 안에 계시면 몸은 죄로 말미암아 죽은 것이나 영은 의로 말미암아 살아 있는 것이니라"(롬 8:10). 구원받음과 함께 하나님의 아들이 우리에게 나타나신다. 예수의 생명이 우리의 죽을 육체에 나타나는 것이다. 그래서 우리도 그리스도와 똑같은 생명을 가진다. 복음의 비밀 중 하나는 그리스도가 바로 우리 안에 계신다는 사실이다. "하나님이 그들로 하여금 이 비밀의 영광이 이방인 가운데 얼마나 풍성한지를 알게 하려 하심이라 이 비밀은 너희 안에 계신 그리스도시니 곧 영광의 소망이니라"(골 1:27).

그리스도가 나의 거룩함이 되신다. 그리스도 안에서 내가 완전한 자로 세워진다. 예수 그리스도의 거룩이 그리스도에 의해 우리 안에 창조된다. 그리스도와 하나가 될 때 거룩은 이루어진다. 그래서 이제는 우리가 주님과 같아졌다고 담대히 말할 수 있다. "이로써 사랑이 우리에게 온전히 이루어진 것은 우리로 심판 날에 담대함을 가지게 하려 함이니 주께서 그러하심과 같이 우리도 이 세상에서 그러하니라"(요일 4:17).

거룩은 하나님이 주시는 선물이고 그리스도가 우리 안에 계심으로 주어지는 것이지만, 챔버스는 인간의 역할을 부정하지는 않는다. 오히려 그리스도인은 하나님이 주신 거룩을 잘 유지하고 합당한 자로 완전히 변모되도록 노력해야 한다고 주장한다. "이로써 그 보배롭고 지극히 큰 약속을 우리에게 주사 이 약속으로 말미암아 너희가 정욕 때문에 세상에서 썩어질 것을 피하여 신성한 성품에 참여하는 자가 되게 하려 하셨느니라"(벧후 1:4). '보배로운 믿음'을 통하여 주시는 '신기한 능력'으로 우리는 세상에서 "신성한 성품에 참여하는 자"가 되었다.

그러므로 은혜를 기반으로 한 습관을 만드는 것이 중요하다. 습관은 천성적으로 가지고 태어나는 것이 아니다. 살아가면서 습관이 형성된다. 그리스도인은 거룩한 습관을 형성해야 한다. 잘못된 습관은 고치기 힘들다. 챔버스는 거룩한 습관을 통해 예수님의 온전함에 이르는 길을 걸어가라고 말한다.

"그러므로 너희가 더욱 힘써 너희 믿음에 덕을, 덕에 지식을, 지식에 절제를, 절제에 인내를, 인내에 경건을, 경건에 형제 우애를, 형제 우애에 사랑을 더하라"(벧후 1:5-7). 여기서 "더하라"라는 것은 거룩한 습관을 가지라는 것이다. 하나님이 우리의 습관을 만들어 주시거나 우리의 훈련을 대신해 주지는 않으신다. 하나님이 우리의 성향을 바꾸어 주시면 실천하는 습관을 만드는 것은 우리 몫이다. 새로운 습관을 심고, 옛 습관을 뽑아야 한다. 우상을 헐고, 은혜의 제단을 쌓아야 한다. 죄에 대해 울고, 하나님의 긍휼에 감사해야 한다.

거룩한 습관에는 다양한 것들이 있다. 한 시간 기도, 말씀 읽기, 성경 암송, 말씀 묵상, 영적 독서, 긍정적인 말 등. 그중에서도 기도가 거룩을 훈련하는 중요한 도구다.

"기도는 사역을 위한 준비가 아니라 사역 그 자체다. 기도는 싸움을 위한 준비가 아니라 싸움 그 자체다."

기도를 통해 우리 생각을 통제해 그리스도에게 복종하게 할 수 있다. "하나님 아는 것을 대적하여 높아진 것을 다 무너뜨리고 모든 생각을 사로잡아 그리스도에게 복종하게 하니"(고후 10:5).

하나님의 말씀을 듣는 훈련도 해야 한다. "주 여호와께서 학자들의 혀를 내게 주사 나로 곤고한 자를 말로 어떻게 도와줄 줄을 알게 하시고 아침마다 깨우치시되 나의 귀를 깨우치사 학자들같이 알아듣게 하시도다"(사 50:4). 우리가 주님의 말씀을 듣지 않는 이유는 순종하고 싶지 않기 때문이다. 따라서 말씀을 경청하고 그 뜻에 순종하는 습관을 키워야 한다. 이런 덕목이 더해지면 삶이 온전해지고 참된 안식을 누리게 된다.

이외에도 우리는 '선한 양심'을 갖는 습관을 가져야 한다. 하나님의 아들로 말미암아 우리의 양심이 깨어난다. 하지만 그 깨어난 양심을 유지하지 못하는 이들이 너무 많다. 선한 양심을 끝까지 지켜 내야 한다. "하물며 영원하신 성령으로 말미암아 흠 없는 자기를 하나님께 드린 그리스도의 피가 어찌 너희 양심을 죽은 행실에서 깨끗하게 하고 살아 계신 하나님을 섬기게 하지 못하겠느냐"(히 9:14).

삶으로 그리스도를 드러내자

그리스도인의 삶의 특징은 자아실현이 아니라 주님의 나타나심에 있다. 우리의 목표는 삶에서 그리스도를 나타내는 것이 되어야 한다.

"우리는 우리의 죽을 육체에서 그리스도가 나타나도록 해야 한다."

나를 통해 하나님의 아들이 나타나고 증거되는 것이 최고의 삶이다. 우리 삶에서 하나님의 나타나심이 바로 거룩이고 성화다. 우리는 하나님의 형상, 그리스도의 장성한 분량에 이르도록 노력해야 한다. 그것이 챔버스가 외쳤던 바다. "하늘에 계신 너희 아버지의 온전하심과 같이 너희도 온전하라"(마 5:48).

30
공허를 넘어 예기치 못한 기쁨으로 | C. S. 루이스
마가복음 5:9

고전을 읽는다는 것

필자의 지나온 시간을 돌이켜 보면, 많은 책을 수집해 소유하고 그중에 여러 책들을 읽었지만 그 내용을 내 삶에 존재화하지 못했고, 결국 책과 온전히 소통하지 못했다는 후회가 남는다. 교수로 봉직하면서 모았던 전공 서적들도 다 연구하거나 활용하지 못했다. 담임목사로 교회에 청빙을 받았을 때, 그 책들을 연구실에서 모조리 가져왔지만 목회 생활 10년 차에 이르러서야 책 욕심을 조금 내려놓을 수 있었다. 목회 관련 서적만 남기고 모든 책을 서울신학대학교 도서관에 기증했다. 그날 딸을 시집보내는 것처럼 내 몸의 일부를 떠나보내는 것 같아 몸이 아팠다. 그래도 여전히 많은 책이 필자에게 남아 있다. 그 책들을 바라보고 있으면, '은퇴하기 전에 저 책을 다 읽을 수 있겠나?' 하는 의구심이 든다.

후회는 그뿐만이 아니다. '그동안 설교와 목회에 있어 내가 하고 싶은 말을 전하느라 믿음의 선대가 남겨 준 귀한 유산들을 소홀히 한 것은 아닌가?'라는 생각이 든다. 그래서인지 기독교 고전을 읽을 때면 예수님의 '밭에 감추인 보화 비유'가 자꾸 생각난다.

2021년에 연구월로 영국에 가게 되었을 때, 방문할 지역들을 결정하느라 아내와 의논한 일이 있었다. 영문학을 공부한 아내와 필자가 공통적으로 관심을 가지고 있던 인물이 바로 C. S. 루이스(C. S. Lewis, 1898-1963)였다. 그는 영문학자이면서 회심해 기독교 변증가가 된 20세기를 대표하는 사람으로서 많은 영향력 있는 저술을 남겼고, 여전히 그에 대한 연구가 활발히 진행 중이다. 얼마 전 세상을 떠난 고 이어령 박사님 같은 분이라 생각한다.

기독교 사상가이자 저술가, C. S. 루이스

루이스는 1898년 아일랜드 벨파스트에서 변호사 아버지와 목회자의 딸인 어머니의 둘째 아들로 태어났다. 옥스퍼드 대학을 졸업한 그는 1925년 옥스퍼드 대학 모들린 칼리지의 교수가 된 후 29년간 영문학을 가르쳤고, 1954년에는 케임브리지 대학 모들린 칼리지의 교수가 되었다.

기독교 집안에서 태어났으나 완고한 무신론자였던 루이스는 1929년에 회심해 논리적이고 문학적으로 기독교의 진리를 논증하는 탁월한 작품들을 남겼다. 《순전한 기독교》, 《스크루테이프의 편지》, 《고통의 문제》(이상 홍성사, 2018), 《헤아려 본 슬픔》, 《네 가지 사랑》, 《기적》, 《시편 사색》, 《영광의 무게》(이상 홍성사, 2019) 등 한국의 독자들에게도 너무 익숙한 제목들이다. <타임> 지는 그를 "20세기 최고의 기독교 사상가"로, <크리스채너티투데이>는 "지난 40년 동안 미국 복음주의에 가장 큰 영향을 끼친 저술가"로 평한다.

루이스의 책 중 특히 주목해야 할 책은 루이스의 신앙적 자서전인 《예기치 못한 기쁨》(Surprised by Joy: The Shape of My Early Life, 1955 / 홍성사, 2018)이다. 물론 1929년에 회심한 루이스는 회심의 내막을 밝힌 《순례자의 귀향》(The Pilgrim's Regress, 1933 / 홍성사, 2020)을 먼저 저술했다. 하지만 그는 이 작품이 너무 거칠고 다듬어지지 않아 불완전하다고 생각해서, 인생의 황혼기에 자서전을 다시 쓰게 된 것이다.

그가 첫 번째 자서전의 제목을 《The Pilgrim's Regress》라고 지은 이유가 있다. 존 번연(John Bunyan)의 불후의 명작 《천로역정》의 원제, 《The Pilgrim's Progress》에 빗대서 자신의 회심이 어린 시절 본래 가지고 있던 신앙으로의 복귀라는 것을 강조하기 위함이었다. 이런 점에서 루이스의 회심은 '탕자의 귀향'을 닮았다. 잘못된 길로 가다가 다시 돌아왔기 때문이다.

C. S. 루이스의 회심 이야기

이 장의 부제를 "예기치 못한 기쁨에-바람처럼 설레어"라고 붙이고 싶다. "바람처럼 설레어"는 루이스가 책 앞부분에 인용한 윌리엄 워즈워스(William Wordsworth)의 시 구절이다. 그의 기독교로의 회심이 어떤 강압이나 불가피한 선택에 의한 것이 아니라 자발적인 선택이었으며, 그래서 얻은 참된 기쁨을 드러내기 위함이다. 이 책은 루이스가 어떻게 무신론자에서 그리스도인이 되었는지를 궁금해하는 사람들에게 답하기 위한 루이스의 회심 이야기이며, 보통의 자서전이나 고백록과는 다르다.

이 책에서 루이스는 경건한 그리스도인 어머니 밑에서 성장한 그가 어떻게 무신론자가 되었는지 그 과정을 기술한다. 루이스가 열 살 때, 그의 어머니가 암으로 세상을 떠났다. 어린 루이스는 병든 어머니를 살려 달라고 하나님께 기도했지만 그의 기도는 응답되지 못했다. 이후 그는 기숙학교에 다니게 되었는데, 학교와 교사들의 영향으로 루이스의 신앙은 점차 파괴되어 갔다. 교사들은 조금씩, 그리고 무의식적으로 루이스의 신앙을 흔들어 놓았다. "…를 믿습니다"를 "…인 것 같습니다"로 바꾸었고, 그래서 그는 점진적으로 신앙에서 멀어지게 되었다. 루이스가 신앙을 포기하게 된 데는 염세주의의 영향도 있었다.

"모든 일은 내가 원하는 대로 되지 않는다." "학기, 방학, 학기, 방학…. 이렇게 되
풀이하다가 학교를 떠나면, 일, 일, 일만 하다가 죽는다."

루이스는 멋쟁이, 날라리, 속물이 되기 위해 엄청난 노력을 했다. 그러
다 결국 1911년에 기독교 신앙을 완전히 버렸다.

대한민국의 교육감 선거를 중요하게 생각해야 할 이유가 여기에 있다.
교육감은 학생들의 교육 과정뿐 아니라 정신과 신앙에 절대적인 영향을
미친다. 세속주의, 무신론, 반기독교적인 생각을 지닌 인물이 교육감에 당
선되면 어린 학생들의 신앙에 큰 타격을 줄 수 있고, 아이들이 루이스처럼
신앙을 버리게 될 것이 자명하다.

신앙을 버린 루이스에게 어떤 일이 벌어졌을까? 자유와 홀가분함을 느
꼈을까? 전혀 아니다. 오히려 그는 "진정한 기쁨은 내 삶에서 사라져 버렸
다"라고 회고한다. 기쁨은 사라졌고 잊혔다. 심지어 시간이 가니 "너무 완
벽하게 사라져서 기억조차 남지 않았고, 그에 대한 갈망조차 없어져 버렸
다"라고 했다. 결국 루이스는 워즈워스의 시처럼 "꽃의 영광"이 사라진 것
을 탄식하기에 이르렀다. 음악, 문학, 새로운 지식을 대해도 예전 같은 감
동을 느낄 수 없었다. 신앙이 있던 자리에는 대신 무신론과 염세주의가 똬
리를 틀고 자리 잡았다.

하나님만 채우실 수 있는 공간

인간은 영적인 동물이다. 스스로 신앙을 포기했다고 해도, 창조주 하나님
이 주신 하나님의 형상은 희미하게나마 남아 있는 존재다. 알 수 없는 갈
망, 끊임없는 갈망이 루이스를 괴롭혔다. 루이스는 당시 자기 내면의 상태
를 이렇게 묘사한다.

"오, 나는 너무 많이 갈망한다." "동경에 대한 동경." "도저히 달래지지 않는 동경." "내가 잃어버린 기쁨, 갈망하지만 소유하지 못하는 상태."

갈망하던 대상은 손에서 빠져나가고 진짜 갈망만 남게 된 것이다. 이는 워즈워스가 《서곡》(The Prelude)에서 사라진 비전에 대한 상실감을 표현한 것과 비슷하다. "광야에 물은 마르고 오래전 물이 흐른 흔적만 남아 있는 것처럼." 그 갈망의 대상은 다름 아닌 기쁨, 참된 기쁨일 것이다. '기쁨'이 지나간 흔적만 남게 되었는데, 이는 마치 파도가 모래 위에 남긴 자국과 같았다.

루이스의 이런 상태는 《고백록》에서 "주여 내가 당신을 마음에 모시기까지는 내 마음에 만족이 없었습니다"라고 고백한 성 어거스틴(St. Augustine), 《팡세》에서 "하나님이 당신만이 채울 수 있는 공간을 인간들에게 만드셨다"라고 말한 블레즈 파스칼(Blaise Pascal)을 연상시킨다. "당신만이 채울 수 있는 공간"은 'God-Shaped Vacuum'인데 이는 하나님 자리, 하나님 흔적이다. 이는 《명상의 시대》에서 "세상에서 무엇을 사랑해야 할지 모를지라도 우리 안에는 그 미지의 무언가를 향한 사랑의 세계가 있다"라고 한 토마스 트러헌(Thomas Traherne)의 말과 궤적을 같이한다. 인간이 공허와 갈망을 느끼는 것은 바로 이 공간이 하나님으로 채워지지 않았기 때문에 나타나는 영적 결핍 현상이다. 이 빈 공간이 하나님으로 채워지면 인간은 '기쁨'을 느끼게 된다.

'기쁨'(joy)은 충만함의 대표적 표현이다. 하나님으로부터 벗어난 인류는 이 빈 공간을 채우기 위해 무진 애를 써 왔다. 무수히 많은 곳을 찾아 헤매고 있지만 번지수가 틀렸다. 이 세상의 피조물로는 결코 이 빈 공간을 채울 수 없다. 마치 빈 무덤에서 부활하신 예수님을 찾고자 애쓴 제자들처럼 어리석다. "어찌하여 살아 있는 자를 죽은 자 가운데서 찾느냐 여기 계시지 않고 살아나셨느니라"(눅 24:5-6).

루이스는 갈망을 느끼면서 갈망의 실체를 잘못 추구하고 있었음도 고백한다.

"나는 '누가 내 갈망의 대상인가?'라고 묻는 대신 '무엇이 내 갈망의 대상인가?' 라고 묻고 있었다."

갈망의 대상은 '무엇'이 아니라 '누가'가 되어야 한다. 우리는 피조물을 찾는 것이 아니라 창조주를 찾아야 했다. 인류가 오랫동안 찾고 추구해 온 진선미(眞善美)는 사실은 피조물이 아니라 하나님이셨다. "내가 곧 길이요 진리요 생명이니"(요 14:6). "나는 생명의 떡이니"(요 6:35). "생수의 근원 되는 나"(렘 2:13). 사냥개가 냄새를 잘못 맡았고, 잡고 보니 엉뚱한 사냥감이었던 것이다. 루이스와 같은 무신론자들은 인생의 목적지를 잃고 옆길로 빠져 버렸다. 번지수를 잘못 알고 애먼 곳을 뒤지고 있었다.

루이스는 이것을 '기쁨'과 '쾌락'의 비교를 통해 설명한다. 모든 가품이 진품을 모방하고 있듯이, 모든 쾌락이 기쁨을 대체하고 있다. 쾌락이 있지만 어떤 쾌락이든 내가 갈망한 대상이 아니라는 것을 곧 깨닫게 된다. 기쁨은 성(性)의 대체물이 아니지만, 성은 기쁨의 대체물이 될 때가 많다. 어디 성뿐이랴. 물질, 권력, 명예, 인기 등도 동일하다. 참된 기쁨에 비하면 쾌락은 값싼 유흥에 불과하다.

참된 기쁨을 한 번 맛본 사람은 세상의 모든 쾌락을 다 준다 해도 바꾸지 않는다. 쾌락은 우리의 재량과 노력에 따라 얻을 수 있지만, 기쁨은 결코 우리의 재량에 달린 것이 아니다. 기쁨은 소유물이 아니다. 오래전에 있었던 무언가, 저 멀리 있는 무언가, 아직 '이르지 않은' 무언가를 바라는 우리 갈망의 대상이다.

L

앞에서도 말했지만, 《예기치 못한 기쁨》은 루이스의 회심 이야기다. 그는 1929년부터 1931년까지 점진적 회심 과정을 거치고 있었다. 즉 무신론에서 유일신론으로, 그리고 예수 그리스도에 대한 믿음으로 나아가는 과정에 있었다. 이어령 교수는 하나님보다 마귀의 존재를 먼저 믿게 되었다고 했는데, 루이스는 자신의 인생 안에 이미 '세상', '육체', '마귀'가 들어와 있는 것을 알고 있었다. 그것들이 자신에게 유혹과 미끼를 던지면, 그는 그것을 인지하든 그렇지 못하든 그것을 덥석 물어 버리고, 머지않아 환멸에 빠지곤 했다. 하지만 그 모든 것이 결국 루이스를 하나님께 인도하는 과정이었다.

한 가지 예로, 루이스는 마술을 이야기한다. 오늘날에도 매력적인 힘으로 인식되는 마술을 루이스는 영적 정욕으로 보았다. 사람은 마술을 통해 세계에 대한 영향력과 통제력을 발휘하려고 한다. 이는 하나님이 인간을 창조하실 때 의도하신 계획의 일부분이 왜곡되어 나타난 것이다. 그래서 루이스는 자기가 좋아했고 연구도 많이 한 북유럽의 신화, 그리고 켈트족의 신화가 참된 진리를 반영하는 그림자가 아닐까 하는 생각에 이르렀다. 물론 어두운 그림자겠지만.

비교종교학에 따르면 세계의 신화들 사이에서 여러 가지 유사점이 보인다. 그 이유가 하나님이 인간에게 경배의 능력을 갖추게 하시고자 거짓 신들을 먼저 보내신 것이라는 생각도 있었다. 즉 신화의 기원이 하나님이고, 신화 속에 왜곡된 기독교의 진리가 들어 있다는 것이다.

실제로 켈트 신화를 읽을 때 루이스는 때로 가슴이 찔리는 경험, 기쁨의 경험을 했다. 수많은 문화권과 종교권에 나타난 수많은 신들, 그들의 행위를 통해 거룩함, 신성함, 초월성, 도덕적 표준 등을 접하게 된다. 즉 변이(variations)가 아니라 원형(the original)이 존재했을 것이라고 생각했다. 결국 모든 사람은 신화와 거짓 신을 통해 참된 신에게 인도함을 받게 된다는 것이다. 원형을 찾게 되면 그때는 변이들이 어떻게 왜곡되고 타락하고 변질되고 부패했는지도 알게 된다. 그 순간까지 신화들과 잡다한 신들은 참된 신으로 인도하는 몽학선생인 셈이다.

사도행전의 표현을 빌리자면, 하나님은 인류를 각지로 흩으신 뒤에 "사람으로 혹 하나님을 더듬어 찾아 발견하게 하려"(행 17:27) 하셨고, 그 과정에서 이방 종교와 우상 숭배도 허용하셨다. 하지만 진리 되신 예수님이 오신 뒤에는 "알지 못하던 시대에는 하나님이 간과하셨거니와 이제는 어디든지 사람에게 다 명하사 회개하라"(행 17:30)고 하셨다. 루이스의 삶은 한 개인의 삶이면서, 동시에 인류가 살아온 발자취를 그대로 밟아 온 작은 '세계 역사'였다.

루이스가 회심하게 된 결정적 계기는 크리스천 판타지 소설가인 조지 맥도날드(George Macdonald)의 《판테스티스》(Phantastes)를 읽으면서였다. 기독교 세계관을 배경으로 한 이 소설을 읽으면서 루이스는 마음이 정화되는 느낌을 받았고, 절대자이며 선한 신의 존재에 대한 소망과 기대를 품게 되었다. 그는 이 경험을 다음과 같이 회상한다.

"내가 포기하지 못한 무언가 때문에 그것(기쁨)이 손에 닿지 않았다는 사실을 감지하게 되었다. 신과 우상이 구분되면서, 이야기에서 빛이 나와 숲과 집을 비추고, 내 과거의 삶을 비추고, 내 앉아 있는 방을 비추고, 옛 선생님들의 모습을 비추고, 육욕과 마법으로 왜곡시킨 기쁨을 싸구려 물건으로 보이게 하면서, 다시는 세상으로 돌아오기 싫었다."

결국 루이스는 불신의 담을 넘어 버린 것이다. 엘리사벳이 성모 마리아의 갑작스러운 등장에 어안이 벙벙해서 던진 말처럼 말이다. "이 어찌 된 일인가"(눅 1:43). 루이스가 불신의 땅을 넘어 신앙의 영역에 들어선 순간, 그는 즉각적으로 '예기치 못한 기쁨'을 맛보게 되었다. 이 기쁨은 그가 과거에 맛보아 알고 있던, 바로 그 기쁨이었다.

문학가들에게 필수적으로 요구되는 능력은 상상력이다. 문학가는 상상력을 사용해 신화든 소설이든 새로운 세상을 창조한다. 그렇게 창조된 세계, 즉 상상의 삶은 희열이 넘실댄다. 비록 우리의 현실은 비참하다고 해도 말이다. 인간의 상상력의 목표점은 하나님과 하나님의 나라, 하나님의 생명일 것이다.

루이스는 상상의 경험과 기독교적인 경험 사이의 유사성은 단순히 우연이 아니라고 보았다. 하나님을 떠난 인간이 상상력을 동원하여 구현해 내려는 세상은 이미 기독교에서 명시적으로 보여 주는 세상일 뿐이다. 이런 점에서 상상이나 사물 모두 나름의 방식으로 하늘의 진리를 반영하고 있다.

그러나 상상과 상상력은 기독교의 세례를 받아야 한다. 상상의 지향점이 하늘이라 해도 그 실제 표현은 다소 왜곡되고 변질될 수 있기 때문이다. 따라서 상상력은 이렇게 말해야 한다. "나는 네가 찾는 그것이 아니야. 나는 그것을 상기시키는 존재야." 영국은 판타지 소설의 나라다. 루이스의 《나니아 연대기》, J. R. R. 톨킨(J. R. R. Tolkien)의 《반지의 제왕》, 조앤 롤링(Joan Rowling)의 《해리 포터》 등, 이 모든 작품이 그리고 있는 궁극적 이상향은 매우 기독교적이다. 작가가 의도했든, 의도하지 않았든 지향점은 모두 동일하다.

회심한 루이스는 이제 기독교적 세례를 받은 상상력을 사용해 작품을 쓰기 시작했다. 대표적으로 전 7권으로 이루어진 《나니아 연대기》에 나오는 사자 아슬란은 예수님을 상징한다. 비록 아슬란은 죽임을 당하지만 그의 사랑과 헌신의 힘으로 예수님처럼 부활하게 된다. 루이스는 판타지 소설을 통해 기독교의 진리와 교훈을 암시적으로 드러낸다.

루이스는 하나님이 자신을 세 단계에 거쳐 찾아오셨다고 말한다. 첫 번째 단계는 낚시꾼처럼 오신 것이다. 미끼를 던져 물게 하고 조금씩 자신에게로 가까이 오도록 하셨다.

"존귀한 어부(예수님)가 낚싯대를 던지셨고, 내가 그 낚싯바늘을 물었다는 생각을 그때는 꿈에도 하지 못했다."

결국 루이스는 절대자를 믿게 되었다. 회심하기 전에도 이미 바늘에 걸린 증상들이 나타났다. 조지 맥도날드, 길버트 키스 체스터턴(G. K. Chesterton), 에드먼드 스펜서(Edmund Spenser), 존 밀턴(John Milton)에 비해 종교성이 없는 작가들의 작품은 얄팍해 보이기 시작한 것이다. 작품의 깊이가 없어 보였다. 삶의 거친 면도, 깊이도 보이지 않았다. 비록 절대자가 아니라도 어떤 신이라도 믿는 작가들이 그나마 진리에 다가가는 작품을 쓰고 있다는 생각을 하게 되었다.

두 번째 단계는 고양이처럼 오셨다. 조용하게 다가와 쥐를 잡는 것처럼 자신을 조용히 사로잡으셨다. 이때는 조금 더 하나님께 마음이 열렸다. 세속 세계에 몸담고 있을지라도, 지적으로 정직한 태도를 유지하다 보니 하나님을 믿고 신뢰하게 되었다.

세 번째 단계는 사냥개처럼 오신 것이다. 포기하지 않는 집념으로 한번 물면 끝까지 놓지 않는 사냥개처럼, 하나님은 루이스를 붙잡으셨다. 그는 이 단계를 다음과 같이 묘사하고 있다.

"나는 헤딩턴 힐로 올라가는 버스 이층에 타고 있었다. 나에 대해 한 가지 사실이 생각났다. 무언가가 나에게 다가오지 못하도록 스스로 막고 있다는 사실, 무언가가 내 안에 들어오지 못하도록 스스로 차단하고 있다는 사실을 알게 되었다. 바로 이 순간, 이 자리야말로 자유로운 선택을 내려야 할 때와 장소라는 느낌이 들었다. 문을 열 수도 있었고 계속 닫아 둘 수도 있었다. 나는 문을 열기로, 갑옷을 벗기로, 고삐를 풀기로 결단했다.

그렇게 선택하자 나는 마침내 녹기 시작한 눈사람 같은 느낌이 들었다. 등부터 녹기 시작해서 물이 뚝뚝 떨어지더니, 이윽고 줄줄 흐르기 시작했다. 헤겔의 숲에서 쫓겨난 여우가 세상의 온갖 괴로움을 짊어진 채 더럽고 지친 몸으로 도망치는 그 뒤를 사냥개들이 바짝 쫓고 있었다. 그 사냥개의 무리에는 플라톤, 단테, 맥도날드, 허버트, 바필드, 톨킨, 다이슨, 그리고 기쁨까지 이런저런 방식으로 끼어들었다. 내 이름은 군대였다. 정욕의 우리, 야망의 도가니, 두려움의 온상, 애지중지 가꾼 증오가 거기 있었다.

내가 너무나도 두려워했던 그 일이 마침내 내게 일어나고야 말았다. 1929년 여름 학기에 나는 드디어 항복했고, 하나님이 하나님이시라는 사실을 인정했으며, 무릎을 꿇고 기도했다. 아마 그날 밤의 회심은 온 영국을 통틀어 가장 맥 빠진 회심이자 내키지 않는 회심이었을 것이다. 하나님은 얼마나 겸손하신지 이런 조건의 회심자까지 받아 주신다. 성경에 나오는 탕자는 그래도 제 발로 집을 찾아갔다. 그러나 나같이 끌려가는 와중에도 발길질하고 몸부림을 치고 화를 내면서 사방을 두리번거리며 도망갈 기회를 찾는 탕자에게도 하늘의 높은 문을 활짝 열어 주시는 그분의 사랑을 누가 찬양하지 않으랴? '끌고 오라.' 이 말을 제대로 이해한다면 하나님의 자비의 깊이를 잴 수 있는 말이다. 하나님의 준엄함은 인간의 온화함보다 따뜻하다. 그의 강요는 우리를 해방시킨다."

자신에 대해 이야기하는 이 책에서, 루이스는 성경 말씀이나 기독교 용어를 하나도 사용하지 않았다. 유일한 단서는 이것이다. "내 이름은 군대였다." 이는 마가복음 5장 9절에 나오는 표현이다.

예수님은 더러운 귀신 들린 자 한 사람을 만나 고쳐 주시려고 제자들과 함께 큰 광풍을 뚫고 갈릴리 호수를 건너 거라사인의 지방까지 가셨다. 한 영혼이 얼마나 귀한 가치가 있는지를 잘 보여 준다. 예수님은 아무도 제어할 수 없는 괴력을 가진 자, 자학하는 자, 아무 상관이 없다고 하는 자,

치료를 거부하는 자를 일부러 찾아가셔서, "더러운 귀신아 그 사람에게서 나오라"라고 말씀하셨다. 예수님이 그 사람 안에 있는 존재에게 "네 이름이 무엇이냐?"라고 물으시니, "내 이름은 군대니 우리가 많음이니이다"라는 대답이 돌아왔다. 한 사람 안에 귀신들이 무더기로 들어 있었다. 이것이 우리 인생의 본모습이 아닐까? 루이스는 자신이 바로 그 사람이라고 고백한다.

회심한 후 루이스는 어떤 신앙생활을 했을까?

"나는 백기를 들려면 눈에 확 띄는 표시를 해야 한다고 생각하고 주일에는 교구 교회, 주중에는 대학 교회를 다니기 시작했다."

지식인들이 예수님을 믿으면 조롱받던 시대에 루이스는 참으로 정직하고 용감하게 신앙생활을 이어 나갔다. 그는 기독교 작가들인 휴고 다이슨(Hugo Dyson)과 톨킨과 밤새워 토론하며 우정 공동체를 이루었다.

신화가 사실로

당시 신학계는 루돌프 불트만(Rudolf Bultmann)이 비신화화(非神話化, demythologization) 신학을 주창한 때였다. 불트만은 성경의 내용이 역사적인 사실이 아닌, 신화에 불과하다고 보았다. 따라서 신학자들의 임무는 그 신화의 껍질을 벗겨 내고 성경이 전하려는 실체와 본질을 드러내는 것이라고 주장했다. 예수님의 탄생, 사역, 죽음, 부활, 승천, 재림에 대한 모든 내용을 역사적 사실이 아닌, 단지 신학적 교훈을 담고 있는 신화적 진술로 격하시켰다. 문자 그대로 믿어서는 안 된다는 것이다.

그러나 루이스의 생각은 불트만과 달랐다. 신화는 복음서와 닮은 구석이 있었고, 역사도 닮은 구석이 있었다. 그러나 복음서와 꼭 닮은 문헌은 존재하지 않았다. 복음서에 묘사된 예수님의 인격처럼 묘사된 인물은 어디에도 없었다. 이런 이유로 루이스는 복음서를 단순히 신화로 간주할 수 없었다. 복음서에는 신화적 풍미가 없었다. 복음서는 신화와는 달랐다. 훌륭한 신화적 소재가 그 안에 포함되어 있지만 신화가 사실이 된다면 바로 이런 형태일까? 신화가 사실이 된 것이다. 말씀이 육신이 되었다. 하나님이 인간이 되셨다. 이것은 하나의 종교나 철학이 아니다. 오직 있는 그대로를 드러낼 뿐이다. 많은 신화들은 바로 이 순간을 위해 자신의 역할을 감당했을 뿐이다.

이런 결론에 도달한 루이스는 예수 그리스도가 하나님의 아들이시라는 사실을 믿게 되었다. 예수는 하나님, 그렇지 않으면 사기꾼, 둘 중의 하나였다. 다른 선택은 없다는 것을 그는 깨달았다.

루이스는 예수님의 성육신에 대해 이런 비유를 들었다. 《햄릿》의 작가인 윌리엄 셰익스피어(William Shakespeare)는 햄릿을 만날 수 있어도, 햄릿은 셰익스피어를 만날 수 없다. 셰익스피어와 햄릿이 만났다면 그것은 셰익스피어가 성사시킨 것이 틀림없다. 햄릿이 주도해서 시작할 수 있는 일은 하나도 없다. 이처럼 인간은 하나님을 절대 만날 수 없다. 만약 하나님을 만난 인간이 있다면 그 주도권은 하나님께 있고, 하나님이 우리 수준으로 낮아지셔야 한다. 이것이 성육신이 아니고 무엇이겠는가!

이처럼 예수님을 영접하고 나자 풀리지 않던 모든 질문에 답을 얻게 되었다. 모든 것이 설명되기 시작한 것이다. 이는 마치 에스겔서에 나오는 골짜기에 있던 해골들에게 일어난 일과 같다. 마른 뼈들이 서로 들어맞아 일어서듯이 이전의 모든 것이 움직이기 시작하더니 살아 있는 존재가 되었다.

이 책의 제목에는 '기쁨'이란 단어가 들어 있다. 루이스는 그리스도인이 되면 기쁨이 자주 찾아온다고 믿었다. 그러나 이 기쁨은 우리를 더 중요한 것으로 향하게 하는 이정표 역할을 한다. 더 크고 온전한 기쁨이 우리를 기다리고 있음을 알려 주는 것이다. 천국을 향한 순례자의 기쁨, 회심의 기쁨은 천국의 이정표를 발견한 기쁨이다. 다시 말해, 지상의 기쁨은 천국의 기쁨을 위한 이정표다.

길을 잃었을 때 이정표를 찾는 일은 중요하다. 이정표를 찾은 사람은 "저기 있다!"고 소리친다. 일단 길을 찾고, 몇 킬로미터마다 하나씩 세워져 있는 표지판을 만나게 되면, 더 이상 멈추어 서서 확인하지 않아도 된다. 물론 표지판을 보며 자신이 잘 가고 있다는 안심도 되고 용기도 생기겠지만 그 표지판을 보느라 지체하지는 않을 것이다.

"우리는 예루살렘으로 가고 있기 때문이다."

이것은 오늘을 사는 그리스도인들에게도 해당된다. 우리가 천국의 기쁨을 발견했다면, 세상의 기쁨에 마음을 빼앗겨 신앙의 발걸음을 멈춰서는 안 된다. 더 나아가 세상의 기쁨을 추구하느라 더 크고 온전한 기쁨을 향해 가는 신앙의 길을 벗어나서는 안 될 것이다. 물론 아직도 길가에 하찮은 것들을 들여다보느라 발걸음을 멈출 때도 있지만, 더 큰 기쁨을 향한 믿음의 여정을 묵묵히 이어 가야 한다.

31
고통을 대하는 올바른 자세 | C. S. 루이스
히브리서 12:7-11

L 미국에서 태어났지만 영국에 귀화한 근대 시인 T. S. 엘리엇(T. S. Eliot)은 "황무지"(The Wasteland, 1922)라는 기념비적인 시를 남겼다. 제1차 세계대전을 겪은 뒤, 실존적 존재로서의 고통과 연약함을 극복하고 사랑과 신앙의 길로 나아감을 잘 보여주는 시다. 이 시의 첫 번째 장은 "사자의 장사"(The Burial of the Dead)로서 다음과 같이 시작된다.

"4월은 더없이 잔인한 달,/ 죽은 땅에서도 라일락을 키워 내고,/ 추억과 욕망을 뒤섞으며/ 봄비로써 잠든 뿌리를 뒤흔드노라./ 겨울은 차라리 따뜻했노라,/ 망각의 눈은 대지를 뒤덮고,/ 메마른 구근(球根)들로 가냘픈 목숨 이어 주었노라."

여기서 엘리엇은 봄이 오면 철 따라 꽃이 피는 자연과 달리 인간의 대지는 여전히 죽은 땅에 불과하다고 보았다. 차라리 겨울이 따뜻했다는 역설이 가능할 정도로 문명은 메말랐고, 희망은 소실되었다. 그래서 찬란해야 할 달, 4월을 잔인한 달이라고 하는 것이다.

C. S. 루이스(C. S. Lewis)는 자신의 책 《고통의 문제》(1940 / 홍성사, 2018)의 서두에 조지 맥도날드(George Macdonald)의 글을 인용했다. 맥도날드는 루이스에게 큰 영향을 미친 작가이자 목사다.

"하나님의 아들은 죽기까지 고통을 당하셨다. 그것은 인간이 고통을 겪지 않게 함이 아니라 인간의 고통을 그리스도의 고통과 같게 하기 위함이다."

인간이 겪는 고통을 개인적인 고통이 아니라 마치 그리스도의 고통처럼, 공동체적인 고통으로 승화시키고 있다. 주변을 살펴보라. 세상에는 그리스도의 대속적인 고난 외에도, 우리 대신 고난을 당하는 이들이 많다. 장애가 있는 이, 가난한 이, 질병에 시달리는 이, 재난당한 이, 피난민, 상실의 아픔을 지닌 이 등 많은 사람이 고난을 당하고 있다. 왜 우리 대신인지 이해할 수 없는가?

필자가 아이들과 미국에서 성탄절을 맞았을 때 일이다. 미국에는 성탄절에 가족이나 친구를 위한 선물을 준비하면서, 어려운 이웃을 위해서도 따로 선물을 준비하는 문화가 있다. 그래서 아이들과 함께 미리 준비한 선물을 노숙자들을 찾아가서 전달해 주었다. 선한 일을 했다는 생각에 스스로 뿌듯함을 느끼고 있을 때, 아직 어린 여섯 살짜리 아들이 말했다. "아빠, 우리가 저분들에게 고마워해야 해요." 아들의 말에 필자는 "아니 무슨 소리야? 우리가 선물을 드렸는데, 고마워해야 하는 사람은 저분들이지"라고 답했다. 그러자 아들이 이렇게 말하는 것이 아닌가. "아니에요. 저분들 덕분에 우리가 이렇게 선물을 드릴 기회를 얻었잖아요? 그리고 아빠, 어쩌면 저분들이 우리를 대신해서 가난하게 살고 있는지도 모르잖아요?" 필자는 어린 아들의 이 말에 적잖은 충격을 받았다.

생각해 보면, 미국 사회에서 이방인이요 유학생인 우리 가족은 하나님의 도우심으로 풍성함을 누리고 있는데, 정작 본토인 중 일부는 노숙인으

L

로 살아가고 있다는 것이 이상했다. 그 순간, 그들의 고난이 나와 무관하지 않고, 나를 대신해서, 그리고 나를 위해 고난당하고 있다고 생각하는 것이 합당하게 느껴졌다. 그들과 내가 무관한 것이 아니라 어떤 관계가 있다. 우리는 공동체 안에서 타인의 아픔과 고난에 공감하고 동참하고, 더나아가 돌보아야 할 의무를 지니고 있다. 그들은 나를 위해 대신 고통을 당하는지도 모른다. 다시 음미해 보자.

"그리스도의 고통이 우리의 고통을 제거하는 것이 아니라 우리의 고통을 그리스도의 고통으로 끌어올린다."

루이스는, 극심한 고통을 당하고 있는 이들을 생각하면 이 책에서 고통을 다루는 것이 적절하지 않을 수 있지만, 그럼에도 고난 때문에 생기는 문제를 해결하기 위함이라고 독자들의 이해를 구했다.

루이스도 십대에 어머니를 잃은 고통의 경험이 있지만, 이 책은 비교적 그의 인생이 순탄하던 40대에 객관적인 입장에서 지성적으로 쓴 글이다. 하지만 그가 58세에 결혼한 아내가 암 투병 중에 죽음을 맞은 후, 그의 나이 60대에 저술한 《헤아려 본 슬픔》(1961)은 달랐다. 배우자를 잃은 슬픔이 인간에게 제일 큰 스트레스라는 과학적 통계처럼, 루이스는 형언할 수 없는 큰 슬픔을 겪고 난 후 이 책을 썼다. 《헤아려 본 슬픔》의 1장과 2장을 읽어 보면, 이 책의 저자가 《고통의 문제》를 쓴 저자와 동일인이라는 것이 믿기지 않을 정도다. 그만큼 격정적인 슬픔의 감정이 드러나 있다. 하지만 3장과 4장에 이르면, 감정의 용솟음이 잦아지고 다시 이전의 루이스다운 냉철함을 찾고 있다.

남의 고통에 대해서는 쉽게 이야기할 수 있다. 슬픔과 고통에 어떻게 대처해야 하는지 머리로는 잘 알고 있다고 해도, 막상 자신이 겪게 되는 고통을 실제로 극복하기란 어려운 일이라는 것을 알 수 있다. 욥기를 보라. 욥도 자신이 고난당하기 전에는 고난당한 자를 위로하고 합리적으로 그들을 권면했다. 하지만 막상 자신이 극심한 고난을 당하자 그만 주저앉고 말았다. 욥의 입장과 친구의 입장이 다르듯, 고난을 당하는 자와 그것을 관찰하는 자는 다를 수밖에 없다. 다행스럽게도 루이스는, 그래도 20여 년 전, 고통의 문제를 해결하기 위해 하나님께 위로와 지혜를 구했었기에, 60대에 마주한 슬픔의 함정과 올가미에서 헤쳐 나올 수 있었다.

타인의 고통에 대해 함부로 말하지 말라. 충고하려고 하지 말고 그냥 함께 붙들고 울어라. 슬퍼하는 자와 함께 울라. 그래서 루이스는 이처럼 말한다.

"고통을 참기 위해서는 많은 지식보다 작은 용기가 더 필요하고, 큰 용기보다 작은 동정심이 도움이 되며, 무엇보다 최소한의 하나님의 사랑이 더 중요하다."

신령한 것에 대한 경외심

만물은 고생을 위해 태어났다는 성경 구절도 있다(욥 5:7). 그런데 왜 유독 인간의 고통은 더욱 아프게 느껴지는가? 모든 피조물은 나면서부터 고통을 겪기도 하고 고통을 주기도 하며 살다가, 결국 고통 속에서 죽어 간다.

그런데 고등 생물에게는 고통을 인식할 수 있는 '의식'이 있다. 더욱이 인간에게는 '이성'이 있어 아직 닥치지 않은 고통을 예견하기도 하고, 타인에게 고통을 가하는 방법을 수백 가지나 고안해 낼 수 있다. 방 안에 호랑이가 들어와 있다면, 당신은 위기 의식과 함께 극도의 공포를 느낄 것이다. 그러나 옆방에 귀신이 있다는 말을 듣는다면 어떠한가? 이때 느끼는 두려움은 당장 눈앞의 호랑이를 마주할 때 느끼는 공포와는 다를 것이다. 이 두려움은 위험성이 포함된 것이 아니다. 대부분의 사람들은 귀신은 맹수처럼 직접적으로 인간을 해치지 않는다고 생각하기 때문이다. 그럼에도 귀신은 두려움을 유발한다. 이것을 '누미노제'(Numinose)라고 한다.

'누미노제'는 독일 신학자 루돌프 오토(Rudolf Otto) 교수가 한 말로, 인간이 거룩한 존재 앞에 섰을 때 자신이 피조물임을 존재론적으로 통감하게 되는 감정적, 미학적, 직관적 체험을 의미한다. 한마디로, 신령한 세계를 경험할 때 갖게 되는 근원적인 두려움이다. 오토에 따르면, 인간들은 처음부터 영적 존재에 대한 신령한 경외심을 가지고 있었다. 신령한 것에 대한 공포심과 스산한 느낌, 막연한 것에 대한 종교적 심성이 그것이다. 이러한 느낌과 감정은 눈에 보이는 것에서 비롯된 것이 아니다.

일반적으로 두려움의 감정에는 그에 상응하는 외적 대상이나 사건이 존재한다. 대자연의 숨 막히는 절경, 놀라운 경관, 하늘의 별, 그랜드 캐니언, 나이아가라 폭포 등을 보며 느끼는 두려움은 그 대상이 확실하고 구체적이다. 하지만 인간의 마음 안에 있는 신령한 공포심은 그 대상을 이 땅에서 찾을 수 없다. 기독교에서는 이를 '경외심', '신비감'이라 부른다. "이에 두려워하여 이르되 두렵도다 이곳이여 이것은 다름 아닌 하나님의 집이요 이는 하늘의 문이로다 하고"(창 28:17). 야곱에게는 벧엘에서의 체험이 곧 누미노제 체험이었다.

인간이 왜 하나님을 두려워하는가? 여기에는 존재론적 누미노제 체험 외에 윤리적인 절대 선의 도덕 경험이 더해지기 때문이다. 절대 선의 도덕 경험과 누미노제 경험은 따로 존재하다가 인간의 경험 안에서 충돌하며 하나가 된다. 인간이 두려워하는 신적 힘은 인간에게 어떤 의무감을 부과하는 도덕적 파수꾼과 같다. 두렵게 하는 자가 죄를 결정하는 권위를 가지고 있다. 그래서 이사야도 소명을 받을 때 "화로다 나여 망하게 되었도다"(사 6:5)라고 말했던 것이다.

루이스가 보기에 기독교는 인간 고통의 문제를 풀기보다 고통의 문제를 제기한다. 하나님을 믿지 않는다면, 세상이 우연의 산물이라면 고통에 대한 질문 자체가 형성되지 않기 때문이다. 어차피 세상은 불공정한 세상이며 우연으로 가득 찬 세상이 아닌가? 운이나 재수가 없어 고난을 당하고 우연히 된 것이니 누구를 탓하랴!

그러나 신에 대한 믿음을 가지고 있는 그리스도인은 고통의 문제를 제기한다. 다시 말해, 고통의 문제를 제기하는 것은 신앙을 가졌기 때문이고, 하나님을 믿기 때문이다. 우리가 믿는 하나님은 전능하시며 사랑이시라고 믿기 때문이다. 하나님이 사랑이시며 동시에 전능하신데, 어떻게 그분의 자녀들에게 고통을 허용하실까? 하나님이 우리를 사랑하지 않으시거나 고통을 해결할 능력이 없으시다는 것인가?

루이스는 하나님의 전능하심에도 불구하고 우리에게 고난이 닥쳐올 수 있음을 논증한다. 그것은 창조 때 하나님이 인간에게 주신 자유의지 때문이다. 사람들은 하나님이 전능하신데 어떻게 그분의 백성에게 고난이 닥치는 것인지 의아해한다. 전지전능하신 하나님이 그 고난을 미리 아시고 하나님의 능력으로 막아 주셔야 하는 것이 아닌가 하고 말이다. 또한 비록 고난에 처했더라도 기도하면 속히 능력을 발휘하셔서 그 고난에서 벗어나게 해 주셔야 논리상 맞는 것이 아닌가?

문제는 하나님이 인간에게 자유의지를 주셨고, 그 자유의지를 억누르실 수 없다는 점에 있다. 인간의 고통과 고난을 무시하는 냉혹한 자연의 법칙은 기도로 바꿀 수 없다. 자기 의지로 절벽에서 뛰어내리는 사람의 비극적인 결말을 하나님은 막아 주지 않으신다. 자연법칙과 인간의 자유의지가 상호 관련되어 발생하는 고난의 가능성을 제거할 수 있을까? 답은 "그럴 수 없다"다. 그것은 우주나 인간의 삶 자체를 부정하는 것이다. 하나님이 자연의 물리 법칙에 수정을 가하시고, 또 수정하실 수 있는 것은 기적이다. 하나님은 얼마든지 기적을 일으키실 수 있다. 기적은 자연법칙이 잠시 중단되고 하나님의 뜻이 관철되는 시간이다. 하지만 이런 기적이 항상 일어나지는 않는다. 항상 일어나는 것이 바람직하지도 않다.

사랑의 하나님이 왜 고통을 허용하시나?

또한 "하나님이 절대 선이신데, 어떻게 악이 신자들에게 침범하도록 허용하실 수 있는가?"라는 문제 제기가 가능하다. 그런데 여기서 우리가 놓치는 것이 있다. 하나님의 선에 대한 관념은 인간의 관념과는 다르다는 것이다. 우리에게 선하게 보이는 것이 하나님의 눈에는 선하지 않을 수 있다. 하나님의 선이 절대 선이라면, 우리의 선은 상대적 선일 뿐이다. 하나님의 길은 인간의 길과 다르고, 하나님의 생각은 인간의 생각과 다르다. 둘이 완전히 같다면 도리어 그것이 이상한 일이다.

따라서 회개란 지상적인 존재가 천상적인 존재의 뜻을 인정하고 자신이 그 뜻에서 빗나갔음을 통회하는 것이다. 만일 인간의 도덕 표준이 하나님의 표준과 전혀 다르다면, 인간을 향한 회개의 촉구는 무의미할 것이다. 그리스도는 우리에게 회개를 촉구하신다. 우리의 생각과 기준을 내려놓고 하나님의 뜻을 따르라고 하신다.

몇 해 전, 미국에 사는 딸의 집을 방문한 적이 있었다. 손자에게 줄 장난감을 한국에서부터 준비해 갔다. 미국 세관까지는 문제없이 통관했다. 하지만 정작 딸의 통관 검사에 걸려 압수당했다. 딸은 아이에게 줄 것과 주지 말아야 할 것을 구분해야 한다며 자신에게 먼저 그 장난감을 보여 달라고 했다. 딸의 주장은 어떤 장난감은 아이의 정서에 해로울 수 있다는 것이었다. "너무하다"고 항의해 보았지만, 딸은 "내 아들이에요"라며 단호한 태도를 보였다. "내 손자다"라고 맞서고 싶었지만, 부모의 권위를 어떻게 이기겠는가. 결국 그 장난감은 손자에게 보여 주지도 못하고 다시 한국으로 가져올 수밖에 없었다.

부모는 아이를 잘 키우기 원한다. 경우에 따라 기다림을 훈련하기도 하고, 때로는 어떤 것을 소중히 여기는 마음을 길러 주려 한다. 그래서일까? 할아버지인 필자가 그 아이에게 아무리 잘해 주어도, 아이는 나보다 자기 엄마를 더 좋아한다.

하나님도 마찬가지시다. 우리는 하나님을 "하나님 아버지"라고 부르지, "하나님 할아버지"라고 부르지 않는다. 필자는 할아버지가 되어 보니 하나님의 사랑을 더 잘 알 것 같았다. 그러나 하나님은 할아버지가 아니라 아버지이시다. 물론 우리는 '하늘에 계신 우리 아버지'보다 '하늘에 계신 우리 할아버지'를 원한다. 할아버지는 어떤 의무도 없이 원하는 것을 다 해 주는 존재다. 손주에게 벌을 주는 할아버지를 보았는가? 우리는 뭐든지 다 들어주는 다정스러운 할아버지가 통치하시는 우주에서 살고 싶다. 그러나 분명한 것은, 우주는 할아버지와 달리 엄격한 분이 통치하고 계신다. 하나님 아버지이시다!

그렇다고 해서 하나님 아버지가 정이 없거나 사랑이 없다고 생각해서는 안 된다. 온 우주에는 하나님이 사랑이시라는 증거가 차고 넘친다. 다만 사랑의 개념이 다를 뿐이다. 사랑은 사랑하는 대상의 요구를 무조건 들어주는 것이 아니다. 하나님이 우리를 사랑하기 시작하시면 우리가 하는 일에 관심을 갖고 우리 일에 관여하지 않으실 수 없다. 하나님이 때로는 우리를 징계하시는 이유도 우리를 사랑하시기 때문이다. 아버지와 아들의 관계. "징계는 다 받는 것이거늘 너희에게 없으면 사생자요 친아들이 아니니라"(히 12:8). 두렵고도 놀랍게도 사람이 하나님의 사랑의 대상이기 때문에 징계가 있는 것이다.

사랑은 본질상 사랑하는 자의 완전함을 요구한다. "그들은 잠시 자기의 뜻대로 우리를 징계하였거니와 오직 하나님은 우리의 유익을 위하여 그의 거룩하심에 참여하게 하시느니라"(히 12:10). 우리를 사랑하시는 하나님이 우리 앞에 계신다. 자녀를 거룩하고 신중하게 사랑하시는 아버지가 계신다. "에브라임은 나의 사랑하는 아들 기뻐하는 자식이 아니냐 내가 그를 책망하여 말할 때마다 깊이 생각하노라 그러므로 그를 위하여 내 창자가 들끓으니 내가 반드시 그를 불쌍히 여기리라 여호와의 말씀이니라"(렘 31:20).

인간의 고통과 하나님의 사랑을 함께 이해하는 것은 일반적인 사랑의 개념으로는 불가능하다. 본래 하나님은 기쁨의 대상, 사랑의 대상으로 인간을 창조하셨다.

"하나님을 기쁘시게 하기는 쉽지만, 만족시키기는 어렵다."

하나님께 현재의 인간의 모습으로 만족하시라고 요구하는 것은 하나님 되심을 중지하라고 요구하는 것이나 마찬가지다. 하나님은 우리를 사랑하시므로 우리를 사랑스러운 존재로 만들기 위해 노력하신다. 하나님은 인간을 존재하게 만드시고, 사랑하시며, 사랑할 만한 대상으로 만드신다. 우리가 세상에 존재하는 이유는 우리가 하나님을 사랑하기 위해서가 아니라 하나님이 우리를 사랑하시기 위해서다. 우리의 최고의 행위는 하나님의 사랑에 응답하는 것이다. "사랑은 여기 있으니 우리가 하나님을 사랑한 것이 아니요 하나님이 우리를 사랑하사 우리 죄를 속하기 위하여 화목제물로 그 아들을 보내셨음이라"(요일 4:10).

하나님은 당신의 아들까지 우리 죄를 위한 대속물로 내어 주셨다. 하나님은 우리의 선을 원하신다. 하나님은 우리에게 필요한 것을 주기를 원하신다. 우리는 하나님의 사랑이 너무 적어서가 아니라 감당할 수 없을 만큼 많기 때문에 당황한다.

조지 맥도날드는 하나님의 말씀을 이렇게 전한다. "너는 나의 강건함으로 강건하고 내 축복으로 복을 받아라. 나는 나에게 있는 것밖에 너에게 줄 아무것도 없노라." 하나님의 선하심을 닮아 그와 같이 되어야 한다. 그와 같이 되어야 하기에 사랑에는 고통이 따른다. 하나님의 뜻대로 온전해지는 것이 우리 존재의 목적이다.

오은영 박사가 진행하는 "금쪽 상담소" 프로그램을 보면, 아이들의 버릇을 고치기 위해 부모에게 특정한 행동을 참으라고 충고하는 것을 보게 된다. 아이의 요구에 대해 부모에게 특정한 행동을 하도록 요구하는 모습도 볼 수 있다. 아이를 위해 감당해야 하는 부모의 고통과 인내가 우리를 위한 하나님의 모습과 닮았다.

고통이 일깨워 주는 것들

현대의 문제는 인권이란 이름으로, 인도주의, 감상주의, 교양 등의 명목으로 인간이 원하는 것을 다 허용하는 데 있다. 부끄러움과 수치심을 통해 하나님께 돌아와야 하는데, 현대인은 도리어 부끄러움을 모르게 하고 수치심을 없애려고 노력한다. "괜찮아, 괜찮아" 하면서 평안이 없는데도 강제적으로 평안하라고 한다. 죄의식을 회복하는 것이 기독교의 핵심이다. 우리가 하나님께 행한 최고의 악은 그분을 떠나 살아온 것임을 겸허하게 인정해야 한다.

인간의 죄를 자각한다면 하나님의 진노가 하나님의 선하심에서 온 것임을 이해하게 된다. 죄책은 시간이 지나서 해결되는 것이 아니라 회개할 때 그리스도의 피로 씻긴다. 인간은 하나님의 진노의 대상인데, 인간의 눈에도 진노의 대상이다. 인간이 겪는 모든 악과 고통은 자신의 타락의 결과일 뿐이다.

고통은 타락 상태의 인간을 치료하고 교정하는 역할을 한다. 통증이 은혜다. 나병은 통증을 느끼지 못해 결국 몸 전체가 망가지는 무서운 병이다. 진통제도 장기 복용하면 몸을 상하게 만든다. 적당한 강도의 고통은 오히려 우리에게 유익을 줄 수 있다. 인간 고통의 80% 이상은 인간 영혼의 악함에서 온다. 고통은 우리의 삶이 우주의 진리를 역행하고 있음을 일깨워 주곤 한다. 고통은 악인에게 개선의 기회를 제공해 준다.

"고통은 우리가 즉각적으로 인식할 수 있는 악일뿐더러, 결코 무시할 수 없는 악이다. 고통은 우리에게 그 목소리에 귀를 기울일 것을 요구한다. 하나님은 우리가 즐거워할 때는 속삭이시고, 우리가 양심의 가책을 느낄 때는 보통의 소리로 말씀하시고, 우리가 고통하고 신음하고 있을 때는 큰 소리로 외치시는 분이다. 고통은 귀먹은 세상을 깨우치는 하나님의 확성기다."

고통은 악인뿐 아니라 경건한 자에게도 예외 없이 찾아온다. 아브라함은 자신의 독자 이삭을 번제로 바치라는 하나님의 요구를 받았을 때 무척 고통스러웠다. 고통은 괴롭다. 그러나 고통은 사람을 온전하게 만든다. "보라 하나님의 뜻대로 하게 된 이 근심이 너희로 얼마나 간절하게 하며 얼마나 변증하게 하며 얼마나 분하게 하며 얼마나 두렵게 하며 얼마나 사모하게 하며 얼마나 열심 있게 하며 얼마나 벌하게 하였는가 너희가 그 일에 대하여 일체 너희 자신의 깨끗함을 나타내었느니라"(고후 7:11). 바울도 고난의 유익을 말했다.

물론 고난 자체는 좋은 것이 아니다. 그러나 고난은 우리를 성숙한 삶으로 인도해 준다. 하나님께 가까이 가게 하고, 하나님의 돌봄을 경험하는 기회를 준다. 악이 현존하는 한, 고통은 악을 인식하는 계기가 되어 주기 때문에 상대적으로 선한 것이라 할 수 있다. 그러나 여전히 이해할 수 없는 상황들이 있다.

"착한 사람들에게 불행이 닥치고, 가족들을 위해 손이 닳도록 일하는 어머니에게 불행이 다가오고, 부지런하고 검소하며 정직한 소상공인들에게 어려움이 닥쳐 오고, 어느 정도 생활이 안정되어 가족들과 오붓하게 살아갈 사람에게 고통이 닥쳐온다."

그래도 이것을 알아야 한다. 인간의 물질적인 번영과 가족의 행복이 하나님의 축복의 전부가 아니다. 우리가 경험하고 추구하는 이 땅의 모든 일시적 행복은 종말에 다 사라질 것이다. 우리가 만일 하나님을 알지 못한다면 우리 인생은 결국 파산한다는 것을 알아야 한다.

고통을 대하는 올바른 자세

그렇다면 우리는 고통 앞에서 어떤 자세를 취해야 하는가? 한마디로 'Why'보다 'How'에 집중해야 한다. '왜 이 고통이 발생했는가?'를 따지기보다 '어떻게 이 고통을 극복할 수 있을까?'에 집중해야 한다.

하나님은 분명 전능하시지만, 어떤 이유가 있어 우리를 돕지 못하실 수도 있다. 욥의 경우는 시험의 규칙 때문이었다. 욥의 질병이나 재난은 마귀가 가져온 것이었지만, 하나님이 욥의 믿음의 신실함을 보시기 위해 그것을 허락하셨기에 욥의 신실함이 입증되기 전에는 욥의 고통은 끝나지 않았다.

그뿐이 아니다. 유한한 존재인 우리는 시간과 공간의 제약 속에 살아가기에 일의 전모를 파악할 수 없는 한계가 있다. 시간을 초월하는 연속성과 완전성을 포착하지 못하기 때문이다. 따라서 자신이 고난을 당할 때는 스스로 돌아보아야 하지만, 남이 고난당할 때는 '어떻게 고난당한 그와 함께해 줄 것인가?'를 생각해야 한다. 예수님은 나사로의 무덤 앞에서 눈물을 흘리심으로 슬픔에 잠긴 마르다와 마리아와 함께하셨다. 지금도 하나님은 고난당한 당신의 자녀에게 속삭이고 계신다. "내 아들아, 내 딸아, 나는 너의 슬픔을 잘 안단다."

보통 고난을 당하면 울부짖으며 하나님께 기도하고 하나님을 찾는다. 그렇다. 간절히 부르짖으라. 하지만 그 부르짖음과 찾음은 평상시에도 지속되어야 한다.

"우리는 하나님을 비행사가 낙하산을 생각하는 것처럼 생각한다. 낙하산은 위급한 때를 위해 있지만 누구나 그것을 한 번도 사용하지 않기를 원한다."

하나님은 우리의 위급한 상황만을 위해 계시는 분이 아니다. 언제나 우리를 위해 함께하신다. 그러니 항상 기뻐하고 쉬지 말고 기도하고 범사에 감사해야 한다. 하지만 인류는 평안하면 하나님을 외면하고, 더 나아가 하나님을 떠나간다. 그런 점에서 고난은 우리를 죽음의 길에서 생명의 길로 돌이키게 하는 중차대한 역할을 한다. 그런 고난조차 없다면 수많은 사람이 죽음의 길로만 다니다가 파국의 절벽으로 떨어질 것이다. 하나님을 거부하는 자들은 하나님의 막대한 자비로도 어쩔 수 없다. 악인이 지옥에 떨어지는 것은 자신의 선택의 결과다.

고난은 또한 우리에게 영광을 주기 위해 주어지기도 한다. 바울은 말한다. "현재의 고난은 장차 우리에게 나타날 영광과 비교할 수 없도다"(롬 8:18). 성경은 지상의 고난을 천국의 경험과 대비시킨다. 고통의 문제에 있어 천국과 무관한 해답은 신앙적인 것이 아니다.

《헤아려 본 슬픔》에서도 마지막에 천국 이야기가 나온다. 천국이 모든 고통의 문제에 대한 대답이다. 천국에 마련된 나의 처소는, 내가 그 장소에 알맞도록 창조되었기 때문에, 마치 나만을 위해 마련된 것처럼 보일 것이다. 천국을 지향하면 세상은 덤으로 얻게 된다. "너희는 먼저 그의 나라와 그의 의를 구하라 그리하면 이 모든 것을 너희에게 더하시리라"(마 6:33). 그러나 세상을 지향하면 둘 다를 잃는다. 《헤아려 본 슬픔》을 보면, 루이스가 이런 사실을 통감하고 있음을 알 수 있다.

"하나님은 어디 계시는가? 행복할 때는 행복에 겨워서 하나님이 필요하다는 생각조차 하지 않았다. 너무 행복해서 그분이 우리를 주장하시는 것을 간섭으로 여기기까지 했다. 평소에는 가까이 계시는 것 같다가 절박하여 하나님께 다가가면 면전에서 쾅 하고 닫히는 문처럼, 부재의 느낌이 든다."

루이스는 일생 동안 사랑하는 가족을 병으로 잃는 비극을 겪었다. 어머니, 아버지, 그리고 아내가 암으로 죽었다. 사랑하는 아내를 잃은 루이스는 《헤아려 본 슬픔》에서 슬픔, 회의, 분노, 고뇌를 마구 발산하면서도, 마지막에는 영적인 성장을 보여 준다. 사실 루이스도 머리로는 이미 하늘의 위로를 알고 있었다. 하지만 막상 자신이 극도의 고난과 슬픔을 겪게 되니 그 모든 위로가 허망하고 의심쩍게 여겨졌다.

"내게 종교적 진리에 대해 말해 주면 기쁘게 경청하겠다. 종교적 의미에 대해 말해 주면 순종하여 듣겠다. 그러나 종교적 위안에 대해서는 말하지 말라. '당신은 모른다'고 나는 의심할 것이다."

하지만 눈물 골짜기, 사망의 음침한 골짜기를 몸부림치면서 벗어나면 서서히 천국에 대한 소망이 마음속에 떠오르기 시작한다. 마치 어둠을 뚫고 동녘에 서광이 비치듯 말이다. 그러나 끝내 그 슬픔을 붙들고 있다면 그런 서광의 비침은 늦춰진다.

"눈물로 눈이 흐려져 있을 때는 어느 것도 똑똑히 보지 못한다. 점차 나는 문이 더 이상 빗장 걸려 닫혀 있다고 느끼지 않게 되었다. 영혼 속에 도와 달라는 외침 외에 아무것도 없을 때에는 하나님도 도와주실 수 없는 때일지 모른다. 마치 물에 빠진 사람처럼 닥치는 대로 붙잡고 거머쥐니 도와줄 수가 없는 것이다."

루이스의 양아들 더글라스 그레샴(Douglas Gresham)은 이 책에 대해 다음과 같은 논평을 남겼다. "《헤아려 본 슬픔》은 자신의 겟세마네 동산에 올라 적나라한 감정을 드러내는 한 남자에 관한 이야기다. 사랑이 클수록 슬픔도 크며, 믿음이 깊을수록 사탄은 더 가혹하게 그 성채를 할퀸다."

L

모든 사람의 마지막은 결국 동일하다. 이 세상에서 어떤 고난을 당했다 해도 결국 저 천국에 가면 하나님이 우리의 모든 눈물을 씻어 주실 것이다. 그리고 하나님의 영광에 참여해 영원토록 하나님과 함께 거할 것이다. 루이스는 자신의 아내 조이가 사망한 지 3년 후, 미국 존 F. 케네디(John F. Kennedy) 대통령이 암살당한 날 세상을 떠났다. 루이스가 출석하던 홀리 트리니티 교회의 무덤에는 그와 그의 형의 묘가 있는데, 그의 묘비에는 셰익스피어의 글귀가 새겨져 있다. "인간은 죽음을 참고 견디어야 하리라."

32
우울의 파도 위에서 하나님 보기 | 마틴 로이드 존스
시편 43:1–5

낙심과 좌절이 가득한 인생에서

L인생을 살다 보면 낙심하고 슬퍼하고 좌절할 일이 많다. 시편 기자의 표현처럼 "내 영혼아 네가 어찌하여 낙심하느냐? 어찌하여 불안해하느냐?"라는 말이 절로 나온다(시 42:5). 왜 그런가? 제일 큰 요인은 자신의 환경을 바라보기 때문이다. 아담과 하와의 타락으로 땅이 엉겅퀴와 가시를 내기 시작한 후로 우리의 환경은 소망보다는 절망의 원인이 되었다. 두 번째는 사람을 의지하기 때문이다. 텅 빈 나를 바라보면 불안과 두려움이 몰려오고, 그렇다고 다른 사람을 의지하면 대개 실망이나 배신을 맛보게 된다. 세 번째는 불평불만만 하고 있기 때문이다. 너무 힘드니 불평하는 것이겠지만, 불평불만으로 개선되는 일은 없다.

그러면 어떻게 해야 하는가? 반대로 하면 된다. 눈을 들어 환경이 아닌, 하늘과 하나님을 바라봐야 한다. 사방팔방 막혀 있어도 하늘은 그 어떤 것도 막을 수가 없다. 위에 계신 하나님을 바라보라. 그리고 주님을 기억하고 기도해야 한다. 성경에는 하나님이 우리를 위해 권능과 능력으로 행하신 일들이 기록되어 있다. 홍해의 기적, 광야의 은혜, 가나안 땅의 승리 등을 기억하라. 어제나 오늘이나 영원토록 동일하신 하나님은 지금 여기서도 그 능력을 베푸실 수 있음을 기억하고 기도하자. 기도할 수 있는데 왜 걱정하는가? 마지막으로, 의지적으로 하나님께 예배드리고 찬송해야 한다. 예배를 드리는 것은 쉬운 일이 아니다. 그래서 의지적으로 해야 한다. 어려울수록, 그럴 마음이 생기지 않을수록 더욱 의지적으로 하나님께 나아가야 한다. 그러면 슬픔과 좌절과 고통에서 벗어나게 될 것이다. 하나님의 택하심과 부르심을 받은 우리는 인생의 모든 문제를 해결할 엄청난 영적인 자원을 지니고 있다. 그 자원을 도외시하지 말자.

인생은 본래 어려운 것이다. 그 누구도 쉬운 인생을 살아온 사람은 없다. 신앙의 위인들을 살펴보라. 하나님은 모든 인간으로 하여금 고난의 길을 걷게 하셨다. 어려움은 인간 존재의 근간이다. 또한 인생은 늘 불공평하다. 아무리 공평을 외쳐 보아도, 이 세상에 절대적인 공평이란 없다. 그래서 인생은 슬프다. "예수님만 믿으면 무사태평하고 만사형통해요"라는 말은 불신자들에게 믿음을 독려하기 위한 선한 구호일 뿐이지 신앙인의 현실과는 거리가 멀다. 하나님은 전쟁 후에 평화, 죽음 뒤에 부활, 슬픔 뒤에 기쁨, 고난 뒤에 형통을 맛보게 하신다. 이것이 타락한 인간을 향한 하나님의 섭리다.

영적 침체를 겪는 그리스도인

그뿐인가! 인생을 살다 보면 뚜렷한 이유도 없이 영적으로 심각하게 침체되는 시기가 온다. '영혼의 밤'이라고 한다. 당신은 언제 마음이 상하는가? 자존심이 상할 때, 무시당할 때, 괴로움을 당할 때, 돈이 없을 때, 몸이 아플 때, 일이 잘 풀리지 않을 때, 비방당할 때, 사고를 당했을 때, 실연당했을 때, 명예퇴직을 당했을 때, 자녀가 입시에서 낙방했을 때, 사업이 풀리지 않을 때, 가까운 사람이 사망했을 때 등이다. 이럴 때 우리는 압박, 좌절, 분노, 근심, 걱정, 낙심, 우울, 실망감, 혐오감, 무력감, 비교 의식, 피곤, 자존감 상실, 부끄러운 감정 등에 사로잡힌다. 이럴 때 우리에게 필요한 교훈이 시편 42편과 43편에 나온다.

150편의 시로 구성된 시편은 총 5권으로 나뉜다. 그중 제2권(시편 42-72편)은 "고라 자손의 마스길"이라는 시로 시작한다. '마스길'은 '교훈'이라는 의미다. 비록 개인 탄식시이기는 하지만 이 시 안에는 좌절한 자에게 주는 시인의 영적 교훈이 담겨 있다. 다윗 시절, 아삽과 고라는 성전 찬양대의 지휘를 맡은 인물들이다. 그들의 영향력 아래 아삽의 이름으로 12개의 시, 고라의 이름으로 시 10개가 작시되어 봉헌되다가 시편에 수록되었다. 시편 42편과 43편은 본래 하나의 시였다가 분리된 것으로 보인다. 내용과 후렴에서 유사성을 보이기 때문이다. 아마도 활용의 편의를 위해 분리한 듯하다.

이 장에서 마틴 로이드 존스의 《영적 침체》(복있는사람, 2014)의 핵심 논지를 나눈다. 이 책에는 로이드 존스의 설교 21편이 수록되어 있는데, 영적 침체를 겪는 신앙인들을 위로하고 지도하기 위한 설교들이다.

우울증에 시달리는 그리스도인

시편 42편과 43편에서 우리는 인간이 흔히 빠지기 쉬운 어둠을 생각하게 된다. 시인은 정직하게 자기 내면을 보여 주고 있다. 환경과 사람을 바라보며 불안, 좌절, 낙심을 느끼는 시인은 이렇게 하소연한다. "어찌하여 나를 잊으셨나이까?", "어찌하여 나를 버리시나이까?", "내가 어찌하여 원수의 압제로 슬프게 다니나이까?", "하나님, 도대체 어디에 계십니까?"

로이드 존스는 그리스도인들도 우울해질 수 있다는 점을 인정하라고 말한다. 고난당하는 것을 이상하게 여기지 말라는 것이다. 성경에 나오는 인물 중에도 우울과 좌절을 겪은 이들이 많다. 대표적인 이가 모세다. 출애굽해 광야에 거하던 백성들은 만나가 맛이 없다고 불평하면서 고기를 달라고 했다. 200만 명으로 추산되는 거대한 이스라엘 백성에게 광야에서 어떻게 고기를 공급해 줄 것인가? 부르심에 순종한 모세였지만, 그 순간 그는 크게 좌절하고 낙심했다. 그래서 하나님께 하소연하면서 우울해했다.

"어찌하여 주께서 종을 괴롭게 하시나이까 어찌하여 내게 주의 목전에서 은혜를 입게 아니하시고 이 모든 백성을 내게 맡기사 내가 그 짐을 지게 하시나이까 이 모든 백성을 내가 배었나이까 내가 그들을 낳았나이까 어찌 주께서 내게 양육하는 아버지가 젖 먹는 아이를 품듯 그들을 품에 품고 주께서 그들의 열조에게 맹세하신 땅으로 가라 하시나이까 이 모든 백성에게 줄 고기를 내가 어디서 얻으리이까 그들이 나를 향하여 울며 이르되 우리에게 고기를 주어 먹게 하라 하온즉 책임이 심히 중하여 나 혼자는 이 모든 백성을 감당할 수 없나이다 주께서 내게 이같이 행하실진대 구하옵나니 내게 은혜를 베푸사 즉시 나를 죽여 내가 고난당함을 내가 보지 않게 하옵소서"(민 11:11-15).

갈멜산 전투로 바알과 아세라 선지자를 대량으로 처단했지만, 이세벨 왕비의 서슬 퍼런 위협 앞에 낙심하고 자포자기한 엘리야도 그랬다. "자기 자신은 광야로 들어가 하룻길쯤 가서 한 로뎀 나무 아래에 앉아서 자기가 죽기를 원하여 이르되 여호와여 넉넉하오니 지금 내 생명을 거두시옵소서 나는 내 조상들보다 낫지 못하니이다 하고"(왕상 19:4). 당대에 온전하고 정직하고 하나님을 경외하고 악에서 떠난 의인이었지만 하나님의 시험을 당해 자기 생일까지 저주하며 죽기를 자청한 욥도 있다. "어찌하여 고난당하는 자에게 빛을 주셨으며 마음이 아픈 자에게 생명을 주셨는고 이러한 자는 죽기를 바라도 오지 아니하니"(욥 3:20-21). 하나님의 마음에 합한 자라는 다윗도 "어찌 나를 버리셨나이까"(시 22:1), "내가 낮에도 부르 짖고 밤에도 잠잠하지 아니하오나 응답하지 아니하시나이다"(시 22:2)라고 탄식했다.

그렇다면 이런 우울증의 원인은 무엇인가?

첫 번째로, 사람의 기질과 연관이 있을 수 있다. 내성적인 사람, 예민한 사람은 상대적으로 우울감에 빠지기 쉽다. 따라서 자기 체질과 기질을 알고 하나님의 전신 갑주로 무장하는 것이 지혜롭다.

두 번째로, 육체적 상태도 관계가 있다. 육체적으로 질병, 약함, 피곤, 과로, 긴장과 스트레스가 넘칠 때 우울증에 빠진다. 예수님이 주신 온전한 구원은 영·혼·육 모두의 구원을 의미한다. 마귀는 육체적 약함을 영적 약함으로 이끌어 간다. 그래서 식이, 섭생, 운동 등으로 하나님이 주신 육체를 잘 관리해야 한다. 물론 마귀가 우리의 구원을 빼앗아 갈 수는 없다. 하지만 성도에게서 구원의 기쁨을 강탈하거나 우울하게 만들 수는 있다. 마귀의 궤계에 빠지면 안 된다. 늘 깨어 경계해야 한다.

세 번째로, 불신앙 때문이다. 우상 숭배가 판을 치고 여호와께 적대적인 환경에서 사역할 때 엘리야는 항상 여호와의 말씀을 따라 사역했다. 하지만 이세벨이 자기를 죽이려 한다는 전갈을 받았을 때는 하나님께 묻지 않았다. "그가 이 형편을 보고 일어나 자기의 생명을 위해 도망하여 유다에 속한 브엘세바에 이르러 자기의 사환을 그곳에 머물게 하고"(왕상 19:3). '하나님 말씀'에 기초한 행동이 아니라 "형편을 보고" 행동한 것이다. 그래서 엘리야는 좌절했다. 여호와를 위해 싸우는 투사가 자기 혼자라며 서글퍼했다(왕상 19:10, 14). 하지만 그것은 착각이었다. 하나님은 엘리야 외에도 바알에게 무릎을 꿇지 아니하고 바알에게 입 맞추지 아니한 사람을 7천 명이나 남겨 두셨다(왕상 19:18). 위대한 엘리야 선지자조차도 환경에 마음을 빼앗기자 이렇게 속절없이 무너졌다.

L

또한 과거에 대한 병적인 집착도 우울증에 빠지게 하는 원인이 될 수 있다. 이는 어리석은 짓이다. 아무리 노력해도 바꿀 수 없는 과거에 연연하는 것은 시간과 에너지의 낭비일 뿐이다. 미래에 대한 두려움도 마찬가지다. 예수님은 "내일 일을 위하여 염려하지 말라"(마 6:34)고 하셨다. 베드로도 "너희 염려를 다 주께 맡기라 이는 그가 너희를 돌보심이라"(벧전 5:7)라고 했다. 과거나 미래가 현재에 악영향을 미치게 해서는 안 된다.

가장 먼저는 하나님께 맡겨야 한다. 거기에 더해 건전한 자아상을 확립하고, 소속감, 자긍심, 자신감을 갖는다면 우울증을 예방할 수 있다. 우울증이 무서운 이유는 그것이 영적 침체(spiritual depression)로 이어질 수 있기 때문이다.

영적 침체에서 벗어나는 길

시편 42편 서두에서 시인은 엄청난 내적 갈급함을 표출한다. "하나님이여 사슴이 시냇물을 찾기에 갈급함같이 내 영혼이 주를 찾기에 갈급하니이다 내 영혼이 하나님 곧 살아 계시는 하나님을 갈망하나니 내가 어느 때에 나아가서 하나님의 얼굴을 뵈올까"(시 42:1-2). '갈급하다'의 원어인 히브리어 '아락'은 단순한 목마름이 아니다. 목마름 때문에 숨을 헐떡이며 울부짖는 모습이다.

세상 사람들은 물질, 명예, 권력, 인기, 아름다움, 건강 등에 목말라한다. 하지만 이런 것들로는 우리의 목마름을 해소할 수 없다. 마치 바닷물처럼 들이킬수록 더욱 목이 마르게 된다. 살다 보면 뚜렷한 이유 없이 영적으로 메마른 시기가 찾아온다. 이는 하나님을 찾으라는 영혼의 경고등이다. 하나님만이 우리의 영적 갈증을 영원히 해갈시킬 생수의 근원이시기 때문이다. 다행히 시인은 영적 갈증 상태에서 생수의 근원 되신 하나님을 찾고 또 찾는다. 그런데 많은 사람이 시인처럼 하지 못하고 도리어 주저앉아 버린다.

영적으로 침체했다면 가장 먼저 그 원인을 찾아야 한다. 사탄은 기질적 우울증을 영적인 침체로, 정서적 메마름을 하나님에 대한 영적 메마름으로 바꾸려 한다. 우울증 자체는 죄가 아니지만, 그 원인을 찾는 것이 중요하다. 마치 질병의 증세를 보고 잘 진단해 병의 원인을 치료하는 것과 같다. 영적 침체는 죄의식, 불순종, 범죄 때문에도 일어난다. 이런 것들은 십자가의 은혜로 저 바다 깊이 가라앉히고 다시는 돌아보지 말아야 한다. 그 바닷가에서 낚시질도 하지 말고, 다시 찾으려 잠수하지도 말아야 한다.

시인은 영적으로 침체했을 때 나타나는 여러 증상을 다음과 같이 묘사한다. "내 눈물이 주야로 내 음식이 되었도다"(시 42:3)는 식욕 감퇴, 의욕 상실, 불면, 우울증을 묘사하고, "요단 땅과 헤르몬과 미살산"(시 42:6)은 정처 없이 떠돌며 요동치는 삶을 표현하며, "깊은 바다가 서로 부르며", "모든 파도와 물결이 나를 휩쓸었나이다"(시 42:7)는 인생의 혼란 상태로서 우리를 죽음, 공포, 위험으로 몰아간다.

영적 침체에서 벗어나는 길은 기억하는 것이다(시 42:6). 하나님께 찬양하던 것, 하나님의 은혜에 기뻐하던 것, 하나님이 어려움 가운데 도우셨던 것들을 기억하는 것이다. 과거의 기쁨으로 현재의 좌절을 무력화시켜야 한다. 시인은 자기 내면의 갈등을 숨기지 않는다. 그런 자신의 영혼에게 말을 건넨다. "네가 어찌하여 낙심하며 어찌하여 내 속에서 불안해하는가"라고 책망하며 "너는 하나님께 소망을 두라"고 권면한다(시 42:5, 11, 43:5). 이 명령은 곧 자기 결심이다. 왜 세 번이나 반복해서 말하는가? 그만큼 쉽지 않다는 뜻이다. 그래도 내 영혼을 설득할 때까지 계속해야 한다. 명령하는 기도, 다시 말해 왕의 기도, 선포하는 기도를 하라.

여기서 영적 침체에서 벗어날 수 있는 기도의 원리 한 가지를 발견할 수 있다. 자신의 마음을 하나님께 토로하는 것이다. 후회하지(regret) 말고 회개하라(repent). 망각하지(forget) 말고 용서하라(forgive). 영적 승리의 비결은 '죄를 지은 시간'과 '회개하는 시간' 사이의 공백을 최소화하는 것이다. 공백이 길어지면 죄가 내면에 진지를 구축한다. 하나님 앞에 솔직하게 감정을 드러내고, 낙심하지 말고, 꾸준히 기도하라. 그 어떤 어려움 가운데서도 하나님만을 소망하라.

영적 침체에서 벗어나기 위한 기도

이제 로이드 존스는 우리가 영적 침체를 극복하기 위해 기도할 때 유의해야 할 점 네 가지를 제시한다.

이 모든 것이 하나님의 훈련 계획일 수 있다

베드로는 이렇게 말했다. "너희가 이제 여러 가지 시험으로 말미암아 잠깐 근심하게 되지 않을 수 없으나 오히려 크게 기뻐하는도다 너희 믿음의 확실함은 불로 연단하여도 없어질 금보다 더 귀하여 예수 그리스도께서 나타나실 때에 칭찬과 영광과 존귀를 얻게 할 것이니라"(벧전 1:6-7). 영원히 지속되는 고난은 없다. 모든 것은 다 지나가는 과정일 뿐이다.

반면, 하나님의 모든 섭리에는 분명한 목적이 있다. 인간에게 아직 '하나님의 목적'이 드러나지 않은 '시간'이 존재한다. 아브라함이 이삭을 바치기 위해 모리아산으로 가던 사흘의 시간이 그러했다. '뭐가 뭔지 모르는 터널을 지나는 어둠의 시간'이 우리에게는 존재한다. 그래도 하나님의 선하신 섭리를 믿고 의지해야 한다.

아브라함이 오르는 모리아산 저쪽 편 보이지 않는 곳에는 이삭을 대신할 양이 오르고 있다. 우리는 아직 결말을 알지 못하지만, 그 끝은 선한 것임을 믿어야 한다. 요셉을 보라. 그는 수없이 많은 난관을 겪었지만, 마지막이 좋으면 모든 것이 아름답다. 고난도 아름다운 추억이 된다. 하나님은 결과보다 우리의 영적 성장과 성숙을 더 중요하게 여기신다.

자신에게 올바른 말을 하라

우리는 늘 자기 자신과 대화한다. 문제는 우리 자신이 우리에게 말하게 하는 대신, 우리가 우리 자신에게 말해야 한다는 것이다. 인생의 불행은 자신에게 말하는 대신 자기 말을 들음으로 초래된다. '나는 불쌍하다', '죽을 것 같다', '망했다', '희망이 없다', '미치겠다', '자살하겠다' 등 스멀스멀 올라오는 소리를 듣고 있노라면 영락없이 영적 침체에 빠진다. 따라서 우리는 매 순간 진리의 말씀에 입각해서 우리가 먼저 우리 자신에게 말을 걸어야 한다.

마음은 전쟁터다. "모든 지킬 만한 것 중에 더욱 네 마음을 지키라 생명의 근원이 이에서 남이니라"(잠 4:23). 사탄의 목표는 우리 마음에 자신의 요새를 만드는 것이다. 코넬 대학교 교정 캠퍼스의 계곡을 건너는 다리에는 다음과 같은 문구가 쓰여 있다. "You are being lied to"("당신은 지금 속고 있다"). 학업의 스트레스를 이기지 못한 학생들이 순간적인 생각으로 자살을 택하는 장소이기 때문이다.

우리 마음은 날뛰는 야생마처럼 과거 일도 부정적으로 채색하고, 미래도 어둡게 그려 낸다. 영적인 삶에서 중요한 것은 자신을 올바르게 다루는 것이다. 이를 위해서는 먼저 자신의 영혼에게 올바른 말을 건네야 한다. "자아야, 잠깐 조용히 하라. 내가 먼저 잠깐 말하겠다." 시인이 바로 이런 모습을 보여 주었다. "내 영혼아 네가 어찌하여 낙심하며 어찌하여 내 속에서 불안해하는가 너는 하나님께 소망을 두라"(시 42:5).

하나님께 소망을 두고 하나님께 시선을 고정하면 모든 문제가 해결된다. 데보라 스미스 피게(Deborah Smith Pegues)의 《절대 자신감》(생명의말씀사, 2009)에 다음과 같은 이야기가 나온다. 어떤 밴드 부원들이 행진하고 있을 때 스미스라는 학생이 유독 다른 부원들과 발을 맞추지 못했다. 양옆에 선 부원들과 발을 맞추어 보려 했으나 번번이 실패했다. 그 모습을 지켜보던 선생님이 말했다. "스미스, 왼쪽이나 오른쪽을 보지 마라. 밴드 리더만 바라봐! 모두가 리더의 발에 맞추면 서로 발이 맞을 거야!"

우리 인생의 리더가 되시는 하나님께 시선을 고정하지 못할 때, 우리는 세상에 눈과 귀를 빼앗기기 쉽다. 그러면 모든 것이 어그러지고 무질서해진다. 하나님을 바라봐야 한다. 하나님의 북소리에 발을 맞추어야 한다. "왼발, 왼발, 왼발!" 하나님께는 더 많이, 그리고 사람에게는 더 적게 기대하라. 평안한 삶을 원한다면 당신의 기대를 하나님께 집중해야 한다. "나의 영혼아 잠잠히 하나님만 바라라 무릇 나의 소망이 그로부터 나오는도다"(시 62:5).

내 속사람이 엉뚱한 일을 벌이면 "정신 차려, 이 사람아!" 하며 자신을 꾸짖어야 한다. 거룩한 중심을 잡아야 한다. 자아가 나를 지배하도록 허락하면 항상 지배를 받게 된다. 마귀는 나를 침체시키기 위해 내 자아를 이용한다. 대표적인 것이 감정이다. 그런데 감정은 변화무쌍한 것이기에, 의지가 감정을 지배해야 한다. 감정에 따라 살지 말고 성령을 따라 살아가라. 무엇보다 마음의 지성소에 하나님을 모셔야 한다. 하나님을 손님이 아니라 주님으로 모셔라. 당장의 문제에서 눈을 들어 하나님을 바라보라.

탄식과 한숨을 기도로 바꾸라

시편 42편과 43편은 탄식시이면서 동시에 기도다. 탄식만 하지 말고 기도해야 한다. 염려하지 말고 기도해야 한다. 시인은 이렇게 말한다. "하나님이여 나를 판단하시되 경건하지 아니한 나라에 대하여 내 송사를 변호하시며 간사하고 불의한 자에게서 나를 건지소서"(시 43:1). 시인은 하나님의 판단을 받겠노라고 선언한다. 경건하지 아니한 나라에 대한 송사에서 자신을 변호해 달라고, 간사하고 불의한 자에게서 건져 달라고 호소한다. 또한 그는 "주의 빛과 주의 진리를 보내시어 나를 인도하시고 주의 거룩한 산과 주께서 계시는 곳에 이르게 하소서"(시 43:3)라고 말한다.

3절은 1절에 비해서 상황이 호전되었음을 알 수 있다. 기도하면 상황이 변한다. 점점 좋게 변한다. 역전의 은총이 있게 된다. 패자 부활전이 펼쳐질 수 있다. 따라서 눈물만 짓지 말고 하나님께 나아가 기도해야 한다. 기도는 변화의 원동력이다.

의지적으로 하나님께 감사와 찬송을 드려라

시인은 이렇게 결단한다. "그가 나타나 도우심으로 말미암아 내가 여전히 찬송하리로다"(시 42:5, 11, 43:5). "그런즉 내가 하나님의 제단에 나아가 나의 큰 기쁨의 하나님께 이르리이다 하나님이여 나의 하나님이여 내가 수금으로 주를 찬양하리이다"(시 43:4). 시인은 다니엘의 세 친구처럼 '그럼에도 불구하고' 찬송하려 한다. 아직 문제가 해결되지 않았지만 감사와 찬양으로 하나님께 서원하는 것이다.

선제적인 감사와 찬양은 환경을 변화시키는 강력한 힘이 있다. 사도행전 16장에서 바울과 실라는 빌립보 감옥에 수감되었다. 하지만 한밤중에 그들이 하나님께 기도하고 찬양했을 때 상황이 변화되었다. '밤중의 찬송'은 빌립보 감옥 문을 열고, 옥 터를 흔들고, 사람들의 마음을 흔들었다. 감옥이 현실의 전부가 아니었다. 천국이 감옥보다 먼저 있었고, 감옥이 사라진 후에도 천국은 영원히 있을 것이다. 천국이 현실이 된다. 바울과 실라는 찬송으로 감옥에 천국을 끌어들였다.

L

이렇듯 영적 침체를 극복하기 위해서는 먼저 내부 요인과 외부 요인을 파악해야 한다. 하지만 더 중요한 것은 하나님을 바라보면서 소망을 품고, 믿음으로 나아가 기도하는 일이다. 상황과 환경에 매여 있으면 결코 영적 침체에서 벗어날 수 없다. 하나님을 향한 믿음을 견고히 해야 한다. 그리하면 하나님을 의지하는 믿음과 하나님의 권능에 의해 모든 문제가 사라질 것이다.

풍랑 이는 호수에서 베드로가 한 일을 생각해 보라(마 14:22-33). 베드로는 풍랑이 아닌 주님을 바라보고 있었다. 배 밖으로 나가기 전, 이미 베드로에게는 파도가 문제가 되지 않았다. 하지만 베드로가 물 위를 걸으면서 환경과 상황을 바라봤을 때 그의 믿음이 약해졌다. 그러자 바로 물에 빠지고 말았다. 물결이 변한 것이 아니라 그의 믿음이 흔들린 것이다.

믿음이 약해지면 이미 해결된 문제로 다시 돌아가게 된다. 그래서 주님을 보는 대신 파도를 보고 문제로 빠져드는 것이다. 이렇게 외쳐라. "나는 너를 이미 처리하였다." 환경의 지배를 받지 말고 상황의 주인이 되라. 환경은 항상 변한다. 조건은 일시적이다. 거기에 당신의 마음을 매달지 말라. 파도는 항상 거기에 있었다. 그래도 주님을 바라보는 당신은 파도 위를 걷고 있다.

33

부활이 소망이다 | 존 스토트

고린도전서 15:3-8

예수 그리스도의 부활 사건

S 부활장으로 알려진 고린도전서 15장을 보면, 바울은 1-34절에서는 부활의 사실 증명을, 35-38절에서는 부활의 본질을 이야기한다. 부활은 인류에게 무척 중요한 문제다. 인류가 해결할 수 없는 두 가지 궁극적인 문제가 있는데, 바로 죄와 사망이다. "오호라 나는 곤고한 사람이로다 이 사망의 몸에서 누가 나를 건져 내랴"(롬 7:24). 인류는 두 문제를 해결하기 위해 종교, 철학, 의학, 과학, 윤리, 문학 등을 발전시켜 왔지만 모두 무용지물이었다.

그런데 이런 인류에게 구원이 내려왔다. 그것은 예수님이셨다. 예수님이 십자가를 지고 나를 대신해서 죽으심으로써 내 모든 죄가 용서함을 받게 되었다. 원죄와 자범죄, 과거와 현재와 미래의 죄, 행함의 죄와 행하지 않음의 죄, 내면의 죄와 외면의 죄 등 모든 죄가 용서받게 되었다. 양심을 짓누르듯 죄책에서 벗어나고 죄벌도 면제되었다. 도리어 예수님의 의를 전가받아 의롭다 함도 얻게 되었다.

그뿐이 아니다. 예수님이 죽은 자 가운데서 다시 살아나심으로 죽음의 문제도 해결되었다. 우리도 이제 예수님을 따라 마지막 날에 부활의 몸을 입고 다시 살아날 것이다. "사망아 너의 승리가 어디 있느냐 사망아 네가 쏘는 것이 어디 있느냐"(고전 15:55). 이 기쁜 복음의 소식은 그리스도인이 창안해 낸 것이 아니라 구약 시대부터 성경에 기록되고 예언된 것이다. 바울은 15장에서 "성경대로"라는 표현을 계속해서 사용한다. 예수님은 "성경대로" 우리 죄를 위하여 죽으셨고, "성경대로" 사흘 만에 다시 살아나셨다(고전 15:3-4).

예수님의 부활을 증명해 줄 다수의 증인도 존재한다. 바울은 현존하는 목격자들의 일람을 제시한다(고전 15:5-8). 게바(베드로), 열두 제자, 오백여 형제, 야고보, 모든 사도, 마지막에 만삭되지 못하여 난 자 같은 바울 자신이 그 증인들이다.

몸의 부활은 인류의 구원을 계획하신 하나님의 섭리에 이미 포함되어 있었다. 마틴 로이드 존스(Martyn Lloyd-Jones)는 부활에 대해 "기독교의 구원은 몸으로부터 벗어나는 것이 아니라 몸이 구속되는 것이다. 아담과 하와가 범죄했을 때 죄의 결과는 그들의 영과 혼과 몸에 영향을 끼쳤다. 그들이 타락했을 때, 몸을 포함한 모든 부분이 타락했다. 따라서 그들이 온전해지기 위해서는 영과 혼뿐만 아니라 몸까지도 포함하는 구원이 필요한 것이다. 우리는 이미 영적으로 거듭났다. 그리고 이제 머지않아 신체적, 물질적, 육체적으로 다시 살아날 것이다"라고 설명한다. "만일 죽은 자의 부활이 없으면 그리스도도 다시 살아나지 못하셨으리라"(고전 15:13).

또한 부활은 객관적이고 역사적인 사실이다. 로마의 총독 본디오 빌라도가 사형을 명했고, 그 명령에 따라 예수님은 죽으셨다. 하지만 사흘 만에 예수님은 부활하셨고, 그분이 묻히셨던 무덤은 비어 있었다. 부활은 환상이나 신앙적인 사건이 아니다. 실제적이고 육체적인 사건이다. 로마의 공권력과 이스라엘의 산헤드린과 연관된 엄중하고 실체적인 사건이다.

또한 부활은 몸의 변화다. 바울은 부활을 설명하고자 식물의 비유를 든다. 씨앗을 심으면 씨앗이 먼저 죽고 그 뒤에 나무가 나타난다. 씨앗을 통해 전혀 기대하거나 예상할 수 없었던 식물이 나타나는 것을 보면 부활도 추론할 수 있다. 그뿐이랴! 달걀에서 닭이 나오는 것을 누가 기대할 수 있는가! 우리는 또한 누에가 누에고치를 거쳐 나방으로 환골탈태하는 것을 알고 있다. 자연계의 이런 모습처럼, 하나님은 우리가 완전히 새로운 몸으로 부활하도록 계획하셨다.

예수님의 부활체는 나사렛 예수로 공생애를 사시던 때와는 다른 몸이다. 그것은 신령한 몸, 영의 몸, 하늘에 속한 형체였다. 부활 후 예수님은 변화된 영광스러운 몸을 입고 계셨다. 그러나 부활 이전과 이후에 동일한 정체성을 지니신 동일한 분이시다. 다시 살아나는 동시에 영광스럽게 변화되셨다.

20세기 최고의 설교가, 존 스토트

영국 런던 출신의 존 스토트(John Stott)는 어릴 적 첼로에 관심과 소질을 보였고, 중고등학생 때는 럭비 스쿨에 진학했는데, 그 학교 선생님에게 신앙 지도를 받았다. 한번은 선생님이 학생들에게 예수님에 대해 소개한 뒤 이런 도전적인 질문을 했다. "빌라도가 예수님을 백성 앞에 세우고 '이 예수를 어떻게 하랴?'라고 했다. 많은 사람은 예수님을 십자가에 못 박으라고 소리쳤다. 여러분이라면 이 예수님을 어떻게 하겠는가?"

집에 돌아와서도 스토트는 질문에 대해 고민에 잠겼다. '나는 예수님을 어떻게 할 것인가?' 그러던 중 "볼지어다 내가 문밖에 서서 두드리노니 누구든지 내 음성을 듣고 문을 열면 내가 그에게로 들어가 그와 더불어 먹고 그는 나와 더불어 먹으리라"(계 3:20)라는 말씀이 생각났고, 이것이 계기가 되어 스토트는 십대 중반에 예수님을 영접하게 된다. 그 후 스토트는 럭비 경기장에서 예배당에서처럼 그리스도의 임재를 경험하기도 했다.

스토트의 아버지는 대단한 사람이었다. 왕실 주치의, 군의관 소장, 웨스트민스터 병원 이사장인 그는 아들이 외교관이 되기를 원했다. 하지만 예수님께 생애를 바치기로 결심한 스토트는 아버지의 반대에도 불구하고 성직자가 되기 위해 케임브리지 대학에 진학했고 올소울즈(All Souls) 교회에서 시무를 시작했다. 이 교회는 수상의 조언을 받아 왕실이 목회자를 임명하는 성공회 교회였다. 처음에는 부사역자로 시무를 시작한 스토트는 담임목사가 은퇴한 후 추대를 받아 담임 사역을 맡았고 그 교회 원로로서 50년간 목회했다. 스토트는 "성경적인 설교와 엄숙한 예배를 강조한 보수 성향의 복음주의자"로 평가된다.

부임 후 그의 첫 번째 설교는 사도행전 2장 42절, "그들이 사도의 가르침을 받아 서로 교제하고 떡을 떼며 오로지 기도하기를 힘쓰니라"라는 말씀을 본문으로 한 설교였다. 그는 성경 연구와 교제, 예배와 기도를 중심으로 목회했고, 모범이 되는 교회의 모습을 추구했다. 로이드 존스는 22살 차이가 나는 스토트에게 자신이 은퇴하면 자신의 후임이 되어 달라고 부탁했다고 한다. 스토트의 취미는 새를 관찰하는 것이었고, 남극과 북극으로 탐험을 떠날 정도로 자연에 대한 관심도 높았다. 그는 20세기 최고의 설교가이면서 복음주의자였다.

스토트 하면 로잔 대회가 연상된다. 그는 미국의 빌리 그레이엄(Billy Graham)과 함께 1974년 스위스 로잔에서 '세계 복음화를 위한 국제 대회'인 로잔 대회를 열었다. 150개국에서 2,500명이 참석했고, 참관인이 1,300명인 큰 대회였다. 로잔 대회의 모토는 "온 세상이 그분의 목소리를 듣게 하자"였다. 스토트는 이 대회를 통해 복음 전도와 사회 참여의 균형을 추구하고자 했다. 일반적으로 복음주의의 약점이라 생각되는 사회적 책임을 증진하기 위함이었다. 이 대회에서 '로잔 언약'이 체결되었다.

그레이엄이 복음주의를 대표하는 전도자였다면, 스토트는 복음주의를 대표하는 신학자였다. 로잔 대회 50주년이 되는 2024년 9월 22일부터 28일까지 서울-인천에서 제4차 로잔 대회가 "교회여, 함께 그리스도를 선포하고 나타내자"라는 주제로 열린다. 222개국 5천 명의 현장 참가자, 그리고 온라인 참가자와 자원봉사자들이 함께 모인다.

스토트는 런던현대기독교연구소 소장을 역임했으며, 저서로는《기독교의 기본 진리》(생명의말씀사, 2015),《현대 사회 문제와 그리스도인의 책임》(IVP, 2011),《제자도》(IVP, 2010),《존 스토트의 동성애 논쟁》(홍성사, 2006),《그리스도의 십자가》(IVP, 2007),《비교할 수 없는 그리스도》(IVP, 2020),《시대를 사는 그리스도인》(IVP, 2021) 등이 있다. 그는 왕실 특별 사제를 역임했고, 대영제국 훈장 수훈자였으며, 〈타임〉 지 선정 세상에서 가장 영향력 있는 100인에 들었다. 스토트는 평생 독신으로 살면서 사역을 했고 90세에 게오르크 프리드리히 헨델(George Friderich Handel)의 "메시아"를 들으며 소천했다.

스토트가 목회한 올소울즈 교회와 관련해 재미있는 일화가 있다. 올소울즈 교회에는 리처드 웨스톨(Richard Westall)이 1824년 조지 4세(George IV)에게 헌정한 "이 사람을 보라"(Ecce Homo)라는 그림이 걸려 있다. 한번은 스토트가 교회를 방문한 마더 테레사(Teresa)에게 그 그림을 보여 주었는데, 테레사가 이렇게 말했다고 한다. "아름다운 그림이네요. 그런데 예수님의 손이 묶여 있네요. 우리도 늘 예수님의 손에 이런 짓을 저지르지 않나요?"

《시대를 사는 그리스도인》

스토트는 자신의 책《시대를 사는 그리스도인》(IVP, 2016)에서 예수님의 부활의 중요성을 강조했다. 스토트에 따르면, 예수님의 부활은 우리 인류에게 엄청난 은혜와 유익을 가져왔다. 오직 예수님만이 사망을 정복하셨고 사망의 권세를 빼앗으셨다. 부활은 사망을 이기는 권능이었다. 부활은 초

S

대 교회의 케리그마에 속한다. 초기 신자들은 예수님이 죽음에서 부활하셨다는 소식을 '복음'으로 전파했다. 그 참된 의미는 나중에서야 온전히 깨닫게 되었지만 말이다(행 2:23-24, 32, 3:13-15, 5:30-32; 고전 15:3-8).

예수님은 요한계시록에서 자신을 죽음에서 부활한 자로 소개하신다. "곧 살아 있는 자라 내가 전에 죽었었노라 볼지어다 이제 세세토록 살아 있어 사망과 음부의 열쇠를 가졌노니"(계 1:18). 스토트의 설명을 기초로 하여 부활에 대해 살펴보자.

부활이란 무엇을 의미하는가?

첫째, 부활하신 예수님은 단지 남아 있는 영향력이 아니다. 살아 있는 동안 동시대 사람들에게 커다란 감동과 영향을 미친 사람들이 후대에도 기억되는 경우가 있다. 어떤 의미에서 여전히 그들의 영향력이 살아 있는 것이다. 한국인 중에서는 세종대왕, 이순신, 유관순, 안중근 같은 인물이 이에 해당된다. 그래서 오늘날에도 우리는 그들의 업적과 사상을 통해 많은 영향과 감화를 받는다. 하지만 오늘날 그들을 위해서 목숨을 걸 수 있는 사람이 있을까? 그러나 지금도 예수님을 위해 죽음을 감내하는 순교자들이 있다. 예수님의 부활은 단지 영향력만을 의미하지 않는다. 그분은 실제로 살아 계시다. 성경은 "그가 살아 계시다"라고만 하지 않고 "그는 죽었다가 살아나셨다"라고 말한다.

둘째, 부활하신 예수님은 소생한 시체가 아니다. 부활과 소생은 비슷하게 보이지만 결코 동의어가 아니다. 둘은 완전히 다르다. 소생의 예는 성경에 많이 나와 있다. 엘리야는 사렙다 과부의 아이를 소생시켰다. 엘리사도 수넴 여인의 아들을 소생시켰다. 신약에서는 야이로의 딸, 나인성 과부의 아들, 나사로가 모두 소생한 경우다. 하지만 이것은 부활이 아니다. 그렇기 때문에 훗날 다시 죽음의 과정을 밟게 된다. 사람은 누구나 한 번 죽음을 경험하지만, 이들은 두 번이나 죽음을 경험하게 되었다. 그래서 C. S. 루이스(C. S. Lewis)는 나사로에 대해 "되살아났다가 다시 죽음의 절차를 밟는 것은 다소 어려운 일이었다"라고 했다.

예수님은 졸도나 혼수 상태에서 회복되신 것이 아니다. 그분은 사흘 동안 죽어 있었다. 완전한 죽음이다. 그리고 다시 살아나셨다. 부활의 특징은 다시는 죽을 수 없다는 것이다. 예수님은 다시 죽을 수 없다. 우리도 부활 후에는 다시 죽을 수 없다. 죽음이 지배할 수 없다. 예수님은 새로운 실존으로 부활하셔서 더 이상 죽지 않고 '세세토록 살아' 계신다.

셋째, 부활하신 예수님은 제자들의 체험 속에 되살아난 신앙이 아니다. 스승, 배우자, 자녀 등을 극진히 사랑하면 그가 세상을 떠난 뒤에도 우리 기억 속에서 그들의 존재가 재현되고, 마치 살아 있는 듯 느껴질 때가 있다. 하지만 예수님의 부활은 스승을 그리워하는 제자들의 추억을 승화시킨 것이 아니다.

독일 신학자 루돌프 불트만(Rudolf Bultmann)은 예수님의 부활이 역사적 사건이 아니라 예수님의 교훈과 감화를 구현하기 위해 신화화된 것으로 보았다. 그래서 신학자의 임무를, 성경을 비신화화하는 것이라고 주장했다. 부활은 하나님의 사건이 아닌, 제자들의 주관적인 신앙고백이라는 것이다.

하지만 이는 선후관계와 인과관계를 오해한 것이다. 제자들에게 부활 신앙이 있기 이전에 부활 사건이 있었다. 제자들의 부활 신앙이 예수님의 부활 사건을 만들어 낸 것이 아니라 예수님의 부활 사건을 목격한 제자들이 부활 신앙을 갖게 되었다. 제자들 누구도 처음에는 예수님의 부활을 기대하지 못했다. 예수님의 십자가 앞에서 두려움으로 도망갔던 제자들의 모습이 그 증거다. 하지만 부활하신 예수님을 만난 뒤의 제자들은 확고한 부활 신앙을 가지고 부활의 복음을 목숨 걸고 전파했다. 막달라 마리아, 베드로, 요한, 도마, 엠마오 제자 등이 신앙을 갖게 되는 과정을 보라. 한마디로 부활 사건이 부활 신앙을 가져다주었다.

부활의 증거

예수님의 부활의 증거는 많이 있다. 우선 예수님의 시신이 사라졌다. 무덤은 있지만 빈 무덤이다. 그리고 후에 예수님이 다시 나타나셨다. 그것도 40일 동안 제자들에게 나타나 자신의 모습을 보이셨다.

이후 예수 그리스도를 주로 고백하는 교회들이 출현했다는 것도 부활의 중요한 증거다. 만약 예수님이 부활하지 않으셨다면 실패자로 죽은 예수를 위해 왜 사람들이 모여 교회를 세우고 사역하고, 더 나아가 자신의 목숨을 그분의 이름의 영예에 걸었겠는가? 도망갔던 사람들이 다시 모여 이전보다 더 큰 무리를 이루었다. 온갖 핍박과 방해 속에서도 예루살렘과 온 유대와 사마리아와 땅 끝까지 이르러 부활의 증인이 되었다. 그리하여 오늘에 이르기까지 전 세계를 복음화하고자 노력하고 있다.

무엇보다 예수 부활의 가장 큰 증거는 제자들의 변화에서 찾아볼 수 있다. 제자들의 삶이 극적으로 변화되었다. 어린 여자 종 앞에서도 두려워 떨던 베드로는 서슬 퍼런 유대교와 산헤드린의 위협 앞에서도 강하고 담대하게 복음을 전파했다. 그리고 마지막에는 로마에서 십자가에 거꾸로 매달려 순교했다. 예수님의 부활을 의심하던 도마도 인도에까지 가서 복음을 전하다 순교했다. 기독교를 박해하던 바울도 다메섹 도상에서 부활하신 예수님을 만나고는 선교사가 되었다. 이런 변화는 과거뿐 아니라 지금도 계속되고 있다. 예수님을 만난 자들은 끊임없이 변화되어 가고 있고 세상을 변화시키는 힘을 발휘하고 있다.

부활이 왜 중요한가?

예수님의 부활은 예수님의 죽음을 정당화하고 그 죽음의 공로를 유효하게 만든다. 예수님은 유대인들의 모함대로 자신의 죄 때문에 처형되신 것이 아니다. 오직 의인으로서 의로운 죽임을 당하신 것이다. 그 목적은 의인으로서 죄인의 죄를 담당하시기 위해서다. 따라서 부활은 십자가의 정당성을 확보하고, 그 죽음이 본래 목적한 바를 성취한 것을 보여 준다. 우리 죄는 사함을 받는다. 그뿐이겠는가? 예수님의 부활은 죽은 자도 살려 내시는 하나님의 무한한 권능을 보여 준다. 하나님은 죽을 우리도 살려 내실 것이다. 우리 몸을 거룩하게 변화시키실 것이다. 예수님의 부활은 우리 부활의 확증이요 보증이다.

마지막으로 예수님의 부활은 궁극적인 승리를 확신하게 한다. 죄와 사망의 권세를 깨뜨리고 최후 승리를 가져다주는 것이 바로 부활이다. 궁극적으로 사랑이 승리한다는 것을 보여 준다. 이제 죄와 죽음의 세력은 무력화되었다.

이처럼 예수님의 부활은 죄를 사해 줌으로 과거를 직면하게 해 주고, 능력을 줌으로써 현재를 직면하게 해 주고, 승리를 보장함으로써 미래를 직면하게 해 준다. 스토트는 부활을 이렇게 묘사한다.

"신성 모독이라는 판결을 받으셨던 예수님은 이제 부활에 의해 하나님의 아들로 명명되었다. 왕이라고 주장했다는 이유로 선동죄를 선고받고 처형당하셨으나 하나님은 그 예수님을 '주님이요, 그리스도'로 만드셨다. 하나님의 저주 아래 나무에 달리셨으나, 예수님이 지신 저주는 그분 자신으로 인한 것이 아니라 우리로 인한 것이었으며, 예수님은 죄인들의 구세주이심이 입증되었다." "죽음을 이기신 예수님의 부활은 그에게 덧씌워진 모함이 모두 거짓이며 자신이 그리스도이심을 하나님이 확증하신 사건이다."

《비교할 수 없는 그리스도》

런던 현대 기독교 연례 강좌에서 행한 강연 내용을 수록한《비교할 수 없는 그리스도》(*The Incomparable Christ*)에서 스토트는 예수님을 다음과 같이 평가하고 있다. 첫째, 예수님은 역사의 중심이시다. 예수님을 통해 인류의 역사는 주전(BC)과 주후(AD)로 나뉜다. 그리고 세계 인구의 3분의 1이 그리스도인일 정도로 인류 역사에 지대한 영향을 미치셨다. 둘째, 예수님은 성경의 중심이시다. "성경이 곧 내게 대하여 증언하는 것이니라"(요 5:39). 예수님을 도외시하고는 성경을 온전하고 타당하게 이해할 수 없다. 셋째, 예수님은 선교의 핵심이시다. 우리가 전할 메시지의 중심은 바로 예수 그리스도이시다.

이 책에서 스토트는 실제 사실을 통해 기독교 교리를 증명하고자 한다. 그는 조니 에릭슨 타다(Joni Eareckson Tada)라는 여성을 소개한다. 수영 선수였던 그녀는 1967년 6월 30일에 다이빙 사고로 목 아래가 모두 마비되었다. 그녀의 마음이 어떠했겠는가? 좌절, 원망, 분노, 자살 충동, 하나님에 대한 반항 등 모든 부정적인 생각이 그녀의 존재를 집어삼켰다. 하지만 그녀는 재활 훈련과 치료 기간을 거치며, 그리고 부모와 친구들의 위로와 격려에 힘입어 슬픔의 블랙홀에서 점점 빠져나올 수 있었다.

그중에서 그녀에게 가장 큰 힘이 된 것은 기독교적인 위로였다. 많은 이들이 그녀에게 예수님도 십자가에서 온몸이 마비되어 죽임을 당하셨지만 사흘 만에 새로운 몸으로 부활하셨고 영원히 영광 중에 사신다는 말과 함께, 이 부활은 모든 믿는 자에게 주어진 하나님의 약속이자 선물이라고 전해 주었다. 이 말을 통해 그녀는 부활의 소망을 가지게 되었다.

용기를 얻은 그녀는 입으로 그림을 그리기 시작했고, 대중 연설가이자 저술가로도 활동하게 되었다. 그리고 "조니와친구들"이라는 단체를 조직해 장애인 후원 사역을 이어 오고 있다. 고통과 절망 속에서 그녀를 견디게 해 준 것은 육체의 부활이라는 기독교의 소망이었다. 그녀는 이렇게 말한다.

"성경은 우리의 몸이 하늘에서 영화롭게 된다고 말한다. 나는 이제 영화롭게 된다는 말이 무슨 의미인지 안다. 그때는 내가 여기에서 죽은 후 내 발로 춤을 출때다." "손가락은 오그라들어 구부러지고, 근육은 쇠약해지고, 무릎은 비틀리고, 어깨 아래로는 아무런 감각이 없는 내가, 언젠가는 가볍고 밝고 강력하고 눈부신 의로 옷 입은 새로운 몸을 가지게 될 것이다. 이것이 나처럼 척추를 다친 사람에게 어떤 소망을 주는지 상상할 수 있는가? 혹은 대뇌가 마비되거나, 뇌 손상을 입었거나, 다중 경화를 가지고 있는 사람에게는? 이것이 조울증 환자에게 주는 소망을 상상해 보라. 다른 어떤 종교도, 다른 어떤 철학도 새로운 몸과 마음, 정신을 약속하지 않는다. 오직 그리스도의 복음 안에서만 상처 입은 사람이 이처럼 놀라운 소망을 발견한다."

몸의 부활이 우리의 소망임을 기억하라

성경을 꼼꼼히 읽어 보면, 하나님이 물질세계를 긍정하고 계신 것을 알게 된다. 하나님은 물질세계를 창조하시고 보기에 좋다고 말씀하셨다. 하나님의 아들 예수님도 육신을 입고 이 땅에 오셨다. 예수님은 죽음 후에 새로운 몸을 입고 부활하셨다. 영과 육을 분리시키고 육을 악하다 말하는 헬라 철학의 이원론과 얼마나 다른가! 우리는 성경의 진리에 귀를 기울여야 한다.

과거에 일어난 예수 그리스도의 부활은 미래에 일어날 우리 몸의 부활과 연관되어 있다. 성경도 그것을 약속하고 있다. "우리의 낮은 몸을 자기 영광의 몸의 형체와 같이 변하게 하시리라"(빌 3:21). "우리가 흙에 속한 자[아담]의 형상을 입은 것같이 또한 하늘에 속한 이[그리스도]의 형상을 입으리라"(고전 15:49). 현재의 몸과 미래의 몸 사이에는 연속성과 불연속성이 있다. 예수님의 부활체는 제자들이 알아볼 수 있을 정도로 이전의 모습과 동일함이 있었지만, 또한 놀라운 권능을 가지고 있었다. 같으면서도 달랐다. 그리스도인의 소망은 영혼의 불멸이 아니라 신령한 몸으로의 부활과 거룩한 변화다.

부활이 없으면 복음서 마지막 장이 없는 정도가 아니라 성경 전체가 없는 것과 같다. 부활 신앙이 없으면 신앙의 일부분을 잃는 것이 아니라 신앙 전체를 잃는 것이다. "나는 부활이요 생명이니 나를 믿는 자는 죽어도 살겠고 무릇 살아서 나를 믿는 자는 영원히 죽지 아니하리니 이것을 네가 믿느냐"(요 11:25-26).

34
흔들리지 않는 제자가 되라 | 존 스토트
로마서 12:2

그리스도인의 존재, 제자

S '그리스도인'을 뜻하는 헬라어 크리스티아노스(Christianos)는 시리아 안디옥에서 처음으로 사용되었다. 당시 사람들은 '그리스도에게 속한 자'라는 의미로 안디옥 교회 성도들을 그렇게 불렀다(행 11:26). 그리고 이 단어는 성경에 총 3회 나타난다 (행 26:28; 벧전 4:16). 하지만 믿는 자를 지칭하는 표현으로 초대 교회가 더 애용한 단어는 '제자'다. 이 어휘는 신약에서만 300회 이상 언급된다. 제자는 예수님과 우리의 관계를 잘 나타내는 말이다. 제자의 상대어는 '스승'이다. 우리는 예수님을 스승으로 삼고 그분의 가르침에 따라 살아가는 존재다.

존 스토트의 《제자도》

《제자도》는 존 스토트(John Stott)의 마지막 책이다. 이 책의 원제는 《The Radical Disciple》로, 번역하면 《급진적 제자도》가 된다. 스토트는 이 책에서 제자의 핵심 자질 여덟 가지를 제시한다. 불순응, 닮음, 성숙, 창조 세계를 돌봄, 단순한 삶, 균형, 의존, 죽음. 이 중 두 번째 자질인 '닮음'은 스토트의 마지막 설교의 주제이기도 하다. 이 장에서는 첫 번째인 '불순응'을 기초로 하여 스토트가 제시한 제자의 핵심 자질에 대해 알아보고자 한다.

불순응(non-conformity)이란 무엇인가? 우리 인간은 성장하면서 사회화 과정을 거치게 된다. 사회, 즉 외부의 기준에 맞추어서 살아가는 법을 배우는 것이다. 그것이 좋은 것이든 나쁜 것이든 관습과 풍조와 사조에 맞춰서 살아가는 법을 익히게 된다. 사회화가 잘된 사람일수록 외부 순응도가 높다. 그런데 제자의 경우에는 이야기가 달라진다. 왜냐하면 기독교 세계관에 따르면, 이 세상은 죄로 인해 하나님으로부터 멀어져 있기 때문이다. "또 아는 것은 우리는 하나님께 속하고 온 세상은 악한 자 안에 처한 것이며"(요일 5:19). "내가 세상에 속하지 아니함같이 그들도 세상에 속하지 아니하였사옵나이다"(요 17:16). 우리는 세상에 살지만 세상에 속해서는 안 된다. 세상에서 하나님의 증인이 되어야 하지만 세상에 오염되지는 말아야 한다. 세상과의 차별화가 이루어져야 한다.

세상에 대한 제자의 입장에는 두 가지 대표적인 전략이 있다. 첫 번째는 도피주의로, 세상이 부정하고 타락했으니 그런 세상을 떠나 사막에 거하는 태도다. 두 번째는 순응주의다. '인생 별것 있는가? 세상의 흐름에 맞춰 살아가면 그만이지. 사서 고생할 것이 무엇인가?' 하면서 세상의 기준과 가치관을 따라 살아가는 태도다.

우리는 양극단 모두를 지양해야 한다. 세상에 살지만, 세상이 아닌 그리스도에 속한 자로서 이 세상의 소금과 빛으로 살아가야 한다. 하나님의 나라를 건설하고 확장하며, 마귀의 일을 멸하며, 세상 문화에 대해 반문화적인 태도로 건전한 기독교 문화를 건설하는 일에 앞장서야 한다. 세상에서 도피해 거룩함을 보존하려 해서도 안 되고, 세상에 순응해 거룩함을 저

버려서도 안 된다. 이런 자세는 이미 구약 시대에 가나안을 향해 진군하는 이스라엘에게 주어진 여호와 하나님의 명령이기도 하다. "너희는 너희가 거주하던 애굽 땅의 풍속을 따르지 말며 내가 너희를 인도할 가나안 땅의 풍속과 규례도 행하지 말고 너희는 내 법도를 따르며 내 규례를 지켜 그대로 행하라 나는 너희의 하나님 여호와이니라"(레 18:3-4).

급진적 제자도에는 철저하게 주변 문화를 따르지 말라는 하나님의 권고가 드러난다. 세상에 불순응하라는 것이다. 세상과는 구별된 다른 가치관, 세계관, 생각을 가지고 살아가라. 라인홀드 니버(Reinhold Niebuhr)는 그리스도인의 문화 변혁과 관련해 '반문화'(counterculture)를 구현하기 위해 '문화에 대항하는 그리스도'(Christ against Culture)를 따르라고 촉구한다. 예수님의 제자가 된 우리는 세상 방식대로 살아서는 안 된다. 옛날 방식대로 살면 안 된다. 옛 사람, 옛 자아로 살면 안 된다. 오직 예수님이 보여 주신 방식대로 살아가야 한다.

바울은 그리스도를 통한 구원의 도리를 설명한 후, 구원받은 자들에게 다음과 같이 살라고 권면한다. "너희는 이 세대를 본받지 말고 오직 마음을 새롭게 함으로 변화를 받아 하나님의 선하시고 기뻐하시고 온전하신 뜻이 무엇인지 분별하도록 하라"(롬 12:2). 바울의 권면처럼 하나님의 뜻을 분별해서 그 뜻대로 순종하며 살아가야 한다. 왜냐하면 하나님의 뜻은 선하시고 기뻐하시고 온전하신 것이기 때문이다. 이를 위해 우리는 무엇을 어떻게 해야 하는가?

바울은 앞선 1절에서 자신을 하나님께 산 제물로 드리라고 말한다. 하나님께 자기 자신을 전적으로 양도하라는 의미다. 그리고 2절에서는 "이 세대를 본받지 말고" 세상에 불순응해 마음을 변화시키고 올바른 가치관과 세계관을 정립하라고 촉구한다. 세상을 따르는 맹목적인 삶이 아니라, 그리스도를 따르는 부름 받은 삶을 살아야 한다. 제자와 관련해 스토트는 다음과 같이 말한다.

> "여론의 세찬 돌풍에 굴복하여 이리저리 흔들리는 갈대가 아니라, 계곡의 바위처럼 흔들리지 않는 존재가 되어야 한다." "물의 흐름을 따라 휩쓸려 가는 물고기가 아니라 물을 거슬러 올라가는 연어처럼 살아야 한다." "세상 문화, 대중문화의 주류까지도 거스르는 존재가 되어야 한다." "주변 환경에 따라 색을 바꾸는 카멜레온이 아니라, 주변 환경에 맞서서 눈에 띄게 두드러지는 존재가 되어야 한다."

고든 맥도날드(Gordon MacDonald)는 자신의 책 《내면세계의 질서와 영적 성장》(IVP, 2018)에서 내면세계의 질서가 잘 잡힌 사람과 그렇지 못한 사람을 성경 속 인물의 예로 설명한다. 내면세계의 질서가 잡혀 있지 않은 인물로 사울왕을 드는데, 그는 명예, 권력, 향락 등을 추구했기에 주변 모든 사람을 경쟁 상대로 여겼다. 그러니 사울은 늘 쫓기며 불안한 삶을 살 수밖에 없었다. 반면에 내면세계의 질서가 잘 균형 잡힌 인물로는 세례 요한을 든다. 그는 분명한 자기 정체성을 가지고 하나님과 그분의 뜻만을 추구하며 살았다. 그래서 자기 사명을 완수할 수 있었고 자신보다 더 탁월하신 예수님의 등장에도 전혀 동요하지 않고 시기심에 빠지지 않았다. "그는 흥하여야 하겠고 나는 쇠하여야 하리라 하니라"(요 3:30).

이런 원리는 사람의 내면에만 적용되는 것이 아니라 삶의 표준에도 적용된다. 우리는 세상 기준과 표준이 아니라 하늘의 기준과 표준을 따라 살아가야 한다.

불순응해야 할 네 가지 풍조

특별히 스토트는 오늘날 급진적 제자가 불순응해야 하는 네 가지 풍조가 있다고 보았다. 그 네 가지는 다음과 같다.

다원주의(Pluralism)

다원주의란 배타주의뿐 아니라 포괄주의 혹은 우월주의와 대립되는 개념으로, 말 그대로 나와 다른 존재를 온전히 인정하는 것이다. 모든 주의와 주장은 타당성이 있으며 동등하게 존중받아야 한다고 보는 입장이다. 특별히 종교다원주의는 구원과 관련해 기독교가 최종적이고 유일하다는 주장을 거부하고, 다른 사람을 개종시키려는 시도를 오만한 것으로 단정한다.

필자가 졸업한 밴더빌트 대학은 자유주의 신학의 본산이었다. 졸업 이후에 오랜만에 학교를 방문해 보니 몇 가지 변화가 눈에 보였다. 그중 하나가 작은 채플 건물에 걸린 간판이었는데, 그 간판에는 "All faith chapel"이라고 적혀 있었다. 과거에는 그리스도인만이 예배를 드리는 공간이었는데, 이제는 개신교, 가톨릭, 유대교, 이슬람교, 힌두교, 불교 등 모든 종교 집회가 허용된다는 의미였다. 높은 산 정상에 오르는 길이 여러 개가 있듯, 진리에 이르는 길도 다양하고 구원에 이르는 길도 여러 개일 수 있다는 종교다원주의의 주장을 대변하는 듯했다. 그런 변화를 보면서 씁쓸함을 감출 수가 없었다.

성경은 어떻게 말하고 있는가? 예수님은 '에고 에이미'라고 자기 선언을 하시면서 "내가 곧 길이요 진리요 생명이니 나로 말미암지 않고는 아버지께로 올 자가 없느니라"(요 14:6)라고 하셨다. 영어로 표현하면 "I am the Way, the Truth, the Life"다. 예수님이 유일한 길이시다. 'a way'가 아니라 'the Way'이시다. 하나님이 인류 구원을 위해 내려 주신 길은 이 길밖에 없다. 구원의 동아줄도 예수밖에 없다.

우리는 예수 그리스도의 유일성, 성육신의 유일성, 속죄의 유일성, 부활의 유일성을 고수해야 한다. 예수님만이 하나님의 독생자이시고, 그분이 참 인간이 되셨고, 그분이 우리 죄를 대신 지고 죽으셨고, 그분이 참으로 죽음에서 부활하셨고, 그분이 승천하셔서 보좌 우편에 앉아 계시고, 그분이 구원과 심판의 주로 오실 것이다.

신자들이여, 다원주의에 현혹되지 말라. 다소 배타적이고 독선적이라는 비판을 받을지라도 이 진리를 지켜 내야 한다. 이 진리를 전하는 선포자와 증인이 되어야 한다.

물질주의(Materialism)

물질주의는 물질의 가치가 그 어떤 가치보다 상위이며, 물질이 모든 가치 판단의 기준이 되는 현상을 말한다. 현대인은 영적 삶이 질식당할 정도로 물질에 사로잡혀 살아간다. 성경은 이를 '맘몬'(mammon) 혹은 '탐심'이라고 표현한다. "그들에게 이르시되 삼가 모든 탐심을 물리치라 사람의 생명이 그 소유의 넉넉한 데 있지 아니하니라 하시고"(눅 12:15). 오죽하면 예수님이 맘몬을 하나님과 최고의 자리를 놓고 경쟁하는 상대로 이야기하셨겠는가(마 6:24; 눅 16:13).

물론 물질, 돈, 맘몬은 결코 하나님의 경쟁 상대가 될 수 없다. 다만 부패한 인간의 마음속에서 하나님의 자리를 도둑질할 가능성이 제일 높은 선수라는 것이다. 따라서 급진적 제자는 검소하고 관대하고 자족하는 삶을 살아야 한다. "자족하는 마음이 있으면 경건은 큰 이익이 되느니라"(딤전 6:6).

교회에 많은 문제를 양산하는 기복주의 신앙의 근원도 물질주의다. 물질적인 풍성함을 위해 신앙생활을 하는 것이 기복신앙이기 때문이다. 물질을 주시는 한에서만 하나님을 섬기려고 한다. 물질적으로 곤란을 당하거나 물질의 소망이 끊어지면 하나님을 떠나는 신앙은 기복주의 신앙이다. 에리히 프롬(Erich Fromm)은 《소유냐 존재냐》에서 마귀가 예수님을 시험한 장면을 이렇게 해석한다. 마귀는 세 가지 질문으로 예수님을 유혹했는데, 이 세 가지는 소유 지향적 삶을 살라는 유혹이었다. 하나님의 아들의 능력으로 물질과 권력과 인기를 소유하라고 유혹한 것이다. 하지만 예수님은 소유 지향적 삶이 아니라 존재 지향적 삶을 추구하셨기에 마귀의 유혹과 시험을 물리치실 수 있었다.

제자는 어떤 삶을 살아야 하는가? 구제와 복음 전도에 힘써야 한다. 또한 자발적 가난과 나눔의 삶을 추구해야 한다. 이를 위해서는 제자의 자질 중 하나인 '단순한 삶'(simple lifestyle)이 요구된다. 세상에서는 매일 1만 명이 굶주림으로 죽어 간다. 나의 소유를 나누어 죽어 가는 자를 살리는 것이 참된 제자의 삶이 아닐까? 이는 제자의 또 다른 자질인 '창조 세계를 돌봄'과도 연결된다. 오늘날의 생태계 파괴, 자원 고갈, 넘쳐 나는 쓰레기, 온실가스로 인한 기후 변화 등의 재난과 재앙은 인간의 탐욕으로부터 비롯되었다. 따라서 창조 세계를 돌보는 것도 물질주의에서 벗어나는 데 도움이 된다. 더욱 직접적으로는, 생명 운동을 통해 물질이 아닌 생명이 존중받는 사회를 만들어야 할 것이다.

윤리적 상대주의(Ethical Relativism)

상대주의는 절대적인 진리라는 것은 없으며 어떤 주장도 그 나름대로 진리가 될 수 있다고 보는 입장이다. 마찬가지로 윤리적 상대주의는 윤리 문제에 있어서 절대적 윤리, 정언명법은 있을 수 없고, 다만 사회에서 편의상 합의된 것이 윤리라는 입장이다. 윤리적 상대주의를 따르면 도덕적인 기준이 해이해지고 절대적인 기준이 없어지게 된다.

오늘날 윤리적 상대주의의 치열한 전쟁터는 아마도 성 윤리 영역일 것이다. 기독교는 일부일처제와 결혼 내의 성생활만을 인정하기 때문에 일부다처제, 혼전 성관계, 동거, 성별 선택의 자유 등은 인정하지 않는다. 하지만 윤리적 상대주의자들은 이런 모든 기준 선과 규제 범위를 없애 버리려 한다. 윤리적 보호막을 제거하려는 것이다. 군부대 내에서 동성애를 제

S

재하려 해도 반발이 크며, 사회 일각에서는 포괄적 차별금지법을 입안해 통과시키려 준동하고 있다.

포괄적 차별금지법은 동성애 합법화를 넘어 동성애를 권리로 만들려는 불순한 의도가 담겨 있다. 비도덕의 합법화를 넘어 권리로 격상시켜, 그에 반대되는 발언을 차별이나 권리 침해로 인식해 처벌하겠다는 것이다. 이 법이 만들어지면 윤리적인 삶을 살고 그러한 가르침을 실천하는 사람들을 역차별하게 될 것이다. 심지어 기독교 일각에서도 하나님의 창조 질서에 역행하는 차별금지법 제정에 동조하는 움직임이 있어 안타까움과 분개를 느낀다. 도대체 예수님의 제자는 무엇이 다른가?

두 가지 세계관, 두 개의 문화, 두 가지 가치관, 두 개의 기준, 두 개의 생활 방식이 있을 때 우리는 세상의 방식이 아니라 하나님 나라의 방식을 선택해야 한다. 하나님 나라에 줄을 서야 한다. "너희는 나를 불러 주여 주여 하면서도 어찌하여 내가 말하는 것을 행하지 아니하느냐"(눅 6:46).

나르시시즘(Narcissism)

나르시시즘의 어원인 '나르시스'는 그리스 신화에 나오는 잘생긴 청년이다. 어느 날 그는 연못에 비친 자기 모습을 보고 사랑에 빠져서 물속으로 몸을 기울이다 익사했다. 이후 나르시시즘은 지나친 자기애나 자아에 도취된 상태를 의미하는 말이 되었다.

1970년대는 자아실현 욕구가 강해진 시대였다면, 1980-90년대는 뉴에이지 운동으로 인간 잠재력 회복 운동이 봇물처럼 터진 때였다. 뉴에이지 운동가들은 자신 안을 들여다보고 자기 자신을 탐구해 보라고 했다. 우리 문제를 해결할 수 있는 길이 우리 안에 있기 때문에 다른 곳에서 오는 구원자는 필요 없다고 했다. 우리가 우리 자신의 구원자가 될 수 있기에 자기를 사랑하라고 했다. 하지만 이는 성경이 오래전에 경고한 사태였다.

"사람들이 자기를 사랑하며 돈을 사랑하며 자랑하며 교만하며 비방하며 부모를 거역하며 감사하지 아니하며 거룩하지 아니하며 무정하며 원통함을 풀지 아니하며 모함하며 절제하지 못하며 사나우며 선한 것을 좋아하지 아니하며 배신하며 조급하며 자만하며 쾌락을 사랑하기를 하나님 사랑하는 것보다 더하며"(딤후 3:2-4).

우리가 예배해야 하는 분은 오직 하나님 한 분뿐이시다. 나 자신은 하나님께 드려지는 제물이 되어야 한다. 그렇지 않으면 자신을 예배한다. 자기가 신이 된다. "그러므로 형제들아 내가 하나님의 모든 자비하심으로 너희를 권하노니 너희 몸을 하나님이 기뻐하시는 거룩한 산 제물로 드리라 이는 너희가 드릴 영적 예배니라"(롬 12:1). 예배의 대상을 먼저 분명히 인식하라. 그 대상은 하나님이시다. 그분을 온몸으로, 온 마음으로 예배해야 한다. 손이 깨끗하며 마음이 청결한 자로서 예배를 드려야 한다. 우리의 예배는 영적인 예배가 되어야 한다. 영적인 예배는 인간의 영이 하나님의 영의 감동으로 드리는 내면의 예배다.

성경에 따르면, 인간은 하나님의 형상으로 지음 받은 존귀한 존재이기도 하지만, 흙에서 태어나 죄를 짓고 흙으로 돌아갈 수밖에 없는 비천한 존재이기도 하다. 인간에게는 영광과 비천이 공존한다. 인간은 역설적인 존재다. 인간에게는 적절한 자기 긍정도 필요하고 자기 부정도 필요하다. 창조와 구속이 균형을 맞추어야 하듯, 자기 긍정과 자기 부정도 적절하게 균형을 이루어야 한다. 나르시시즘이라는 부패한 자기 긍정이 아니라 하나님의 자녀 됨으로 인한 자기 긍정이 필요하다. 동시에 자신 안에 있는 죄성을 깨닫고, 자기를 부인하고, 자기 십자가를 지고 살아가는 자기 부정도 필요하다.

현대의 풍조 중 하나인 나르시시즘과 관련해 요구되는 제자의 핵심 자질은 '의존'이다. 의존은 나르시시즘과는 상극에 위치한다. 이는 하나님께

S

의탁하는 삶으로, 자기 주도가 아니라 하나님이 이끄시는 대로 사는 것이다. 세상에서는 의존의 삶에서 자기 주도의 삶으로 변화되는 것을 성장이라 하지만, 신앙생활은 자기 주도에서 의존으로 나아가는 것을 성숙이라고 한다. 예수님은 베드로의 노년에 대해 예언하시면서 자기 주도의 삶이 아니라 하나님이 인도하시는 삶에 순응하는 의존적 삶을 살아가라고 하셨다. "내가 진실로 진실로 네게 이르노니 네가 젊어서는 스스로 띠 띠고 원하는 곳으로 다녔거니와 늙어서는 네 팔을 벌리리니 남이 네게 띠 띠우고 원하지 아니하는 곳으로 데려가리라"(요 21:18).

오늘날 한국 교회는 고령화되어 가고 있다. 고령화 사회를 살아가는 어르신들은 나이 들어 가는 과정을 자연스럽게 받아들여야 한다. 자기 주도적인 자립에서, 내려놓고 의탁하는 의존으로 나아가야 한다. 겸손, 감사, 그리고 부족함의 고백, 낮아짐까지도 모두 수용해야 한다. 이것이 인생의 사이클이다. 의존에 대해 스토트는 다음과 같이 말한다.

"우리 인생을 향한 하나님의 계획은 우리가 의존하는 존재가 되는 것이다. 우리는 다른 사람의 사랑과 보살핌과 보호에 전적으로 의존하며 이 세상에 들어왔다. 우리는 다른 사람이 우리에게 의존하는 인생의 단계를 거쳐 간다. 하지만 궁극에 가서는 우리는 다른 사람의 사랑과 보살핌에 전적으로 의존하여 이 세상을 떠날 것이다. 이것은 악하거나 참담한 현실이 아니다. 이것은 우리 육체적인 본성의 일부이며 하나님의 계획의 일부다. 이렇게 말하지 말라. '나는 아무에게도 짐이 되고 싶지 않다. 내 앞가림을 할 수 있을 때까지만 살고 싶다. 짐이 되느니 차라리 죽겠다.'"

바울은 이렇게 권고한다. "너희가 짐을 서로 지라 그리하여 그리스도의 법을 성취하라"(갈 6:2).

지금까지 이야기한 내용을 요약하면 다음과 같다. 첫째, 다원주의의 도전에 맞서서 예수 그리스도의 유일성을 옹호하는 진리의 공동체를 이루

라. 둘째, 물질주의의 도전에 맞서서 검소한 순례자의 공동체를 이루라. 셋째, 상대주의의 도전에 맞서서 순종의 공동체를 이루라. 넷째, 나르시시즘의 도전에 맞서서 사랑의 공동체를 이루라.

그리스도를 닮아 가라

세상에는 불순응해야 하지만 적극적으로 순응해야 할 것도 있다. 바로 그리스도를 본받는 일이다. "하나님이 미리 아신 자들을 또한 그 아들의 형상을 본받게 하기 위하여 미리 정하셨으니"(롬 8:29). 그중에서도 특별히 순응해야 할 것은 그리스도의 죽음이다. 그리스도는 죽음의 자리로 우리를 부르셨다. 기독교의 진리는 약함을 통한 강함, 고난을 통한 영광, 죽음을 통한 생명이기 때문이다. 죽음까지도 순응하자.

루마니아 기독교 지도자는 독재자 니콜라에 차우셰스쿠(Nicolae Ceausescu)의 위협과 억압에 맞서 이렇게 말했다. "당신의 최대 무기는 죽이는 것이다. 하지만 나의 최대 무기는 죽는 것이다." 아돌프 히틀러(Adolf Hitler)에 대항했던 디트리히 본회퍼(Dietrich Bonhoeffer)는 교수대로 가면서 "이것으로 끝이다. 하지만 내게는 생명의 시작이다"라고 말했다. 제자는 죄, 자아, 야망, 안일함 등 세상에 대하여 죽는 것이다.

무엇보다 우리는 자기의 변화된 정체성을 고수하면서, 순응할 것은 순응하고, 불순응할 것은 불순응해야 한다. 영국의 조지 8세는 웨일스의 왕자에게 이렇게 말하곤 했다고 한다. "사랑하는 아들아, 너는 네가 누구인지를 늘 기억해야 한다. 네가 누구인지를 기억한다면 그에 합당하게 행동하게 될 것이다." 그리스도인들이여, 당신이 누구인지를 항상 기억하라. 우리는 하나님이 사랑하시는 자녀, 하나님이 기뻐하시는 자다. 하나님은 자기 백성이 그리스도처럼 되기를 바라신다. 그리스도를 닮아 가는 것이 우리를 향한 하나님의 뜻이다. 예수님의 성육신의 섬김, 사랑, 인내, 선교의 삶을 살아야 한다. 우리의 힘으로는 불가능하지만 성령의 인도하심을 따라 살면 가능하다.

35
성령님의 걸음에 맞추라 | 제임스 패커

갈라디아서 5:25

P 《하나님을 아는 지식》을 통해 성부 하나님에 대해 이야기한 제임스 패커(James Packer)는 《성령을 아는 지식》(Keep in Step with the Spirit, "성령님과 동행하라")에서는 성령 하나님을 고찰한다. 이 책은 패커의 30년의 기도와 묵상이 집대성된 책으로, 총 7개의 장으로 구성되어 있다. 패커는 이 책의 구성을 코스 요리에 비유하는데, 1-2장은 애피타이저와 수프, 3-6장은 메인 요리, 7장은 디저트에 해당한다고 설명한다. 메인 요리인 3-6장은 성령에 대한 본격적인 서술인데, 3-4장은 성결에 대해, 5-6장은 은사(카리스마)에 대해 다룬다.

많은 신앙인이 성부 하나님과 성자 예수님에 대해서는 친근함을 느끼는 반면, 성령 하나님과의 인격적인 관계에는 주목하지 못한다. 하지만 성부, 성자, 성령, 삼위 하나님은 창조 때부터 함께하셨다. 성령이 오순절에 처음으로 임하신 것이 아니다. 창조 때 성령은 수면 위로 운행하셨고, 구약 선지자들과 사사들을 통해 말씀하시고 역사하셨다. 신약 시대에 예수님은 성령으로 잉태되셨고, 세례 받으실 때 성령이 비둘기와 같이 임하셨다. 예수님은 성령으로 사역하셨고 귀신도 쫓아내셨다.

오순절 마가 다락방에서 제자들에게 임하신 성령은 보혜사의 역할을 수행하셨다. 이 오순절 사건을 통해 성령의 새 언약 사역이 시작되었고, 부활 승천하신 예수님이 드러나셨으며, 제자들은 하나님이 주시는 능력으로 복음을 선포할 수 있게 되었다. 공생애 중 예수님은 성령을 또 다른 '파라클레토스', 즉 위로자, 상담자, 도움을 주는 자, 변호인, 강하게 하는 자, 후견인으로 부르셨다.

그리스도인의 삶이 시작되고 유지될 수 있는 것은 오직 성령의 활동 덕분이다. 성령은 그리스도를 영접할 때만 받을 수 있다. 성령이 없으면 그리스도인도 없다. 그리스도인은 자신 안에 계신 성령과 인격적 관계를 맺고, 그분의 인도하심을 따라 신앙 여정을 계속해 나가야 한다. 성령은 우리 안에 계셔서 성경의 모든 역사를 현재화시키고 우리를 이곳에서 천국까지 인도하시는 분이다.

패커는 성령에 대해서 먼저 성결을 소개하고, 나중에 은사에 대해서 말한다. 성령의 열매에서부터 성령의 은사로 나아가는 이 순서가 옳다. 먼저 예수님을 영접하고 성령을 받은 자는 내면의 변화를 받아야 한다. 그다음에는 각양 은사를 받아 주의 사역에 동참해야 한다. 이 순서를 혼동하지 말라. 이 중요성을 뒤바꾸지 말라. 성결이 우선이고, 은사가 다음이다.

성령의 열매

"만일 우리가 성령으로 살면 또한 성령으로 행할지니"(갈 5:25). 여기서 '행하다'라는 단어는 헬라어로 '스토이케오'다. 이 단어는 '스토아', 즉 '회랑'을 뜻하는 단어에서 나온 것으로, 줄지어 선 회랑의 기둥처럼 '선 안에서 걷는다', '선을 따라 걷다', '규칙을 지킨다', '통제 아래 살아간다'는 의미다. 바울이 갈라디아서에서 말하는 바도 이와 같다.

영과 육의 싸움에서 우리가 육에게 지지 않을 비결은 우리의 결심과 노력이 아니다. 노자의 무위자연적 태도처럼, '하나님이 알아서 다 해 주시겠지' 하고 방기하는 것도 아니다. 오히려 매 순간 성령의 음성을 듣고 그 뜻에 보조를 맞춰 살아가는 것이다. 신앙생활의 본질은 다름 아닌 성령과의 동행이다. 매일의 동행이다. 성령보다 앞서지 않고, 좌로나 우로나 치우치지 않고, 그분과 동행하는 것이다. 그러면 결국 성령은 신자를 거룩하게 하신다.

여기서 패커는 '성령의 열매'와 '성령의 은사'의 가치를 비교한다. 성령의 열매가 성령의 은사보다 더 중요하다. 성령의 열매는 성령의 은사를 분별하는 기준이 된다. 왜냐하면 성령의 은사로 남을 유익하게 하지만 정작 자신의 내적 변화가 없는 사람도 있기 때문이다. 은사가 많음에도 은혜가 없을 수 있다. 성경 속 인물들 중 발람, 사울, 가룟 유다 등이 그런 사람이었다. 예수님이 제자들을 파송해 보내실 때(마 10장) 가룟 유다도 귀신을 제어하고 모든 약한 것을 고치는 신유의 능력과 은사를 받았을 것이다. 하지만 유다는 결국 실패한 제자가 되었다. 성령의 열매를 맺지 못했기 때문이다.

성품과 윤리적 부분이 은사보다 먼저고, 더 중요하다. 성결이 능력보다 우선이다. 성령의 은사를 성령의 열매보다 더 중요하다 여긴다면 영적 오판이다. 존 오웬(John Owen)은 "은혜 없는 은사는 없다"라고 말했다. 은사의 요체를 명확히 깨달은 말이다.

성령이 하시는 일은 무엇일까? 성령은 계시하시는 영으로서 드러내는 역할을 하신다. 방언과 예언을 통해 천상의 일, 비밀에 속한 일을 알게 해 주신다. 하나님의 뜻을 전달하시고, 그 뜻을 행하도록 이끌어 주신다. 성령은 성경을 읽는 자에게 조명의 영으로 작용해 그 뜻을 깨닫게 하시고, 그 말씀을 통해 그리스도를 밝히 드러내신다. 성령은 성부와 성자가 나타나도록 계시하시는 분이다. 반면 성령은 자기 자신을 드러내지 않으신다. 성령은 수줍음(shyness)의 영이시다. 오직 예수님의 영광에 스포트라이트를 비추시며, 우리와 예수님을 짝 지어 주신다. 성령의 역할과 기쁨은 우리가 성부와 성자와 더욱 깊게 사귀도록 만드시는 일이다. 성령은 영적 중매쟁이로서, 성령의 교통하심을 통해 이 일을 이루고 계신다. 성령을 통해 우리는 그리스도와 깊이 교제할 수 있게 된다.

패커는 성령의 역사를 알파벳 P를 사용해서 요약 정리한다. 성령은 Power(삶을 지탱해 나가는 능력), Performance(이웃을 섬기는 은사 수행), Purity(동기와 행동의 정결), Presentation(진실의 현시), Presence(임재, 함께하심), Perception(지각), Push(내적 충동), Personhood(개성)이시다. 우리를 거룩하게 하시는 성령의 주된 특징은 임재, 즉 함께하심(presence)이다. "여호와께서 요셉과 함께하시므로 그가 형통한 자가 되어"(창 39:2). "내가 반드시 너와 함께 있으리라"(출 3:12).

요셉과 모세가 위대하고 거룩한 인물이 된 것은 성령이 함께해 주셨기 때문이다. 여호수아가 가나안 정복의 위업을 완성한 것도, 제자들이 '담대하게 거침없이' 전 세계에 나가 복음을 전파한 것도 성령의 함께하심 덕분이었다. 성령이 우리와 늘 함께 계심으로써 그리스도의 임재를 신자들에게 전하시는 것이다. 예수 그리스도는 현재 천상 보좌에 계시지만, 성령을 통해 우리와 늘 함께하신다. 예수님의 임재는 공간적 개념이 아니라 관계적 개념으로 생각해야 한다. 예수님과 인격적인 교제를 통해 예수님을 닮은 성품으로 변화되고, 예수님과 함께 하나님 나라의 공동 상속자가 되는 것이다. 성령이 그 일을 이루신다.

성령의 역할은 단지 예수님과의 만남만을 중재하시는 것이 아니다. 성령 고유의 역사가 있다. 예수님은 고별 설교에서 성령을 이렇게 소개하셨다(요 14:16-23, 26, 15:26, 16:7-15). 성령은 "다른 보혜사", "진리의 영", "거룩한 영"이시다. 성령은 함께하시고, 진리를 증언하시고, 가르치시고, 생각나게 하시고, 확신시키시고, 죄와 의와 심판에 대하여 세상을 책망하시고, 그리스도께 영광을 돌리시고, 이끄시고, 인도하시고, 명령하시고, 갈망하게 하시고, 도움을 주시고, 근심하시고, 탄식하시고, 위로하시고, 중보하신다.

성령은 단순한 영향력이 아니라 성부, 성자와 마찬가지로 인격적인 하나님이시다. 성령은 한 위격으로 계신 하나님으로서 창조자, 지배자, 계시자, 촉진자, 능력자로 활동하시는 분이다. 따라서 그리스도인은 성령을 사물의 '그것'이 아닌 살아 계신 '그분'으로 인식해야 한다. 우리의 인식 전환이 필요하다.

성령의 역사를 요약하면, 성령은 신자와 함께 외부로 여행하시는 분이다. 하나님의 영광을 위해 신자에게 세상과 타인과 관계 맺는 법을 가르쳐 주신다. 또한 성령은 우리 내면으로의 여행을 인도하신다. 그리스도인은 성령을 통해 성부 하나님, 성자 예수님과 관계를 돈독히 하게 된다. 우리는 스스로에게 다음과 같이 물어야 한다. "성령이 나를 소유하셨는가? 성령이 나의 전부를 소유하셨는가, 아니면 나의 일부분만 소유하셨는가?", "나는 성령을 근심하게 하는가, 아니면 성령의 이끄심을 받는가? 나는 성령을 의지하고 있는가? 나는 성령이 하시는 일에 동역하는가, 아니면 경솔함과 무절제로 성령을 훼방하는가?" 성령은 신자 안에 내주하시는 '은혜롭고 주도적인 손님'이시다.

성령의 중요한 임무, 성결

성령의 주된 임무 가운데 하나는 우리를 거룩하게 하시는 일이다. 성령은 성결에 대한 열정이 크시다. 성경에서는 '성결'을 '하나님을 가까이함', '하나님을 닮음', '하나님께 끌림', '하나님을 기쁘시게 함', '온전함', '거룩함' 등으로 묘사한다. "오직 너희를 부르신 거룩한 이처럼 너희도 모든 행실에 거룩한 자가 되라"(벧전 1:15). "하나님의 뜻은 이것이니 너희의 거룩함이라 곧 음란을 버리고"(살전 4:3).

성결은 하나님의 선물인 동시에 명령이다. 우리는 성결을 구하는 기도를 해야 하고, 매일 성결해지기 위해 노력해야 한다. 오웬은 성화와 성결을 잘 구분해 설명한다. "하나님이 그리스도인을 변화시키시는 일이 성화이고, 이렇게 변화한 사람의 생활 방식이 성결이다"라는 것이다. 성결은 성령의 열매이고, 성령과 동행할 때 드러난다.

그리스도인들이 사는 세상은 어둡고 죄 많은 곳인데, 우리는 이곳에서 성결을 이루어야 한다. D. L. 무디(D. L. Moody)는 "배가 있어야 할 곳은 바다이지만, 바닷물이 배에 들어가면 위험에 처한다"라고 말했다. 세속의 파도가 교회와 신자 안에 들어와 위험할 정도로 차 있다. 성결은 이런 세속에 물들지 않을 때 가능하다. 신자는 세상에 살지만 세상에 속하지 말아야 한다. 바울은 부부 관계를 통해 그리스도와 교회(신자)의 관계를 묘사한다. 주님의 관심사는 교회의 성결이다. "남편들아 아내 사랑하기를 그리스도께서 교회를 사랑하시고 그 교회를 위하여 자신을 주심같이 하라 이는 곧 물로 씻어 말씀으로 깨끗하게 하사 거룩하게 하시고 자기 앞에 영광스러운 교회로 세우사 티나 주름 잡힌 것이나 이런 것들이 없이 거룩하고 흠이 없게 하려 하심이라"(엡 5:25-27).

성결은 그리스도가 우리를 위해 죽으신 목적이다. 또한 성결은 하나님께 쓰임 받기 위한 전제 조건이다. "그러므로 누구든지 이런 것에서 자기를 깨끗하게 하면 귀히 쓰는 그릇이 되어 거룩하고 주인의 쓰심에 합당하며 모든 선한 일에 준비함이 되리라"(딤후 2:21).

패커는 성결과 관련해 '웨슬리의 완전 사상'과 '케직 교의'를 비교하며

422

그 장단점을 고찰한다. 웨슬리에 따르면, 성령의 은혜에는 두 번째 은혜, 즉 칭의에 이어 성결의 은혜가 있다. 이것은 어거스틴의 거룩 사상을 보강하는 이론이다. 하나님은 두 번째 은혜를 통해 그리스도인의 심령에서 모든 죄악의 동기를 뿌리 뽑아, 그의 지성과 감정의 에너지 전부가 하나님과 이웃을 향한 사랑으로 뻗어 가게 하신다. 웨슬리의 완전함이란 '죄 없음'이 아니라 '성장'으로 이해해야 한다. 점점 더 선해지는 과정이다. 즉 완전함이란 정적인 상태가 아니라 하나님께 지속적으로 나아가는 동적인 상태다. 웨슬리는 하나님 사랑과 이웃 사랑의 이중 계명을 실천하려는 마음을 성결의 뿌리로 보았다.

이에 대해 패커는 웨슬리의 완전의 교리를 비현실적이라고 비판하면서도, 신자들이 안주하려는 유혹을 물리치게 하는 교훈이라고 평가한다. 패커가 보기에 완전이란 천국에서 약속된 삶일 뿐이다. "자신의 죄가 이미 근절되었다고 믿는 그리스도인이 자신이 실제로 계속 죄를 짓는다는 사실을 현실적으로 어떻게 인정할 수 있을까?"라고 패커는 반문한다. 패커는 이를 증명하기 위해 바울의 로마서 7장 14-25절을 제시한다. 줄곧 과거 시제 동사를 써 오던 바울이 14절부터 현재 시제를 사용한다. 영적인 갈등이 바울 내면의 현재적 체험이라는 것이다. 물론 웨슬리는 이 본문은 바울이 그리스도인이 되기 이전의 경험이라고 해석함으로써 문제를 해결하려 했다.

한편, "완전한 행함과 승리의 삶"을 이루기 위해 내적 수동성을 강조하는 케직 교리에 대해 패커는 성경 어디에도 "그 문제로 당신 자신이 몸부림치지 말고 다만 하나님께 넘겨 드려라"라고 말하는 곳은 없다며 비판한다. 패커는 내적 수동성이 그리스도인의 성숙에 방해가 된다고 보았다. 그 대안으로 패커는 성령과 동행하는 것, 즉 성령과 함께 영적 보조를 맞춰 한 발짝씩 앞으로 나아갈 것을 제안한다. 성령이 우리를 찾아오시는 것은 우리를 거룩하게 하시기 위해서다.

성령은 성결하게 하는 능력이시다. 성령이 하시는 사역 가운데 가장 중요한 것은 신자들을 성결하게 만들어 가시는 일이다. 성결은 그리스도를 중심으로 살아가는 삶의 방식이다. 모든 것이 그리스도 예수에게 초점이 맞추어진 사람이 바로 성결한 신자다. 진정한 성결은 성품과 태도에서 예수님을 닮아 가는 것이다. 성결은 지속적인 영적 성장의 단계다.

하나님은 우리 안에 '그리스도의 형상'을 이루기 위한 점진적인 공사에 대한 마스터플랜을 가지고 계신다. 성결한 사람이라도 여전히 더 성결해질 여지가 있는 것이다.

신앙 여정의 본질은 '공사 중'이다. 하루는 빌리 그레이엄(Billy Graham)과 그의 아내가 차를 타고 가는데 공사 현장 곁을 지나게 되었다. 그 현장에는 "공사 중: 불편을 끼쳐 드려 죄송합니다"라고 적힌 팻말이 세워져 있었다. 그런데 얼마 후 다시 그 길을 지나며 보니 팻말의 문구가 바뀌어 있었다. "그동안의 양해에 감사드립니다." 이것을 본 아내가 그레이엄에게 요청했다. "여보, 내가 죽으면 내 묘비에 저 문구를 적어 주세요." 아직 무덤에 들어갈 때가 되지 않은 우리는 이런 말을 목에 걸고 살아가면 어떨까? "조금만 참아 주세요. 하나님이 아직 저를 다듬고 계시거든요."

거룩함을 회복하라

또 다른 책 《거룩의 재발견》에서 패커는 거룩에는 영성과 도덕성이 균형 있게 담겨 있다고 주장한다. 이것이 사실이라면 현대 사회에 필요한 모든 자원이 기독교에 담겨 있는데, 어찌하여 오늘날 교회와 기독교는 사회의 지탄의 대상이 되고 있는가? 패커는 "현대 그리스도인의 관심은 거룩함에 있지 않다. 단지 재미나 성취감을 추구하고, 현세의 성공을 위한 기술이나 자신의 구미에 맞는 메시지를 선호한다"라고 했다.

"우리의 불행은 그리스도인들이 거룩함을 잃어버렸고, 거룩함에 더 이상 관심을 갖지 않는다는 데 있다. 그렇다면 현 사태를 해결하는 길은 바로 거룩함을 회복하는 것이다. 그리스도인은 행복하기보다는 거룩하기를 갈망해야 한다." "거룩함이란 믿음이 있다는 증거요 회개하였다는 표시다. 우리의 믿음을 점검하는 바로미터다. 칭의는 전적으로 하나님께 속한 일이지만, 성화는 우리 안에서 역사하시는 하나님과 우리의 동역으로 나타난다. 성부, 성자, 성령, 성전, 성례전, 성도, 모두 거룩함과 연관이 있다. 기독교는 거룩을 빼면 아무것도 남지 않는다. 하나님과 교제하려면 거룩해야 하고, 성령의 인도하심을 받으면 거룩한 삶을 살게 된다. 종교개혁으로부터 청교도 운동, 경건주의 운동, 대각성 운동, 성결 운동, 부흥 운동, 교회 갱신 운동 모두 거룩하게 하시는 성령의 사역의 결과다. 지금 우리에게 필요한 것은 성결성 회복 운동이다. 영성과 도덕성으로 무장한 거룩함이 이 시대에 우리가 나가야 할 방향이다."

패커는 '성결에 대한 성경의 기본 원칙'을 다음과 같이 제시한다.

① 성결의 본질: 헌신을 통한 변화, 관계를 통해, 회개, 인격의 변화

② 성결의 배경: 예수 그리스도를 통한 칭의

③ 성결의 뿌리: 예수와 함께 십자가에 못 박히고 부활하는 것, 그리스도와 연합

④ 성결의 주체: 성령, 선행하는 은혜와 동행하는 은혜, 거룩한 습관

⑤ 성결의 체험: 갈등의 체험, 영적 싸움, 육체의 소욕과 성령의 소욕

⑥ 성결의 규칙: 하나님의 말씀

⑦ 성결의 핵심: 사랑

성령의 은사

패커는 3-4장 성결에 이어, 5-6장에서는 성령의 은사에 대해 다룬다. 먼저 패커는 은사를 지극히 강조하는 은사주의 영성, 은사주의 운동에 대해 고

찰한다. 성령의 나타나심은 강력하고 인상적이기 때문에 그것에 매료되어서 은사 운동을 전문적으로 하거나 그것만이 신앙의 요체라고 주장하는 사람들이 있다. 신오순절 운동 혹은 은사 회복 운동 등이 여기에 속한다. 은사 운동은 표적 은사를 회복해야 하며 성령 세례가 필요하다고 강조한다. 은사를 받지 못한 그리스도인은 은사에 무지하거나 은사를 구하지 않았기 때문이라고 지적한다. 은사주의는 개인적인 경험을 지나치게 강조하고 보편화하며 절대화하는 경향이 있다.

패커는 은사주의의 특성을 다섯 가지로 요약한다. ① 그리스도인의 체험을 풍성하게 하는 회심 이후의 중대한 사건, 즉 성령 세례. ② 방언 말하기. ③ 영적 은사, 표적 은사. ④ 성령 안에서의 예배, 강렬한 감정의 방출. ⑤ 하나님의 부흥 전략으로서의 오순절 운동과 초자연적 신유. 그들의 사역 행태를 살펴보면 그들은 성령을 받는다기보다는 오히려 성령을 방출하는 듯한 모양새를 띤다고 패커는 주장한다.

물론 은사주의의 긍정적인 측면이 있다. ① 그리스도 중심, 예수님에 대한 성령의 투광 조명 사역. ② 성령의 권능을 받는 생활, 성령 충만과 성령의 능력을 드러내는 삶 추구. ③ 풍부한 감정 표현, 즉 사랑, 헌신, 감사를 표명함. ④ 기도로 사는 삶, 열정적이고 지속적인 기도 생활과 방언 기도. ⑤ 넘치는 기쁨. ⑥ 모두가 참여하는 예배. ⑦ 전 교인의 능동적인 사역. ⑧ 선교의 열정과 담대함. ⑨ 소모임 사역. ⑩ 성령의 생명력을 표현하는 역동적인 교회 구조. ⑪ 공동체 생활. ⑫ 아낌없는 구제, 희생적인 구제, 힘에 겨울 만큼 구제.

그러나 경계해야 할 부정적인 측면도 있다. ① 엘리트주의로서 영적 교만과 특권 의식과 정죄 빈발. ② 분파주의와 고립주의. ③ 감정주의, 기쁨과 사랑의 감정을 표현하는 데 몰두, 도피 행각. ④ 반지성주의, 신학적 윤리적 반성을 저해함. ⑤ 조명주의, 개인의 직접적인 계시를 앞세우는 독단. ⑥ 은사 마니아, 은사로 영적 건강과 성숙을 측정하려는 태도. ⑦ 슈퍼 초자연주의, 기적과 표적을 지나치게 강조함. ⑧ 행복주의, 건강, 사업 번성, 번영 복음, 적극적인 사고방식을 지나치게 강조함. ⑨ 귀신 들림 강조, 축귀 사역 역점. ⑩ 새로운 율법주의, 영적 은사의 오용과 남용 등.

패커는 은사 체험이 은사주의자들에게만 있는 것이 아니라고 보았다. 은사주의자만이 다른 그리스도인을 능가하는 영적인 체험을 하는 것이 아니다. 성령 세례, 성령의 인 침, 방언, 치유, 능력은 모든 믿는 자에게 동일하게 나타난다. 우리는 은사 회복 운동만이 제일이라는 주장에 대해 의문을 제기해야 한다. 그들은 신학적으로 미숙하다. 따라서 윤리적인 열매에 근거해 은사를 분별해야 한다. 영적 체험이 모두 다 기독교적 체험이라고 할 수 없다. 방언을 필요 이상으로 중시하지 말라. 방언은 자기표현이나 의사 전달이기는 하지만 일반적 의미에서 언어는 아니다. 방언은 하나님과 더욱 친밀한 교제를 추구하는 과정의 일부일 뿐이다.

성령을 인정하는 삶을 살라

성령은 삼위 하나님이시다. 그분은 인격적인 분이시다. 그분은 자기를 드러내지 않으시고 우리를 성부 아버지께, 성자 예수님께 인도하신다. 우리는 우리 안에 내주하시는 성령의 음성에 귀 기울이고 그분과 영적인 보조를 잘 맞춰 나가야 한다. 그럴 때 성령은 우리 안에서 역사하셔서 거룩한 성령의 열매를 맺게 하실 것이고, 필요에 따라 우리에게 성령의 은사를 주실 것이다. 그 은사를 통해 겸손히 주님과 동행하면서 복음을 전하고 하나님의 나라와 의를 구하는 것이 올바른 신앙생활이다.

우리는 에반 로버츠(Evan Roberts)의 말처럼 "성령을 공경"해야 한다. 성령은 우리를 돕기 위해 내 안에 오셨다. "성령님! 내 안에 영원히 거하시며 충만하셔서 나를 영원한 생명으로 인도하소서"라고 기도하라. 성령을 근심하게 하거나 훼방하지 말고, 떠나시게 하지 말자. 모든 일에 성령을 먼저 인정하자.

36
자기 십자가를 지라 | 알리스터 맥그래스
출애굽기 33:18-23

M　다음 시는 시인 문태준(1970-현재)의 "존재의 뒤편"이다. "사람을 온전히 사랑하는 일은/ 뒤편을 감싸 안는 일이다./ 대부분의 사람은/ 뒤편에 슬픈 것이 많다/ 당신도 그럴 것이다./ 그러므로 누군가를 사랑하는 일은/ 마치 비 오기 전 마당을 쓸듯/ 그의 뒤로 돌아가/ 뒷마당을 정갈하게 쓸어 주는 일이다."

알리스터 맥그래스의 《종교개혁 시대의 영성》

"과학에 과학으로 답할 수 있는 유일한 신학자"라는 평가를 받는 알리스터 맥그래스(Alister Mcgrath)의 관심사는 종교개혁 시대의 신학 문헌인데, 그는 그중에서도 마르틴 루터(Martin Luther)와 장 칼뱅(Jean Calvin)에게 집중했다. 시대가 혼란하면 원류로 돌아가자(back to basic)는 운동이 일어나듯, 현시대의 영적 혼란에 대처하기 위해 맥그래스는 종교개혁자들의 순수한 영성을 재고하고자 했다. 새롭고 순전한 영성을 추구하기 위해서는 루터와 칼뱅과의 대화가 필요하다고 본 것이다.

맥그래스는 종교개혁자 루터 연구의 권위자로서 그의 첫 저술도 《루터의 십자가 신학》(컨콜디아사, 2015)이었고 이후에 《이신칭의》(생명의말씀사, 2015)

M

를 저술했다. 이 장에서는 맥그래스의 《종교개혁 시대의 영성》(좋은씨앗, 2021)을 다루어 보겠다. 이 책의 원제는 《Roots that Refresh》로서 《현재를 새롭게 하는 뿌리들》로 직역된다.

영광의 신학 vs 십자가 신학

《종교개혁 시대의 영성》에서 맥그래스는 역시나 루터를 많이 인용한다. 당시 중세 스콜라주의 신학자들의 '영광의 신학'에 반하여, 루터는 고난 속에 숨어 계신 하나님을 주장한 '십자가 신학'으로 그리스도의 십자가가 중심을 차지하도록 했다. 중세를 대표하는 신학자인 안셀름(Anselm)과 토마스 아퀴나스(Thomas Aquinas)는 하나님의 존재조차 이성으로 증명할 수 있다고 했다. 그러나 하나님은 피조물이 증명할 수 없는 존재이시다. 그분은 오직 계시로만 알 수 있다. 우리가 하나님을 증명할 수 없어도 하나님은 자신의 실재하심을 나타내신다. 우리는 하나님이 계시해 주신 만큼만 그분을 알 뿐이다. 문제는 하나님이 자신을 계시하실 때 앞모습이 아니라 뒷모습만을 보여 주신다는 사실이다.

루터는 《하이델베르크 논제》에서 다음과 같이 주장한다.

【제19항】하나님의 보이지 않는 것들을 그 만드신 것들에 대한 인식을 통해서 바라보는 사람은 신학자로 불릴 자격이 없다.

【제20항】그러나 고난과 십자가를 바라봄으로써 하나님의 보이는 것, 하나님의 '등'(출 33:23)을 인식하는 사람은 도리어 신학자로 불릴 자격이 있다.

【제21항】'영광의 신학자'는 악을 선이라 부르고 선을 악이라 부른다. '십자가의 신학자'는 사실 그대로 말한다.

'영광의 신학'이란 인간의 공로에 의지해 하나님 앞에서 의롭게 될 수 있다는 중세의 신학을 말한다. 아퀴나스로 대변되는 중세의 신학, 또는 스콜라 철학은 인간의 이성을 계시보다 우위에 두었다. 루터는 이런 영광의 신학이 하나님의 말씀에서 멀어지게 한다고 확신했다. 루터는 '인간의 이성으로' 하나님을 발견하고, '인간의 행위로' 의롭다 함을 받을 수 있다고 가르치는 영광의 신학을 거부했다. 어떤 수단과 방법으로도 인간은 하나님을 발견할 수 없다. 왜냐하면 하나님은 숨어 계시기 때문이다.

인간의 이성으로 하나님을 인식하지도, 발견할 수도 없다면 인간은 어떻게 하나님을 알 수 있을까? 루터는 '고난과 십자가 안에서' 하나님을 발견한 사람이 진정한 신학자라고 말한다. 하나님은 오직 고난과 십자가 안에서만 자신을 계시하신다. 십자가 밖에서는 자신을 계시하지 않으시기에 십자가를 떠나서는 하나님을 발견할 수 없다. 그러므로 하나님에 대한 참된 지식을 얻을 수 있는 곳은 오직 '그리스도의 십자가'뿐이다. 그래서 루터는 이렇게 말했다. "Crux Sola Est Nostra Theologia"(오직 십자가만이 우리의 신학이다). 《루터의 십자가 신학》에서 맥그래스도 유사한 주장을 펼친다.

"하나님은 고난과 십자가 안에서 계시된다. 그는 바로 이 참된 계시 안에 숨어 계신다. 인간의 지혜가 신성에 반대되는 것으로 간주하는, 즉 약함, 어리석음, 그리고 비천함과 같은 것들, '십자가의 겸손과 수치' 안에 계시되어 있다."

그러므로 십자가의 신학은 인간의 사변과 반대된다. 영광의 신학이 타락한 인간 이성의 사변에 의해 만들어진 것이라면, 십자가의 신학은 십자가에서만 발견할 수 있는 계시의 신학이다. 계시는 십자가에서 드러나므로 간접적이며 십자가 안에 숨겨져 있다. 계시는 피조 질서가 아니라 그리스도의 고난과 십자가 안에서만 인식된다.

하나님을 보았고 발견했다고 쉽게 말하는 것은 거짓이며 우상에 불과하다. 하나님은 숨어 계신다. 그러므로 십자가 신학은 낯선 것이며, 인간 본성에 역행하는 것이며, 꺼리는 것이며, 어리석은 것이다. 십자가 신학의 중심은 기독론이며, 오직 고난당하시고 십자가에서 죽으신 그리스도를

M

통해 하나님을 발견한다는 계시의 신학이다. 십자가 신학은 하나님을 찾아가는 것이 아니다. 우리를 찾아오신 하나님을 믿음으로 받아들이는 것이다.

영광의 신학은 예수 그리스도가 십자가에 달리시던 당시 종교 지도자들, 군병들, 그리고 왼편 강도의 사상이라고 할 수 있다. 십자가에서 내려와 보라고 소리치면서 십자가에서 내려오면 믿겠다고 하는 신학이다. 반면에 십자가 신학은 오른편 강도가 십자가에서 힘없이 죽어 가시는 예수님을 바라보며 "주의 나라 임하실 때 나를 기억해 주소서"라고 고백하던 마음이다. 세상의 모든 희망이 사라져 버린 그 십자가에서 오직 예수 그리스도만으로 영원한 소망을 발견하는 것이 바로 십자가 신학이다. 영광의 신학자들이 추구하는 것은 결국 하나님의 영광이 아니라 인간의 영광이다. 반면, 십자가의 신학에서는 인간의 공로가 사라진다.

루터에게 있어 십자가는 기독교 신앙의 핵심이다. "십자가의 도가 멸망하는 자들에게는 미련한 것이요 구원을 받는 우리에게는 하나님의 능력이라"(고전 1:18). 세상에는 지혜 있는 자도 있고, 선비도 있고, 변론가도 있다(고전 1:20). 하지만 미련하게 보이는 십자가야말로 하나님의 지혜요 하나님의 능력이다. "우리는 십자가에 못 박힌 그리스도를 전하니 유대인에게는 거리끼는 것이요 이방인에게는 미련한 것이로되 오직 부르심을 받은 자들에게는 유대인이나 헬라인이나 그리스도는 하나님의 능력이요 하나님의 지혜니라"(고전 1:23-24).

십자가의 신학은 고통의 신학이다. 반면, 영광의 신학은 곧바로 번영의 신학으로 화한다. 번영 신학은 고통을 바람직하지 않고 피해야 하는 것으로 여긴다. 맥그래스 자신도 처음에는 루터의 십자가 신학을 받아들이기 어려웠다. 그의 관점이 지적이고 학문적이었기 때문이다. 맥그래스는 인간의 현실 경험은 명확하고 뚜렷한 언어로 표현될 수 있다고 생각했다. 무엇보다 인간은 십자가 없는 부활을 원한다.

그렇다고 해서 루터의 십자가 신학이 고난을 설명하는 것은 아니다. 싫든 좋든 고난은 이미 존재하기 때문이다. 오히려 우리가 어떻게 고난에 대응할 것인지, 하나님은 어떻게 고난을 사용하셔서 우리를 더 강하고 더 온전하게 성장시키시는지를 살펴봐야 한다. 시몬 베유(Simone Weil)의 표현처럼 "기독교의 궁극적인 위대함은 고난에 대한 초자연적인 치료법이 아니라 고난을 초자연적으로 사용하는 방법을 추구하는 것이다."

그렇다면 우리는 언제 십자가를 경험할까? 십자가는 하나님이 존재하신다는 것을 믿고 있지만 존재하지 않는 것 같은 상황을 경험할 때 느끼는 절망이다. 하나님이 폭풍 속에서 욥에게 말씀하신 것처럼, 루터는 십자가를 통해서 그분의 존재를 선포한다. 십자가 신학은 믿음을 발견하는 데 있어서 필수적인 어둠을 인정한다. 어둡고 모호한 세계 안에서 고난당하시고 버림받으시고 죽임을 당하신 그리스도를 신뢰한다. 현실의 어려움과 고난 속에서도 우리는 혼자 있는 것이 아니고 십자가를 지신 그리스도와 함께 걷고 있음을 믿는다.

맥그래스는 C. S. 루이스의 《고통의 문제》(홍성사, 2018)와 《헤아려 본 슬픔》(홍성사, 2019)을 비판하면서도, 그 내용을 발전적으로 계승했다. 루이스는 자신의 합리적이고 지성적인 신앙 때문에 어려움에 처했다. 루이스가 경험한 아내의 죽음은 개념에 기초한 신앙, 삶의 거친 현실들과 그것들이 초래하는 감정적인 반응, 그리고 단절된 신앙의 불안정성을 적나라하게 드러냈다.

루이스는 《고통의 문제》에서 하나님에 대한 신앙과 세상의 고통이 모순되지 않는다고 말했다. 그에 의하면 고통은 "귀먹은 세상을 일깨우는 하나님의 확성기"다. 그러나 아내의 고통과 죽음 앞에서는 그러한 진술은 진부하고 추상적이고 무엇인가 불충분한 것처럼 느껴졌다. 루이스의

《헤아려 본 슬픔》을 보면, 이성적인 신앙이 실제적인 고통 앞에 얼마나 쉽게 산산조각 나는지를 알 수 있다. 루이스의 이전 신학은 인간 삶의 깊이가 아니라 표면에 불과했다. 아내의 죽음이 어떻게 이성적 확신을 흔드는지, 사랑하는 사람의 죽음이 어떻게 정서적 혼란을 초래하는지가 잘 묘사되어 있다. 이성에 근거한 신앙의 취약성, 경험에 근거한 신앙의 한계성을 보여 준다.

존 비버슬루스(John Beversluis)는 십자가를 통해 루이스의 신앙이 재발견되고 성숙했음을 언급한다. "《헤아려 본 슬픔》은 고통스러운 책이다. 그것은 고통, 죽음, 위태로운 신앙을 다루었기 때문만이 아니다. 루이스가 그동안 반드시 대답해야 했던 질문, 그의 신앙에서 결정적으로 중요했던 질문에 대해 엄청난 고통을 겪으면서 자신의 신앙을 재발견했음을 보여 주기 때문이다."

요약하면, 세상의 험한 경험을 통과하지 않은 신학은 항상 의구심과 절망에 빠지기 쉽다. 그런 점에서 루터의 십자가 신학은 우리 믿음이 갖는 한계를 인정할 것을 요구한다. 루터는 아직도 많은 부분이 어두움 가운데 있다는 것을 알려 주며, 믿음으로 그 어두움 속으로 들어오라고 요청한다. 루터와 루이스는 우리가 비록 어두운 세상에 살지만 언젠가 이 어둠은 하늘의 밝은 빛과 명료함에 자리를 내어 줄 것을 믿는다. 루터와 루이스는 현재 상태가 궁극의 상태가 아니라고 확신한다. 우리가 알고 경험하는 지금의 세상이 최종적인 세상이 아니다.

십자가는 이성의 한계를 폭로한다

십자가 신학은 어떤 역할을 하는가? 우선 십자가는 이성의 한계를 폭로한다. 본질적으로 기독교 영성과 신학은 이성에 의존할 수 없다. 광야에서 이스라엘 민족이 금송아지를 만든 죄를 범했을 때, 하나님은 그들을 버리려고 하셨다. 모세는 사생결단의 자세로 중보했고, 이에 하나님은 모세와 함께해 주겠다고 약속하시면서 자신을 모세에게 계시하셨다. 단 앞모습은 보지 못하고 오직 뒷모습만을 보게 해 주셨다. "네가 내 등을 볼 것이요 얼굴은 보지 못하리라"(출 33:23). 구약의 핵심적 인물인 모세조차도 자신의 눈으로 볼 수 있었던 것은 하나님의 뒷모습뿐이었다. 하나님의 얼굴을 보는 것은 허락되지 않았고, 오직 지나실 때 등만 볼 수 있었다.

구약 시대만 그런 것은 아니다. 예수님의 은혜로 구원받아 하나님의 자녀, 하나님의 백성, 천국 시민, 공동 상속자가 된 우리도 동일하다. 우리도 여전히 하나님의 뒷모습만을 볼 뿐이다. 앞모습은 마지막 때, 종말에야 볼 수 있을 것이다. "우리가 지금은 거울로 보는 것같이 희미하나 그때에는 얼굴과 얼굴을 대하여 볼 것이요 지금은 내가 부분적으로 아나 그때에는 주께서 나를 아신 것같이 내가 온전히 알리라"(고전 13:12).

십자가는 하나님이 모세에게 자신을 드러내신 것과 같다. 십자가는 하나님의 뒷모습에 해당한다. 하나님은 인간의 지혜를 어리석게, 인간의 능력을 허망하게 만드신다. 하나님의 능력은 어리석고 연약한 가운데 드러난다. 인간의 이성은 하나님이 이런 모습으로 자신을 드러내시는 것은 결코 있을 수 없을 것이라고 말한다. 하나님이 영광과 권능으로 자신을 계시하실 것을 기대한다. 그러나 하나님은 수치스럽고 연약한 십자가에서 자신을 계시하신다. 우리가 바라는 모습대로 하나님을 받아들이는 것이 아니라 하나님이 자신을 계시하신 대로 그분을 받아들여야 한다.

"영광의 신학자들은 고난 속에 감추어진 하나님을 알지 못하는 사람이다. 그러기에 고난보다는 업적, 십자가보다는 영광, 약함보다는 강함, 어리석음보다는 지혜를 더 좋아한다. 바울은 이런 사람들을 '그리스도의 십자가의 원수'(빌 3:18)라고 했다. 그들은 십자가를 미워하고 업적을 내세우기 좋아하며 공로에 따른 영광을 사랑하는 사람들이기 때문이다."

M

십자가 신학은 십자가는 선하고 행위(공로)는 악하다 하는데, 이는 십자가를 통해 행위는 허물어지고 행위를 통해 세워졌던 옛 아담이 오히려 십자가에 못 박히기 때문이다. 인간 이성은 이 세상이 장엄하며 영광스럽고 권능이 충만한 것으로 받아들일 수 있는 방법으로 하나님이 자신을 계시하셔야 한다고 주장한다. 그러나 하나님은 그와 정반대로 고통, 슬픔, 절망, 그리고 연약함을 통해 자신을 드러내는 길을 택하셨다. 하나님은 이성이 가진 한계를 지적하신다.

우리는 우리가 원하는 하나님의 모습이 아니라 실제 모습 그대로의 하나님을 바라봐야 한다. 믿음이란 하나님이 자신을 알리기 원하시는 모습으로 기꺼이 하나님을 이해하고 응답하려는 마음이다. 참 영성은 인간의 발명품이 아니라 하나님을 향한 응답이다.

십자가는 경험의 한계를 지적한다

두 번째로 십자가는 영성에 있어 인간 경험의 한계를 지적한다. 근대에 이르러 인간의 경험이 하나님의 계시와 비슷한 권위를 가지게 되었다. 사람들은 "내가 경험하는 것이 옳은 것이다"라고 말한다. 그러나 개인의 경험은 신뢰할 수 없다. 우리가 경험하는 방식은 그것이 존재하는 방식과 반드시 일치하지 않기 때문이다. 인간은 스스로 느끼는 기분 때문에 심각한 오해에 빠질 수 있다. 우리의 경험은 해석될 필요가 있다. 비판적으로 검증될 필요가 있다. 십자가는 우리가 느낀 것들을 평가하고 판단할 수 있는 기준을 외부에서 제공하고 있다.

그리스도가 십자가에 달리시던 금요일, 그 길고 긴 하루가 다 저물도록 하나님은 개입하지 않으셨다. 예수님은 하나님을 향해 "엘리 엘리 라마 사박다니", 즉 "나의 하나님, 나의 하나님, 어찌하여 나를 버리셨나이까"라고 부르짖으셨다(마 27:46; 막 15:34). 예수님은 잠깐이지만 하나님의 버리심을 처절하게 경험하셨다. 경험적으로 보면 그 순간 하나님이 계시지 않는 것 같았다.

그러나 부활은 그런 생각이 틀렸다는 것을 보여 준다. 하나님은 십자가에서도 일하고 계셨다. 다만 사람들이 알지 못했을 뿐이다. 인간의 경험은 하나님이 계시지 않다고 보았지만, 그리스도의 부활은 하나님이 자신을 감추셨을 뿐이지 변함없이 그 자리에 계셨음을 알려 준다. 부활은 하나님이 그 참혹한 광경 가운데 숨어서 일하고 계셨음을 드러낸다. 그리스도의 부활은 인간의 경험이 내린 판단이 얼마나 신뢰할 수 없는지를 잘 보여 준다.

우리는 인간의 경험이 남긴 그릇된 인상들을 신뢰하기보다 도리어 하나님이 약속하신 것들을 믿고 의지해야 한다. 하나님은 우리와 늘 함께하겠다고, 심지어 인생의 가장 어두운 순간에도 함께하겠다고 약속하셨다. 따라서 바로 그 자리에서 하나님을 경험할 수 없다면, 그 경험이 내린 판단은 믿을 수 없다. 하나님을 믿을 수 없는 것이 아니라 우리의 경험을 믿을 수 없는 것이다. 하나님이 잘못된 것이 아니라 내가 잘못되었다.

루터는 우리의 경험을 이러한 성금요일의 경험처럼 여겨야 한다고 주장한다. 우리는 놀라고 당황스런 상황에 놓이게 될 때 하나님이 계시지 않고 침묵하고 계신다고 판단하곤 한다. 우리가 고통을 당할 때 하나님은 무엇을 하고 계신지 의문을 품는 것이다. 그러나 부활은 그 상황을 바꾸었고 우리의 경험에 의한 판단을 뒤집었다. 성금요일은 부활에 비추어 볼 때, 하나님이 일하시는 신비한 방식을 보여 준다.

이는 욥기의 상황과 같다. 친구들이 알 수 없어도, 욥조차 경험한 적이 없어도, 하나님은 그곳에 계시면서 모든 것을 듣고 보고 계신다. 인간의 경험과 모순되는 상황에도 하나님은 함께하신다. 우리의 모든 대화를 묵묵히 듣고 계신다. 그리스도인의 실존은 십자가 아래 자리 잡은 삶, 부활의 여명을 고대하면서 십자가 그림자 속에서 기다림의 시간을 보내는 삶

M

이다.

하나님이 살아 계시고 자신을 위해 일하고 계심을 믿기 어려운 상황을 우리는 경험하곤 한다. 바로 고난받을 때다. 특별히 무고하게, 그리고 이해할 수 없는 힘든 일을 당한 때다. 그러나 그리스도의 부활은 그런 생각과 두려움을 바꾸었다. 인간의 경험이 얼마나 신뢰할 수 없는 것인지를 보여 주었다. 현재 경험이 성금요일 같아도, 단지 모습을 감추셨을 뿐 하나님은 변함없이 그곳에 함께 계신다.

믿음이란 언제 어떤 상황에서도 하나님이 존재하시며 나를 위해 일하고 계심을 아는 힘이다. 믿음은 하나님이 계시겠다고 약속하신 그곳에서, 심지어 우리 경험으로는 거기 계시지 않는다고 여겨질 경우에도 열린 마음으로 하나님을 발견하려는 것이다. 루터는 이것을 "믿음의 어두운 밤"(the darkness of faith)이라고 했다. 아들을 번제로 드리기 위해 모리아산으로 오르는 아브라함의 사흘 길에 해당한다. 이 길은 영혼의 어두운 밤인 십자가의 길이다. 영혼의 어두운 밤은 예수님이 말씀하신 좁은 길과도 일맥상통한다. 이 길은 찾는 자가 적다.

십자가는 불가피하게 우리의 의심을 유발한다. 의심은 우리의 판단 기준을 믿음이 아닌 경험에 두는 인간의 자연적 성향이다. 믿음과 경험이 서로 발을 맞추지 못하는 것처럼 보일 때 우리는 믿음보다 경험을 신뢰하곤 한다. 예수님을 공생애에 데뷔시켜 준 세례 요한도 예수님의 소문을 듣고 적잖이 혼란스러웠다. 자기가 알기에 메시아는 엄격하고 공정한 심판주로 오셔야 하는데 예수님은 오히려 세리와 죄인의 친구 노릇을 하시는 것이 아닌가. 그래서 세례 요한은 제자들을 시켜 "오실 그이가 당신이오니이까 우리가 다른 이를 기다리오리이까?"라고 예수님께 질문했다.

갈릴리 호수에서 평생 어부로 살아온 제자들은 극심한 풍랑을 만났을 때 두려워 소란을 피웠다. 자신들의 평생의 경험에 비추어 보건대 이 정도의 풍랑이면 열에 열은 물에 빠져 죽을 수밖에 없는 큰 위기였다. 경험은 소중한 자원이기는 하지만 믿음으로 통제되어야 한다. 그리스도의 부활은 믿음이 인간의 이성과 경험을 압도하는 것을 보여 준다. 십자가는 이성과 경험을 향한 우리의 마음을 깨뜨리고 하나님이 누구신지 알게 한다. 십자가의 고난, 연약함, 수욕은 하나님께 대해 가지고 있던 우리의 선입견을 내려놓게 만든다.

그렇다고 이성이나 경험이 아무 소용이 없다는 뜻은 아니다. 다만 이것들의 한계를 말하는 것이다. 참된 신학자가 되기 위해서는 살아 계신 하나님을 붙들고 씨름해야 한다. 진정한 신학자가 되려면 자신이 죄인이라 선고받은 것을 자각해야 한다. 먼저 죽음과 지옥을 경험해야 한다. 그래야 비로소 그리스도의 부활의 의미를 깨달아 알 수 있다. 성금요일의 절망감과 무력감이 없다면 부활의 기쁨과 소망을 맛볼 수 없다.

기독교 신앙의 핵심, 십자가

따라서 루터가 보기에 모든 것의 핵심은 십자가다.

"십자가는 만물의 시금석이다."

십자가에 못 박히신 그리스도는 하나님께 대한 우리의 모든 생각이 담금질되는 도가니다. 십자가로 측량하라.

"우리가 그리스도와 함께 고난을 받지 않는다면 그리스도인이 아니다."

예수를 따르라는 초청은 그분과 더불어 고난을 받으라는 말씀이다(막 8:31-38). 그리스도인은 고난, 배척, 죽음의 길을 지나 부활과 영생을 얻는다. 고난, 배척당함, 자기 부인, 자기 십자가는 믿음의 순전함을 보증하는 증명서다. 참 제자이며 부활하신 그리스도의 영광에 참여하게 될 보증서다. 그래서 루터는 "십자가에 못 박힌 사람(crucianus)이 아니라면 그 누구라도 그리스도인(Christianus)이 아니다"라고 말했다.

진정한 그리스도인은 십자가를 지는 고통이 필요함을 깨닫는 자이며, 그 고난이 일어날 시간과 장소를 하나님께 맡기는 사람이다. 십자가는 영광으로 나아가는 유일한 출구이고, 새 예루살렘으로 들어가는 유일한 문이다. 그리스도의 부활을 믿음으로 십자가는 현실 감각과 목적 의식을 갖게 된다. 억압당하고 가난하고 고난의 길을 걷는 자들에게 힘을 준다. 그런 점에서 고난과 믿음은 한 몸이다. 믿음은 받아들이는 것이다. 그리스도인은 그리스도와 함께 고난당하는 사람이다.

십자가는 인간이 주체가 되는 생각과 성취욕을 비판한다. 십자가는 건강과 부의 복음, 즉 번영 복음에 반대한다. 번영 복음은 우리에게 다음과 같은 생각을 주입한다. '당신은 성공한 사람이다', '범사가 잘 풀린다', '성공하지 못하면 믿음이 없는 것이다', '재산과 지위는 하나님의 은총을 받은 것이며 당신의 신앙의 보상이다.' 번영 복음은 고난보다 일(업적), 행위, 노력을 강조한다. 십자가의 엄중한 요구를 무시하고 세속적인 대용품, 즉 세상적 성공과 물질과 지위와 건강으로 바꾸려 한다.

고난의 십자가는 소망의 신학이기도 하다. 언덕 위의 십자가는 하나님의 사랑과 긍휼을 드러내는 표지로서 죄 가운데 신음하는 인생들을 불러 모은다. 십자가의 수욕과 고난 속에 감추어졌지만 그 안에 계시되시고 나아가 자신의 무력함과 연약함 가운데 강력하고 의미심장하게 호소하시는 하나님을 놀라워하며 찬미한다.

루터는 1546년 2월 18일 임종했는데, 그가 남긴 마지막 여섯 단어는 이것이다. "Wir sind Bettler. Hoc est verum." 즉 "우리는 거지들이다. 이것은 진실이다." 평생 십자가를 지면서 고난과 연단을 받은 루터의 모습을 웅변적으로 증명하는 문장이다. 하지만 이렇게 십자가의 길을 걸어온 자에게는 하나님의 은혜가 예비되어 있다. 그리스도인들은 영적 거지다. 하나님의 도우심이 없다면 그리스도인은 아무것도 아니다.

물론 십자가의 길을 가는 것은 쉽지 않다. 바리새인과 서기관들처럼 모세의 자리에 앉아 가르침을 베풀지만 자신들은 전혀 지키지 않을 위험도 있다. 그래서 그리스도인에게는 믿음이 더 필요하다. 간질을 앓는 아들을 둔 아버지의 고백이 십자가의 길을 걸어가야 할 우리에게도 절실하다. "내가 믿나이다 나의 믿음 없는 것을 도와주소서"(막 9:24). 믿노라 하면서 믿음 없음을 고백한다. 이것은 모순인가? 아니다. 우리에게는 믿음과 아직도 부족한 믿음 사이의 싸움이 있다. 십자가의 길을 걸어가는 것도 믿음이 필요하다.

참고도서

C. S. 루이스, 《고통의 문제》(홍성사, 2018)

C. S. 루이스, 《순전한 기독교》(홍성사, 2018)

C. S. 루이스, 《예기치 못한 기쁨》(홍성사, 2018)

길버트 키스 체스터턴, 《정통》(아바서원, 2016)

김용준, 《우리 아이 꼭 지켜 줄게》(물맷돌, 2023)

데이비드 브룩스, 《두 번째 산》(부키, 2020)

데이빗 맥캐스랜드, 《오스왈드 챔버스 전기: 순종의 길》(토기장이, 2011)

도로시 세이어즈, 《창조자의 정신》(IVP, 2007)

리처드 백스터, 《참된 목자》(CH북스, 2016)

마틴 로이드 존스, 《그리스도 중심의 설교》(복있는사람, 2015)

마틴 로이드 존스, 《영적 침체》(복있는사람, 2014)

알리스터 맥그래스, 《삶을 위한 신학》(IVP, 2014)

알리스터 맥그래스, 《종교개혁 시대의 영성》(좋은씨앗, 2021)

오스왈드 챔버스, 《거룩과 성화》(토기장이, 2016)

윌리엄 워즈워스, *An Anthology* (The Wordsworth Trust, 2018)

윌리엄 윌버포스, 《윌리엄 윌버포스의 위대한 유산》(요단, 2013)

유진 피터슨, 《한 길 가는 순례자》(IVP, 2001)

이어령, 《지성에서 영성으로》(열림원, 2017)

제임스 패커, 《성령을 아는 지식》(홍성사, 2002)

제임스 패커, 《하나님을 아는 지식》(IVP, 1996)

조신권, 《존 밀턴의 영성문학과 신학》(아가페문화사, 2015)

조지 뮬러, 《조지 뮬러의 기도의 응답》(크리스찬출판사, 2010)

존 라일, 《오직 한 길》(CLC, 2013)

존 밀턴, 《실낙원》(CH북스, 2019)

존 번연, 《천로역정》(포이에마, 2011)

존 스토트, 《시대를 사는 그리스도인》(IVP, 2016)

존 스토트, 《제자도》(IVP, 2010)

존 스토트, 《존 스토트의 동성애 논쟁》(홍성사, 2006)

존 오웬, 《죄 죽이기》(CH북스, 2020)

존 웨슬리, 《그 길: 웨슬리 표준설교 읽기》(대한기독교서회, 2019)

찰스 스펄전, 《스펄전 구약 인물 설교》(크리스챤다이제스트, 2004)

찰스 스펄전, 《스펄전 설교전집 28: 고린도전후서 갈라디아서》(CH북스, 2011)

찰스 스펄전 《은혜》(프리셉트, 2009)

토마스 왓슨, 《경건》(복있는사람, 2015)

Martyn Lloyd-Jones.

James Packer.

C. S. Lewis.

John Stott.

Oswald Chambers.

Charles Spurgeon.

Alister McGrath.

Thomas Watson.

William Wilberforce.

Charles Wesley.